POCHES ODILE JACOB

Conseils de psys

15, rue Soufflot, 75005 Paris

www.odilejacob.fr

ISBN : 978-2-7381-2990-1
ISSN : 1621-0654

Sous la direction de

Christophe André

Conseils de psys

Odile Jacob
poches

SOMMAIRE

INTRODUCTION

Lorsque je me promène dans la nature avec mes filles, je m'aperçois qu'elles ne connaissent pas, ou presque pas, le nom des arbres, des fleurs ou autres herbes que nous croisons et observons dans notre balade. Par contre, elles connaissent la signification de mots tels que *phobies, stress, déprime* ; elles savent identifier autour d'elles les *mythos, complexés, paranos,* mais aussi les personnes *cool* et autres *zen* ou *relax*. Tout cela avec la plus grande facilité, et en général avec à-propos. D'accord, ce sont des enfants de psychiatre, mais ce sont surtout des enfants de leur époque : une époque où le savoir psychologique remplace, entre autres, le savoir botanique. Dommage pour les arbres, les fleurs et les plantes, que souvent nous ne pouvons plus qu'admirer sans savoir les nommer. Mais sans doute logique : nous ne cherchons plus guère nous-mêmes nos aliments ou nos médicaments dans la nature. Par contre, nous cherchons à aller bien dans nos têtes, et à mieux comprendre les autres. Le savoir psychologique est ainsi devenu indispensable dans des sociétés où des individus de plus en plus nombreux se comportent en fonction de règles, de valeurs et de codes de plus en plus variés, et où le bien-être personnel est une aspiration considérée comme légitime. Car cette aspiration est tout sauf nombriliste : se changer est aussi un des moyens de changer le monde.

Rendre la psychologie accessible et utile

L'ouvrage que vous tenez entre les mains veut vous transmettre les essentiels de la psychologie pour comprendre et améliorer la vie quotidienne, et vous guider dans votre réflexion et vos efforts. Ses auteurs sont au départ un groupe d'amis qui se connaissent, s'apprécient et partagent les mêmes valeurs et convictions sur l'aide psychologique. Ils sont tous des spécialistes reconnus, et aussi ce qu'on appelle des « cliniciens », c'est-à-dire des soignants, quotidiennement au contact de personnes qu'ils accompagnent, conseillent, guident, soignent pour les aider à affronter difficultés ou souffrances psychologiques. Dans ce manuel, ils ont voulu vous être utiles en se rendant accessibles : tout au long des pages qui vont suivre, ils vous offrent l'essentiel de leur spécialité dans un langage clair.

Bien sûr, il n'y a pas « tout » dans ce livre : trente volumes n'y auraient pas suffi. Mais il y a beaucoup : les bases sont là, et il vous y est proposé, au travers de multiples explications et conseils, d'accéder à davantage de savoir-faire psychologique.

Le personnel et l'universel

Ces explications et ces conseils reposent sur l'expérience que les auteurs-thérapeutes ont retirée de leur rencontres et de leur travail d'accompagnement avec un très grand nombre de personnes en difficulté. Certes, chaque cas est particulier, et chaque histoire l'est aussi. Pourtant, nos ressemblances sont bien plus nombreuses que nos différences : nos peurs, nos angoisses, nos difficultés et nos souffrances sont universellement éprouvées et partagées par la plupart des humains. Ce qui nous arrive est arrivé à bien d'autres, et il existe des solutions, celles dont nous parlent les auteurs, qui ont déjà aidé beaucoup de personnes dans notre cas. Voir plus clair en soi, se sentir moins seul(e), savoir qu'il existe des solutions, ce n'est déjà pas si mal. Mais ce n'est qu'une première étape...

Des connaissances à la pratique

Les auteurs de ce livre appartiennent, pour la plupart d'entre eux, au courant des thérapies comportementales et cognitives (les TCC), pragmatique et humaniste. Ils n'hésitent pas à vous proposer des conseils concrets. Il ne s'agit pas d'un mode d'emploi rigide, du type « obéissez et vous guérirez ». Mais d'une incitation à agir face aux difficultés, plutôt qu'à s'immobiliser : souvent, la souffrance, la difficulté à comprendre nous bloquent ou nous font nous accrocher à des stratégies inefficaces.

L'approche comportementale privilégie l'expérimentation : essayer sur le terrain, voir ce que cela donne, réfléchir, puis recommencer en tenant compte de ce que l'on a appris, tel est son principe. « En agissant, on se trompe parfois. En ne faisant rien, on se trompe toujours », écrivait Romain Rolland ; il aurait pu préciser : en agissant et en tirant les leçons de l'action (alors qu'il n'y a aucune leçon à tirer du renoncement à l'action s'il devient une habitude).

Ces allers-retours entre réflexion et action sont l'essence même du développement et du changement personnels. Ainsi, vous trouverez souvent dans ce livre des tests pour vous évaluer : ce n'est pas seulement une démarche ludique, mais aussi la première étape d'une réflexion active sur soi-même. En remplissant un autoquestionnaire, on suspend un instant sa lecture pour s'interroger : « Comment est-ce que je me comporte, comment est-ce que je réagis dans cette situation ? » On a alors commencé le travail sur soi. Par des interrogations personnelles. Qui précèdent et facilitent le changement…

Le livre est un outil de changement

À ce propos, une réticence existe parfois quant à l'aide que peut apporter un simple livre, fût-il écrit par des experts : des conseils dans un livre ne peuvent remplacer une psychothérapie. Là encore, ce n'est pas si simple : de nombreux travaux ont souligné et démontré l'intérêt de l'aide reçue par les livres, cela porte dans notre jargon le nom de « bibliothérapie » (*le soin par les livres*).

Personnellement, je me suis beaucoup soigné par les livres ! Un de mes grands plaisirs, lorsque j'étais enfant, était de passer de longues heures à bouquiner au hasard dans la grande quantité de livres dont mon père, autodidacte privé d'études, remplissait la maison familiale. C'est d'ailleurs comme ça que je suis devenu psychiatre, après avoir lu (presque) tout Freud et tous les volumes d'une encyclopédie de psychologie dont je me rappelle encore aujourd'hui les couvertures en skaï marron, et le nom de l'éditeur (qui m'impressionnait beaucoup à l'époque) : le « Centre d'études et de promotion de la lecture ». Bref, j'ai toujours considéré que le livre comptait parmi les moyens les plus intelligents et les plus économiques (quel rapport qualité-prix incomparable !) pour transmettre du savoir et de l'expérience. Alors, inutile de vous dire que je suis aujourd'hui un convaincu des effets du livre sur l'humain. Les courriers de lecteurs que je reçois, comme tous les auteurs de cet ouvrage, ont renforcé encore plus cette conviction. La relation que nous pouvons entretenir avec un livre est à la fois utile, nous l'avons vu, et aussi agréable. Le savoir psychologique, l'accès aux grilles de lecture sur l'intime, est passionnant. Et sentir que l'on change l'est également. Nous ne sommes pas parfaits, nous savons que nous ne pouvons l'être. Mais nous sommes perfectibles, et avons plaisir à nous sentir progresser. En psychothérapie, les patients qui progressent ne trouvent jamais le temps long. Et une existence où l'on se sent progresser, s'enrichir en expérience et en lucidité, n'est jamais ennuyeuse.

Du savoir à la sagesse

J'espère sincèrement que ce livre vous rendra plus savants et plus sages. Je sais, ce sont des grands mots, mais ils me font rêver ! Ils représentent à mes yeux des idéaux humains et souriants, bien loin de ces idéaux plus modernes et plus toxiques que sont par exemple la « performance » ou l'« excellence ». Et puis d'ailleurs, ce qu'il faut chercher tranquillement, ce n'est pas *être* savants ou *être* sages, mais essayer de le devenir un peu plus chaque jour. Le savoir, c'est accroître ses connaissances sur soi et la nature humaine. La sagesse, c'est comprendre comment les utiliser. Pour aller bien, nous avons certes besoin de devenir aussi savants et aussi sages que possible, mais aussi d'être modestes dans nos attentes et nos objectifs. Les auteurs de ce livre ne vous proposent pas ici le mirage d'un bien-être complet et définitif, auquel vous pourriez prétendre après un long « travail d'approfondissement ». Les efforts de changement personnel ne doivent pas ressembler à une quête du Graal, dans laquelle il faudrait creuser toujours plus profond pour trouver enfin les racines du mal, et les extirper définitivement pour accéder à la paix. Il faut parfois au contraire cesser de creuser et de gratter, et vivre au présent, mais vivre mieux. Cette démarche tranquille de compréhension et de construction de soi, patiente, toujours imparfaite et inachevée, mais toujours intéressante, va rendre notre vie habitable et joyeuse. Et elle va nous permettre de nous intéresser à autre chose qu'à nous-mêmes. Car mieux nous nous portons, plus nous sommes capables de savourer l'existence, de nous oublier pour nous émerveiller et nous intéresser au monde qui nous entoure : admirer les nuages, respirer le vent, se réjouir du spectacle du monde. Et apprendre les noms des arbres...

Christophe André

Christophe André est médecin psychiatre.
Il a coordonné cet ouvrage, rédigé par ses collègues et amis :
qu'ils soient ici affectueusement remerciés pour leur enthousiasme et leur compétence,
qui ont nourri ce projet et lui ont donné forme.

1 COMPRENDRE ses émotions

Nos émotions nous accompagnent à chaque instant. Parfois elles nous guident et nous éclairent, nous donnent de la lucidité, de l'énergie, l'envie d'agir et de vivre. Parfois elles nous aveuglent ou nous font souffrir, réduisent notre liberté. Dans tous les cas, une chose est sûre : elles seront toujours là, avec nous. Alors, si on essayait de les comprendre et de les apprivoiser… ?

1

Didier Pleux

Du bon usage de la colère

Beaucoup de patients viennent consulter parce qu'ils souffrent de « mauvais stress ». Il s'agit, en fait, d'une gestion inadéquate des émotions. Certaines réactions émotionnelles sont stimulées par de mauvaises conditions de travail et une vie quotidienne trop frustrante sur le plan tant matériel qu'affectif. L'aide « psy » est alors peu appropriée. D'autres émotions négatives sont stimulées par le patient lui-même et peuvent être comprises, voire tempérées par une aide psychothérapique. Peu de personnes nous sollicitent pour des problèmes de « colère ». Pourtant, beaucoup nous révèlent des sentiments de forte irritation, d'énervement, d'exaspération, de hargne, de violence verbale ou physique…
Pour comprendre la « colère », il est bon de savoir l'observer et la reconnaître tant elle reste, dans notre culture, acceptée, voire valorisée. Les « bonnes colères » existent-elles ? Quelles sont les raisons de la colère ? Quels sont les différents types de colères ? Comment tempérer un état colérique ?

Les clichés de la colère

Les revendications pacifiques sont malheureusement peu entendues et les colères « sociales » sont souvent nécessaires pour répondre à la violence de certains abus de pouvoir, qu'ils soient politiques, religieux ou économiques.

Mais croire que toute colère est bonne est une croyance qu'il est bon de relativiser. La révolte individuelle, pour sa part, se révèle rarement rentable. Pourtant, le tempérament « colérique » garde, dans notre culture, une bonne réputation. Cependant, il est bon de tordre le cou à certaines croyances.

Être colérique est une façon d'être

Pour beaucoup, exprimer sa colère est une façon de communiquer et d'affirmer un tempérament fort. Il existe un côté « chef de meute » qui reste glorifié et bon nombre de responsables, de « managers » vantent cette façon d'être qui, selon eux, leur assure une certaine autorité. Ils confondent l'affirmation de soi avec la domination de soi : les attitudes colériques étonnent, stimulent la contre-agressivité ou font peur mais n'engendrent aucune admiration ni sécurité chez ceux qui les subissent.

Il est sain de « parler » de sa colère

Je suis colérique donc « je suis »! S'il est souhaitable de ne pas « refouler » ses colères, il y a une grande nuance à vouloir la « dire » sans l'imposer. La colère exacerbée est rarement régulée et ses excès font qu'elle n'est pas écoutée : si la « forme » est entendue, le fond, le « ressenti », n'est jamais compris.

Paradoxalement, si certains pensent qu'il existe une forte corrélation entre la « colère refoulée » et un grand nombre de problèmes de santé, les maladies psycho-somatiques en général, les travaux d'Aaron Siegman, chercheur à l'Université du Maryland, sont édifiants : exprimer souvent sa colère est un sérieux risque de souffrir de maladie cardiaque, tant la colère endommage les artères. À l'inverse, une bonne maîtrise de la colère est moins dangereuse pour le métabolisme[1].

La colère apaise

Si, après l'explosion de colère, nous avons une sensation de mieux-être, elle n'est que très temporaire : une tension est libérée mais d'autres vont suivre comme la culpabilité d'avoir dépassé les bornes, la honte d'avoir blessé autrui. La colère, quand elle devient pathologique, est de plus en plus fréquente et engendre, même si elle « sort », une constante tension nerveuse interne, une sensation de stress que l'on va tenter de calmer par tous les moyens. En général, les colériques vont consommer toutes sortes de substances addictives pour se « soulager » : tabac, alcool, tranquillisants ou autres drogues.

BONNE OU MAUVAISE COLÈRE ?

« Bonne colère... »

- Je l'exprime rarement.
- J'arrive à parler sans crier.
- Je trouve des arguments pertinents.
- Je suis mieux compris.
- J'ai obtenu le résultat souhaité.
- Je me suis senti soulagé.
- Mon environnement ne me reproche rien.

« Mauvaise colère »

- J'ai souvent des sursauts de colère.
- Je ne contrôle pas le volume de ma voix.
- Mes mots dépassent mes pensées.
- J'ai « cassé » la relation.
- J'ai obtenu l'inverse de ce que je voulais.
- J'ai toujours le même degré d'excitation.
- Ceux qui vivent avec moi ont peur.

Puisque la colère est inefficace et ne produit que l'inverse des effets escomptés, puisqu'elle est dangereuse pour la santé, pourquoi la subissons-nous ?

La colère est efficace

Souvenons-nous du « coup de boule » de Zidane : il s'est peut-être fait plaisir sur l'instant en défendant « sa » conception de l'honneur familial, mais il a grandement participé à la défaite du Mondial. Certains ont vu dans la colère télévisée de Ségolène Royal la preuve qu'elle « en avait »; beaucoup d'autres, ceux qui s'attendaient à l'inverse, ont compris la victoire émotionnelle de son rival devant cette perte de sérénité. Quand Nicolas Sarkozy explose un « casse-toi pauv'... » au salon de l'Agriculture, ses partisans et ses non-électeurs lui reprochent ses « passages à l'acte » si contraires à ce qu'on « attend de la fonction ». La colère est inefficace : un « ressenti » trouve son expression mais produit l'effet inverse de celui recherché. Dans la colère, c'est la forme, la mise en scène, le manque de contrôle qui sont retenus, jamais sa vérité intime.

La colère est temporaire

« J'explose souvent mais je ne suis pas un mauvais bougre... J'oublie vite et tout redevient normal... » Non, la colère agresse, terrorise, blesse et rompt peu à peu les relations avec les autres. Chez ceux qui la subissent, elle n'est jamais vécue comme un simple accident de parcours mais comme un état, une véritable pathologie, qui fait souffrir. La colère n'est pas « temporaire » : elle s'amplifie en intensité et en fréquence. Les colériques le savent, la frontière est ténue entre la simple joute verbale et le passage à l'acte physique. Les conduites de « rage au volant », les bagarres, les violences domestiques ne sont pas des générations spontanées, elles sont attisées par toutes ces petites braises de colères quotidiennes que l'on ne veut pas voir...

Les raisons de la colère

Des « susceptibilités génétiques » ?

Le « génétique », le « biologique » ont mauvaise réputation. Ils sont associés à d'éventuelles manipulations et à l'emprise des médicaments sur le soin « par la parole ». Pourtant, dans les temps préhistoriques, les deux grandes émotions premières étaient l'anxiété et la colère utiles pour que l'homme puisse survivre : le fameux *fight or flight* des Anglo-Saxons, la « fuite ou l'attaque ». Il existe bel et bien des tempéraments anxieux ou colériques qui, malheureusement, à notre époque, se révèlent pathologiques parce qu'ils ne sont plus d'actualité. Ainsi l'anxiété massive inhibe les comportements et amplifie des peurs quand des dangers s'avèrent minimes et la colère engendre des réactions trop violentes ou belliqueuses là où la survie de l'espèce n'est pas en jeu. La colère reste « instinctuellement » efficace s'il nous faut protéger notre famille ou défendre une vie, mais ces « défenses naturelles » deviennent anachroniques quand ces menaces ne sont plus réelles.

Des frustrations sociales ?

La vie stressante, les conditions de travail dévalorisantes, le poids de certaines responsabilités et le surcroît de fatigue peuvent exacerber nos tempéraments. Dans un contexte de « guerre économique », de matérialisme et d'individualisme, l'homme redevient-il un loup pour l'homme ? À qui profite le crime ? Quand les individualités s'expriment au détriment d'un esprit de communauté, la force sociale s'affaiblit... Chacun ne recherche plus que l'expédient personnel pour son mieux-être et ne songe plus à s'associer pour changer certaines réalités.

L'expression d'une souffrance ?

Certaines colères signent d'autres déficits : telle personne phobique sociale ne peut affirmer sa singularité et agresse, par maladresse, celui qui cherche à entrer en relation avec elle. Telle autre personne très anxieuse réagit avec colère tant elle est submergée par sa peur. (Souvenons-nous des animaux qui attaquent par peur et non pour dominer.) D'autres encore, vont tenter de masquer des dévalorisations physiques ou intellectuelles en agressant l'environnement. Dans ces cas, la colère n'est pas « première » mais le symptôme, le signe d'un malaise affectif qui cherche à s'exprimer.

Des colères apprises ?

Quand elle est banalisée, la colère devient un mode « naturel » d'expression. D'où les dangers des violences verbales ou physiques que valorisent certaines émissions télévisées, certains feuilletons ou films et les jeux vidéo dits de loisir qui ne sont que la glorification de la compétition, de la destruction, voire de la guerre[2]. L'éducation parentale se doit d'intervenir et de censurer ces stimulateurs de colère : il est dommage que la créativité appartienne désormais aux stratèges du « marketing ».

Les colères « irrationnelles »

Ces colères nous empoisonnent la vie mais peuvent être plus facilement reconnues et traitées : elles sont en effet alimentées par nos propres pensées. Nous avons tous des demandes, des exigences démesurées sur la façon dont doit être le monde. Le problème est que, le plus souvent, ces attentes sont « hors réalité ». Elles sont irrationnelles parce que nous voulons que notre environnement, les choses mais aussi les êtres qui nous entourent, fonctionne absolument comme nous. Cette « psycho-logique » conduit irrémédiablement à la colère de constater que rien n'y fait : le monde n'est pas sous notre contrôle et les humains, en particulier, n'agissent pas selon notre logique mais selon la leur. Dans ce cas, la colère est, comme le disait J.-P. Sartre, dans son *Esquisse pour une théorie des émotions* (1938), une « façon d'être » avec le monde et non plus le « symptôme » d'autre chose de plus profond. Il existe trois grandes colères irrationnelles et nous pouvons les appréhender par les « absolus de pensée » qu'elles engendrent, tous ces « il faut », « je dois », « ça doit » qui sont leurs grands stimulateurs.

La colère contre soi

C'est le « je ne dois pas être ce que je suis » : ces pensées automatiques plus ou moins conscientes qui refusent ma singularité mais me disent que « je dois être affirmé » quand je suis timoré, que « je dois être leader » quand je suis dépendant, que « je dois avoir confiance » quand je suis anxieux, que « je dois être extraverti » quand je suis introverti, etc.

QUELQUES LOIS IRRATIONNELLES AU TRAVAIL

Le travail en équipe : tous les humains doivent être bons, empathiques, sympathiques.
En réalité : la façon de collaborer, d'aider, d'informer, de remplir une mission se fera selon tel ou tel tempérament, ce qui entraîne parfois d'inévitables réajustements, voire des conflits.
Les tempéraments : tous les humains doivent savoir réguler leurs émotions au travail.
En réalité : il est bien difficile pour l'anxieux de ne pas stresser, pour le pessimiste de voir la vie en rose et pour le « colérique » de ne pas avoir des sautes d'humeur...
L'efficacité au travail : tous les humains doivent donner leur maximum et s'organiser pour être le plus performant possible.
En réalité : l'humain au travail est faillible avec ses lenteurs, ses incompréhensions, ses refus, ses désirs, ses blocages...
Les attitudes : tous les humains devraient savoir se remettre en cause au travail.
En réalité : il est bien difficile de laisser « sa » personnalité au vestiaire, de devenir un forçat du boulot quand on est adepte du farniente, d'écouter ou de comprendre les autres quand son narcissisme déborde...
En fait, la réalité au travail devrait être comme j'ai envie qu'elle soit ! Je n'évoque pas ici les colères de « couple » qui, elles aussi, signent cette volonté d'assimiler l'autre à soi et peuvent conduire à des ruptures le plus souvent irréversibles[3].

La colère contre les autres

Nous avons les mêmes attentes irrationnelles pour exiger que les « personnes lentes soient réactives », que les « profils narcissiques fassent preuve d'empathie », que « les dépressifs soient gais »... Le meilleur exemple se trouve au travail où, en général, nous voudrions un monde idéal, où ce « les autres doivent fonctionner comme je le veux... » est des plus prégnant.

La colère contre la vie en général

Nous ne sommes malheureusement pas « irrationnels » qu'au travail, notre irréalisme peut se révéler dans n'importe quel aléa de la réalité. Les « colériques » le savent bien, beaucoup de « choses de la vie » les exaspèrent et surtout les incontournables frustrations. Alors, sommes-nous tous d'incorrigibles colériques ?
Pour le savoir, reportez-vous au test ci-contre.

Réguler sa colère

En cas d'urgence...

Attention : faim ou fatigue = danger = colère exacerbée.

Si vous sentez que votre adrénaline prend le dessus, quittez immédiatement le lieu de votre colère et prenez vite un verre d'eau, la colère s'autorenforce et s'autoalimente, vous ne pourrez pas la faire redescendre seul. *A contrario*, si vous assistez à une crise de colère, nul besoin de tenter de tempérer l'autre, vous ne ferez qu'amplifier son agressivité ; là encore, il est plus judicieux de quitter la scène et de reprendre le dialogue après la tempête.

Comment tempérer ses colères ?

S'il s'agit de colères « irrationnelles » comme précédemment décrites, il vous faudra apprendre à repérer vos pensées, vos « cognitions » qui sont les braises de vos émotions : ce que vous vous dites dans telle ou telle situation (apparemment déclenchante de colère), est-ce « rationnel » ou complètement hors réalité ? Est-ce que je pense la vie et les autres de manière philosophique, en acceptant inconditionnellement les différences et les aléas ou est-ce que je continue à m'endoctriner pour que la réalité soit « ma » réalité ?

ÉVALUEZ-VOUS : ÊTES-VOUS COLÉRIQUE ?

Pour chaque situation, cochez la case qui correspond le plus au comportement que vous auriez.

Cet événement peut-il déclencher votre colère ?	Oui	Non	Avec faible intensité	Avec forte intensité
1. Vous conduisez, vous êtes pressé et il y a un embouteillage.	☐	☐	☐	☐
2. Au travail, vous êtes prévenu au dernier moment pour accomplir une tâche.	☐	☐	☐	☐
3. Vous avez faim et le repas n'est pas prêt.	☐	☐	☐	☐
4. Votre conjoint n'aide pas aux tâches ménagères.	☐	☐	☐	☐
5. Votre enfant vous a menti.	☐	☐	☐	☐
6. Le garagiste garde votre voiture et ne vous a pas prévenu à temps.	☐	☐	☐	☐
7. Vous participez à une discussion et vos arguments ne sont pas écoutés.	☐	☐	☐	☐
8. Vous avez arrosé votre jardin et il pleut dix minutes après.	☐	☐	☐	☐
9. Un collègue de travail vous fait une réflexion devant tout le monde.	☐	☐	☐	☐
10. La personne que vous attendez est très en retard à votre rendez-vous.	☐	☐	☐	☐
11. Une personne peu honnête a de grands succès professionnels.	☐	☐	☐	☐
12. Un collègue de travail ne parle que de lui, ne se préoccupe jamais de vous.	☐	☐	☐	☐
13. Quelqu'un vous manque de respect.	☐	☐	☐	☐
14. La personne avec qui vous discutez est de mauvaise foi.	☐	☐	☐	☐
15. Vous arrivez à la station-service, elle est fermée.	☐	☐	☐	☐
16. Un collaborateur au travail laisse sa tasse de café sans la ranger.	☐	☐	☐	☐

Cet événement peut-il déclencher votre colère ?	Oui	Non	Avec faible intensité	Avec forte intensité
17. La photocopieuse est en panne et vous en aviez un besoin urgent.	■	■	■	■
18. Un artisan n'effectue pas toutes les tâches demandées.	■	■	■	■
19. Vous avez fait une fausse manœuvre, votre PC supprime le travail accompli.	■	■	■	■
20. Quelqu'un téléphone alors que vous êtes occupé.	■	■	■	■
21. Sur l'autoroute, vous perdez votre station radio favorite.	■	■	■	■
22. Le programme de télévision que vous regardiez est interrompu de façon inopinée.	■	■	■	■
23. Votre ami ne vous a pas téléphoné comme prévu.	■	■	■	■
24. Vous avez oublié d'envoyer un document à la date indiquée.	■	■	■	■
25. Au guichet d'une gare, la personne devant vous mobilise le préposé de service.	■	■	■	■
26. Le médecin vous fait attendre beaucoup plus que prévu.	■	■	■	■
27. Un « professionnel » tente de vous manœuvrer.	■	■	■	■
28. Quelqu'un dit des sottises dans votre domaine d'expertise.	■	■	■	■
29. Lors d'un repas, votre interlocuteur ne vous écoute plus.	■	■	■	■
30. Le feu de circulation vient de passer au rouge parce que l'automobiliste précédent était lent.	■	■	■	■
31. On vous refuse la priorité au carrefour.	■	■	■	■
32. Quelqu'un utilise l'eau pendant votre douche, l'eau devient trop chaude ou trop froide.	■	■	■	■
33. Votre enfant en bas âge vous désobéit.	■	■	■	■

Cet événement peut-il déclencher votre colère ?	Oui	Non	Avec faible intensité	Avec forte intensité
34. Un radar vous « flashe » à 53 km/h.	■	■	■	■
35. Une décision politique est prise alors que votre parti « de cœur » n'est pas au pouvoir.	■	■	■	■
36. Vous prenez votre voiture, le plein d'essence n'a pas été fait.	■	■	■	■
37. Une grève de dernière minute arrête tous vos plans.	■	■	■	■
38. Vous n'avez pas pu faire tout ce que vous aviez prévu lors d'un week-end.	■	■	■	■
39. Vous aviez prévu un dîner entre amis à l'extérieur, il pleut.	■	■	■	■
40. Le produit que vous vouliez acheter n'est pas disponible.	■	■	■	■
41. Vous faites tomber votre tartine du petit déjeuner côté beurre.	■	■	■	■
42. Il n'y a plus de shampooing quand vous êtes sous la douche.	■	■	■	■
43. Au restaurant, vous venez de faire une tache sur votre chemise.	■	■	■	■
44. Quelqu'un coupe la file d'attente dans une grande surface ou au cinéma.	■	■	■	■
45. Votre conjoint vous critique devant d'autres personnes.	■	■	■	■
46. Dans un magasin, la personne arrivée après vous est servie en premier.	■	■	■	■
47. Quelqu'un s'arrête en double file pour faire une course, met ses « warnings ».	■	■	■	■
48. Une personne jette un emballage sur le sol.	■	■	■	■
49. On vous prend la place de voiture convoitée sur le parking d'une grande surface.	■	■	■	■
50. Vous avez un PV pour stationnement illicite.	■	■	■	■

Pour certaines situations « déclenchantes » vous avez répondu « oui » et constaté une forte intensité. Dans ce cas, vous l'avez remarqué, il ne s'agit plus de petits sentiments colériques comme la contrariété, l'irritation, la frustration, l'amertume, l'aigreur, l'énervement, mais d'émotions plus fortes. La véritable colère traduit en effet une émotion intense comme l'aversion, l'exaspération, voire la fureur et parfois la « rage », la haine...

Résultats :

Comptez un point par réponse « oui » et un point supplémentaire si vous avez évalué avoir ressenti une « forte » intensité.

• ***Moins de 50 points :*** *beaucoup de choses vous agacent dans la réalité humaine mais les sentiments de colère restent d'une faible intensité : vous êtes agacé, irrité, frustré de certains comportements ou aléas, mais savez faire la part des choses.*

• ***Plus de 50 points :*** *la réalité vous heurte souvent : vous avez du mal à gérer vos émotions, certaines situations ou comportements vous sont « insupportables ». Lisez attentivement le paragraphe qui suit pour tenter de « tempérer » vos sautes d'humeur.*

• ***Plus de 75 points :*** *nous pouvons faire l'hypothèse que vous avez un tempérament colérique, vous êtes très souvent « tué » par la vie et les autres en général. Lisez et relisez attentivement ce chapitre !*

Conclusion

La colère est à prendre au sérieux; elle peut nous faire basculer d'un simple excès de tempérament à un « pétage de plombs » incontrôlé, destructeur pour soi et pour les autres. S'il s'agit de colères irrationnelles, souvenons-nous qu'elles sont fortement liées à notre intolérance aux frustrations et qu'elles signent surtout un déni du principe de réalité[4]. Les Esquimaux évoquent d'ailleurs un « comportement d'enfant » pour la décrire. Remettre en question ses demandes ou ses attentes « irrationnelles » est un premier pas vers une nouvelle philosophie de vie : l'acceptation inconditionnelle de soi, des autres et de la réalité en général.

Quand la colère nécessite des soins

- Un long travail de recherche du « pourquoi » des colères se révèle souvent inefficace; le « divan » est peu indiqué.
- S'adresser à un professionnel des approches comportementales et cognitives de l'AFTCC.
- Travailler avec des spécialistes des comportements colériques (Institut RET).

Pour en savoir plus sur la colère, reportez-vous page 54.

Pensez plus « rationnel »!

Face à un événement déclencheur	Pensées irrationnelles	Conséquences émotionnelles et comportementales
Les gens qui communiquent mal	On doit dire ce que l'on pense et veut!	Colère contre ceux qui tergiversent, ne s'affirment pas.
Les personnalités « rigides »	Elles doivent se remettre en cause.	Colère contre leurs résistances au changement, discussions stériles pour convaincre...
Les religieux	Ils devraient comprendre que la liberté est la libre-pensée.	Colère, volonté de critiquer, d'exclure les croyants de toute obédience.
Les gens de mauvaise foi	On doit reconnaître ses torts.	Colère contre les menteurs, conflit pour obtenir la vérité...
L'incivilité, l'égoïsme des autres	Les humains doivent se respecter.	Colère : la société ne devrait pas régresser, combat permanent pour « civiliser »... à perte...
Le non-respect de l'environnement	On devrait comprendre qu'on court à la catastrophe.	Colère, mépris des consommateurs en général.
Les hommes de pouvoir	Ne devraient pas s'accrocher à leurs privilèges.	Colère, aigreur constante, humiliation devant les plus « forts ».
La mauvaise météo du Nord	On devrait bénéficier du climat du Sud.	Colère, exaspération.
Poursuivez la liste!	Retrouvez vos irrationalités.	Qu'avez-vous ressenti, fait?

Pensées rationnelles	**Conséquences émotionnelles**	**Attitudes à développer**
Beaucoup d'humains n'osent pas déranger l'autre et ne savent comment faire.	Frustration acceptée.	Mieux communiquer avec eux pour libérer leurs demandes, leur ressenti.
Cette « résistance » est leur jambe de bois.	Frustration acceptée, énervement.	Comment les amener à envisager de nouvelles pensées ?
Beaucoup d'humains ne supportent la vie terrestre qu'avec la promesse d'un au-delà.	Incompréhension, irritation.	Discuter avec les religieux pour éviter les intégrismes.
Beaucoup ont du mal à dire la vérité.	Frustration acceptée.	Les sécuriser quand ils cachent la vérité.
La société de consommation crée les égocentriques.	Frustration acceptée, déception.	Je peux défendre mes idées, mes valeurs morales, je ne les attends pas !
Dans un contexte d'hyperconsommation, beaucoup ne réfléchissent plus.	Frustration acceptée, désolation.	Je continue d'informer et tente de convaincre.
Ceux qui aiment le pouvoir sont rarement altruistes, c'est dommage mais antinomique.	Frustration acceptée.	Je peux en qualité de citoyen, veiller au partage des privilèges.
Accepter que le Nord soit moins ensoleillé que le Sud.	Frustration acceptée quand il s'agit de manger dehors l'été.	J'organise mes loisirs en fonction du temps, je ne le « subis » plus.
Pourriez-vous avoir des pensées plus rationnelles ?	Quelles sont vos « nouvelles » émotions ?	De nouvelles attitudes ?

2

Dr Nicolas Duchesne

Tristesse, spleen : bien comprendre pour bien gérer

**Quand la tristesse s'insinue en nous, elle produit un ressenti pénible et désagréable, et cela peut nous conduire à chercher comment nous en protéger.
Pourtant, elle délivre également un message utile à notre équilibre.
Il existe des degrés et des niveaux bien différents de tristesse que l'observation psychologique permet de distinguer.
Faire face aux émotions, lutter contre un spleen prolongé ou encore soigner un état dépressif relèvent d'attitudes et de moyens différents.
Découvrons notre écologie émotionnelle.**

Bonjour tristesse !

Les événements de tous les jours sont susceptibles de déclencher en nous quantité de sombres émotions : peine, tourment, douleur, ennui, affliction, amertume, chagrin, morosité, désolation, malheur...

Les émotions sont notre source d'information intime sur l'impact psychologique des événements extérieurs et intérieurs. Mais autant nous savourerons le plaisir procuré par une attention aimable à notre encontre, autant l'absence d'un ami attendu produira un signal de tonalité douloureuse.

Ainsi, les émotions sont comme la palette des couleurs de notre vie, et la tristesse englobe les tonalités allant du gris clair au noir.

Les émotions ont chacune leur nécessité

Les émotions donnent des couleurs à notre vie. Bien sûr, la peine est douloureuse à ressentir ! Pourtant, la tristesse est une information personnelle capitale à considérer : elle signale un processus psychique de perte, de déception, de manque. Elle peut connaître des degrés variés, de l'abattement au départ d'amis après un bon week-end ou du découragement (teinté de colère) lorsqu'on découvre qu'on s'est trompé de jour à un rendez-vous, jusqu'au désespoir profond à l'annonce d'un décès important. Elle s'exprime physiquement – abattement, poids intérieur, pleurs – et mentalement – focalisation de l'attention sur le problème et désintérêt pour le reste. Elle engage une réaction de repli sur soi, de mise en retrait qui peut avoir pour fonction de nous reposer, de récupérer, d'accepter ce qui ne peut être changé, ou de préparer une réaction adaptée. Mais surtout, pour nous les psys, dans la peine provoquée par un échec, il y a la prise de conscience de l'importance de cet objet manquant, parfois symbolique, pour notre équilibre psychique : « Elle me manque tellement, je réalise maintenant combien je l'aime ! » À partir de là, notre conduite peut s'orienter vers des buts identifiés : c'est la première étape vers des ajustements intérieurs (gestion psychologique de la perte) ou des conduites rectifiées (se comporter différemment avec sa compagne, par exemple).

La tristesse délivre un message utile à notre équilibre.

N'oublions pas la dimension créative de la mélancolie, chez les artistes en général et les poètes en particulier : « Les sanglots longs des violons de l'automne bercent mon cœur d'une langueur monotone... » Signalant la perte, la tristesse fait vibrer les attachements originels et idéaux : combien de paroles tristes dans les slows langoureux sur lesquels nous nous sommes tant aimés. Et quelle beauté dans le blues !

Dans la gamme des gris clairs ou foncés, la tristesse connaît des déclinaisons relationnelles nombreuses (honte, embarras, culpabilité...) ainsi que des durées variables : des sanglots complaisants au sortir d'une séance de cinéma à la douleur longtemps persistante d'une rupture affective subie.

Ainsi comprise, la tristesse est un message très utile, bien que douloureux, qui favorise la réorganisation psychique autour de la perte, selon un processus psychologique « de deuil », minuscule ou majuscule.

À QUOI SERT LA TRISTESSE ?

- À récupérer après une perte ou un échec : en nous retirant de l'action, nous effectuons un travail de recueillement salutaire et de cicatrisation psychologique.
- À souligner les situations douloureuses en vue d'apprentissage.
- À obtenir le soutien, la consolation d'autrui.
- À désamorcer l'agressivité des autres (fondre en larmes peut désarmer les assaillants).
- À être ensuite plus à même de ressentir la peine des autres.
- Pour les artistes, à ouvrir les portes de leur jardin intérieur.

Si la tristesse est négligée...

La prise en considération des signaux émotionnels s'installe dans la petite enfance, et traverse schématiquement les étapes suivantes que je vous propose de décomposer en jouant. Voulez-vous vous prêter à ce court scénario fiction ? Au moment de vous coucher, votre maman constate l'absence de votre doudou et réalise qu'il a dû tomber du panier lors de la promenade de l'après-midi. À l'idée de dormir sans ce précieux réconfort, de gros sanglots vous prennent, avec quantité de larmes et autres expressions de chagrin.

Si vous faites un retour sur votre jeune âge, vous trouverez bien des variantes : au sortir de la classe, les autres enfants partent peu à peu avec leurs accompagnants et vous vous retrouvez en reste, jusqu'à ce que la surveillante de cour vienne vous dire qu'elle va vous garder parce que votre mère a eu un problème. Ou, au retour des vacances, vous apprenez que votre meilleur ami a déménagé.

Dans un scénario idéal, la maman constate l'émotion : « Mon chéri, tu es tout bouleversé ! » Elle nomme la tristesse : « Comme tu dois être triste ! », et elle comprend la logique de cet énorme désarroi intime, produit pourtant d'un désordre matériel minuscule mais symboliquement

important, la perte de l'objet transitionnel salvateur renvoyant au manque d'affection ou de sécurité : « Ton doudou t'aide tellement à t'endormir calmement. » Enfin, elle cherche une solution acceptable : « Faisons un câlin... »
Nous retrouvons là, caricaturées, les quatre étapes de la gestion des émotions. Pourtant :

- 1re étape : si, dans un contexte contraignant, l'émotion est niée (« Ton cinéma est ridicule, arrête de nous ennuyer et dors ! »), l'enfant devra intérioriser cette charge émotionnelle violente.
- 2e étape : si l'adulte n'aide pas l'enfant à étiqueter son émotion (« Il doit être fatigué, laissons-le »), ce dernier restera confus dans le décryptage intime de lui-même.
- 3e étape : si l'émotion n'est pas acceptée (« À ton âge, tu devrais avoir honte de pleurer pour si peu... Et tu ferais mieux de t'en prendre à toi-même de ton inattention ! »), il entrera en lutte avec lui-même, la peine refoulée par une émotion secondaire de honte, par exemple.
- 4e étape : ne pas apprendre les bonnes solutions (« Donnons-lui plus à manger/un petit verre d'alcool, ça le calmera et il dormira mieux... ») conduirait à de bien mauvaises habitudes de gestion de soi.

Pour une écologie émotionnelle

La souffrance ne fait-elle pas partie des composantes incontournables du sens de la vie ? Vivre pleinement, est-ce se sentir bien constamment ou accepter de tout sentir de la vie, sans peur des expériences pénibles ? Or, pour des motifs psychologiques (ne pas s'écouter, craindre la peine), éducatifs (« Sois un homme, mon fils, pleurer ne sert à rien ! ») ou sociaux (la valorisation de l'action ininterrompue et du contrôle de soi par la volonté), ces temps de recueil avec soi-même, puis de dépassement que sollicite la tristesse sont souvent sacrifiés. La tristesse emprunte alors des chemins détournés, souvent pathologiques : rumination de l'absence, anticipation des peines futures possibles, réticence ultérieure à s'attacher une nouvelle fois, somatisations diverses (plaintes, douleurs ou même maladies objectives) ou perturbations comportementales (irritabilité, abattement, refuge dans le travail, l'alcool, le tabac, etc.[1]).

Quand la tristesse est plus intense ou persistante

Les caractères naturellement brefs, changeants et réactifs des émotions peuvent disparaître dans certaines situations. Si la supplique naïve de Beethoven dans l'*Hymne à la joie* : « Dieu, que ma joie demeure ! » est rarement exaucée, certaines épreuves majeures de vie sont susceptibles de nous affecter durablement et intensément. Ce sont ces deuils dramatiques, ces abandons terribles, ces brisures existentielles, sources de funestes chagrins, de sinistres souffrances, de terribles malheurs...

Chacun puise alors au plus profond de lui pour tenir. Vous pouvez aider un proche en deuil par une écoute chaleureuse, respectueuse et disponible.

Pas tous égaux : le spleen permanent et les personnalités dépressives

Certaines plaintes découragent toutefois les bonnes volontés : certaines personnes vivent dans une tristesse permanente constamment alimentée par leur pessimisme. Elles envisagent les faits selon l'angle négatif, tant leur environnement (ce qui ne va pas) qu'elles-mêmes (leurs insuffisances et incapacités), subissent un ressenti émotionnel négatif permanent et développent des attitudes prudentes et retenues dans leurs relations. Nostalgie, souffrance morale, spleen sont leur quotidien. Pire encore, l'inaptitude à savourer les événements positifs, ce que les psychiatres appellent émoussement de la réactivité émotionnelle, empêche la compensation habituelle des peines par les bonnes nouvelles. Qui ne connaît une personne qu'aucune distraction ne détourne de sa tristesse ?

Ces « caractères pessimistes » sont constitués pour part d'éléments innés, héréditaires, appelés le tempérament, et pour part des influences éducatives et historiques de l'enfance. Les traits de personnalité dépressive conduisent à un vécu triste permanent au point qu'elles n'imaginent même pas pouvoir le modifier.

S'il est manifeste qu'un tel fonctionnement est source de souffrance, cette forme de personnalité contient en elle-même de puissants facteurs de stabilité : l'adéquation fréquente de sa manière de voir avec ses expériences de vie, certains éléments de son éducation et son ressenti intime, l'adhésion à une philosophe du courage face à la dureté de l'existence, la conviction d'être comme ça depuis toujours… et pour toujours, et de l'inefficacité de toute démarche de changement.

Cette attitude négative évite également les désillusions douloureuses et permet parfois de recueillir plus de soutien relationnel. D'autres formes de personnalités pathologiques (excès de dépendance affective ou conduites systématiques d'échec) accentuent la survenue d'émotions de tristesse. Ces convictions sont exagérées ou erronées et il faut inciter ces personnes à consulter, même si le travail personnel à accomplir est évidemment plus long car il faut alors agir sur des modes de fonctionnement inscrits dans la personne.

DANS LA PEAU D'UNE PERSONNALITÉ DÉPRESSIVE[2]

- Son climat émotionnel dominant est la tristesse, le manque d'entrain, la morosité, même en l'absence d'événements pénibles.
- Même dans les occasions agréables, elle éprouve peu de plaisir (on parle d'« anhédonie »).
- Elle voit préférentiellement le côté sombre des situations, amplifie le négatif et diminue le positif, adhère aux scénarios défaitistes (pessimisme).
- Elle s'évalue elle-même défavorablement, même si les autres l'apprécient, ne se juge ni ne se sent à la hauteur, et s'attribue vite la responsabilité de ce qui ne fonctionne pas (tendance à la culpabilisation).

Jean-Pierre Bacri a joué plusieurs personnages de ce style…

La prudence, valeur clé des personnalités dépressives

En contrepoint avec les personnalités enthousiastes, dangereuses par intrépidité et inconséquence, envahissantes par excès de confiance en elles, les pessimistes avancent avec prudence. L'acuité de leur sens critique contrebalance bien certaines tendances lénifiantes du style « tout va bien dans le meilleur des mondes ».

On a toujours besoin d'un petit pessimiste vigilant chez soi, mais avec modération.

Comment faire face à la tristesse ?

1. Reconnaître la peine, la tristesse, l'engourdissement mental, la fatigue, la lassitude en soi-même, au lieu de s'engluer dans les circonstances extérieures.
2. Accepter la tristesse. Pleurer n'est pas indigne mais une manifestation profondément humaine, tristesse n'est pas lâcheté comme notre culture du *self control* émotionnel le transmettrait volontiers. Écouter le message de la tristesse et s'en préoccuper comme on nettoie une plaie pour que la cicatrisation survienne.
3. Si ma tristesse est en rapport avec une cause abordable, chercher l'action convenable. Par exemple, si je suis triste d'une incompréhension avec un ami, ou d'avoir blessé quelqu'un, aller s'expliquer, s'excuser.
4. Si ma tristesse n'a pas (ou plus) de cause sur laquelle agir (deuil, pensée nostalgique, acte irréparable, échec définitif), prendre soin de soi dans le respect de sa tristesse, il s'agit de se recentrer sur soi, selon différents axes.

COMMENT SURMONTER SA TRISTESSE

- Rechercher du réconfort relationnel. Exprimer sa tristesse à quelqu'un d'attentif et de compatissant procure un soulagement puissant. Cela renforce les liens avec ceux qui nous offrent leur soutien par l'écoute. Se refermer totalement sur soi accentuerait les ruminations et priverait de riches sollicitudes, parfois inattendues. Il est prouvé scientifiquement que le sourire engendre le sourire. Mais il faut bien choisir ses interlocuteurs (étant en position de faiblesse, rejets et blessures sont plus intenses) et veiller à ne pas les lasser.
- Veiller au piège de la rumination, du « penser en rond ».
- Continuer à agir en proportion de ses forces. L'excès d'inactivité et de retrait enferme dans une immobilité déprimante pour l'esprit.
- Pratiquer des activités reposantes.
- Apaiser son corps avec des méthodes relaxantes.
- S'autoriser des activités de tonalité agréable, quoique moins réjouissantes dans le contexte (promenade, mots fléchés...). Quelles seraient les vôtres ?
- Remettre en cause sa manière de voir si elle est trop systématique.

La tristesse peut n'être qu'un symptôme, un des signes d'une instance plus profonde de notre fonctionnement, le moral, appelé l'humeur en termes médicaux. Le dérèglement pathologique de l'humeur s'appelle la maladie dépressive, véritable fléau de l'humanité.

Le moral, ses pannes et ses mouvements

Ce qu'est l'humeur

En arrière-fond de ces mouvements émotionnels incessants, l'humeur est comme notre station météorologique interne. Elle correspond à l'association interactive de plusieurs paramètres fondamentaux de notre psychisme (la coloration émotionnelle en partie, mais aussi le sentiment d'être en forme, la tonalité agréable ou pénible de nos pensées...). L'humeur commande également notre organisme (rythme de fonctionnement, énergie, régulation des actes automatiques tels que le sommeil, les pulsions alimentaires et sexuelles...). Ces composantes sont en ajustement permanent, généralement plus lentement que les émotions.

LES DÉGRADÉS DE L'HUMEUR

Pour schématiser, vous pouvez suivre le dégradé de quelques-uns des principaux constituants de l'humeur. Ils ne deviennent parlants qu'aux degrés extrêmes.

Sur le plan émotionnel

Euphorie-ravissement-joie-contentement-neutre-déplaisir-peine-tristesse-désespoir

Sur le plan du sentiment de forme physique

Survolté-énergique-dispos-neutre-las-mou-fatigué-exténué

Sur le plan du contenu des pensées

Exaltées-allègres-enjouées-gaies-neutres-moroses-sombres-désolantes-noires

Sur le plan du rythme de fonctionnement du corps et de l'esprit

Emballé-précipité-accéléré-rapide-normal-lent-apathique-inerte-figé

Sur le plan des perceptions sensorielles

Violentes-aiguës-intenses-fines-neutres-atténuées-diminuées-amorties-éteintes

L'humeur est le « concentré » de notre ressenti général, plus ou moins confortable ou désagréable. Elle est régulée par des centres neurologiques plus complexes que les émotions[3]. Tout en étant sensible aux événements de notre vie, elle est aussi soumise à des régulateurs physiologiques internes complexes (synthèse d'une multitude de messages cérébraux, état de la neurotransmission, climat hormonal...).

FACTEURS INFLUENÇANT LE MORAL

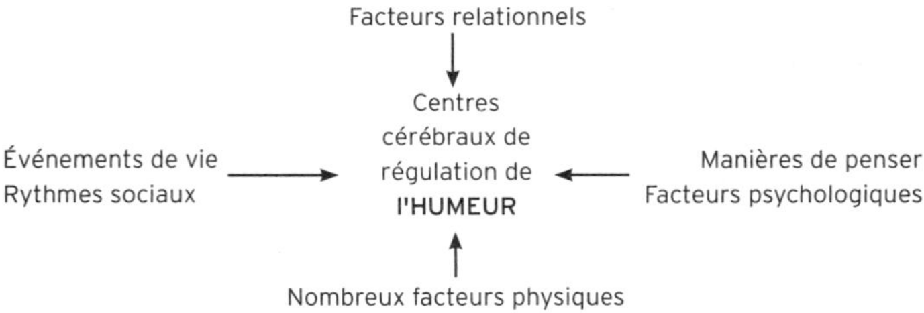

La cyclothymie naturelle

Chacun de nous ressent des fluctuations d'humeur légères ou modérées de façon naturelle, suivant plus ou moins certains rythmes identifiés : les cycles saisonniers, les cycles menstruels ou du fait de notre labilité naturelle... Certaines formes dépassent la limite de l'acceptable et peuvent relever de soins[4].

Subir un état dépressif

Sous l'effet, le plus souvent conjugué, du dérèglement de ces facteurs peuvent survenir de redoutables pannes du moral appelées états dépressifs.

La personne se sent alors significativement différente de son état normal : il y a rupture, cassure avec le fonctionnement habituel et non plus simple variation. Même si la dépression suit un événement déclencheur, qui peut sembler l'expliquer, elle est un état de dérèglement exagéré et non plus une réaction proportionnée.

La plupart de ceux qui ont connu un état dépressif majeur s'en souviennent amèrement, s'il a été reconnu comme tel. Lors d'un épisode dépressif majeur, l'intensité de la tristesse atteint un degré extrême, alimentée par des idées pessimistes sur soi (culpabilité, inutilité) et vis-à-vis des autres (honte, indignité), une vision désespérante de l'avenir associée parfois à des idées noires et suicidaires. On chercherait en vain à contrer de front ces sombres pensées que les blessures de la vie viennent alimenter comme plus de bois dans un feu. Mais l'argumentation développée par le déprimé, le plus souvent faiblement d'ailleurs, cache le désastre existentiel de s'être perdu à soi-même, de souffrir sans bien comprendre ce qui ne fonctionne plus, de subir sans espoir. La tristesse devient misère morale, mélancolie, désespérance[5]. Être épuisé, endolori sans cause médicale proportionnée, et peiner, chaque acte de la vie étant devenu lourd, pesant, englué, inexplicablement ralenti. Dé-pression, plus de jus, panne de batterie, obligeant la personne à des efforts énormes pour accomplir des tâches simples auparavant, lui ôtant désir et envie d'accomplir ses activités habituelles. Survient le triomphe des émotions négatives, naturellement : parfois violentes, sentiment de contrariété, d'inutilité, de culpabilité ou d'irritabilité, produisant de fréquentes envies de pleurer; tantôt éteintes, suspendues, anesthésiées, la vie psychique est vide et coupée du monde, « plus de goût à rien, envie de rien, le cœur est sec, la tête est vide ». Émotions parfois violentes : préoccupation obsédante, désespoir insupportable figurant la mort comme une délivrance.

Chez la personne âgée, la dépression prend parfois le masque de la perte de ses capacités, comme dans la démence.

L'état dépressif relève d'un soin médico-psychologique attentif. Si une dépression reste déjà un cuisant souvenir existentiel, elle expose aussi au risque de récidives ou au dévoilement d'une fragilité dans la régulation de l'humeur. En cas de récidive, il est important d'effectuer un travail préventif de rechute[6].

Une dépression modérée prolongée, ça existe

Certaines personnes vivent de très longues périodes dans un climat émotionnel maussade, terne et gris, triste ou tout au moins sans joie ni moment agréable. Les psychiatres appellent « dysthymie » cet état de moral modérément dépressif durant plus de deux ans. Il est retrouvé chez 3 à 5 % de la population, deux fois plus chez les femmes.

Cet état pénible persistant devrait inciter à faire un bilan personnel, médical et psychologique, pour identifier les causes, souvent intriquées, du malaise :
• le message est d'abord l'expression d'un manque affectif douloureux persistant, figé, mais s'associe parfois ;
• des causes organiques, signe alors d'un dérèglement encore caché, endocrinien ou médicamenteux par exemple ;
• les séquelles d'une pathologie psychiatrique incomplètement guérie ;
• une déstabilisation de l'équilibre psychologique du sujet, particulièrement fréquente quand les traits de caractère sont marqués, comme chez les personnalités dépendantes par exemple ;
• proportionnel à la situation de vie, aux événements.
Après avis du médecin traitant, un travail psychothérapique est nécessaire. Les traitements antidépresseurs sont inefficaces et contre-indiqués dans cette situation.

Quand des hauts grisants alternent avec des bas redoutables

Certaines personnes subissent des fluctuations intenses de leur humeur, ce qu'on appelle cyclothymie (10 % de la population), et d'autres des phases de dépression maladive alternées de phases d'excitation, d'exaltation, d'hypertension psychique (3 % de la population), appelées troubles bipolaires, qui relèvent de soins médico-psychologiques spécifiques[7].

Conclusion

Un proverbe tchèque dit : « La gaieté est la moitié de la santé. » Confusion éclairante entre émotion et santé…
Les émotions autour de la tristesse, les orientations de personnalité systématiquement pessimiste et les différentes formes de dépression participent chacune aux accents du blues mais sont de nature psychologique et neurophysiologique très différentes.
Si émotions et moral ne dépendent ni l'un ni l'autre de notre volonté consciente et rationnelle, les moyens de bien gérer les unes et l'autre sont distincts et spécifiques. La tristesse, constituant naturel de toute existence, sollicite une

démarche de connaissance de soi, un entraînement à la gestion émotionnelle et procure un enrichissement personnel ; de même un travail psychothérapique, alors plus introspectif, est possible pour un trouble de personnalité ; les troubles de l'humeur, étant des manifestations pathologiques redoutables, relèvent d'une aide médicale.

Pour en savoir plus sur le spleen et la tristesse, reportez-vous page 54.

3

Dr Frédéric Chapelle

Limiter le stress et les inquiétudes

L'anxiété est une émotion que nous ressentons tous à un ou plusieurs moments de notre existence. Certains d'entre nous ne vont pas en souffrir, alors que d'autres la subiront intensément. Nous ne sommes donc pas tous égaux face à cette émotion. Elle peut prendre différents noms, des soucis pour les uns, pour d'autres de l'inquiétude, des préoccupations. Elle prend parfois le nom de stress, et d'autres peuvent la confondre avec la peur, qui est une émotion bien distincte. Chacun ressentira l'anxiété de façon différente selon son propre passé, ses souvenirs, ses vécus antérieurs, son développement psychologique et aussi en fonction de son corps et de ses hormones.

Angoisse et anxiété

Nous avons tous des manières différentes de réagir face aux situations de la vie quotidienne. Certains sont capables d'avoir une anxiété adaptée qui ne générera pas de perturbation importante dans leur vie, alors que d'autres vont immédiatement déclencher une réaction d'angoisse faite de sensations physiques importantes associées à des pensées anxieuses. Ce système pourra d'ailleurs perdurer en l'absence même de circonstances favorisantes. Prenons l'histoire de David et Florence qui sont les parents de Romain, un grand garçon de 18 ans, détenteur du permis de conduire depuis peu. Ce dernier vient d'avoir un accident avec la voiture familiale. Il n'est pas blessé, et ce sont surtout des dégâts matériels dont il devra assumer la charge. Voici comment réagissent ses parents.

David : Pour moi la situation était assez simple. Quand j'ai reçu l'appel téléphonique de mon fils, j'ai eu un pic d'angoisse de quelques secondes qui est rapidement redescendu quand il m'a dit qu'il n'était pas blessé. Il n'avait pas correctement pris son virage et il a heurté la barrière de sécurité sans entraîner d'accident avec d'autres véhicules. Très rapidement sont venues quelques préoccupations, il fallait envisager ce qu'il devait faire sur place. Après un appel à l'assurance, le véhicule a été pris en charge et je n'avais donc plus à m'en préoccuper. Par contre, pendant plusieurs jours, je me suis senti soucieux. En effet, la voiture étant assurée au tiers, les travaux allaient être à notre charge et cela ne tombait pas bien au niveau financier. Dans la journée, il m'arrivait de me demander comment j'allais faire pour faire face à ces frais supplémentaires. Cela ne perturbait pas mon travail, et je pouvais rapidement me remettre à la tâche. Le soir, quand nous en parlions avec ma femme, je me sentais un peu anxieux et cela m'amenait à chercher des solutions sans pour autant m'empêcher de dormir. Assez rapidement j'ai pris la décision de voir mon banquier pour envisager un prêt permettant de lisser la situation financière en attendant ma prime de fin d'année. Je ne me suis plus senti anxieux par la suite, la situation était réglée.

Florence : J'ai eu très peur. Il aurait pu mourir et je n'arrêtais pas d'y penser. Je me disais que s'il n'avait pas mis sa ceinture, il aurait traversé le pare-brise. Dès que mon mari m'a annoncé la nouvelle, j'ai ressenti une grande angoisse ; une bouffée de chaleur m'a envahie des pieds à la tête, mon cœur n'arrêtait pas de taper dans ma poitrine et j'avais une sensation de vertige qui m'envahissait. J'ai cru que j'allais me trouver mal. Jusqu'au moment où notre fils est rentré je suis restée angoissée. J'avais besoin de le voir pour me sentir rassurée. Je me disais qu'il pouvait malgré tout avoir eu un choc sans s'en rendre compte et tomber dans le coma secondairement. Même une fois qu'il est rentré, je ne cessais de l'épier pour m'assurer qu'il allait bien. Je n'en ai pas dormi de la nuit. J'ai passé mon temps à faire un film en boucle dans lequel mon fils avait un grave accident et que personne ne voulait me dire ce qui se passait. Les jours qui suivirent ne furent pas bons, j'avais peur qu'il conduise de nouveau, je me disais qu'il pouvait avoir un accident plus grave, qu'il pouvait mourir. Les pensées me venaient à l'esprit et je n'arrivais pas à les chasser. J'avais beau essayer de faire autre chose, immanquablement mon esprit revenait sur ce danger potentiel. Je me rappelais la mort dans un accident de voiture du fils d'un voisin et je me voyais portant la même douleur en étant incapable d'affronter la situation. À cela s'associait le problème financier, j'avais l'impression que nous n'arriverions pas à assurer les frais de réparation, je réfléchissais à tout ce sur quoi je pourrais faire des économies mais cela m'épuisait, j'avais l'impression que tout ce que nous ferions serait inutile. Mon mari avait beau me dire que ce n'était pas si grave que cela, que l'important c'était que notre fils soit vivant et en bonne santé, je ne pouvais m'empêcher de m'inquiéter pour lui et pour nous.

Nous sommes tous confrontés dans notre quotidien à des situations qui peuvent générer de l'anxiété. Nous allons d'ailleurs lui donner des noms différents pour l'exprimer. De nombreux termes sont utilisés dans le langage courant : soucis, préoccupation, inquiétude... ne donnant pas de notion de gravité particulière.

Dans le jargon médical, il y a surtout deux termes que nous retenons : angoisse et anxiété. Ils sont le plus souvent confondus et le langage nous fait utiliser l'un ou l'autre sans trop de distinction. Classiquement, le terme d'angoisse décrit toute la composante somatique ou physique, alors que l'anxiété correspond plutôt aux pensées qui sont présentes.

Ainsi, quand nous utilisons le terme d'angoisse, c'est plutôt la sensation d'oppression dans la poitrine, la gêne respiratoire, la boule dans la gorge ou encore le mal au ventre dont nous parlons. Il s'agit là d'une émotion, quelque chose que nous ressentons.

D'un autre côté, quand nous évoquons nos pensées anxieuses, les ruminations, les soucis, les préoccupations, nous pouvons parler d'anxiété. L'ensemble des pensées d'un individu, la mémoire font partie de ce que nous appelons les cognitions.

Ces deux composantes coexistent quand nous sommes anxieux et nous ne percevons pas obligatoirement leurs présences respectives. De plus en plus, le terme d'anxiété est utilisé pour décrire à la fois les composantes physiques et les pensées.

Cette distinction n'est cependant pas anodine, car en prenant conscience de ces deux paramètres nous pourrons agir sur l'un et l'autre de façon distincte (par le recours aux techniques de relaxation pour l'angoisse et par l'utilisation des techniques cognitives pour gérer les pensées anxieuses inadaptées).

ÉMOTIONS	COGNITIONS
Angoisse/Anxiété	Anxiété
Peur	Préoccupation
Tourment	Inquiétude
	Rumination anxieuse
	Crainte
	Souci
	Appréhension

Ainsi, face à une situation particulière, deux éléments se mettent en jeu de façon quasi simultanée. Ils vont par ailleurs interagir entre eux. En effet, face à un danger nous allons avoir un discours interne évaluant le degré de risque auquel nous sommes confrontés. Ces pensées peuvent par elles-mêmes déclencher de l'anxiété (« je suis en danger »). Inversement, le fait d'avoir des éléments physiques de l'angoisse (oppression dans la poitrine, douleur au ventre...) va déclencher des pensées, car nous aurons la perception de ces sensations désagréables en étant capable de les interpréter comme traduisant l'anxiété.

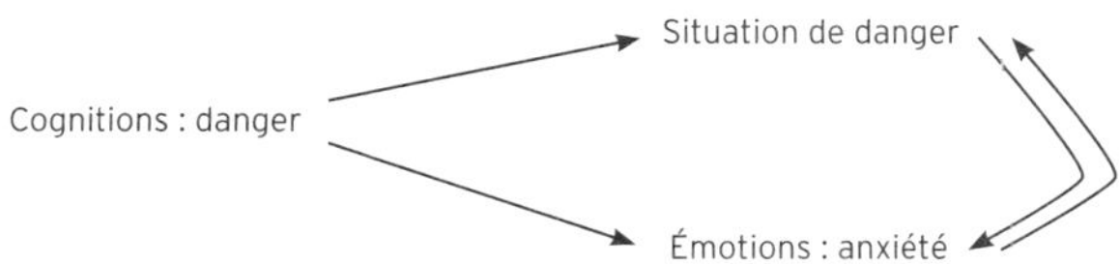

Certaines personnes ne vont ressentir que la partie physique de l'anxiété et vont ainsi passer leur temps à se plaindre de toutes les sensations désagréables générées par le stress. D'autres, au contraire, vont surtout être gênées par un flot de pensées récurrentes qu'elles n'arrivent pas à chasser. Leur esprit est sans arrêt envahi de pensées qui viennent perturber le cours normal de leur réflexion. Elles vont avoir du mal à se concentrer ce qui génère bien sûr des difficultés pour la réalisation de leur travail, mais aussi gêne considérablement leur relations avec les autres. Le plus souvent, nous percevons les deux composantes avec des degrés variables selon les individus.

Les hormones du stress et de l'anxiété

Toute situation stressante va avoir pour conséquence de venir déstabiliser un équilibre personnel, que nous souhaitons voir rapidement se rétablir. C'est pour cela que notre organisme va mettre en place différents systèmes afin de retrouver au plus vite cet équilibre.

Le danger peut être perçu de différentes manières. Nous allons utiliser nos différents sens pour nous tenir informé régulièrement de dangers potentiels pouvant venir nous déstabiliser. Ainsi, l'ouïe, l'odorat, le toucher, la vue, la gustation mais aussi notre raisonnement peuvent percevoir des dangers et informer immédiatement le cerveau pour qu'il réagisse. Si je sens une odeur de fumée, si j'entends un bruit anormal, si je mange un aliment au goût suspect, si je vois un chien dangereux venir à moi, si je touche un objet tranchant, si j'imagine la survenue d'un danger, je déclenche au niveau de mon cerveau un système d'alerte. Il semble qu'au niveau cérébral, une zone appelée l'amygdale soit particulièrement impliquée dans le mécanisme de l'anxiété.

Le moyen le plus rapide que met en place notre cerveau pour réagir est celui qui utilise la voie noradrénergique (utilisant une hormone appelée noradrénaline). La noradrénaline est une hormone qui va être sécrétée par une petite glande située au-dessus du rein dont le nom est médullosurrénale. Une fois libérée dans le sang, cette hormone va entraîner une augmentation de la fréquence cardiaque et de la tension artérielle. Il y aura en conséquence un afflux de sang porteur de sucre et d'oxygène vers des organes cibles : muscles et cerveau. Nous sommes alors mieux armés pour prendre une décision et la mettre en application (décider de quitter le lieu dangereux et donc partir en courant).

Notre réaction dépendra à la fois de la situation rencontrée (les dangers qui nous entourent sont plus ou moins importants avec plus ou moins de conséquences directes pour nous), de notre capacité à la percevoir (nous avons tous des seuils de perception de nos sens différents), de nos possibilités de réaction (à la fois physique mais aussi en faisant intervenir d'autres personnes ou des objets), de notre vécu (de situations antérieures similaires ou non), de notre humeur (il est évidemment plus facile de réagir quand nous ne sommes pas ralentis par une humeur maussade, une perte d'énergie)...

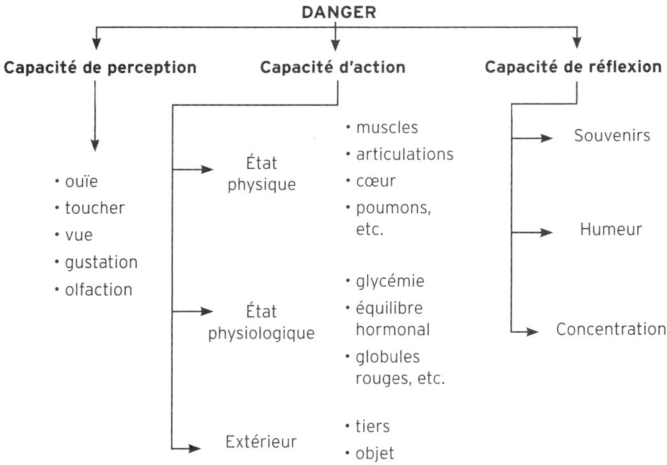

L'ensemble des sensations que nous ressentons est normal. Cela fait partie d'un mécanisme de défense de notre organisme qui cherche à nous permettre de nous adapter au mieux à ce que nous rencontrons. Par contre, ces sensations peuvent devenir invalidantes si la réponse est excessive ou survient de façon inadaptée. Si toutes les sensations que je ressens sont trop intenses, elles vont m'empêcher d'agir correctement. Si mon cœur bat trop vite au point de me faire mal dans la poitrine, si la gêne respiratoire que je ressens m'empêche de bien m'oxygéner, si mes muscles sont trop tendus au point de me faire mal, je ne serai pas efficace pour affronter le danger qui survient. Nous passons alors d'une réaction de stress à une réaction d'anxiété.

Et c'est là le principal problème des personnes anxieuses, bien souvent l'anxiété est trop forte ou survient lors de situations qui ne méritent pas de déclencher de l'anxiété. Et nous verrons que ces personnes vont développer un système automatique d'anxiété qui ne nécessitera plus de réel danger pour se mettre en route tout seul.

Nous venons de voir que face à une situation unique nous faisons intervenir l'ensemble de notre corps avec une action du système noradrénergique. Ce système est celui qui se met en place le plus rapidement, permettant une action (ou un choix d'inaction) immédiate. Mais, si nous sommes confrontés à plusieurs situations stressantes, ou à leur répétition, nous allons mettre en place un autre système plus complexe aboutissant à l'utilisation de notre cortisol interne. En effet, notre organisme peut utiliser une voie plus lente à mettre en action appelée hypothalamo-hypophyso-corticosurrénalienne. Mot très complexe permettant simplement de dire que vont intervenir les glandes hypothalamique, hypophysaire et corticosurrénale. Lors de stress ou de dangers répétés, notre cerveau enregistre ces informations et décide qu'il va devoir lutter plus longtemps. Comme il sait que l'utilisation du système noradrénergique ne peut qu'être de courte durée et que la situation dure, il lui faut déclencher un moyen de protection supplémentaire. Pour cela, une succession d'actions hormonales va aboutir à la libération de cortisol. Le rôle de cette dernière hormone va être de stimuler un ensemble d'organes pour pouvoir mieux se défendre. Par exemple, le cortisol favorisera la production de plus de sucre (élément indispensable pour notre activité cérébrale et physique).

Certains d'entre nous sont régulièrement confrontés à des situations stressantes et mettent en place ce système de défense. Cependant, les anxieux vont, eux, le mettre en place sans pour autant que les situations soient particulièrement dangereuses. À la longue, pour les anxieux, ce second système est utilisé en quasi-permanence, il est régulièrement réactivé et maintient ainsi un fonctionnement que le corps n'a pas prévu. Il y a donc une utilisation abusive du système qui peut avoir des conséquences sur le reste de l'organisme. Quand des dangers authentiques surviendront, l'organisme sera moins armé pour y répondre, l'usage régulier de notre cortisol interne semble avoir des conséquences néfastes à la longue sur les autres organes (hyperglycémie, troubles digestifs, modification du système immunitaire...).

Du stress à l'anxiété

Le stress est souvent considéré comme dangereux ou néfaste. C'est un abus de notre langage qui a retiré le sens initial de ce terme. Le stress par lui-même n'est qu'une réponse à une situation. Comme nous venons de le voir, le stress, tout comme l'anxiété, fait intervenir une composante biologique (noradrénaline, cortisol), une composante cognitive (des pensées variables selon la situation) et au final une composante comportementale (action, fuite, évitement, immobilisation...).

Quand nous avons répondu de façon adaptée à la situation stressante que nous avons rencontrée, nous sommes dans une situation de bon stress. C'est-à-dire que nous avons correctement analysé mentalement la situation, que nos mécanismes biologiques se sont bien mis en place sans excès ni en intensité ni en durée, et que notre comportement a été adapté. Ce bon stress nous permet de trouver la bonne solution au problème rencontré.

Malheureusement, dans un certain nombre de situations nous allons mal réagir. Nous pouvons par exemple, mal analyser une situation (imaginer que nous n'aurons besoin que de 2 heures pour faire un travail alors que 6 heures sont nécessaires), avoir des décharges hormonales trop fortes (générant ainsi des sensations physiques désagréables : sueurs, palpitations, nausées...), ou encore adopter un comportement inadapté (affronter une bande de voyous armés en étant seul, en mauvaise condition physique, et sans arme). Nous serons là dans un mauvais stress et notre corps va en souffrir.

Réaction normale de l'organisme, le stress est dit « bon » quand celle-ci est adaptée.

Le stress est une réaction normale de l'organisme, quand elle est adaptée, il s'agit d'un bon stress. Une réponse mal adaptée ou inadaptée déclenchera du mauvais stress dans lequel nous retrouvons un ensemble de signes correspondant à ceux de l'anxiété. À la longue, cette anxiété pourra même s'autonomiser, elle existera sans avoir besoin de se retrouver face à la situation stressante.

Anxiétés normales et anxiétés dangereuses

Il est donc parfaitement normal d'être anxieux pour des situations qui le méritent. Par exemple, si je me rends compte que je suis à découvert sur mon compte en banque alors que cela ne devrait pas être le cas, ou si un véhicule me refuse la priorité, ou encore si j'ai pris du retard sur un dossier urgent, une réaction de stress peut se mettre en place. Nous resterons dans des anxiétés normales si la sensation ne dure pas, qu'elle ne se répète pas en l'absence de la situation stressante. Nous allons ainsi nous adapter à notre environnement et aux situations que nous allons rencontrer dans notre quotidien. Cette anxiété va nous permettre de trouver des réponses en augmentant nos capacités de réflexion, en favorisant des comportements adaptés aux situations rencontrées. Et cette anxiété sera considérée comme normale si elle n'est ni fréquente ni excessive. Nous avons résumé dans le tableau ci-contre les différents critères permettant de savoir à partir de quel moment nous pouvons considérer que l'anxiété a dépassé ce qu'il était attendu de sa mise en route.

Peur et anxiété

La peur est avant tout une émotion, c'est aussi une pensée qui traduit secondairement le ressenti de cette émotion. Reprenons l'histoire de Romain qui a eu un accident de voiture, voici ce que lui nous en dit :

Quand j'ai perdu le contrôle de la voiture dans ce tournant, j'ai ressenti une grande peur. C'était très physique, j'ai ressenti une sorte de boule à l'estomac et en même temps une grande accélération de mon cœur. Il battait fort et vite. J'avais des sueurs et les mains crispées sur le volant. Je ne me disais pas « j'ai peur », je le ressentais en moi. Depuis l'accident, chaque fois que je suis passé par ce chemin, je me suis senti anxieux, nerveux. Pourtant, je fais beaucoup plus attention, mais je crains quand même que cela se reproduise.

	Anxiété normale	Anxiété dangereuse
Fréquence des soucis, inquiétudes, préoccupations, appréhensions...	Rares, non quotidiens.	Quotidiens.
Durée	Quelques minutes.	De nombreuses minutes à plusieurs heures.
Intensité	Le plus souvent faible ou modérée.	Forte, avec des fluctuations pouvant conduire à des crises d'angoisse.
Signes physiques associés	Non systématiques, de faible intensité ou brefs. Le plus souvent : sueurs, accélération du rythme cardiaque brève, légère sensation d'oppression.	Quasi systématiques. Les signes physiques sont présents avec une intensité moyenne ou forte avec des variations : tachycardie, sensation de vertiges, nausées et/ ou vomissements, diarrhée, douleurs abdominales, sueurs profuses, oppression dans la poitrine, difficultés respiratoires, sifflement dans les oreilles, tension musculaire, tremblements...
Retentissement sur le sommeil	Rarement.	Fréquemment, avec surtout des difficultés d'endormissement ou des réveils dans la nuit.
Retentissement sur la concentration	Non, ces soucis peuvent même favoriser une réflexion nécessaire qui amène à des solutions.	Oui, avec intrusion de pensées anxieuses en dehors de la situation stressante. Les capacités de réflexion et d'analyse sont perturbées.
Anxiété adaptée à la situation rencontrée	Oui, et perçue comme les autres comme une réaction attendue dans cette circonstance.	Non, car survenant ou se poursuivant en dehors de la situation angoissante.
Repérée par l'entourage	Parfois, mais non considérée comme excessive.	Oui de façon régulière et considérée comme excessive par l'entourage.

Anxiété contrôlée par la personne	Oui, en fixant son attention sur autre chose, la personne ne pense plus aux soucis. Les périodes de vacances, repos, sports, activités ludiques font facilement disparaître les soucis.	Non, les soucis reviennent même en période de repos ou de détente. La personne n'arrive pas à fixer son attention sur autre chose.
Retentissement social, familial ou professionnel	Non	Oui, pouvant générer des conflits, des reclassements professionnels, un isolement social et affectif.
Retentissement sur l'état général	Non	Oui avec une fatigabilité, un état de tension intérieure pouvant se traduire par de l'irritabilité, la sensation d'être à bout de nerfs.
Maladies associées	Non	Oui, eczéma, asthme, réactions allergiques, dépression, abus ou dépendance à l'alcool...
Anxiété survenant en dehors de situations déclenchantes	Non	Oui, les angoisses surviennent même s'il n'y a pas de déclencheur repéré.

La peur est une émotion primaire, ce que n'est pas l'anxiété, même si elles font intervenir les mêmes hormones et touchent les mêmes organes. Dans la peur, il y a obligatoirement quelque chose qui provoque cette émotion. Ainsi, une peur sera déclenchée par une situation qui nous met en danger, comme la survenue imminente d'un accident de voiture. Il n'y a pas là un risque potentiel, mais une très forte probabilité de danger. C'est le cas de nombreuses situations comme : être face à un animal ou un individu dangereux, un accident (que ce soit dans les transports, au domicile, au travail...). C'est ce qui se passe pour Romain quand il se rend compte qu'il va heurter la glissière de sécurité. Il ressent à ce moment-là une peur. Quand il reprend une voiture plus tard et qu'il est amené à passer au même endroit, ce n'est plus une peur qu'il ressent mais une anxiété. Il n'y

a pas en effet un risque réel, mais une crainte que cela ne se reproduise. De plus, la peur survient sur une durée assez brève, alors que l'anxiété peut durer beaucoup plus longtemps.
Nous pouvons différencier deux catégories de peurs, des peurs spontanées (comme c'est le cas lors de la survenue d'un accident de voiture) et des peurs acquises (c'est-à-dire apprises par conditionnement comme dans les phobies).

Quelle que soit l'intensité de l'anxiété, nous pouvons avoir une action sur elle.

Conclusion

Quelle que soit l'intensité de l'anxiété que nous ressentons, nous pouvons avoir une action sur celle-ci. Les stress les moins importants peuvent se gérer très facilement par l'acquisition de techniques comme la relaxation, mais aussi par un travail de réflexion, d'analyse des pensées que nous avons lors des situations stressantes. Un ensemble de moyens existent aussi pour mettre en place une organisation professionnelle ou personnelle limitant le stress tels que la planification, la gestion du temps... Quand l'anxiété est plus intense, qu'elle est plus difficile à gérer, d'autres moyens pour la réduire ou la stopper existent. L'aide d'un professionnel dans ces cas est souvent nécessaire afin de mettre en place une psychothérapie, voire si besoin un traitement médicamenteux.

Pour en savoir plus sur le stress et les inquiétudes, reportez-vous page 54.

1 En savoir **plus**

1. Du bon usage de la colère

Pleux D., *Exprimer sa colère sans perdre le contrôle*, Paris, Odile Jacob, 2006.

Adresse

Institut RET
2, passage Chanoine-Cousin,
14000 Caen. Tél. : 02 31 50 01 49.

2. Tristesse, spleen : bien comprendre pour bien gérer

André C., Muzo, *Petits Pénibles et gros casse-pieds*, Paris, Seuil, 2007.

Cungi C., Note Y.-D., *Faire face à la dépression*, Paris, Retz, 2007.

Damasio A. R., *L'Erreur de Descartes. La raison des émotions*, Paris, Odile Jacob, 2006.

Duchesne N., *Des hauts et des bas. Bien vivre sa cyclothymie*, Paris, Odile Jacob, 2006.

Labro Ph., *Tomber sept fois, se relever huit*, Paris, Albin Michel, 2003.

Hahusseau S., *Tristesse, peur, colère. Agir sur ses émotions*, Paris, Odile Jacob, 2006.

Mirabel-Sarron C., *La Dépression, comment en sortir*, Paris, Odile Jacob, 2002 ; « Poches Pratique », 2008.

3. Limiter le stress et les inquiétudes

Belzung C., *Biologie des émotions*, Paris, De Boeck, 2007.

Chapelle F., Monié B., *Bon Stress, mauvais stress : mode d'emploi*, Paris, Odile Jacob, 2007 ; « Poches Odile Jacob », 2008.

2 VIVRE en paix avec soi

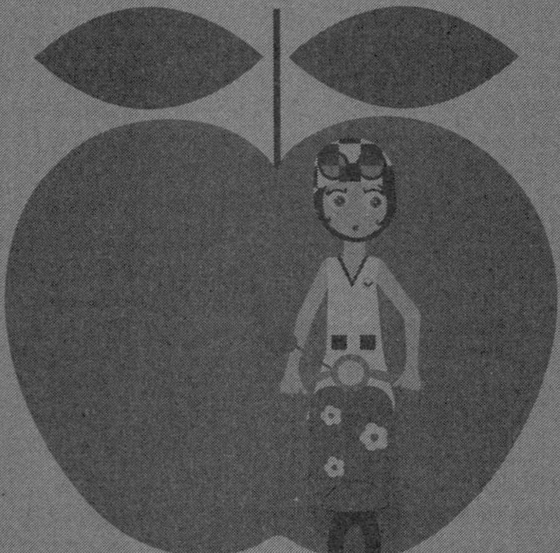

Qu'est-ce qu'un bon rapport à soi-même ? C'est accepter ses qualités comme on accepte ses faiblesses et ses imperfections. Inutile de se juger et de se punir : on va toujours plus loin si l'on adopte envers soi une attitude paisible et amicale, la seule qui permette de vraiment et durablement progresser.

4

Dr Frédéric Fanget

Les clés de la confiance en soi

Le manque de confiance en soi empoisonne la vie. Il fait souffrir, inhibe et gâche les relations avec les autres. Il retentit sur la vie professionnelle, la vie amoureuse et les relations familiales. « Je n'ai pas confiance en moi. J'ai toujours été introverti, je dépends des autres, j'ai peur qu'on me juge négativement. J'ai tendance à prendre les choses pour moi. Je doute de mes capacités, je n'ose pas entreprendre de nouvelles activités ni assumer mes responsabilités. J'ai très peur de l'inconnu, je me fais sans arrêt des films à l'avance. » Alors comment améliorer sa confiance en soi ?

Comment repérer un manque de confiance en soi ?

Vous n'osez pas agir

Par peur de l'échec, vous avez tendance à rester dans l'inaction. C'est le cercle vicieux de l'échec (voir ci-contre).
Si vous vous reconnaissez dans ce cercle vicieux, il est important de le rompre. Pour cela, choisissez un domaine que vous maîtrisez, entourez-vous de personnes bienveillantes et commencez par entreprendre une action à votre portée.

Vous ressentez des émotions négatives

Vous ressentez de la tristesse ou du découragement avec un sentiment d'infériorité. La peur, l'anxiété et l'inquiétude peuvent vous paralyser. Vous avez tendance à penser que tout est de votre faute et vous vous sentez coupable. Vous pouvez aussi éprouver de la honte, la crainte de décevoir les autres, et une peur d'être exclu des groupes.

LE CERCLE VICIEUX DU MANQUE DE CONFIANCE EN SOI

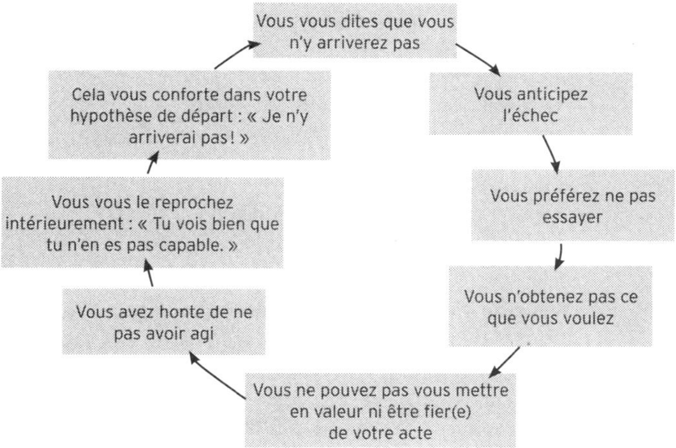

LE CERCLE VERTUEUX DE LA CONFIANCE EN SOI

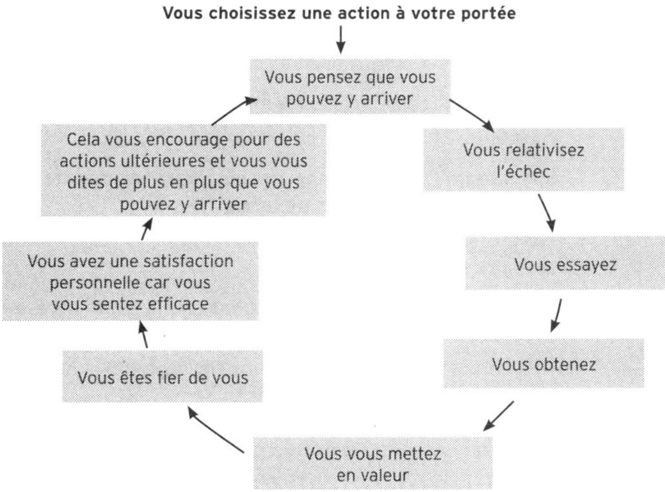

Vous avez des pensées négatives

Les principales pensées négatives dans le manque de confiance en soi sont les suivantes :

- « Je n'y arriverai pas ! »
- « Je suis nul(le) ! »
- « Il (elle) va me laisser tomber. »
- « On ne m'aimera plus. »
- « Je vais blesser l'autre. »
- « J'ai encore été maladroit(e). »
- « On ne s'intéressera pas à moi. »
- « Je n'ai rien d'intéressant à dire. »
- « Je ne suis pas assez cultivé(e). »

Vous ne vous affirmez pas avec les autres

Vous n'exprimez pas vos besoins et vos désirs. Vous avez de la difficulté à dire non et tendance à tout accepter. Au bout d'un moment, vous avez le sentiment d'être trop gentil, de vous faire exploiter. Vous n'osez pas faire des critiques ou exprimer votre gêne lorsque quelque chose vous dérange. Vous la gardez pour vous, quitte à exploser beaucoup plus tard.

Vous ne vous protégez pas lorsque vous êtes attaqué, on peut vous critiquer, vous harceler, vous avez tendance à prêter le flanc aux critiques, à croire qu'elles sont toujours vraies, à vous dévaloriser. Vous ne vous mettez pas en valeur.

Vous finissez par avoir une mauvaise image de vous

C'est votre estime de soi qui est altérée.

Le manque de confiance en soi peut se manifester dans tous les domaines de la vie

Travail, vie privée, sentimentale, amicale... ou dans un domaine seulement.

Comprendre les trois dimensions de la confiance en soi

- La confiance en soi est le sentiment de compétence personnelle dans nos actes.
- L'affirmation de soi correspond à nos compétences relationnelles dans nos rapports aux autres.
- L'estime de soi est le jugement global que l'on porte sur soi.

ÉVALUEZ-VOUS : TESTEZ VOTRE CONFIANCE EN VOUS

Voici un petit test pour vous aider à y voir plus clair.

	Oui	Non
1. Je doute de mes capacités.	■	■
2. J'ai de la peine à prendre des décisions qui me concernent.	■	■
3. Je préfère renoncer si je ne suis pas sûr de réussir.	■	■
4. Je suis plutôt négatif sur moi-même.	■	■
5. Je suis très perfectionniste.	■	■
6. Les compliments me mettent mal à l'aise.	■	■
7. Je n'exprime pas souvent mes besoins, mes désirs et mes émotions.	■	■
8. Les critiques me déstabilisent et je ne sais pas bien y répondre.	■	■
9. Je ne prends pas souvent la parole en groupe.	■	■
10. Je pense que j'ai beaucoup plus de défauts que de qualités	■	■
11. Je pense que je suis une personne moins valable que les autres.	■	■
12. J'ai une opinion négative de moi-même	■	■
Score total	■	■

Résultats :

- ***Si vous avez répondu oui moins de 4 fois :*** *vous ne manquez probablement pas de confiance en vous.*
- ***Si vous avez répondu oui entre 4 et 8 fois :*** *vous en manquez probablement.*
- ***Si vous avez répondu oui plus de 8 fois :*** *votre manque de confiance en soi est probablement excessif et à prendre en charge.*

Comprendre les mécanismes et les origines du manque de confiance en soi

Le manque de confiance en soi peut avoir plusieurs visages selon le « préjugé » que nous avons sur nous-mêmes. Quels sont les sept préjugés du manque de confiance en soi ?

Les préjugés du manque d'estime de soi

« Je me trouve nul. »

Prenons le cas de Julien, 30 ans.

Julien a déjà fait plusieurs dépressions sévères dont certaines l'ont conduit à l'hôpital. Il est sous antidépresseur en permanence. Il est absolument convaincu qu'il est nul. Lorsque je lui demande des exemples, il me dit : « L'autre jour, je devais remplir un dossier de candidature pour une recherche d'emploi; j'avais honte de moi, de mon CV, et finalement, je ne l'ai pas envoyé par peur qu'on me juge nul. »

Ce préjugé s'accompagne de beaucoup d'échecs et d'évitements qui ne font que renforcer l'idée qu'on est nul. Les origines de ce préjugé sont très anciennes : l'enfant a souvent manqué de nourriture affective ou a été élevé dans une famille qui critique, punit à l'excès ou dans laquelle il a même pu exister une certaine violence.

« J'ai besoin qu'on m'aime, qu'on m'apprécie, qu'on m'approuve. »

C'est ce que l'on appelle le besoin d'approbation.

Julie, 19 ans, passe des heures à se coiffer. C'est une belle jeune fille qui réussit assez bien ses études, a confiance en ses capacités intellectuelles, mais qui a sans arrêt besoin de sentir qu'elle est admirée par les garçons.

Le besoin d'être aimé repose sur deux règles de vie : « Je dois être approuvé en particulier par les gens que je juge importants et de valeur » et : « Je ne dois pas être rejeté sinon cela me confirmera que je suis nul. »
Si vous avez ce préjugé, vous recherchez plus ou moins en permanence l'approbation des autres. Vous pouvez adopter aussi des comportements d'abnégation qui consistent à faire ce que les autres veulent. Vous voulez à tout prix leur

faire plaisir. Vous avez des pensées comme : « Si je me soumets à l'opinion de l'autre, il m'acceptera mieux » ou : « Si je fais le bien de l'autre, il ne me rejettera pas. »
Tant que vous êtes accepté par les autres, tout va bien. Mais, à la moindre menace de rejet, vous souffrez.

« Je dois faire toujours mieux. »

C'est le syndrome de la barre trop haute, du toujours mieux. On n'est jamais content de ce qu'on fait. On ne voit pas ses réussites et on est obsédé par ses échecs.
Il est important de repérer le lien qui existe entre exigences élevées et manque d'estime de soi. En effet, on se fixe la barre très haut pour avoir une bonne image de soi. On pense que si on est très performant, alors c'est que l'on vaut quelque chose. Lorsque l'on n'est pas parfait – et dans la vie, il n'y a jamais que des réussites –, on doute de soi. C'est ainsi que, petit à petit, l'estime de soi diminue. Et le cercle vicieux s'installe. Plus j'augmente mes exigences, plus mon estime de soi diminue.
Ce perfectionnisme peut se manifester dans beaucoup de domaines, vous l'êtes peut-être pour votre aspect physique, pour votre travail, votre comportement parental... Vous êtes souvent insatisfait de vous et vous manquez de plaisir.
Les attentes de vos parents étaient très élevées. Souvent aussi, c'est l'enfant lui-même qui se fixe des attentes élevées, sans que ses parents y soient pour quelque chose. La société moderne a tendance à renforcer ce préjugé de perfection par ses exigences de performances sans faille[1].

« Je ne peux pas compter sur les autres et je dois m'en méfier. »

Voici le cas difficile de Sylvie, 32 ans :

Sylvie a été violée de manière répétitive par son beau-père pendant son adolescence. Depuis, elle manque complètement de confiance en elle, en particulier sur le plan sexuel. Elle ne peut pas faire l'amour sans angoisse, elle a peur des hommes. Elle a vécu un traumatisme psychologique qui a détruit sa confiance en elle. Une thérapie a permis à Sylvie de faire confiance à un homme et d'avoir une vraie relation de couple durable.

Il faut souvent une thérapie pour digérer un traumatisme, pour qu'il n'influence plus notre vie actuelle et nous laisse enfin en paix.

Les préjugés du manque de confiance en soi

« Je ne suis pas capable de... »

Claire, 32 ans, est cadre en entreprise.

Claire : « Je ne prends jamais la parole dans les groupes, cela m'intimide. »
Thérapeute : « Le manque de confiance en vous vous gêne-t-il dans d'autres domaines ? »
Claire : « Je ne me sens pas capable de commencer une nouvelle activité, j'ai peur de faire des erreurs, de mal faire mon travail et d'être mal jugée par les autres. »

Claire a deux types de peurs :

- la peur d'être incompétente dans les activités de la vie quotidienne ;
- la peur d'être mal jugée par les autres.

Claire raconte qu'elle était une enfant très sage, discrète, avec de bons résultats scolaires. Ses parents ne manifestaient jamais de joie dans ses réussites. Ils avaient tendance à lui demander de faire encore plus et encore mieux. Comme elle travaillait beaucoup, elle sortait peu, invitait peu d'amis à la maison, ses parents ne la poussaient pas à la sociabilité. Claire a très vite commencé à penser qu'elle n'était pas compétente, à se concentrer sur ses échecs plus que sur ses réussites. Par ailleurs, elle s'est entourée de personnes peu valorisantes pour elle qui l'ont confirmée dans son préjugé d'incompétence. On retrouve le cercle vicieux.
Le facteur éducatif n'est pas le seul en jeu. Claire est décrite par sa mère comme extrêmement sensible toute petite déjà. Lorsqu'elle rentrait de l'école, Claire disait à sa mère : « Le petit Damien est bien meilleur que moi, il a plein de copines dans la classe alors que moi je n'en ai pas. »
Ce préjugé né dans l'enfance s'est ensuite confirmé tout au long de la vie de Claire, lors de son entrée en sixième, lors du passage de son bac. Cela compromettra ses résultats scolaires et la confirmera dans son cercle vicieux d'incompétences.

« Je n'arrive jamais à me décider. »

Christophe a 42 ans. Voici ce qu'il explique :

« Je n'arrive jamais à prendre les décisions, je les repousse toujours au lendemain, j'ai peur de me tromper, je crois que j'ai terriblement peur de l'échec. »

Effectivement, l'indécision est souvent liée au manque de confiance en soi. Comme on décide moins, on obtient moins et ainsi on peut perdre confiance en soi. Accepter de prendre le risque de se tromper, ne pas mal se juger en cas d'erreur et se féliciter en cas de bonne décision vous permettra de prendre confiance en vous. Plusieurs causes peuvent expliquer l'origine de l'indécision.
Vous avez ce qu'on appelle un schéma cognitif de responsabilités, c'est-à-dire que vous avez un haut sens des responsabilités avec une peur terrible de faire du mal aux autres ou de simplement vous tromper.
Autres explications possibles : votre passé est marqué par une erreur de décision de votre part ou de celle d'un ascendant, erreur qui a eu des conséquences graves, ou bien vous êtes indécis par imitation d'un parent lui-même indécis.

« Je me fais toujours du souci. »

Quant à Sylvie, 47 ans, elle s'exprime comme suit :

« J'ai toujours l'impression qu'il va m'arriver quelque chose de grave. Tout est un problème pour moi. J'ai consulté plusieurs médecins qui m'ont dit que je souffrais d'anxiété généralisée. Je m'inquiète pour tout en permanence. Tout me fait peur. »

Quels sont les mécanismes de ce trouble ?

Le premier mécanisme est une surestimation des dangers. C'est-à-dire qu'on voit le monde plus dangereux qu'il ne l'est. On a l'impression que le ciel peut nous tomber sur la tête à tout moment.
Le second mécanisme est la difficulté à faire face à l'imprévu, on ne se fait pas confiance à soi-même.

J'appelle en souriant ces patients des « madame ou monsieur assurance tout risque ». Ils passent leur vie à prévoir tout ce qui pourrait arriver de négatif. Ils s'assurent dans tous les sens, organisent tout à l'avance et ne se retrouvent finalement jamais en situation d'imprévu. Comme ils l'évitent à la perfection, ils n'apprennent pas à faire face à l'imprévu et sont donc désemparés si celui-ci survient malgré tout. Ainsi, ils ne se font plus confiance pour faire face aux événements.
C'est seulement en apprenant à faire face à l'imprévu que ces personnes vont pouvoir prendre confiance en elles.

Les trois clés pour améliorer sa confiance en soi

Oser : la clé de la confiance en soi.

Clé 1 : Mieux s'aimer

Cette clé peut être utilisée quel que soit votre préjugé, mais elle sera particulièrement importante si vous avez les préjugés du manque d'estime de soi. Voici quelques conseils de base pour apprendre à mieux vous aimer :

- Éteignez radio critique.
- Passez sur radio encouragement.
- Arrêtez de vous sentir coupable.
- Fixez-vous moins d'impératifs.
- Autorisez-vous à agir.

Clé 2 : Oser agir

Cette clé peut être utilisée quel que soit votre préjugé, mais elle est particulièrement importante si vous avez les préjugés du manque de confiance en soi.

Prenez conscience de vos points forts et de vos points faibles

Quand on manque de confiance en soi, on a tendance à voir surtout ses points faibles. On raisonne en tout ou rien, on pense qu'on est soit très fort, soit très faible.
La technique des continuums permet de voir que les choses sont plus nuancées et que l'on a, comme tout le monde, des points forts et des points faibles. Pour faire l'exercice du continuum, prenez en exemple un domaine de vos compétence et procédez comme Julien (ci-après).

Continuum des compétences et incompétences de Julien :

	Incompétences	Compétences
Vélo	X	
Bricolage		X
Organiser une soirée		X
Organiser un voyage	X	
Ranger	X	
Affirmer une opinion	X	X
Écouter l'autre	X	
Faire mon travail		X
Relations avec mes collègues	X	

Julien se juge très compétent lorsqu'il met les croix à droite en bricolage, pour organiser une soirée, affirmer une opinion ou faire son travail. En revanche, il trouve qu'il n'est pas bon pour écouter l'autre, dans ses relations avec ses collègues de travail ou pour organiser un voyage. Il se trouve moyennement compétent pour le vélo ou pour ranger.

Un schéma comme celui-ci permet de voir qu'on ne classe pas les gens en deux catégories : ceux qui seraient bien, qui vaudraient quelque chose et auraient confiance en eux d'un côté, et ceux qui ne vaudraient rien et n'auraient pas confiance en eux de l'autre côté. Chacun de nous est une constellation de points forts, faibles et moyens, de qualités ou de défauts.

Écoutez les autres

N'hésitez pas à demander à vos meilleurs amis ce qu'ils trouvent de bien en vous, vous aurez des surprises.

Notez vos comportements positifs

Notez chaque jour dans un carnet un comportement positif que vous avez eu dans la journée.

Relisez-les chaque semaine et chaque mois et soyez fier de vos actions positives. Prenez conscience de ce que vous faites bien.

Prenez des décisions

Comme nous l'avons vu, le manque de confiance en soi vous pousse à ne pas décider, et cela n'améliore pas la confiance en soi.

Fixez-vous des objectifs accessibles

Les personnes qui manquent de confiance en elles se fixent souvent des objectifs si élevés qu'elles ne peuvent pas les atteindre. Commencez par de petits objectifs que vous pouvez tenir facilement et à court terme.

Nathalie a fait ce travail. Voici la première liste des objectifs qu'elle s'est fixée :

- Obtenir un doctorat d'État.
- Être le professeur de faculté le plus honoré.
- Choisir le sujet de thèse que je désire.
- Avoir quatre enfants.
- Être parfaitement heureuse en couple.
- Être reconnue professionnellement par mes collègues.
- Être admirée par mes parents.
- Voyager dans tous les pays du monde, y compris les plus reculés, afin de découvrir les différentes civilisations.

J'ai fait comprendre à Nathalie qu'il serait plus simple de revenir à des objectifs plus réalistes et plus facilement accessibles, voici donc la seconde liste de Nathalie :

- Faire de l'escalade l'été prochain.
- Passer mon permis de conduire.
- Commander un livre étranger dont j'ai envie sur Internet.
- Faire un cadeau à mon petit ami la semaine prochaine.
- Me fixer comme premier objectif scolaire de réussir mes examens cette année.

Relativisez les échecs

Ne raisonnez pas en échec total ou en réussite totale. La plupart du temps, une chose n'est ni totalement réussie ni totalement ratée.

Évitez de procrastiner

Autrement dit, évitez de remettre au lendemain ce que vous pourriez faire le jour-même. Cela vous fera prendre confiance en vous.

Faites-vous du bien

Par exemple, prenez soin de votre apparence, de votre tenue vestimentaire, de votre maquillage ou de votre coiffure. Prenez également soin de votre corps. N'hésitez pas à vous relaxer, à prendre des moments pour vous, à vivre positivement vos émotions.

Clé 3 : S'affirmer avec les autres

Cette clé peut être utilisée avec intérêt quel que soit votre préjugé surtout si vous manquez d'affirmation de soi dans vos relations aux autres. S'affirmer avec les autres aide à prendre confiance en soi. Pour cela :

- Exprimez vos besoins et vos désirs en respectant les besoins des autres.
- Dites ce qui vous gêne, calmement, de manière constructive.
- Osez dire non et négocier, évitez de dire toujours oui.
- Répondez aux critiques calmement sans contre-attaquer, mais sans vous laisser dévaloriser.
- Ne vous laissez pas harceler, votre confiance en vous en dépend.
- Osez être vous-même, authentique, en particulier avec les gens qui vous aiment.
- N'hésitez pas à révéler vos émotions et vos points faibles. Vous vous apercevrez qu'on est plus fort lorsqu'on parle de ses faiblesses.

Quelques principes à retenir

- Le manque de confiance en soi n'est pas une fatalité.
- La confiance en soi est la base de notre équilibre.
- Chacun d'entre nous peut augmenter son capital confiance par l'action, c'est un entraînement quotidien.

Pour en savoir plus sur la confiance en soi, reportez-vous page 101.

5

François Nef

Bien vivre avec ses complexes physiques

Les complexes physiques sont une source de souffrance importante. Ils vont d'une simple gêne à une véritable « dysmorphophobie » – une préoccupation excessive sur un défaut imaginaire ou bénin de l'apparence physique. L'insatisfaction corporelle est devenue la norme dans notre société. Qui ne s'est jamais trouvé un jour gêné ou embarrassé par un bouton, une ride, un bourrelet, une cicatrice, des cheveux blancs, une prise de poids, etc. ? La peur d'être laid, imparfait, différent, rejeté nous obsède. Nous aimons nous sentir beaux et attirants, pour nous-mêmes et pour les autres. Nous jugeons et sommes jugés sur l'apparence. Ainsi sont les hommes : des êtres de paraître ! Notre corps nous incarne et nous montre aux autres.

Les complexes physiques : une expérience douloureuse

De la naissance à la mort, notre corps évolue : corps d'enfant, d'adolescent, d'adulte et de vieillard. Avec l'âge, notre apparence change et nos performances physiques s'amenuisent. Ces transformations physiques modifient l'image que nous avons de nous-mêmes, notre identité.

La représentation que nous nous faisons de notre apparence physique constitue notre « image corporelle ». Notre image corporelle ne correspond pas nécessairement à la réalité. Nous pouvons nous sentir gros alors que nous sommes minces ou avoir l'impression d'avoir un trop long nez alors qu'il est de taille normale. La beauté est dans l'œil de celui qui (se) regarde.

Notre image corporelle détermine nos réactions à notre corps : comment nous le percevons, ce que nous en pensons, ce que nous ressentons pour lui, ce que nous faisons avec lui. Par exemple, une adolescente complexée par sa petite taille voit son corps plus petit qu'il n'est en réalité. Elle le voit comme un handicap, se sent embarrassée face à ses copines plus grandes et refuse de se faire photographier en leur présence. L'ensemble de ces réactions psychologiques forme notre « expérience corporelle ». Une image corporelle négative s'accompagne d'une expérience corporelle négative – une « insatisfaction corporelle » –, d'une diminution de l'estime de soi, de sentiments dépressifs et d'anxiété.

La beauté et la laideur : une seule et même illusion de l'esprit.

PETIT GLOSSAIRE POUR MIEUX COMPRENDRE

Image corporelle : ensemble des représentations d'une personne sur son corps. Cette image conditionne nos perceptions, opinions, émotions et actions à propos de notre corps.

Expérience corporelle : le vécu de notre corps : ce que nous percevons, pensons, éprouvons de notre corps, qui dirige nos comportements à son propos.

Insatisfaction corporelle : expérience corporelle négative, dysphorique.

Dysmorphophobie : peur d'une dysmorphie corporelle. Préoccupation excessive à propos d'un défaut imaginaire ou bénin de son apparence physique.

Notre satisfaction corporelle varie en fonction de :

- notre sexe : les filles sont généralement plus attentives à leur apparence que les garçons. Elles y voient une caractéristique fondamentale de leur identité de genre. Elles cherchent à être belles pour se sentir féminines et plaire aux autres ;
- notre âge : l'enfant est plus insouciant de son physique que l'adolescent très braqué sur son apparence. Au cours de l'âge adulte, l'insatisfaction corporelle tend à diminuer. À la fin de la vie, une perte de force, d'agilité et de souplesse ou des problèmes et des douleurs physiques minent la confiance dans son corps ;

• notre estime de soi : les personnes doutant d'elles éprouvent plus d'insatisfaction corporelle que les personnes confiantes ;
• notre perfectionnisme : les perfectionnistes sont plus exigeants avec eux-mêmes et potentiellement plus insatisfaits de leur physique ;
• notre humeur : les personnes déprimées ou anxieuses sont plus mal à l'aise avec leur apparence que les personnes sereines ;
• notre environnement : en présence de personnes jugées plus jolies ou critiques, les personnes complexées physiquement se sentent insécurisées.

Comment se construit notre image corporelle ?

Notre image corporelle se construit progressivement en fonction de notre culture, de nos expériences de vie et de nos caractéristiques personnelles, physiques et psychologiques. Notre société nous expose à des stéréotypes de beauté : minceur et fermeté pour les femmes et grande taille et musculation pour les hommes. Elle attend de nous que nous nous y conformions. Notre famille, nos amis, notre environnement social (école, club sportif...) modulent nos préoccupations pour notre apparence. Par exemple, des parents soucieux de leur physique apprennent à leurs enfants l'importance du paraître, ou des camarades de classe moqueurs nous insécurisent sur nos défauts physiques.
Notre corps correspond ou non aux standards de beauté. Trop s'en éloigner nous fait courir des risques de stigmatisation et de rejet. Une insécurité personnelle, du perfectionnisme ou un besoin d'approbation nous focalisent sur notre corps et nous rendent plus vulnérables au regard de l'autre.

Pourquoi sommes-nous complexés ?

Des conditions qui nous sensibilisent à notre corps

Notre environnement influence en permanence notre expérience corporelle. Certains milieux sociaux ou professionnels, comme ceux de la mode ou de la compétition sportive, sont propices aux complexes.

ÉVALUEZ-VOUS : VOUS ET VOTRE APPARENCE

1. Testez votre confiance en votre apparence physique

Dans quelle mesure êtes-vous d'accord avec les phrases ci-dessous ?
Indiquez ce que vous pensez de vous actuellement en entourant le symbole de votre choix :

○ (pas du tout d'accord),
□ (un peu en accord),
▲ (moyennement en accord),
● (très en accord),
■ (parfaitement d'accord).

1. J'apprécie mon corps.	○	□	▲	●	■
2. Je suis satisfait(e) de mon poids.	○	□	▲	●	■
3. Je trouve que mes vêtements me vont bien.	○	□	▲	●	■
4. Je me sens séduisant(e).	○	□	▲	●	■
5. Je me regarde dans le miroir avec plaisir.	○	□	▲	●	■
6. Je me déshabille sans gêne en présence d'autrui.	○	□	▲	●	■
7. J'aime qu'on me regarde.	○	□	▲	●	■
8. Je parle facilement de mon physique.	○	□	▲	●	■

Si vous avez une majorité de ○ (pas du tout d'accord) et □ (un peu en accord), vous manquez de confiance en votre apparence physique. Les « complexes physiques » vous hantent.

2. Testez vos croyances à propos de votre physique

Dans quelle mesure êtes-vous d'accord avec les phrases ci-dessous ?
Indiquez ce que vous pensez de vous actuellement en entourant le symbole de votre choix page suivante :

○ (pas du tout d'accord),
□ (un peu en accord),
▲ (moyennement en accord),
● (très en accord),
■ (parfaitement d'accord).

1. Le physique détermine la valeur d'une personne.	○	□	▲	●	■
2. Pour réussir sa vie et être heureux, il faut être beau.	○	□	▲	●	■
3. Pour être bien dans sa tête, il faut être bien dans son corps.	○	□	▲	●	■
4. L'avis des gens sur l'apparence physique est primordial.	○	□	▲	●	■
5. La société exige qu'on soit beau et séduisant.	○	□	▲	●	■
6. L'apparence physique traduit la personnalité.	○	□	▲	●	■
7. Une imperfection physique est un signe de négligence personnelle.	○	□	▲	●	■
8. On peut changer son apparence physique comme on veut.	○	□	▲	●	■

Si vous avez répondu ● (très en accord) ou ■ (parfaitement d'accord) à la majorité de ces questions, vous accordez une très grande importance à votre apparence. Vous n'êtes pas à l'abri de « complexes physiques » en cas d'atteinte à votre image corporelle.

Les transformations corporelles normales du vieillissement modifient notre image. Par exemple, l'apparition de cheveux blancs nous rappelle que nous vieillissons.
Des événements banals de la vie concourent à notre expérience corporelle. Une rupture sentimentale, l'impossibilité de rentrer dans un vieux pantalon, un conseil de régime, etc. peuvent nous faire douter de notre attractivité physique. Des compliments sur notre élégance ou notre jeunesse nous donnent, à l'inverse, confiance en notre capacité de plaire.

Nos réactions automatiques

Quand notre contexte de vie nous rend conscients de notre apparence physique, nous avons tendance à nous centrer sur nos défauts physiques et à nous regarder en position d'observateur critique. Nous nous comparons aux autres – surtout aux personnes jugées plus jolies que nous – et pensons, à tort, que les autres ont la même opinion négative que nous sur notre physique.

Nos comportements de protection

Pour nous protéger de la gêne et de la honte, nous agissons de façon défensive. Parfois, nous adoptons des comportements d'évitement : nous évitons les réunions mondaines, les cabines d'essayage, la piscine, le pèse-personne… À d'autres moments, nous dissimulons ou amenuisons nos imperfections physiques : se teindre les cheveux, rentrer le ventre, mettre du fond de teint… Nous adoptons aussi des comportements de vérification : nous scruter dans le miroir, nous peser compulsivement, demander à d'autres de nous rassurer sur notre physique, essayer un vêtement de référence… Toutes ces protections sont de mauvaises solutions. Elles renforcent nos complexes plutôt que de nous en débarrasser.

Comment faire pour améliorer votre satisfaction corporelle ?

Découvrez la source de vos complexes

Découvrez comment vous en êtes arrivé à critiquer votre corps. Recherchez les événements de vie, lointains ou proches, qui vous ont fait douter de votre beauté. Votre image corporelle est le produit d'un long apprentissage. Cette image est un prisme déformant construit par votre histoire de vie. Elle ne traduit pas fidèlement votre apparence physique réelle.

Votre insatisfaction corporelle est la manifestation de votre image corporelle négative. Vous vivez régulièrement en direct un épisode de la série télévisée « Mon corps et moi : une histoire d'amour-haine ». La situation où vous vous sentez mal à l'aise déclenche vos réactions habituelles négatives à propos de votre corps : autodénigrement, gêne, envie de vous soustraire au regard d'autrui... Vous ne faites que rejouer pour la millième fois la même scène. Le scénario tourne en rond. Il ne mène nulle part et renforce vos *a priori* négatifs sur votre physique.

Ne vous laissez pas hypnotiser et conduire par vos pensées

Nous avons tendance à croire nos pensées, à suivre aveuglément leur contenu. Or nos pensées ne sont que des pensées. Ce sont des opinions, des évaluations, des raccourcis, des impressions qui cherchent à nous faire croire en leur véracité. En considérant vos pensées négatives sur votre corps comme l'héritage de votre histoire et en comprenant qu'elles sont entretenues par vos comportements (réactions automatiques et comportements de protection), vous pouvez apprendre à vous en dégager, à ne pas les prendre au pied de la lettre, c'est-à-dire à vous comporter indépendamment d'elles.

Nos pensées ne correspondent pas nécessairement à des faits objectifs. Ce sont des représentations, des phénomènes mentaux transitoires, des nuages qui traversent le ciel de notre esprit. Ne soyez pas dupes des hologrammes mentaux. Regardez avec détachement le film de votre esprit : « Là, je suis en train de penser que j'ai encore grossi et que je dois être dégoûtant à regarder. » Prenez conscience du mouvement incessant de va-et-vient de vos pensées, sans les prendre pour argent comptant mais bien pour ce qu'elles sont : des fantaisies de notre esprit.

De même, n'accordez pas trop d'importance aux pensées plus conformes à la réalité. Si vous présentez un défaut

COMMENT AIDER NOS ENFANTS À AIMER LEUR CORPS ?

• Interagissez avec votre enfant par des contacts physiques. Exprimez votre affection par des câlins, prenez-le sur vos genoux, bercez-le, courez avec lui... Montrez-lui que vous l'aimez comme un être de chair, par des gestes de tendresse. Montrez-lui le plaisir de vivre son corps, en s'associant à lui dans la découverte du mouvement (jeu de balle), du toucher (caresser un chien), du goût (découvrir un nouvel aliment), de l'odorat (sentir une fleur). Apprenez-lui qu'il a un corps et qu'il peut s'en servir pour se sentir bien avec lui-même et entrer en relation avec les autres.

• Stimulez votre enfant pour faire du sport (de façon ludique et non compétitive), de la danse, du chant, du théâtre... Il explorera ses capacités et ses forces. Il prendra son corps comme un allié, une source de stabilité et de réconfort. Il en éprouvera du plaisir et de la fierté.

• Encouragez-le à faire des activités collectives avec des jeunes de son âge. Il y apprendra à affronter ses peurs et à s'affirmer. Il y développera sa sociabilité par l'émulation, la coopération ou la confrontation. Il s'y fera des amis... et des ennemis. Bref, il y apprendra la vie.

• Apprenez à votre enfant à prendre conscience des signaux de son corps et à en tenir compte : manger quand il a faim, se reposer quand il est fatigué, aller aux toilettes à temps... Cette attention au corps renforce les sentiments d'identité et de maîtrise. Elle va dans le sens du respect de sa personne.

• Empêchez les remarques négatives sur l'apparence physique. Apprenez à votre enfant à respecter en paroles et attitudes son corps et celui des autres.

• Cultivez le respect de la différence dans tous les domaines : physique, moral, spirituel. Encouragez l'ouverture d'esprit et la tolérance.

• Apprenez à votre enfant à être critique par rapport aux messages de la société du paraître. Aidez-le à définir ses propres valeurs, à se former une personnalité propre.

• Informez votre enfant sur les changements corporels au cours de la croissance. Discutez de la puberté et de ses modifications. La sexualité n'est pas taboue. Respectez néanmoins l'intimité de votre enfant.

• Montrez l'exemple. Menez une vie saine, respectueuse de votre corps et de celui d'autrui. Évitez vous-même des commentaires désobligeants sur l'apparence, la vôtre ou celle d'autrui. Mangez de façon équilibrée. Pratiquez un sport. Prenez soin de votre sommeil. Veillez à garder une ambiance conviviale à la maison.

physique apparent, n'en exagérez pas la portée. Ne surestimez pas les conséquences négatives de cette imperfection. Vous pouvez mener une vie qui vaut la peine d'être vécue, même avec votre défaut physique.

Critiquez la société du paraître

Ne vous laissez pas attirer par les sirènes de la publicité ou du show-biz. Les défilés de mode, les produits cosmétiques ou les régimes amincissants sont des produits de consommation. Leur but est le profit, pas le bonheur des consommateurs.

Affirmez votre dignité

Vous avez le droit de penser, ressentir et agir comme bon vous semble. Revendiquez votre droit à la singularité, à la différence. Soyez vrai avec vous. Libre à vous d'endosser ou non le « prêt-à-porter » culturel de la société. Si les autres ont droit au respect, vous aussi.

Refusez l'impolitesse

Refusez les étiquettes négatives sur votre apparence. Vous n'êtes pas un vulgaire objet ou une carcasse qu'on peut se permettre de juger impunément.
Accueillez avec bienveillance les compliments qu'on vous adresse sur votre beauté. Si vous avez tendance à disqualifier ou à minimiser ces compliments, faites l'effort de remercier avec courtoisie la personne qui vous complimente.

Vivre ses complexes, c'est s'en libérer et vivre enfin sa vie.

Cultivez l'intériorité

Partez à la recherche du sens de votre vie. Qu'est-ce qui compte vraiment pour vous ? Quelles sont vos valeurs fondamentales ? Qu'est-ce qui vous pousse à vous lever le matin et à affronter votre journée ? Vivez en fonction de ce fil conducteur, de ce code de conduite. Cultivez vos projets d'épanouissement personnel plutôt que de céder aux sirènes de la Beauté.

Prenez soin de votre corps

Traiter son corps avec délicatesse, c'est prendre soin de soi. Appliquez des crèmes de soin, portez des vêtements qui vous plaisent, maquillez-vous, changez de coupe de cheveux, fréquentez l'esthéticienne, faites du sport pour le plaisir, allez au hammam, car « vous le valez bien ».

Contrez vos réactions automatiques

Évitez de centrer votre attention sur vos défauts physiques. Prenez en considération l'ensemble de votre corps plutôt

que les détails qui vous dérangent. Regardez-le avec tendresse et bienveillance, sans le juger, comme une mère caresse du regard son enfant endormi.
Contrecarrez votre habitude de vous mettre en position d'observateur de votre propre corps, comme si vous braquiez une caméra sur vous-même. Arrêtez de deviner ce que les autres voient en vous regardant. Votre regard sur vous n'est pas objectif. Regardez ce qui se passe réellement autour de vous au lieu d'imaginer comment vous paraissez aux yeux d'autrui. Souvent, nous avons tendance à nous comparer à notre image corporelle d'avant (« J'étais mieux avec 15 kg en moins ») ou à d'autres personnes estimées plus attrayantes physiquement. Luttez contre cette tendance. Pourquoi vous faire du mal inutilement ? Cela ne vous rendra ni heureux ni joli ! De même, évitez de vous comparer à quelqu'un de « moins joli » pour vous rassurer sur votre beauté relative. Vous ne participez pas à un concours de beauté. Renoncez à la compétition. Arrêtez de jouer à madame Irma, à lire dans la tête et le cœur de votre interlocuteur. Non, vous ne savez pas ce que pense ou ressent la personne qui vous regarde. Votre opinion sur votre physique correspond à votre vécu, pas nécessairement à celui d'autrui. Pas besoin d'anticiper les réactions de l'autre, contentez-vous de les observer en toute objectivité. Vous êtes juge et partie. Soyez l'avocat de la défense, pas celui de la partie civile.

Abandonnez vos comportements de protection

Plus vous cherchez à échapper à votre insatisfaction corporelle (honte, dégoût, peur du rejet...), plus vous confortez votre image corporelle négative et entretenez votre insatisfaction corporelle.
Masquer ou rectifier vos défauts, fuir le regard des autres sont autant de solutions vouées à l'échec. Elles vous soulagent dans l'instant mais vous condamnent à une lutte sans fin contre votre apparence. Vérifier votre look, vous peser sans cesse, vous pincer les bourrelets... ne sont d'aucune aide. Aucun stratagème ne peut venir à bout de votre insatisfaction corporelle. Plus vous contrôlez votre apparence, plus vous doutez de sa conformité à vos standards de beauté. Arrêtez de vous saborder.

Vivez en bonne harmonie avec votre corps, tel qu'il est

Vivez avec votre corps « comme si » vous l'appréciez. Portez les vêtements que vous porteriez si vous n'étiez pas complexé. Regardez-vous dans le miroir seulement pour vous maquiller, vous peigner, vous habiller. Pesez-vous à bon escient. Faites du sport comme monsieur ou madame Tout-le-Monde. Voyez du monde au lieu de vous terrer chez vous. Ne recourez à la chirurgie esthétique ou à d'autres procédures de rectification de votre apparence que si c'est vraiment nécessaire et après avoir pris l'avis de plusieurs médecins.

Vivez (avec) votre insatisfaction corporelle

Acceptez de vous sentir mal, en vous forçant à affronter votre insatisfaction au lieu de chercher à vous en débarrasser à tout prix. À force de vouloir réduire votre gêne, vous ne faites que l'entretenir, voire l'exacerber. Pariez sur l'avenir. Affrontez progressivement les situations d'embarras, dans l'espoir d'obtenir à terme une moindre souffrance par une meilleure acceptation de votre apparence. Quitte à souffrir, autant souffrir utile.

10 TRUCS POUR SYMPATHISER AVEC VOTRE CORPS

1. Rendez-vous compte tous les jours de tout ce que votre corps vous permet de faire (marcher, danser, respirer, rire, rêver…).

2. Notez dix caractéristiques de votre personne qui n'ont rien à voir avec votre apparence physique ou votre poids. Relisez cette liste régulièrement. Réactualisez-la régulièrement.

3. Rappelez-vous que la vraie beauté est intérieure. Ce qui compte le plus, c'est la personne que vous êtes réellement, pas votre apparence physique. La beauté est un état d'esprit, pas une caractéristique physique.

4. Regardez-vous en entier quand vous observez votre apparence. Ne vous focalisez pas sur des détails ou des parties de votre corps. Regardez-vous comme vous souhaitez que les autres vous voient, c'est-à-dire comme une personne entière et non comme un ventre, un fessier, un nez…

5. Entourez-vous de personnes positives pour vous. Ces personnes vous aiment comme vous êtes. Elles vous donnent confiance en vous et en votre physique.

6. Faites taire la petite voix à l'intérieur de votre tête qui vous dit : « Tu n'es pas bien. » Critiquez ses arguments. Ne la laissez pas vous déstabiliser. Regardez ces pensées comme des mots dans la tête, un simple assemblage de sons.

7. Faites taire les personnes qui se permettent de faire des commentaires désobligeants à propos de votre apparence ou de votre poids. Défendez-vous. Exigez le respect de votre personne.

8. Portez des vêtements qui respectent votre corps. Ne lui imposez pas des vêtements qui le compriment, le masquent ou le font passer pour différent de ce qu'il est.

9. Soyez critique vis-à-vis de la société. Ne vous laissez pas manipuler par l'exploitation commerciale de la mode. Dénoncez le diktat de la minceur dans la presse et les médias.

10. Consacrez le temps perdu à vos préoccupations corporelles à aider les autres. Oubliez votre petite personne. Aider les autres peut vous rendre confiance en vous.

En quelques mots...

Les complexes physiques ne sont pas une fatalité. Accepter de vivre la gêne plutôt que chercher à la fuir est la voie de la guérison. Passer sa vie à éviter la honte, à se rassurer sur sa beauté ou à vérifier son apparence est un esclavage. Vivre une vie dictée par le rejet de soi et la peur du regard de l'autre n'est pas vivre. Se comporter normalement, en assumant son défaut physique, réel ou imaginaire, permet de mener une vie conforme à ses aspirations fondamentales.

Pour en savoir plus sur les complexes physiques, reportez-vous pages 101-102.

6

Dr Stéphanie Hahusseau

Comment ne pas se gâcher la vie ?

On peut se retrouver dans des scénarios de vie toujours similaires qui vont à l'exact encontre de la satisfaction de nos besoins. J'ai besoin d'amour et je vais vers des partenaires qui sont froids et distants. J'ai besoin d'être reconnu et je vais vers des gens qui me dénigrent. Cette tendance à la répétition est inconsciente. Et puis, parfois, elle est consciente, mais on n'est pas plus avancé. D'où vient donc cette tendance à répéter immuablement les mêmes souffrances ?

Comprendre ce qui nous arrive

Le cas suivant montre le parcours d'une personne qui va d'humiliation en humiliation.

« Je viens de quitter une entreprise dans laquelle j'ai subi un harcèlement moral. La personne pour laquelle je travaillais se réappropriait toutes mes réussites, m'humiliait lorsque plusieurs personnes étaient présentes, et elle me dénigrait quand nous n'étions que tous les deux. Cela a été très dur pour moi de me décider à partir parce que je m'étais beaucoup investi. Avant cela, j'ai vécu une liaison extrêmement difficile parce que la personne avec laquelle j'étais était violente. Elle passait son temps à me dire combien j'étais moche et incapable. Je sais, je n'aurais pas dû rester quatre ans avec elle, mais elle était en souffrance et j'espérais pouvoir l'aider. J'ai l'impression que je ne vaux pas grand-chose et que je suscite le mépris et l'acharnement des personnes qui m'entourent. »

Un schéma se manifeste à l'âge adulte par un sentiment douloureux qui se répète sans cesse. La tendance à ressentir et répéter toujours les mêmes souffrances vient en fait d'expériences douloureuses, voire traumatiques, vécues dans l'enfance et survenues sur un terrain propice à développer ce que l'on appelle un schéma précoce inadapté.

Au travail, je ne supporte pas la bêtise de ma hiérarchie. Je ne m'en cache pas et le leur fais sentir. Je sens bien qu'ils sont prêts à me licencier au moindre faux pas. De toute façon, le monde du travail, c'est la jungle. Avec ma femme, j'ai l'habitude de ses sautes d'humeur. De temps en temps, elle est adorable mais, quand elle est stressée, ce qui lui arrive souvent, elle me critique sur tout, ne respecte pas ce que je fais et m'humilie devant nos amis. Je le vis très mal mais je ne peux pas la quitter, je l'ai dans la peau. Les femmes sont vraiment injustes. Avec tout ce qu'on fait pour elles.

Thierry ressent un fort sentiment d'injustice dans son travail et dans sa vie privée. Il a subi, de manière répétée, des expériences de violence quand il était enfant. Son père l'insultait pour la moindre vétille. Pour que l'avenir lui soit prévisible, il a inconsciemment tiré des conclusions générales de cette violence subie et en a déduit que le monde était injuste.

Un schéma se manifeste à l'âge adulte par un sentiment douloureux chronique.

Un schéma précoce inadapté est donc une façon rigide, profondément enracinée et souvent inconsciente de se percevoir et de percevoir les autres. C'est une façon univoque de ressentir le monde.

Un schéma, quand il n'est pas identifié et remis en question émotionnellement nous conduit à toujours percevoir ce qui nous arrive à travers le même filtre et parfois à provoquer, par nos comportements, ce que nous redoutons.

D'où viennent nos schémas ?

D'abord, d'une fragilité innée, d'un tempérament. Nous ne sommes pas biologiquement tous similaires. Sur ce terrain génétiquement plus susceptible de développer un schéma vont se greffer des expériences émotionnelles. L'enfant que nous avons été avait des besoins physiologiques et affectifs qui n'ont pas toujours été comblés.

Il y a trois grands domaines de besoins. Le besoin d'être protégé, le besoin d'être aimé et le besoin de pouvoir se réaliser.

ÉVALUEZ-VOUS : AVEZ-VOUS UN SCHÉMA ?

Pour chacune des questions ci-dessous, choisissez votre score de 1 à 4 selon l'échelle suivante :

Cela ne me ressemble pas du tout : 1

Cela me ressemble un peu : 2

Cela me ressemble beaucoup : 3

Cela me ressemble tout le temps : 4

	1	2	3	4
1. Je me sens souvent seul(e), y compris quand il y a du monde autour de moi.	■	■	■	■
2. Je ne donne pas facilement ma confiance.	■	■	■	■
3. Je ne me fais pas confiance pour prendre une décision.	■	■	■	■
4. Je n'ai jamais été heureux(se) en amour, on ne m'a jamais vraiment aimé(e).	■	■	■	■
5. J'ai souvent été trahi(e) par les autres.	■	■	■	■
6. Je me sens très mal avec les figures d'autorité.	■	■	■	■
7. J'ai si peu confiance en moi que je me range souvent à l'opinion des autres.	■	■	■	■
8. Quand je suis très amoureux(se), je sais que ça va mal finir.	■	■	■	■
9. Je ne sais pas ce que j'aime réellement et je suis soulagé(e) quand les autres décident de ce que l'on va faire.	■	■	■	■

Réponses

- **Votre score aux questions 1, 4, 8 :**

– *S'il est inférieur à 4 au total, soit vous n'avez aucun problème affectif et c'est tant mieux pour vous, soit peut-être vous évitez ou contre-attaquez un schéma de carence affective. Pour le savoir, observez ce que vous avez ressenti à la lecture de ces questions. Si elles ont suscité des émotions comme par exemple l'agacement, n'hésitez pas à lire ce qui concerne ce schéma.*

– *Si votre score est entre 4 et 6 : vous souffrez d'un léger schéma manque d'amour carence affective.*

– *Si votre score est supérieur à 6, vous souffrez d'une grande carence affective et vous auriez vraiment intérêt à consoler votre enfant intérieur.*

• **Aux questions 2, 5, 6 :**
– *Si vous avez moins de 4, vous avez été protégé dans l'enfance et vous affrontez le monde avec des bases sereines.*
– *Si votre score se situe entre 4 et 6, vous n'avez pas été complètement sécurisé. Vous avez un schéma méfiance, abus, trahison qu'on peut aussi appeler schéma d'injustice, et avez sans doute subi des violences verbales qui vous ont amené à douter de vous et du monde. N'hésitez pas à défendre votre enfant intérieur pour atténuer les séquelles émotionnelles que votre enfance a laissées.*
– *Si votre score est supérieur à 6, votre schéma méfiance, abus, trahison est très ancré. Vous avez peut-être subi de graves traumatismes et vous aurez probablement besoin de l'aide d'un thérapeute.*

• **Les questions 3, 7 et 9 concernent le schéma dépendance ou sujétion :**
– *Si votre score est inférieur à 4, vous n'êtes pas dépendant ou bien vous contre-attaquez un sentiment de manque de confiance en vous en responsabilisant outre mesure, y compris de tâches qui ne vous concernent pas.*
– *Si votre score est de 4 à 6, vous êtes parfois excessivement assujetti aux avis et aux décisions de votre entourage.*
– *Si votre score est supérieur à 6, votre schéma vous invalide réellement et vous ne faites plus rien sans l'aval de quelqu'un d'autre, ce qui vous amène à douter de vous toujours davantage.*

Quand des expériences de non-satisfaction de ces besoins se répètent dans l'enfance, une sorte de conditionnement émotionnel se met en place. Face à quelque chose de douloureux, un enfant ne manifeste pas une émotion comme le ferait un adulte. Le système émotionnel n'est pas encore mature. La douleur de l'enfant se traduit par des sensations dans le corps et par des comportements. Jamais un enfant ne dira ou même ne pensera : « Tiens, je suis triste parce que je suis en train de subir une expérience de carence affective. » Non, l'enfant que l'on cajole insuffisamment peut avoir, par exemple, une sensation de nausée et un comportement comme l'agressivité, la soumission, la domination...

Cette séquence d'une situation de non-satisfaction des besoins associée à une sensation et à un comportement est appelée une émotion primaire. Si cette émotion primaire se répète souvent dans l'enfance, elle va être stockée dans la mémoire émotionnelle.

Pourquoi certaines situations font démesurément mal à l'âge adulte ?

À l'âge adulte, dès qu'une petite chose fait repenser à la situation de l'enfance, cela va réveiller l'émotion primaire, c'est-à-dire les sensations ainsi que la façon d'agir qui y était attachée.

Frédérique, dont le père était fréquemment violent avec sa sœur, avait comme « tendances à l'action » associées à son émotion primaire, la panique et la soumission. Elle faisait tout ce que son père attendait, devançant même ses besoins. À l'époque, c'était tout à fait adapté. Ainsi, elle s'assurait de l'amour de son père et de sa protection. Elle évitait les coups. Le problème, c'est que cette manière d'agir n'est plus adaptée à l'âge adulte.

Avec son groupe d'amies, elle commence à être rejetée, les autres sont agacées parce qu'elle en fait souvent trop, qu'elle se soumet de façon presque servile au désir de chacune, à en devenir énervante. Par ailleurs, dès que deux de ses amies sont en désaccord et échangent des points de vue de façon véhémente, Frédérique est prise de panique sans s'expliquer pourquoi. Les désaccords de ses amies réveillent le souvenir de la violence de son père avec sa sœur et déclenchent la même manifestation qu'à l'époque : la panique et la soumission.

C'est parce que cela réveille un conditionnement émotionnel passé que nous vivons certaines situations de façon excessivement douloureuse. Cela se produit de façon inconsciente, automatique et incontrôlable.

Comment réagissons-nous face à un schéma ?

Face à un schéma, pour essayer de moins souffrir, nous pouvons réagir de trois manières.

Le maintien inconscient des circonstances de l'enfance

Nous nous comportons inconsciemment de manière à maintenir les circonstances de l'enfance. Si j'ai souvent été mal aimée, je vais par exemple, à l'âge adulte, me choisir des partenaires froids, distants, alexithymiques, mariés..., auprès desquels je vais être exigeante, envahissante, adhésive, insécure, générant chez eux l'envie de s'éloigner au plus vite. Je vis quelque chose que je connais, j'évite ainsi l'insécurité de l'inconnu. Mais, par mes choix et mes comportements, je conforte l'idée que personne ne peut m'aimer. Je maintiens mon schéma de carence affective.

L'évitement des circonstances de l'enfance

On peut aussi réagir par rapport à son schéma en évitant de se confronter à des situations réactivant le conditionnement de l'enfance. Avec mon schéma de carence affective, par exemple, je réagirais par l'évitement si je me coupe de toute relation amoureuse. Ainsi, je prends moins de risques de souffrir momentanément, encore que je peux ressentir un profond sentiment de solitude. Toutefois, ma croyance que personne ne peut m'aimer reste intacte.

La contre-attaque

C'est la dernière réaction possible. Dans cette réaction, on fait subir à autrui ce que l'on a subi soi-même. Si j'ai un schéma de carence affective et que je contre-attaque, je quitte précocement mes partenaires au moment où ils s'attachent à moi, et je prodigue peu de marques d'affection à mes enfants. Dans la contre-attaque, c'est généralement davantage l'entourage qui souffre que la personne elle-même. Seulement, à force, elle fait le vide autour d'elle et cela valide sa conviction intime qu'elle est « mal aimable ».

Ces trois façons de réagir destinées à se protéger de la reviviscence de nos souffrances d'enfant, au lieu de l'atténuer, conduisent toutes à la persistance, voire à l'aggravation de nos croyances toxiques sur nous-mêmes et sur le monde. Aucune de ces réactions ne nous protège.

Quels sont les différents schémas ?

Il existe un grand nombre de schémas, presque autant que de sentiments douloureux. Jeffrey Young, le « père » des schémas précoces inadaptés, en décrit jusqu'à dix-huit.
Nous n'évoquerons que trois schémas principaux : le schéma d'injustice, le schéma de manque d'amour et le schéma de dépendance.

Le schéma d'injustice

Changer les traces émotionnelles de son passé pour s'en libérer.

Si, enfant, je n'ai pas été protégé physiquement et émotionnellement, si j'ai subi répétitivement de la violence physique ou verbale, je vais développer un schéma d'injustice et démarrer ma vie d'adulte avec la certitude que le monde est injuste. Cela va m'amener soit à me comporter de manière trop agressive et défensive (contre-attaque du schéma), soit à choisir inconsciemment des partenaires, des supérieurs hiérarchiques qui auront tendance à ne pas me respecter, voire à me maltraiter (maintien du schéma) et devant lesquels je me sentirai aussi démuni que lorsque j'étais enfant.

Le schéma de manque d'amour

Quand, abandonné, non désiré, rarement câliné, souvent délaissé dans l'enfance, je me lance dans la vie d'adulte, je suis persuadé que personne ne m'aimera jamais, que la solitude et l'isolement sont ma destinée. Je suis trop amoureux quand je tombe sur des partenaires qui sont distants, froids, peu affectueux et plus je tente de les approcher, plus ils s'éloignent de moi, plus je me sens abandonné et peu aimable. Je maintiens mon schéma. Je me sens trop en demande, trop en attente par rapport à eux, mais c'est plus fort que moi. Ce qui est bête, c'est que certains autres sont tombés amoureux de moi, mais je les ai quittés très vite car je ne les aimais pas (contre-attaque). Parfois, je préfère rester sans partenaire. Je déteste être seul mais je n'en peux tellement plus de souffrir dans mes histoires d'amour que, des deux maux, je pense que celui-là est le moindre (évitement du schéma). Généralement, ce schéma s'active un peu moins fréquemment dans la vie professionnelle. Il est surtout ravivé par les relations amoureuses et par les enfants sur lesquels on peut essayer de réparer son propre schéma, et, dans ce cas, on a tendance à les étouffer, ce qui fait qu'ils s'éloignent et que, de nouveau, on se sent abandonné.

Le schéma de dépendance

Il est lié à un manque d'autonomisation dans l'enfance par des parents surprotecteurs, voulant bien faire et faisant les choses à notre place, nous laissant penser que nous ne sommes pas capables de nous débrouiller seul. À l'inverse, il peut être lié à une autonomisation trop précoce. Nous devions faire face, trop tôt, à des tâches ou des responsabilités que nous ne pouvions pas assumer. Ainsi en échec, nous avons développé la croyance que nous ne sommes pas capables.

À l'âge adulte, ce schéma se manifeste, lorsqu'il se maintient, par le choix de partenaires dominateurs et dirigistes auprès desquels, il n'y a pas de décision à prendre et par des choix de carrière où l'on a tendance à être surqualifié pour la fonction et où on n'a pas trop de responsabilités. Lorsque l'on contre-attaque ce schéma, on ne délègue rien à personne.

Comment réussir à changer ?

Repérez votre tendance à la répétition

Noter les moments négatifs

Avant tout, il faut essayer de prendre conscience de notre mode de fonctionnement et de compréhension du monde. Il fait partie de nous depuis tellement longtemps qu'il s'est presque intégré à notre personnalité.

Pour découvrir son schéma, il faut un cahier dans lequel on note les moments négatifs.

Le plus important, cette fois-ci, est de bien identifier le sentiment qui nous a fait le plus souffrir dans la situation que nous venons de vivre. Est-ce le sentiment d'avoir été abusé, d'avoir été trahi ou bien de ne pas compter, de ne pas être aimé ou reconnu ? Ou bien encore, s'agit-il du sentiment de n'être pas à la hauteur, d'être incompétent, inapte, indigne ? Essayez d'être attentif à vos émotions quand vous cherchez à nommer ce sentiment. Si un sentiment crée en vous une émotion, vous avez probablement visé juste. Cette dénomination résonne.

Prenez des notes dans votre cahier tous les jours, pendant une quinzaine de jours. À l'issue de ces quinze jours, relisez-vous et essayez d'observer si un sentiment se répète.

Noter ses expériences

Le deuxième outil est la narration écrite de vos expériences amoureuses et professionnelles. C'est important d'écrire car cela augmente la prise de conscience, on devient plus lucide car on place ses ressentis en dehors de soi pour mieux les observer. Pour les relations amoureuses, détaillez, en quelques lignes, les faits : comment avez-vous connu cette personne, qu'est-ce qui vous a plu en elle, combien de temps la relation a-t-elle duré, qui y a mis fin ? Puis détaillez vos ressentis à chacun des temps de la relation. Essayez d'identifier ce qui vous a fait le plus mal dans cette relation et de quel sentiment il s'agissait.

Pour les expériences professionnelles, notez aussi les faits : comment avez-vous eu ce job ? Est-on venu vous chercher ou bien est-ce vous qui l'avez obtenu et comment ? Quelle était la politique de l'entreprise ? Comment était organisé le travail ? La répartition des tâches était-elle homogène ? Étiez-vous justement reconnu, considéré, quels ont été les moments difficiles ? Comment s'est terminé ce travail ? Avez-vous démissionné ? Avez-vous été licencié ?

Identifiez dans chaque expérience ce qui a été le plus difficile et le sentiment le plus douloureux sous-jacent.

Faites alors le point sur le présent et le passé : ce sentiment douloureux qui s'est répété vous indique votre schéma.

Identifiez les origines de votre schéma et cajolez votre enfant intérieur

Pour cela, écrivez votre biographie. Racontez par écrit les circonstances qui ont entouré votre conception, votre naissance, votre enfance. Envisagez les rapports de vos parents avec vous, avec vos frères et sœurs. Notez comme ils viennent les souvenirs qui vous ont le plus marqué.

Dans un endroit où vous pourrez être seul et tranquille, relisez vos notes en essayant de vous mettre à la place de l'enfant que vous avez été. Essayez de fermer les yeux et d'imaginer qu'un enfant que vous aimez beaucoup (cela peut être le vôtre) vit ce que vous avez vécu. Que ressentez-vous à cette idée ? Cela vous paraît-il normal qu'on l'ait si souvent laissé seul, sans le rassurer par des mots ou des câlins qui auraient pu le sécuriser ? Pensez-vous qu'il est juste de battre un enfant ? de l'insulter ? Pensez-vous qu'un enfant puisse être aussi incompétent qu'on le lui a maintes fois fait sentir ? Essayez de regarder cet enfant que vous avez été comme s'il s'agissait d'un enfant très proche de vous et que vous êtes chargé d'aimer et de protéger.
Si cela vous émeut, c'est une très bonne chose. C'est uniquement grâce à l'émotion que vous ressentirez pour vous-même et à la compassion que vous aurez pour vos souffrances d'enfant que votre schéma présent pourra se modifier. Cette émotion, il faut la susciter.
On appelle ce travail avec notre enfant intérieur l'autoreparentage. Il permet, non pas de changer les faits qui sont anciens et intouchables mais d'effacer les traces émotionnelles que certaines expériences ont laissées dans la perception de soi et du monde et, du coup, de parvenir à modifier des comportements maintenant la répétition des scénarios de l'enfance.

L'AUTOREPARENTAGE EN PRATIQUE

L'autoreparentage comporte trois étapes réalisées en imagination et le plus possible dans l'émotion.

- **Une première étape** dans laquelle on essaye d'être touché par l'enfant qu'on a été, en se décentrant, c'est-à-dire en imaginant que ça arrive à un autre enfant.
- **Dans la deuxième étape,** on réattribue les responsabilités en se mettant en colère contre nos parents intérieurs (cela ne sert généralement pas à grand-chose de le faire avec ses parents réels d'aujourd'hui, rappelez-vous, vous avez sans doute essayé à l'adolescence de vous mettre en colère contre eux et ça ne vous avait pas soulagé, vous vous étiez peut-être même senti coupable après coup). Cette étape de colère imaginaire est pourtant importante pour que votre enfant intérieur se sente défendu et soutenu. Si c'est difficile, vous pouvez jouer cette colère avec le corps (en tapant sur un oreiller par exemple) pour la susciter et vous en libérer davantage.

• **Dans la troisième étape,** toujours en fermant les yeux, vous rassurerez cet enfant et lui promettrez de lui apporter ce qui lui a tant manqué. S'il a manqué d'amour, promettez-lui de l'aimer toujours, dites-lui combien il est aimable. S'il a manqué de protection, de sécurité, jurez-lui de le défendre en toutes circonstances. Assurez-lui qu'il n'est pas coupable et qu'il n'a rien fait pour mériter cette violence. Ce n'était pas sa faute. S'il se sent inapte, dites-lui comme vous êtes fier de lui, comme il est valable, comme il vaut la peine, comme vous lui faites confiance.

Vous pouvez effectuer cette technique d'autoreparentage à chaque fois que vous ressentez une émotion très forte dans le présent, pour laquelle vous sentez bien qu'il y a une réactivation du passé. Notez à quel point elle est douloureuse, sur 10. En fermant les yeux, ressentez dans votre corps combien vous souffrez, puis laissez vagabonder votre esprit vers l'enfance. Un souvenir ou une image risque de revenir, dans laquelle, même si vous ne vous en souvenez pas, vous avez vécu la même souffrance qu'aujourd'hui. Laissez cet enfant pleurer, défendez-le et rassurez-le. Quand c'est fini, rouvrez les yeux et repensez à la situation présente qui avait déclenché l'émotion forte et réévaluez à combien elle vous fait souffrir. Elle aura sans doute baissé, vous laissant la partie adaptée de l'émotion.

Exprimez-vous !

En dernier lieu, après avoir réparé émotionnellement votre schéma, osez dire à ceux que vous aimez ce que vous pensez, et surtout ce que vous ressentez. Bien qu'ayant la sensation de sauter dans le vide au moment où vous allez le faire, vous serez surpris, après coup, de la libération ressentie. Ce n'est ni en faisant la tête ni en agressant les autres que vous soulagerez et modifierez votre schéma. C'est en étant vous-même et en vous rendant compte que c'est comme cela qu'on vous aime.

Pour en savoir plus afin de ne pas gâcher sa vie, reportez-vous page 102.

Comment vaincre l'hypocondrie

7

Pierre
Lamy

C'est le Dr Knock de Jules Romains qui a raison : « Les gens bien portants sont des malades qui s'ignorent ! » Si vous ou un de vos proches avez tendance à trop vous inquiéter pour votre santé, voici quelques outils qui vous aideront à surmonter cette peur excessive de la maladie qui vous empêche de profiter de la vie.

« Est-ce que c'est dans ma tête ? »

Si vous avez tendance à être hypocondriaque et à vous inquiéter beaucoup pour votre santé parce que vous avez des symptômes que les médecins ne peuvent expliquer, vous vous entendez peut-être dire par certains : « Tout ça, c'est dans votre tête. »

Que non ! Au contraire, vos symptômes sont bien réels mais ils ne sont pas causés par une maladie grave. Ce sont probablement des symptômes physiques sans gravité, provoqués par le stress et par certaines de vos habitudes de vie. Ces symptômes ne représentent qu'une infime partie de la myriade de phénomènes chimiques et biomécaniques qui se produisent en nous à chaque seconde de la vie. Et seule une anxiété mal acceptée vous empêche de bien l'admettre. On vous a peut-être déjà dit :

> « Vos résultats d'analyse sont encore tous négatifs. C'est la cinquième fois ce mois-ci que vous venez me consulter. Je suis votre médecin, faites-moi confiance ! Il faut bien vous rendre à l'évidence, vous n'avez rien de grave. Je ne peux, médicalement parlant, expliquer vos symptômes. C'est psychosomatique ! Vous somatisez, tout se passe dans votre tête ! Vous devez aller consulter un psy. »

Chez la personne hypocondriaque, « tout se passe dans la tête »...

Malgré les progrès spectaculaires des moyens d'exploration biomédicale, certaines personnes présentent des plaintes somatiques qui ne peuvent être expliquées par une maladie physique ou un mécanisme physiopathologique connu. Ces symptômes pour lesquels les médecins n'ont pas d'explication valable ont un nom savant dans les manuels consacrés au traitement des troubles psychiatriques : ce sont les troubles somatoformes. L'hypocondrie est un type particulier de troubles somatoformes. Contrairement à certaines idées reçues, les hypocondriaques ne provoquent pas intentionnellement leurs symptômes, et leur souffrance est bien réelle.
La collaboration récente entre les chercheurs et les cliniciens en neurologie, psychologie, psychiatrie et sociologie permet le développement d'une médecine psychosomatique qui tient compte de la complexité du phénomène étudié, libérée d'un psychologisme dogmatique obscur aux retombées cliniques très décevantes. Grâce à la recherche, les personnes qui souffrent d'hypocondrie peuvent aujourd'hui espérer profiter de traitements psychothérapiques qui sont certes perfectibles, mais qui ont au moins fait la démonstration scientifique de leur efficacité.

L'hypocondrie, c'est quoi ?

L'hypocondrie, c'est la préoccupation centrée sur la crainte ou l'idée d'être atteint d'une maladie grave, fondée sur l'interprétation erronée de symptômes physiques. La personne hypocondriaque a donc la conviction d'être atteinte d'une maladie grave dès qu'elle observe des symptômes physiques et qu'elle les interprète comme pouvant représenter un risque important pour sa santé. En fait, et pour en donner un exemple, l'hypocondriaque ne peut s'empêcher de croire que son mal de ventre du matin est un début de cancer du côlon et ce, même si son médecin l'a assuré du contraire à maintes reprises. La personne qui souffre d'hypocondrie exige de savoir tout de suite et sans l'ombre d'un doute quel est le risque qu'elle soit gravement malade, et donc en danger. Elle a développé une forme d'allergie à toute incertitude dès que la possibilité d'une maladie grave est envisagée. C'est pourquoi les hypocondriaques nous disent souvent qu'ils préfèrent savoir qu'ils ont une maladie plutôt que d'avoir à

... mais les symptômes physiques sont bien réels, quoique sans gravité.

vivre avec leurs doutes. Et, effectivement, ils se comportent souvent tout à fait normalement quand ils sont réellement malades.

Dans le langage courant, l'hypocondrie est souvent associée à des termes médicaux comme « somatisation » et « psychosomatique », termes qui ont pris une connotation négative parce qu'ils ont fini par faire référence à ce qui est faux, exagéré, ou encore à un signe de faiblesse mentale. Il est donc normal pour un patient de s'entendre dire qu'il est hypocondriaque et d'en ressentir une certaine gêne, voire de la honte. D'ailleurs, ce malaise des patients hypocondriaques est souvent partagé d'une autre façon par leurs médecins qui, pour éviter de faire une erreur de diagnostic, doivent exclure toute possibilité qu'une affection médicale inapparente ou qu'une certaine substance soit la cause véritable de ces symptômes physiques complexes et inexpliqués. Comme l'hypocondrie représente pour une certaine médecine high-tech une forme d'échec, il n'est peut-être pas très étonnant qu'elle soit un problème de santé aussi négligé que répandu, sachant que 4 % de la population générale en souffre.

L'hypocondrie est la préoccupation d'être atteint d'une maladie grave.

Que faire pour apprivoiser ma peur de la maladie ?

Il y a à peine vingt ans l'hypocondrie était réputée incurable. La situation a très favorablement évolué ces dernières années et, à ce jour, les seuls traitements psychothérapiques de l'hypocondrie dont l'efficacité a été scientifiquement démontrée sont les thérapies cognitivo-comportementales (TCC). D'autres modalités thérapeutiques, comme la gestion du stress, semblent aussi être efficaces. Les traitements pharmacologiques seront préférablement utilisés en combinaison avec des psychothérapies validées empiriquement pour éviter les risques de rechute à l'arrêt de la pharmacothérapie. L'objectif général des thérapies cognitivo-comportementales est de modifier la tendance excessive de la personne hypocondriaque à interpréter les symptômes physiques, les modifications corporelles et les informations relatives à la maladie comme une preuve de l'existence d'une maladie grave.

ÉVALUEZ-VOUS : ÊTES-VOUS TROP INQUIET POUR VOTRE SANTÉ ?

Pas facile de savoir si nous nous inquiétons trop pour notre santé quand, depuis notre plus jeune âge, nous avons appris que si nous éprouvons des sensations inhabituelles ou douloureuses dans notre corps, nous devons prêter attention à celles-ci, nous en inquiéter si elles persistent et, en cas de doute, aller consulter un médecin. De plus, la santé, c'est bien ce qui est le plus important, non ? Quand avez-vous entendu pour la dernière fois « Tant qu'on a la santé... » ? Pourquoi alors prendre le moindre risque de passer à côté d'une maladie grave, penseront certains ? La question n'est peut-être pas aussi simple.

Voici quelques questions au sujet de votre santé. Cochez la case OUI ou NON pour chaque question.

	Oui	Non
1. Vous inquiétez-vous souvent de la possibilité d'être atteint d'une maladie grave ?	☐	☐
2. Êtes-vous gêné par de nombreuses douleurs ?	☐	☐
3. Êtes-vous souvent conscient des différentes choses qui se produisent dans votre corps ?	☐	☐
4. Vous inquiétez-vous beaucoup pour votre santé ?	☐	☐
5. Présentez-vous souvent les symptômes d'une maladie très grave ?	☐	☐
6. Êtes-vous inquiet à l'idée de contracter une maladie après en avoir entendu parler à la radio, à la télévision, par les journaux ou par une connaissance ?	☐	☐
7. Est-ce que cela vous ennuie si vous vous sentez mal et que quelqu'un vous dise que vous semblez aller mieux ?	☐	☐
8. Trouvez-vous que vous êtes gêné par plusieurs symptômes différents ?	☐	☐
9. Est-il facile pour vous de vous oublier et de penser à toutes sortes de choses différentes ?	☐	☐
10. Est-ce que c'est difficile pour vous de croire le médecin quand il vous dit que vous n'avez aucune raison de vous inquiéter ?	☐	☐

11. Avez-vous l'impression que les autres ne prennent pas votre maladie suffisamment au sérieux ?	☐	☐
12. Avez-vous l'impression de vous inquiéter pour votre santé plus que la plupart des gens ?	☐	☐
13. Pensez-vous qu'il y a quelque chose qui ne va vraiment pas dans votre corps ?	☐	☐
14. Avez-vous peur de la maladie ?	☐	☐
Score total :	.../14	.../14

Grille de correction

Une réponse « oui » à chaque question vaut 1 point, sauf pour la question 9 où c'est la réponse « non » qui vaut 1 point. Vous obtenez ainsi un score entre 0 et 14. Plus votre score est élevé, plus votre peur de la maladie est importante. Un score de 8 et plus indique généralement une peur pathologique de la maladie. Ce questionnaire, qui a pour nom le Whiteley Index, n'est présenté qu'à titre indicatif. Seul un professionnel de santé compétent peut confirmer que vous souffrez d'une peur pathologique de la maladie et pas d'un trouble anxieux ou d'un trouble de l'humeur.

Si votre peur de la maladie est excessive, vous vous retrouvez probablement pris au piège dans le cercle vicieux de l'hypocondrie.

LE CERCLE VICIEUX DE L'HYPOCONDRIE

1. Vous observez une certaine sensation physique qui est douloureuse et/ou qui vous inquiète.
2. Vous avez tendance à imaginer qu'il s'agit peut-être de quelque chose de grave.
3. Cela vous rend anxieux.
4. Vous cherchez rapidement des moyens pour vous débarrasser de votre anxiété en tentant de lever l'incertitude sur votre état de santé par des vérifications (consultation auprès de votre médecin, recherches sur Internet, observation attentive de vos symptômes, etc.) et des évitements (fuir les activités sociales, cesser de faire du sport, abuser des tranquillisants, etc.).

A contrario, vous augmentez vos chances de sortir du cercle vicieux de l'hypocondrie si vous admettez que :

1. Être « en santé », c'est éprouver continuellement des signaux corporels qui sont parfois déconcertants et inexpliqués comme un bruit de fond continu. C'est un peu l'équivalent pour notre corps de l'« écho des étoiles » capté par les radiotélescopes !
2. Ce bruit de fond est réel et normal. Être « en santé » n'implique pas nécessairement que tout va toujours parfaitement bien.
3. Les personnes ayant une peur excessive de la maladie ont tendance à accorder trop d'attention à leurs signaux corporels, à se mettre à l'écoute minutieuse de ceux-ci et, par voie de conséquence, à finir par ressentir plus de symptômes inquiétants. C'est la parfaite illustration du principe qui veut que l'on finit souvent par trouver ce que l'on cherche. Bien que cela semble plus vrai pour les ennuis que pour le bonheur !
4. La majorité des symptômes qui inquiètent les personnes hypocondriaques sont bénins et normaux. Ce sont seulement de fausses alarmes. Cependant, pendant que la personne hypocondriaque cherche à se rassurer, le temps passe… et la vie avec !

Que faire pour sortir du cercle vicieux de l'hypocondrie ?

Tout simplement commencer par utiliser les moyens qui vous ont déjà aidé à être plus détendu, à ne pas vouloir tout contrôler à la perfection, à vivre en vous sentant disponible et utile aux autres, à diminuer votre niveau de stress et améliorer votre forme physique, à profiter des plaisirs de la vie en acceptant que l'anxiété et l'incertitude en sont parties intégrantes. Si ces moyens ne suffisent pas, une psychothérapie taillée sur mesure pour le traitement de l'hypocondrie sera sans doute un des meilleurs placements à long terme que vous aurez faits dans votre vie.

Que faire si un de vos proches souffre d'hypocondrie ?

Je laisse ici la parole à un de mes patients, M. R., qui a eu la générosité d'accepter de nous faire part de son expérience de l'hypocondrie. Je ne saurais mieux dire, et je vous enjoins à profiter de ses conseils avisés !

« Ce qui fut le plus difficile quand j'étais inquiet pour ma santé, c'était :

• de me sentir seul, totalement impuissant, épuisé face à ma peur de la maladie et d'avoir pensé que personne ne pourrait m'aider ;

• d'être toujours stressé au rythme des multiples rendez-vous et examens médicaux ;

• d'avoir accès sur Internet à des informations médicales normalement destinées à des médecins et d'avoir discuté avec des patients réellement atteints des maladies que je pensais alors avoir ;

• d'avoir discuté avec d'autres personnes hypocondriaques qui, comme moi, s'acharnaient à se rassurer en cherchant la preuve irréfutable qu'elles n'étaient pas atteintes d'une maladie grave ;

• d'avoir "survécu" en ne pensant à rien d'autre qu'à la peur de la maladie.

Avec le recul, ce qui m'a le plus aidé, ce fut et c'est encore :

• de rencontrer des professionnels de santé compétents qui prennent le temps de m'écouter avant de me dire que "tout est dans ma tête" ;

• de faire confiance à mon médecin et suivre ses conseils pour la prise des médicaments quand nous le jugeons nécessaire tous les deux pour "relâcher un peu la pression", retrouver le sommeil et un semblant d'équilibre ;

• mes discussions avec le psychologue et la mise en pratique de ses conseils

pour apprendre à tolérer l'incertitude et accepter l'anxiété quand j'ai des symptômes physiques qui m'inquiètent ;
• de faire et refaire ce que j'ai appris lors des séances de psychothérapie ;
• d'avoir dit ce que je ressentais à mes parents et à ma compagne pour obtenir leur soutien ;
• la pratique régulière de la relaxation et la reprise des activités que j'aime. »

Pour conclure

L'hypocondrie est un problème d'anxiété sournois, « grave » et résistant parce qu'elle n'est pas compatible avec la vie. Mais vous pouvez la terrasser par la réflexion, la ténacité, la prise de risque et l'acceptation de la peur.

Pour en savoir plus sur l'hypocondrie, reportez-vous page 102.

2 En savoir **plus**

4. Les clés de la confiance en soi

André C., Lelord F., *L'Estime de soi. S'aimer pour mieux vivre avec les autres*, Paris, Odile Jacob, 1999 ; « Poches Odile Jacob », 2008.

André C., *Imparfaits, libres et heureux. Pratiques de l'estime de soi*, Paris, Odile Jacob, 2006.

Fanget F., *Affirmez-vous ! Pour mieux vivre avec les autres*, Paris, Odile Jacob, 2002 ; « Poches Pratique », 2008.

Fanget F., *Oser. Thérapie de la confiance en soi*, Paris, Odile Jacob, 2003 ; « Poches Odile Jacob », 2006.

Fanget F., *Toujours mieux. Psychologie du perfectionnisme*, Paris, Odile Jacob, 2006 ; « Poches Pratique », 2008.

Fanget F., *Où vas-tu ? Les réponses de la psychologie pour donner du sens à sa vie*, Paris, Éditions les Arènes, « Cahiers d'enfance », 2007

George G., *La Confiance en soi de votre l'enfant*, Paris, Odile Jacob, 2007.

Koeltz B., *Comment ne pas tout remettre au lendemain*, Paris, Odile Jacob, 2006 ; « Poches Pratique », 2008

5. Bien vivre avec ses complexes physiques

Amadieu J.-F., *Le Poids des apparences. Beauté, amour et gloire*, Paris, Odile Jacob, 2002 ; « Poches Odile Jacob », 2005.

Pasini W., Baldini M. T., *Les 7 Avantages de la beauté. S'améliorer sans se transformer*, Paris, Odile Jacob, 2006.

Tignol J., *Les Défauts physiques imaginaires*, Paris, Odile Jacob, 2006.

Sites Internet

Complexes physiques

http://www.e-sante.be/be/sante_magazine/sante_psychologie/Complexes_physiques_estime_soi-1970-921-art.htm

Image corporelle des adolescents

http://biendanssapeau.org/3d_v2.html

http://www.e-sante.fr/sante-de-l-adolescent-complexes-physiques-manque-estime-soi-NN_12152-113-9.htm

http://www.biendanssapeau.ca/3g_0.html

Dysmorphophobie

www.doctissimo.fr/html/psychologie/principales_maladies/9339-dysmorphophobie.htm

http://fr.wikipedia.org/wiki/Dysmorphophobie

Associations professionnelles de thérapeutes

Association française de thérapie comportementale et cognitive (AFTCC) : www.aftcc.org

Association francophone pour la formation et la recherche en thérapie comportementale et cognitive (AFFORTHECC) : www.afforthecc.org

Association pour l'étude, la modification et la thérapie du comportement (AEMTC) : www.ulg.ac.be/aemtc.

6. Comment ne pas se gâcher la vie

Cottraux J., *La Répétition des scénarios de vie*, Paris, Odile Jacob, 2001 ; « Poches Odile Jacob », 2003.
Hahusseau S., *Comment ne pas se gâcher la vie*, Paris, Odile Jacob, 2003 ; « Poches Pratique », 2008.
Rusinek S., *Soigner les schémas de pensée*, Paris, Dunod, 2006.
Young J. E. Klosko J. E., *Je réinvente ma vie. Vous valez mieux que vous ne pensez*, Paris, Éditions de l'Homme, 2003.
Young J. E. Klosko J. E., Weishaar, *La Thérapie des schémas. Approche cognitive des troubles de la personnalité*, Paris, De Boeck, 2005.

7. Comment vaincre l'hypocondrie

Abramowitz J. S., Olatunji B. O., Deacon B., « Health anxiety, hypochondriasis, and the anxiety disorders », *Journal of Behavior Therapy*, 2007, 38, p. 86-94.
Asmundson G. J., Taylor S., *It's Not All in Your Head*, New York, The Guilford Press, 2005.
Dantzer R., *L'Illusion psychosomatique*, Paris, Odile Jacob, 2001.
Furer P., Walker J. R., Stein M. B., *Treating Health Anxiety and Fear of Death*, Berlin, Springer, 2007.
Lejoyeux M., *Vaincre sa peur de la maladie*, Paris, La Martinière, 2002
Romains J., *Knock, ou Le triomphe de la médecine*, Paris, Gallimard, « Folio », 1972.

3 S'ÉPANOUIR avec les autres

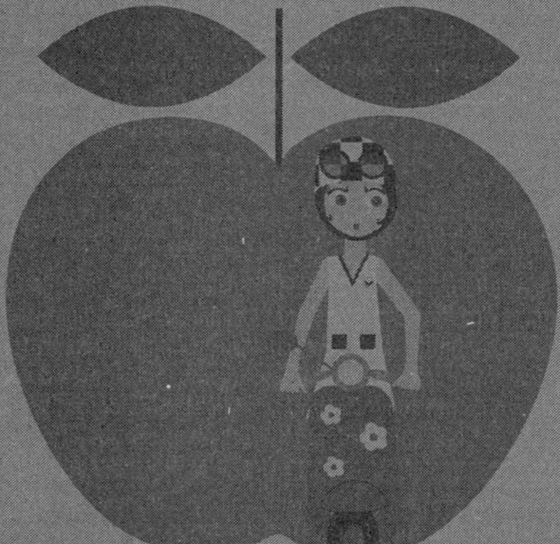

Les liens sociaux sont souvent à la source de nos plus grandes joies comme de nos plus grands tracas. Nous avons besoin des autres, et pourtant ils peuvent nous faire souffrir, nous marcher sur les pieds, nous faire peur. Alors, nous devons apprendre à dire « non », parfois : pour nous affirmer et nous faire entendre. Et, plus souvent encore, à dire « oui » : à la vie, aux rencontres, aux partages et aux différences...

8

Dr Gérard Macqueron

Créer des liens avec les autres

Prendre le temps de choisir ses amis, savoir les garder, entretenir des relations affectives stables n'est pas toujours une priorité dans notre environnement en perpétuel mouvement qui prône l'individualisme à outrance et le plaisir immédiat. Pourtant, en travaillant à lever certains obstacles, s'ouvrir à l'autre devient possible.

Construire des liens satisfaisants

Le couple, la famille, les amis proches et quelques copains ont longtemps représenté le cercle des relations humaines qu'un individu allait entretenir et développer au cours de son existence. Choisir ses amis s'effectuait dans un environnement social quotidien relativement stable, constitué de personnes plus ou moins connues, de culture identique et la pérennité de la relation dépendait essentiellement de la qualité du lien relationnel. Même une personne timide arrivait finalement avec le temps à former un réseau social de bonne qualité. Les personnes étaient moins ouvertes sur le monde extérieur et se satisfaisaient d'un réseau social, somme toute, assez limité. En revanche, le lien relationnel était solide, à l'épreuve du temps, et il n'était pas rare de garder ses amis d'enfance toute sa vie.

De nos jours avec la mobilité de la population, le brassage des cultures, l'accélération du rythme de vie, les liens relationnels sont souvent moins entretenus et aussi plus aléatoires. Dans le même temps s'offre à nous la possibilité de multiplier presque à l'infini nos relations sociales par le biais d'associations, du travail, de groupes d'entraide, de clubs de rencontres... Cette multiplication des rapports humains est facilitée par les progrès techniques qui favorisent la communication, notamment depuis la survenue du net qui permet une relation sans déplacement physique, anonyme, modifiant par la même occasion le mode d'approche relationnelle. Aborder un inconnu vivant au bout du monde est aujourd'hui possible en l'espace d'un clic !

Mais ce besoin de créer des liens répond aussi à une réalité moins agréable : personne n'est à l'abri d'un divorce, d'un licenciement, d'un déménagement. Notre monde relationnel étant plus précaire, on se rassure en augmentant la quantité des contacts à défaut de pouvoir modifier la qualité de la relation.

Nous devenons ainsi des consommateurs de relations humaines et évitons de nous engager par crainte d'être ensuite abandonnés.

Multiplier le nombre de contacts implique une certaine aisance sociale que tout le monde ne possède pas, et induit un rapport à l'autre qui n'est pas toujours satisfaisant.

Dans le même temps, l'incapacité d'aller vers l'autre, conjuguée à la difficulté conjoncturelle de maintenir des relations sociales stables, alors que nous avons à notre disposition une panoplie impressionnante de moyens de communication, provoque une souffrance psychique qui renforce la sensation de mal-être intérieur et le sentiment d'isolement. Essayons de dépasser cet obstacle ensemble afin d'inverser la donne.

Nous allons d'abord examiner les difficultés psychologiques qui peuvent être un obstacle à la création de nouveaux liens, puis nous décrirons les éléments utiles à la construction de relations de bonne qualité avant d'évoquer quelques conseils pratiques pour entretenir vos relations sociales.

Dépassez vos inhibitions

La plupart des blocages psychiques proviennent de croyances personnelles erronées qui s'imposent à nous sous la forme de pensées automatiques dont nous n'avons pas forcément conscience tant elles font partie de notre univers psychique. Ces convictions s'appuient sur notre histoire, les événements de notre vie, mais dépendent aussi de notre tempérament si bien que nous les critiquons rarement. Pourtant elles dirigent nos choix de vie et sont à l'origine de préjugés qui nous conduisent à nous représenter les

situations en fonction de notre vécu intérieur et non plus de la réalité extérieure. L'inhibition sociale pour une large part procède de ce principe.
La gêne éprouvée face à un groupe, l'angoisse perçue dans l'intimité d'une relation, la peur ressentie avant l'oral d'un examen sont la traduction de différents troubles psychiques regroupés sous le terme général d'anxiété sociale (voir tableau ci-contre, en haut).

Les différentes formes de l'anxiété sociale

La plupart des personnes souffrant d'anxiété sociale ont une conscience de soi excessive qui les conduit à s'interroger en permanence sur elles-mêmes et sur l'image que les autres ont d'elles. Et il n'est pas rare qu'au cours d'une conversation, elles soient plus absorbées par l'image qu'elles donnent que par le sujet évoqué. En outre, convaincues qu'il existe, quand on rencontre quelqu'un, un comportement type à suivre pour donner une bonne impression, elles s'attachent plus au contenu du discours et à la manière dont elles parlent qu'à l'échange relationnel en tant que tel. Comment expliquer cette attitude ?
Le manque d'estime de soi dont souffrent la plupart des anxieux sociaux rend compte en partie de ce comportement. Ils pensent ne pas être intéressants en tant que personnes et présument que pour susciter l'intérêt des autres ils doivent disposer de qualités exceptionnelles, mener des actions incroyables, dire des choses particulièrement intéressantes. Ils s'appliquent alors à trouver des sujets de conversation originaux, la posture parfaite, à avoir la réponse adéquate, pour donner plus de valeur à leur personnage. Dans ces conditions, la survenue d'un signe physique laissant entrevoir une émotion est vécue comme une véritable trahison de leur corps et devient dramatique. Un tremblement, un rougissement, des sueurs, la voix qui change et tout bascule. Ils imaginent leur interlocuteur s'en apercevoir et les critiquer vivement pour leur manque d'assurance, leur émotivité non contrôlée. Un blanc dans une conversation, un silence, et ils se jugent ridicules et sans intérêt. Incapables de répondre du tac au tac à une critique, ils se trouvent faibles et pensent être l'objet de moqueries de la part des autres.

	Trac	Timidité	Phobie Sociale	Personnalité évitante
Situations	de performance	sociale	sociale	sociale
Avant	forte appréhension	gêne	panique	gêne
Attention portée	sur la performance	sur les autres	sur soi-même	sur les autres
Pensées angoissantes	ne pas être à la hauteur	ne pas être intégré, accepté	être humilié ou rejeté	être critiqué ou mal aimé
Après	soulagement	déception	honte	sentiment de rejet
Stratégies	adaptation	adaptation	évitement	évitement
Nature	normale	normale	pathologique	pathologique

Pensées automatiques erronées	Pensées alternatives réalistes
Rougir en société, c'est montrer que l'on est faible.	Accepter de rougir, c'est être fort, rougir, c'est réagir.
On doit contrôler en permanence toutes ses émotions.	Certaines situations justifient que l'on soit émotif, on ne peut pas toujours être sous contrôle.
On ne doit pas faire part de ses émotions aux autres.	Parler de soi permet d'améliorer les relations.
On doit toujours être à l'aise quand on parle à quelqu'un.	On a le droit d'être gêné, on ne peut pas toujours être à l'aise.
Si je bafouille, on va se moquer de moi.	Qui ne bafouille jamais ?
Le silence traduit toujours un malaise.	Le silence ponctue la discussion, on ne peut pas toujours parler.
Si je ne dis rien, je vais déranger, gêner.	Je peux aussi écouter, ou être bien sans parler.
Si je prends la parole, je dois dire quelque chose d'intéressant.	Ce qui importe, c'est de s'exprimer.
Si je ne sais pas répondre à une question, je suis nul, incompétent.	Personne n'a réponse à tout, je ne peux pas tout connaître.

Pourtant, dans les faits, ils ont rarement reçu de tels reproches. Les autres n'expriment à leur égard ni jugement aussi tranché ni critiques aussi vives. Mais leurs croyances sont plus fortes que la réalité : ils attribuent en fait aux autres des pensées qu'ils ont sur eux-mêmes. Ils imaginent que les autres pensent ce qu'ils redoutent au fond d'eux-mêmes.

Mais alors qu'ils s'efforcent d'être le plus efficace possible, ils en oublient de s'intéresser à leur interlocuteur, à son ressenti, au plaisir que l'on éprouve juste à bavarder. Ainsi, ils se trompent sur les relations humaines : ce n'est pas la manière dont vous vous exprimez ni même le fait que le sujet de la conversation soit intéressant ou non qui importent le plus, *in fine*. C'est ce qui passe entre vous et l'autre alors que vous vous parlez. Une discussion est un moyen d'échanger des émotions, de partager un moment, de découvrir votre interlocuteur, de faire une rencontre, de se révéler à l'autre, d'être en relation avec autrui.

Comment dépasser votre anxiété sociale ?

Suivez ces quelques conseils :

Oubliez vos préjugés, soyez disponible pour autrui, prenez le temps de le découvrir.

- Pour ne plus avoir peur des autres il suffit finalement d'accepter l'idée que les autres ne sont pas les monstres que vous imaginez. Si les gens vous parlent, vous écoutent, vous sollicitent, vous invitent, c'est simplement qu'ils souhaitent passer un moment agréable avec vous, vous connaître et probablement pas dans l'objectif de vous juger, de vous critiquer. Ils n'ont pas d'attente autre que faire votre connaissance. Car, pour eux, vous êtes digne d'intérêt, vous, en tant que personne, tel que vous êtes. Et même si cela vous étonne, c'est la réalité ! En outre, ils sont, jusqu'à preuve du contraire, empathiques et compréhensifs, et s'ils avaient notion de vos difficultés relationnelles, que vous leur cachez le plus souvent, ils pourraient vous aider.
- Pour vous en convaincre, oubliez vos préjugés, soyez disponible pour autrui, prenez le temps de le découvrir. Laissez-le s'exprimer, écoutez-le, apprenez à le connaître. Vous verrez alors que vos craintes étaient le plus souvent non justifiées.
- Ensuite, prenez du plaisir à être vous-même tel que vous êtes au risque de déplaire. Il vaut mieux déplaire pour de bonnes raisons que plaire pour de mauvaises. L'idée est

de construire une relation singulière, pas d'être parfait. En revanche, si vous ne parlez pas de vous pour ne pas vous faire remarquer, si vous ne renvoyez pas une image agréable de vous, en vous dévalorisant par exemple, vous ne pourrez éveiller de l'intérêt chez l'autre.

• Acceptez qu'une relation se construise progressivement et que les premiers contacts soient parfois laborieux. Les autres ont aussi leurs problèmes, des difficultés, de sorte qu'ils peuvent se montrer maladroits, un peu distants car mal à l'aise, distraits parce que préoccupés, sans pour autant vouloir vous être désagréables. Même si vous le vivez ainsi, votre ressenti ne représente pas toujours l'intention de l'autre.

• Enfin sachez relativiser vos signes physiques et vos angoisses : accepter de montrer ses émotions en diminue l'intensité. Chacun a éprouvé, à un moment donné, une anxiété sociale car c'est un phénomène réflexe normal, inconfortable certes, mais dont nous ne pouvons contrôler la survenue. En revanche, les signes deviennent gênants dans la relation uniquement parce qu'ils nous gênent. Votre interlocuteur n'en a que faire ! Ne leur donnez pas plus d'importance qu'ils n'en n'ont réellement.

• N'oubliez pas qu'en évitant les relations sociales vous renforcerez vos angoisses et que les autres interpréteront probablement votre attitude comme une volonté de ne pas lier de contact. Aussi parlez à vos proches de vos difficultés et osez affronter les situations à risque pour ne plus être limité par vos craintes. Pour cela, listez les situations problèmes et commencez par vous confronter aux situations dont le degré d'anxiété est le plus faible. Notez vos pensées automatiques en situation pour apprendre à les critiquer :

– En quoi sont-elles justifiées ?

– En quoi sont-elles vraies ?

– Est-ce si grave de rougir... ?

– Quelles sont les conséquences pratiques si je bafouille ?...

Remplacez alors vos convictions menaçantes – ce que vous redoutez – par des pensées alternatives plus objectives afin d'aborder les relations sociales plus sereinement. Pour vous aider, imaginez ce que se dirait votre interlocuteur – ou un ami proche – s'il était à votre place.

Se faire des amis

Être entouré de personnes de confiance que l'on apprécie et qui nous sont bienveillantes, être aimé pour ce que l'on est, pouvoir se rappeler des souvenirs tendres, partager des moments forts, se confier dans des circonstances difficiles, bavarder de tout et de rien, ou refaire le monde, rire sans retenue, ou tout simplement « avoir des amis », n'est-ce pas le souhait de chacun d'entre nous ? Mais qu'est-ce qu'un ami ? Comment pourriez-vous caractériser l'amitié ?
Si tout le mode s'accorde à peu près avec l'idée que l'amitié est une relation réciproque, non contractuelle, volontaire et libre qui unit au moins deux êtres n'ayant ni liens de sang ni relations sexuelles, cette définition reste vague et insuffisante. Elle définit un cadre sans en préciser le contenu : la confiance, l'empathie, la tolérance, l'amour, l'honnêteté, la confidentialité, la complicité, la liberté d'expression, le partage de valeurs identiques... tout cela ?

Une relation unique, équilibrée et réciproque

En fait, chaque relation est unique, et l'amitié concerne aussi bien les connaissances, les copains, les amis proches, que nos amis d'enfance, la principale différence entre ces catégories étant surtout relative au degré d'intimité partagé et aux attentes réciproques qui évoluent selon la relation considérée. Il apparaît donc délicat de donner une définition précise de l'amitié sans qu'elle soit trop schématique. En revanche, cette relation humaine est régie par des règles simples qu'il est indispensable de comprendre et de respecter si l'on veut préserver cette relation. Voyons quels sont ces principes élémentaires.

L'amitié est une relation affective

Elle met donc en scène vos conflits affectifs non résolus du passé, dont la plupart proviennent de votre enfance, de votre relation avec vos parents. Il est donc fort probable que vous reviviez aujourd'hui avec vos amis ce que vous avez vécu hier avec vos parents ou dans votre enfance. Effectivement, nous avons une tendance naturelle à reproduire de manière automatique, réflexe, ce que nous avons appris ou vécu dans nos expériences précédentes. Si vous avez souffert de maltraitance, d'autoritarisme, d'abus, vous risquez fort de reproduire ce type de rapports dans vos relations amicales. L'aide d'un psychothérapeute peut alors s'avérer indispensable pour vous aider à repérer et changer vos schémas dysfonctionnels hérités de votre passé.

L'amitié est une relation dynamique

Comme toute relation humaine, l'amitié évolue avec le temps d'une part parce que la vie, les centres d'intérêt, les liens affectifs, les projets, de chacun des protagonistes changent, mais aussi parce que le lien relationnel se modifie en fonction des attentes réciproques et des expériences traversées. C'est d'ailleurs ce qui explique que les copains d'aujourd'hui deviennent parfois les amis proches de demain ou que l'ami d'enfance ne soit plus qu'une relation lointaine. L'amitié se construit donc progressivement alors que le niveau d'intimité, de complicité, de confiance mutuelle évolue. Mais une pause peut survenir, une distance relationnelle s'introduire, un épuisement mutuel interrompre cette relation si elle ne produit plus de satisfaction, si l'un au moins des amis attend plus que ce que l'autre ne peut lui donner. Cela signifie aussi qu'une relation amicale qui fonctionne s'adapte et prend en compte les limites, les intérêts personnels, les priorités de chacun, lesquels ne sont pas toujours compatibles avec les attentes initiales.

L'amitié est une relation réciproque

Il ne suffit pas d'être gentil et généreux pour avoir des amis ou être apprécié. L'amitié est une relation mutuelle qui se construit autour du partage, de l'échange, chacun apportant à l'autre qui devient ainsi redevable : quand on donne quelque chose à quelqu'un, il devient notre obligé. Si vous donnez plus que l'autre ne peut vous rendre, vous créez une dette qu'il ne pourra jamais honorer. Et, de la même manière, si vous refusez qu'il vous aide, vous ne lui permettez pas non plus d'honorer ses dettes. Comme le décrit Gérard Apfeldorfer, pour avoir des relations durables, il faut qu'existe une libre circulation des dons. Si vous ne respectez pas cet équilibre vous imposez à l'autre une relation unilatérale dans laquelle il risque de ne pas trouver l'espace pour

L'amitié est une relation mutuelle qui se construit autour du partage, de l'échange.

se réaliser. Si vous vous sacrifiez pour un ami, si vous êtes exagérément généreux ou trop prévenant, si vous insistez auprès de lui pour le secourir, cela révèle peut-être finalement que vous ne respectez pas votre ami, que vous ne le prenez pas en compte. Vous lui imposez votre aide, votre présence sans vous préoccuper de la manière dont il va la recevoir. Vous apparaissez comme indispensable tout en l'empêchant de vous remercier. À l'inverse, en acceptant de vous montrer fragile auprès de vos amis, en acceptant leur aide, vous leur donnerez l'occasion de se révéler à vous, de vous aider, de pouvoir vous remercier pour tout ce que vous leur avez apporté.

Conseils pratiques pour se faire des amis

Maintenant que les principes fondateurs de toute relation amicale ont été énoncés, voici quelques conseils pour développer votre tissu relationnel et par là même vous faire de nouveaux amis.

Augmentez votre nombre de contacts

Sortez de votre coquille, allez vers les autres, abordez des inconnus dès que l'occasion se présente, prenez le temps de bavarder avec vos relations de voisinage, reprenez contact avec d'anciennes relations. Inscrivez-vous dans des activités pratiquées en groupe (sport collectif, chorale, théâtre, randonnée, clubs…).

Choisissez vos relations

Ne vous attardez pas avec les gens à problème, les plaintifs chroniques, ceux qui ont toujours des soucis et qui comptent sur vous pour les régler. La vie est courte. Passez du temps avec ceux qui vous aiment, sont bienveillants plutôt que de vous épuiser à vouloir vous faire aimer par ceux qui ne vous apprécient pas. Évitez ceux qui sont agressifs, maltraitants, narcissiques.

Soyez souriant, avenant, positif

Évitez d'aborder les gens en vous plaignant, en critiquant. Parlez plutôt de sujets agréables et légers. Adressez des messages positifs sous la forme de compliments par exemple. Plus vous serez accueillant et agréable, plus les personnes auront du plaisir à aller vers vous.

Soyez sincère, spontané, authentique

Parlez de vous, de vos émotions. Exprimez ce que vous ressentez. Dites-le comme cela vous vient.
Riez si vous le voulez, bougez sur votre siège, prenez la posture qui vous convient le mieux. Soyez vous-même sans chichi, ni retenue.

Soyez empathique, attentif à l'autre

Être empathique signifie pouvoir comprendre ce que l'autre ressent. Pour cela il faut être disponible psychiquement, pouvoir s'oublier un instant pour mieux écouter ce que l'autre exprime. Prenez en compte la réalité de l'autre.

Parlez simplement et naturellement

N'hésitez pas à parler de choses simples, banales comme de l'actualité, de votre quotidien, de la situation présente (des vacances, du travail, du film, du restaurant…).
Intéressez-vous à votre interlocuteur, laissez-le parler de lui (d'elle).
Avec les personnes que vous connaissez peu, essayez d'avoir des sujets communs à partager afin qu'un lien affectif vous rapproche l'un de l'autre.

Soyez franc

Si un comportement vous dérange, une réflexion vous blesse, une opinion vous déplaît, dites-le. Sans agressivité, sans menace, simplement comme vous le ressentez. Mais ne le gardez pas en vous, cela conduit à des quiproquos et à de la rancœur.

Entretenez vos relations

Prenez régulièrement de leurs nouvelles, appelez pour bavarder, raconter un événement, demander un avis, ou tout simplement pour avoir le plaisir de leur parler.
Fêtez leur anniversaire, faites des cadeaux, non pas somptueux, mais qui témoignent de votre attention.
Osez inviter, prendre un rendez-vous même pour un café.
Parlez-leur de vous, de votre vie, de vos inquiétudes, de vos émotions, de vos projets.
Intéressez-vous à eux, à leur vie, à ce qui leur plaît, les inquiète, les fait rêver…

QUE DIRE, QUE FAIRE ? QUELQUES IDÉES POUR VOUS LANCER

Observez comment font les autres et copiez-les ! Les compétences sociales sont en grande partie liées à l'apprentissage : regardez et essayez à votre tour. Prenez comme modèle des personnes sympathiques et simples avec qui vous vous sentez bien. Vous verrez, vous serez surpris de vos capacités...

Quand vous vous adressez à quelqu'un

• Regardez-le dans les yeux ;
• Soyez souriant(e) ;
• Parlez distinctement et franchement.

Si vous ne savez pas quoi dire

• Parlez de la situation : Noël, les vacances, la soirée...

« J'adore les fêtes de Noël, cela me rappelle des bons souvenirs quand j'étais enfants, mes parents... C'est la première fois que je viens dans cette région, elle est remarquable, aujourd'hui je suis allé visiter... »

• Puis parlez de vous ou posez des questions ouvertes (Où ? Comment ? Quand ?...) sur votre interlocuteur pour le connaître.

« Comment avez-vous connu la région ?... Où habitez-vous ?... Que pensez vous de... ? »

• Abordez des sujets courants comme l'actualité, le travail, votre quotidien... Chaque sujet est intéressant en tant que tel.

• « Hier, aux actualités, j'ai appris que... En quoi consiste plus précisément votre travail ?... Aujourd'hui, j'ai découvert une boulangerie où... »

• Donnez-vous cinq bonnes minutes pour faire tout cela. Après ce délai, vous devriez pouvoir être plus spontané, la conversation devrait être plus fluide. Si ce n'est pas le cas, n'insistez pas. Allez parler à quelqu'un d'autre. « Je vous remercie, j'ai été content de faire votre connaissance, à plus tard, au revoir... »

Dans une soirée

• Avec un inconnu : « Bonsoir, on ne se connaît pas encore je crois. Je me présente... »

• Avec une relation lointaine : « Bonsoir, vous me reconnaissez, je suis le frère de Julie, on s'était croisé à... »

• Avec une connaissance : « Bonsoir, cela me fait plaisir de vous voir. Comment allez-vous ? »

• Pour revoir une personne : « Cela m'a fait très plaisir d'avoir fait votre connaissance. Peut-être pourrions-nous échanger nos numéros de téléphone ou nos mails pour rester en contact ? »

Dans le train avec un inconnu

• Quand la personne n'est pas assise à côté de vous : « Bonjour, voyez-vous un inconvénient à ce que je m'assoie à côté de vous ? Comme cela nous pourrons bavarder pendant le trajet... »

• Avec votre voisin(e) :

« Nous voyageons ensemble. Peut-être pourrions-nous en profiter pour faire connaissance. Je me présente... »

« Votre livre semble intéressant. De quoi s'agit-il ? »

Et le net ?

Internet a révolutionné la façon de rencontrer des personnes. Cet outil permet d'échanger facilement des données personnelles de tous ordres par l'intermédiaire de forums de discussion, de blogs, de chat... En outre, l'existence de nombreux sites de rencontres donne la possibilité de dialoguer facilement et de manière anonyme avec des inconnus. Ces sites ne sont pas toujours bien surveillés et des dérives sont toujours possibles, mais si vous êtes vigilant et que vous les utilisez comme un moyen de présélection pour rencontrer des personnes, ils peuvent s'avérer d'une aide précieuse pour choisir rapidement parmi des inconnus ceux avec qui vous souhaitez faire connaissance de vive voix. Demandez à vos proches les sites qu'ils fréquentent, ce qu'ils en pensent et lancez-vous !...

Conclusion

Maintenant c'est à vous d'agir. N'attendez pas que les gens viennent à vous, que votre vie change d'elle-même, que vos problèmes s'envolent du jour au lendemain. C'est vous qui devez initier ces changements. Laissez tomber vos craintes et vos préjugés négatifs qui s'appuient sur d'anciennes croyances désuètes aujourd'hui. Lancez-vous, prenez-vous en main et allez à la rencontre de l'autre. Vous ne serez pas déçu. Vous avez tout à gagner. Sachez être patient et prenez le temps de découvrir l'autre dans toute sa richesse. Et n'oubliez pas que vos amis d'aujourd'hui étaient encore des inconnus hier...

Pour en savoir plus afin de créer des liens, reportez-vous page 156.

9

Dr Frédéric Fanget

Affirmez-vous !

S'affirmer, c'est prendre sa place parmi les autres. Exprimer ses désirs et ses besoins en respectant ceux des autres. L'affirmation de soi recherche l'équilibre relationnel : « Je suis aussi important que l'autre, mais l'autre est aussi important que moi. » Une attitude affirmée et sûre de soi favorise l'égalité dans les relations humaines en nous permettant d'agir au mieux de nos intérêts, de nous défendre sans éprouver d'anxiété excessive, d'exprimer nos sentiments librement et sans détour et d'exercer nos droits sans envahir ceux des autres. Être affirmé, c'est oser demander de l'aide à une amie, dire non à une surcharge de travail, se défendre face à des critiques abusives, apporter des solutions concrètes et constructives aux problèmes, aborder calmement les conflits.

Les quatre comportements principaux en affirmation de soi

On distingue quatre grands types de comportements en affirmation de soi : passif, agressif, affirmé et manipulateur.

Le comportement passif

Voici le témoignage d'Alice :

« Je n'affirme jamais mon opinion. Je me laisse tout le temps marcher sur les pieds. Par exemple, quand mon voisin met la musique fort, je n'ose pas lui demander de la baisser. Mon mari choisit toujours les chaînes de télévision à ma place. Je suis la plupart du temps dominée, et ce dans tous les domaines de ma vie, j'ai l'impression d'être une bonne poire. »

Alice a des comportements passifs. Elle n'exprime pas ses droits et laisse plutôt les autres exprimer leurs désirs à sa place. Elle est frustrée et se sent dévalorisée. Elle finit par douter d'elle.

Le comportement agressif

Voici le témoignage de Martin :

« Docteur, je viens vous voir parce que mes collaborateurs me disent qu'ils en ont marre de travailler avec moi. Ils me trouvent trop agressif. Ils disent que je n'arrête pas de les engueuler, que je ne vois que ce qui ne va pas dans leur travail, que je leur parle fort en les insultant. D'ailleurs, ma femme dit la même chose, il paraît que j'impose tout, que je décide de tout à sa place, elle en a marre aussi. »

Martin a des comportements agressifs. Il a tendance à s'imposer aux autres sans tenir compte d'eux. Ceux qui sont autour de lui subissent les dégâts de ses comportements agressifs et auront tendance, s'il continue, à s'éloigner de lui.

Le comportement affirmé

Voici le témoignage de Louise, parlant de son fils Jules :

« Mon fils Jules ne range pratiquement jamais sa chambre, j'en ai eu marre et j'ai décidé à mon tour de m'affirmer. Hier, je lui ai dit : "Jules tu ne ranges jamais ta chambre et tu laisses traîner beaucoup de choses dans la maison, je suis saturée, j'en ai marre de tout ranger derrière toi, j'apprécierais beaucoup que tu fasses un effort pour ranger tes affaires. Je me sentirais aussi beaucoup plus respectée." »

Louise s'est affirmée face à son fils; elle a exprimé son besoin d'être aidée dans les tâches ménagères, mais elle l'a dit calmement, sans agressivité.
L'avantage de ce comportement affirmé est qu'il permet de vous sentir bien car vous vous êtes exprimé et il permet également à l'autre de se sentir bien car vous ne l'agressez pas.

Le comportement manipulateur

Voici comment le patron de Thérèse s'y prend quand il s'adresse à elle :

« Vendredi dernier, à 16 heures, mon supérieur entre dans mon bureau en me disant : "Thérèse, vous le savez, vous êtes de très loin ma meilleure collaboratrice [message positif] et je sais que je peux compter sur vous [second message positif] ; c'est pourquoi je vous demande de bien vouloir prendre en charge le dossier Durand qui est urgent et doit être traité avant lundi matin [message négatif]." »

Le manipulateur avance avec un masque sympathique en vous faisant des compliments et en vous envoyant des messages positifs pour vous contraindre ensuite à répondre à ses besoins. Comme on le voit dans l'exemple précédent, le supérieur de Thérèse commence par la flatter avant de demander ce qu'il attend d'elle. Ce comportement manipulateur est à repérer car il met très mal à l'aise et, quand il se répète, peut être réellement destructeur.

Pourquoi il est important et même nécessaire de s'affirmer

S'affirmer est indispensable car les répercussions du manque d'affirmation de soi sont très ennuyeuses pour vous et pour vos relations aux autres.

LE CERCLE VICIEUX DE L'AUTODÉVALORISATION

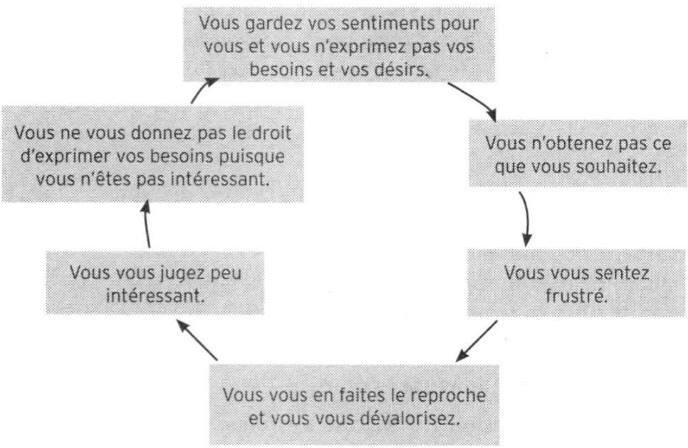

La boucle est bouclée, les risques sont importants pour vous d'évoluer vers une dépression ou des états de malaise chronique.
De plus, si vous manquez d'affirmation de soi, vous allez donner une mauvaise image de vous-même aux autres. Vous serez vite catalogué comme une personne sans caractère, un « loser » ou une personne trop gentille qu'on ne respecte pas.
Vous ne savez plus ce que vous désirez dans votre vie, vous ne savez plus ce qui est bon pour vous. En consultation, beaucoup de mes patients me disent qu'ils ne savent plus ce qu'ils veulent. C'est parce qu'ils ne s'affirment pas et qu'ils n'expriment pas leurs désirs et leurs besoins.
S'affirmer est donc indispensable pour se réaliser dans la vie et avoir de bonnes relations avec les autres.

S'affirmer au quotidien, c'est quoi ?

Osez vous affirmer et permettre à ceux qui vous entourent de faire de même.

Osez vous affirmer et permettre à ceux qui vous entourent de faire de même.

Se donner des droits

Il s'agit de vous donner des droits dans votre vie quotidienne et de ne pas vous laisser paralyser par des pensées négatives très répandues qui vous empêchent de vous affirmer comme :
- Demander c'est mal élevé.
- Si je demande, je m'impose à l'autre.
- L'autre doit deviner mes besoins.
- Ma demande va déranger l'autre.
- Il est inutile de demander ; ce sera de toute façon refusé.

Efforcez-vous de remplacer ces pensées qui vous empêchent d'agir par des pensées plus constructives vous permettant de demander plus facilement, par exemple :
- Une demande directe et claire permet au moins à l'autre de savoir à quoi s'en tenir.
- Si je ne demande rien, je n'aurai rien.
- Une demande affirmée laisse à l'autre la possibilité de dire non ou de négocier.
- Je ne peux pas être sûr à l'avance que ce soit refusé, je le verrai bien lorsqu'on me répondra.

ÉVALUEZ-VOUS : MANQUEZ-VOUS D'AFFIRMATION DE SOI ?

Répondez à ces dix questions par oui ou non.
Notez 1 pour chaque oui, et 0 pour chaque non.

	Oui	Non
1. Prenez-vous la parole en groupe à chaque fois que vous avez envie de la prendre ?	■	■
2. Lorsque vous avez besoin de quelque chose, demandez-vous de l'aide ?	■	■
3. Lorsque vous n'êtes pas d'accord avec quelqu'un, est-ce que vous le dites franchement ?	■	■
4. Lorsque vous êtes content, est-ce que vous le dites à l'autre ?	■	■
5. Lorsqu'on vous fait un compliment, l'acceptez-vous sans malaise ?	■	■
6. Lorsque vous n'êtes pas content, l'exprimez-vous clairement et calmement ?	■	■
7. Acceptez-vous les critiques sans vous dévaloriser ?	■	■
8. Abordez-vous les conflits sans les fuir ?	■	■
9 . Verbalisez-vous votre colère calmement ?	■	■
10. Restez-vous calme face à la colère de l'autre ?	■	■

Résultats

Calculez votre score total/10. Si votre score est inférieur à 5, vous manquez probablement d'affirmation de soi.

Prendre sa place parmi les autres

Poser ses limites aux autres, en apprenant à dire non

Beaucoup de mes patients m'indiquent qu'ils ont du mal à dire non lorsqu'on leur demande quelque chose, et qu'ils acceptent tout parce qu'ils ont des pensées dans la tête qui les empêchent de refuser :

- Si je refuse, je vais blesser l'autre.
- Si je refuse, je vais entraîner un conflit, ce sera à cause de moi.
- Je n'ai pas le droit de dire non.
- Dire non, c'est égoïste.

POURQUOI IL EST IMPORTANT DE SAVOIR DIRE NON

- Dire non est une façon de vous protéger et de poser vos limites aux autres.
- Si vous ne dites pas non, vous êtes comme une maison sans fenêtres dans laquelle toutes les intempéries rentreraient, inonderaient vos sols et rendraient très vite votre maison inhabitable.
- Si vous dites tout le temps oui, les autres vont vous envahir, entrer dans votre maison et vous habiter de l'intérieur. Au bout d'un moment, vous ne saurez plus qui vous êtes, vous serez considéré comme une personne sans personnalité.
- Il est important de dire non pour prendre sa place parmi les autres et pour montrer qu'on est là.
- Il est également important d'accepter que les autres nous disent non parce qu'ils ont aussi leur place et qu'ils ne répondront pas à toutes nos exigences.
- Au fond, dire non, c'est se constituer, se forger son identité, si on ne dit pas non; on ne saura très vite plus du tout qui on est.

Là encore, il est utile pour vous affirmer de savoir comment ne pas vous laisser envahir par ces pensées et les remplacer par d'autres, plus positives, qui vous permettront de dire non.

- Je peux très bien dire non tout en respectant l'autre et sa position.
- Refuser une chose n'est pas refuser la personne et encore moins la relation.
- S'il me respecte, l'autre doit accepter mon refus sans se fâcher.

Savoir se protéger face aux autres en répondant à leurs critiques

La critique peut être destructrice (en particulier lorsque l'on a affaire à des manipulateurs). Il faut donc savoir se défendre et se protéger. Mais, dans d'autres cas, la critique sera au contraire constructive et pourra vous faire progresser. Il faudra alors savoir l'écouter calmement, sans forcément chercher à contre-attaquer immédiatement.

Comment s'affirmer ?

Faites votre journal de bord

Pour déterminer où vous en êtes en affirmation de soi, je vous propose de faire un journal de bord en notant sur une fiche à quatre colonnes les situations dans lesquelles vous ne vous êtes pas affirmé, les émotions que vous avez ressenties, les pensées que vous aviez dans la tête et les comportements que vous avez eus à ce moment-là.

Voici l'exemple du journal de bord d'Agathe, et de ses comportements passifs au travail :

Situation	Émotions	Pensées	Comportement
Ma collègue Martine me demande si je peux la remplacer car elle souhaite pouvoir partir plus tôt cet après-midi pour emmener son fils chez le médecin.	Frustrée, Dévalorisée : 7/10	• C'est toujours elle qui part avant le mercredi. • Je ne sais jamais lui dire non. • Elle abuse, elle ne m'a jamais rendu de services en échange.	• Je n'ose pas dire à Martine que j'ai moi aussi une obligation le soir même. • Je dis oui sans protester et je fais donc le travail de Martine à sa place.

Ce journal de bord sur lequel vous noterez au fur et à mesure des situations quotidiennes vous permettra de vous rendre compte de celles dans lesquelles vous ne vous affirmez pas, des émotions négatives que cela entraîne chez vous et des pensées négatives qui s'accumulent tout au long de la journée dans votre tête. C'est cet ensemble qui vous amène à hésiter à vous affirmer.

Éteignez « radio critique » et passez sur « radio encouragement »

Éteignez « radio critique »

Plus on rumine intérieurement, plus on écoute sa radio critique, moins on en dit. Vos pensées négatives, en même temps qu'elles vous envahissent vous empêchent d'agir. Par exemple, si vous ne prenez pas la parole ; c'est peut-être que vous avez en tête la pensée : « Je n'ai rien d'intéressant à dire. » Vous risquez de ne pas ouvrir la bouche de la soirée, de vous dévaloriser ensuite en considérant que vous n'avez pas été intéressant pour les autres. Et la boucle est bouclée. Mais ces pensées ne sont que des préjugés. Il va falloir les remettre en cause pour pouvoir agir et vous affirmer.

LES PRINCIPALES PENSÉES QUI EMPÊCHENT DE S'AFFIRMER

- Ne dis rien, tu n'as rien d'intéressant à dire.
- Regarde comme elle est à l'aise, elle, pour s'exprimer, par rapport à toi.
- Si l'autre te complimente, c'est pour mieux te manipuler.
- Si tu ne fais pas ce qu'il te demande, tu vas encore provoquer un conflit, si tu cherches à parler, tu ne vas pas trouver les bons mots, tu vas bredouiller, tu ferais mieux de laisser les autres s'exprimer à ta place.
- Si tu lui fais une critique, il va se mettre en colère.
- Tu n'es pas assez cultivé pour participer à cette discussion.
- Si tu dis non, tu risques de blesser l'autre.

Passez sur « radio encouragement »

Même les meilleurs sportifs ont besoin d'encouragements pour remporter une compétition, c'est pour ça que vous allez les encourager et les soutenir. Il en est de même pour vous : si vous passez votre temps à vous critiquer, vous n'avancerez pas, alors que si vous arrivez à vous encourager, vous pourrez mieux vous affirmer.

LES PENSÉES À ÉCOUTER SUR « RADIO ENCOURAGEMENT »

- Après tout, même si tu as tort, tu te sentiras mieux si tu exprimes ton opinion dans ce repas. Au moins tu seras fier d'avoir participé au débat
- Il n'est pas toujours nécessaire d'avoir quelque chose d'extrêmement intéressant à dire pour participer à une discussion, l'important est de participer.

• Comment savoir ce qui intéresse l'autre ? Mieux vaut lui parler et voir s'il s'intéresse à ce que tu dis.
• Peut-être que ce compliment est réel et justifié et que tu as réellement cette qualité.
• Même si tu bredouilles en parlant, ce n'est pas très grave, le principal est que tu dises ce que tu as à dire.
• Tu as le droit de refuser quelque chose, l'autre doit pouvoir accepter ton refus.

Suivez le bon exemple

Il peut être utile de choisir un modèle assez positif et affirmé dans votre entourage et d'imaginer ce qu'il ferait s'il était à votre place. Est-ce qu'il n'aurait pas des pensées plus positives comme : « Après tout, je vais essayer de participer, de dire ce que j'ai à dire, je verrai bien si ça intéresse les autres ou non » ?
Cette technique est très utile car vous pouvez au quotidien vous inspirer de la personne affirmée que vous allez imiter en regardant comment elle s'y prend.

Devenez votre meilleur ami

Agissez avec vous-même comme vous agiriez avec votre meilleur ami. Si votre meilleur ami vous tenait le discours que vous vous tenez, que lui conseilleriez-vous ? Vous lui diriez probablement : « Mais non, n'hésite pas, va quand même à la soirée, prends la parole, tu as ta place comme les autres, tu as le droit de t'exprimer, tu verras bien si ça les intéresse… »

Pesez les avantages et les inconvénients

Il s'agit ici d'explorer les deux possibilités – aller à une soirée ou ne pas y aller – et de comparer les avantages et les inconvénients de chaque solution.

Alice est invitée à une soirée.
Solution 1 : Alice se rend à la soirée

Avantages	Inconvénients
• J'ai une chance de moins m'ennuyer.	• Je risque d'être rejetée.
• Je serai fière d'avoir essayé.	• Je risque de paniquer et de bredouiller.
• C'est comme cela que je peux progresser.	

Solution 2 : Alice décide de ne pas aller à la soirée

Avantages	**Inconvénients**
• Je ne prends pas de risques.	• Je reste dans mon problème et je ne progresse pas. • Je n'ai aucune chance de m'amuser. • Je serai certainement déprimée et dévalorisée de ne pas avoir essayé. • Je peux passer à côté de l'occasion de me faire de nouvelles amies.

Alice peut s'apercevoir qu'il y a beaucoup d'inconvénients à ne pas aller à cette soirée. Si elle s'y rend, elle en retirera beaucoup d'avantages. Elle a donc intérêt à y aller, malgré ses réticences et sa peur.

Intégrez les bonnes aptitudes pour vous affirmer

Exprimez-vous en respectant les autres. Par exemple, si vous reprochez à votre conjoint de ne pas ranger ses chaussettes et ses slips sales, vous pouvez formuler votre critique de différentes manières qui n'auront pas le même effet.
Critique mal formulée : « Tu es un vrai bordélique, tu ne ranges rien, j'en ai marre, décidément tu es un type insupportable. » Cette critique est généralisatrice; elle s'adresse à la personne (votre conjoint) et pas à ce qui vous dérange dans sa manière de faire (ne pas ranger ses chaussettes).
Une critique bien formulée est une critique précise centrée sur le comportement qui vous dérange chez l'autre et non sur ce qu'il est. Il n'y a pas de jugement de valeur. Cette critique doit être constructive, vous pouvez exprimer vos émotions négatives à condition de proposer une solution constructive pour faire évoluer la situation.

LA TECHNIQUE DU DESC : SAVOIR FORMULER UNE CRITIQUE

D : Décrire la situation : « Chéri, j'ai remarqué que tu ne rangeais pas tes chaussettes ni tes slips. »
E : Exprimer vos émotions négatives à la première personne du singulier : « Cela m'irrite beaucoup, j'ai l'impression d'être à ton service. »
S : Suggérer une solution positive et constructive : « Je souhaite que tu ranges tes chaussettes et tes slips chaque matin dans le panier à linge. »
C : Conséquence positive sur vos émotions si l'autre accepte le changement. « Je me sentirai beaucoup mieux et plus respectée. »

Bien formuler une critique vous permettra de mieux vous exprimer, de vous sentir soulagé et d'avoir plus de chance d'obtenir gain de cause.

Suivre la bonne méthode

Progresser par étapes

Pour cela, je vous conseille une méthode simple qui consiste à classer toutes les situations d'affirmation de soi par ordre de difficultés de 0 à 100.

Michel, 40 ans, professeur, a listé toutes les demandes qu'il aura à faire à d'autres personnes en les classant de la moins difficile à la plus difficile.

Hiérarchie des demandes de Michel

Degré de difficulté de 0 à 100	Situations de demande
10	• Demander l'heure dans la rue à un homme.
15	• Demander un changement d'emploi du temps à la directrice.
20	• Demander l'heure dans la rue à une jolie femme.
25	• Demander un service à un voisin que je connais bien (sympa).
35	• Demander un service à un couple de voisins qui viennent d'arriver et que je connais moins bien.
40	• Demander à changer le menu dans un restaurant.
45	• Demander le détail d'une facture à un garagiste.
70	• Demander un changement d'horaires au travail.
100	• Demander une augmentation de salaire.

Je vous demande de commencer comme Michel par les demandes à 10 % de difficultés. Une fois que vous les aurez réalisées et que votre anxiété aura diminué, et seulement à ce moment-là, passez à celles qui sont à 15 % puis à celles à 20 et 30 %, etc.

C'est en effet pas à pas qu'on arrive à gravir la montagne. Regardez le chemin que vous avez déjà parcouru en cochant au fur et à mesure les demandes effectuées. Vous verrez ainsi que vous faites de plus en plus de demandes et qu'il vous en reste de moins en moins à accomplir.

S'entraîner régulièrement

Comme le montagnard, vous n'arriverez pas au sommet en une seule fois et sans vous entraîner. Il est utile de répéter ces exercices d'affirmation de soi en respectant les règles suivantes :

- Se donner du temps, c'est une course de fond pas un sprint.
- S'exercer quotidiennement en faisant des tests d'affirmation de soi dans votre vie quotidienne.
- Augmenter la difficulté progressivement.
- Se donner le droit à l'erreur et, en cas d'échec, recommencer avec un exercice plus facile.
- Se faire aider par des personnes bienveillantes.
- Différencier des objectifs à court terme (1 mois) d'objectifs à moyen terme (1 an), d'objectifs à très long terme (plusieurs années). Commencer par les objectifs à court terme.
- Être fier de ses efforts et s'en féliciter soi-même ou se faire féliciter par les autres.
- Regarder régulièrement le chemin que vous avez déjà parcouru et vos progrès en affirmation de soi.

Conclusion

L'affirmation de soi est une méthode humaniste qui permet de changer notre vision de nous-mêmes et notre relation aux autres.

Il s'agit de sortir de relations possessives pour avoir des relations égalitaires avec les autres. Nous pourrons ainsi vivre dans un monde moins conflictuel où les choses pourront être dites clairement et où la notion de confiance relationnelle pourra s'exprimer.

Par ailleurs, l'affirmation de soi permet de prendre confiance et d'avoir une meilleure estime de soi.

Pour en savoir plus sur l'affirmation de soi, reportez-vous page 156.

10

Natacha Quintard

Défendre ses intérêts

Lequel d'entre nous peut jurer ne s'être jamais trouvé en train de dire « oui », alors qu'il pensait « non », pour se sortir de situations difficiles en cherchant des prétextes fallacieux ou en usant de mensonges rocambolesques…
Il n'est pas rare de se sentir soumis aux impératifs fixés par les autres, prisonnier du chantage affectif d'un proche ou manipulé par les arguments d'un interlocuteur adroit !
Les explications et les conseils pratiques exposés ci-après permettent de corriger ces attitudes et d'apprendre à mieux défendre ses intérêts. En développant des comportements affirmés, on diminue les risques de se sentir malmené ou dévalorisé et on augmente ses chances de se faire respecter par l'entourage.

Les relations aux autres : pas facile !

Pas facile, en effet, d'être confronté à des situations quotidiennes embarrassantes. Les thérapies comportementales et cognitives offrent, grâce aux techniques d'affirmation de soi, des méthodes pour pallier les difficultés relationnelles, pour améliorer la communication, les échanges avec les autres, pour savoir se défendre et obtenir ce que l'on veut.
Voici un exemple de la vie quotidienne pour illustrer ces propos.

Mon nouvel amoureux m'offre un énorme bouquet de lys. Je déteste les lys car leur parfum entêtant me donne mal à la tête et leur pistil tache vêtements et tapis…

- Je réponds : « Merci beaucoup, j'adore les lys. »

La première solution est d'accepter avec une joie feinte et de prendre le risque de recevoir des lys chaque semaine. D'ailleurs, tant qu'à faire, autant vous mettre à aimer franchement les lys, puisque ce sont ses fleurs favorites...
• Je réponds : « Merci. Malheureusement je déteste les lys. »
Deuxième solution : accepter du bout des doigts et dire très franchement ce que vous pensez sans aucun égard, vous serez alors certes très claire au risque d'être blessante et de décourager le beau geste de monsieur.
• Je réponds : « Merci beaucoup, je suis contente que tu m'offres des fleurs, ça me fait très plaisir, mais je préfère te le dire, les lys ne sont pas mes fleurs favorites. Je trouve leur parfum très fort, et leur pistil tache énormément. La prochaine fois, si tu veux me faire encore plus plaisir, tu as le choix, j'aime les pivoines, les pois de senteur et les tulipes... »
Troisième possibilité : accepter gaiement, mais dire quand même son opinion afin d'éviter que le cadeau ne devienne un supplice!

Ainsi, il y a autant de réponses possibles que d'intervenants, mais on distingue d'emblée trois comportements : les inhibés, les agressifs et les affirmés (voir le chapitre « Affirmez-vous ! », p. 118).
Tout d'abord, je vous propose de répondre au quizz de la page suivante.

Changez vos réactions

Pour bien analyser nos interactions avec les autres, tenons compte de trois aspects fondamentaux :
1. ce que nous faisons (nos comportements),
2. ce que nous ressentons (nos émotions),
3. ce que nous pensons (nos pensées).

Changer de comportement

Il existe trois types de comportements : agressif, inhibé et affirmé.

L'inhibé

On parlera d'un comportement passif, inhibé, lorsque l'on n'ose pas faire ce que l'on voudrait ou chaque fois que l'on n'exprime pas ses besoins.
L'inhibé se sent vulnérable face aux autres, moins armé, plus faible ; il doute de lui, ne sait pas faire les bons choix, peut se sentir mal à l'aise, déçu et souvent frustré.

ÉVALUEZ-VOUS : ÊTES-VOUS « AFFIRMÉ » ?

Répondez à chaque question spontanément par la réponse « plutôt vrai » ou « plutôt faux », selon votre façon habituelle de penser et d'agir. Il n'y a ni bonne ni mauvaise réponse puisque chacun est différent .

	Plutôt vrai	Plutôt faux
1. Si j'achète un produit défectueux, j'hésite à retourner chez le commerçant pour le rendre ou me faire rembourser.	■	■
2. Je ne dis jamais non parce que j'aime rendre service aux autres.	■	■
3. Je m'énerve souvent.	■	■
4. Je n'ose pas demander à mon conjoint la raison de son retard.	■	■
5. Je remets souvent mes tâches au lendemain.	■	■
6. Je n'annule jamais un dîner.	■	■
7. On ne doit pas dévoiler ses émotions aux autres car ils pourraient en profiter.	■	■
8. Je me tracasse souvent pour des problèmes à venir.	■	■
9. J'ai souvent l'impression qu'on parle de moi dans mon dos.	■	■
10 Demander de l'aide est un signe de faiblesse.	■	■
11. J'évite de prendre la parole dans un groupe.	■	■
12. Je ne sais pas faire un choix et laisse souvent les autres décider.	■	■
13. Mieux vaut éviter de faire des critiques au risque de détériorer ses relations à l'autre.	■	■
14. Personne n'est là pour répondre à mes besoins.	■	■
15. J'hésite beaucoup avant de passer à l'action.	■	■
16. J'ai du mal à faire confiance aux gens.	■	■
17. Je me sens souvent coupable sans savoir pourquoi.	■	■
18. Je me fais souvent « avoir ».	■	■
19. J'ai peur que les autres me désapprouvent.	■	■
20. Les gens ne respectent que les personnes autoritaires.	■	■

Majorité de « plutôt vrai » : *vous n'êtes pas assez affirmé, vous avez tendance à la passivité, à vous laisser faire par les autres, par timidité ou, au contraire, vous faites partie des gens un peu trop agressifs et établissez des rapports de forces.*
Majorité de « plutôt faux » : *vous avez des conduites affirmées la plupart du temps, vous osez vous défendre, exprimer vos idées et vous êtes assez sûr de vous.*

L'agressif

Le comportement agressif est caractérisé par des réactions brutales, impulsives, intempestives. L'agressif paraît sûr de lui, il dit les choses sans détour, et sans ménagement pour autrui ; il exprime ses opinions, mais ne respecte pas celles des autres. Après coup, ces attitudes entraînent des émotions négatives telles que culpabilité, tristesse ou colère.

L'affirmé

L'affirmé est simple et direct dans l'expression de ses opinions, il respecte son interlocuteur. En cas de conflit, il recherche le compromis, le dialogue et ne se laisse pas submerger par ses émotions. Il est plutôt calme et serein.

Le comportement affirmé permet d'obtenir plus facilement ce que l'on souhaite et les relations avec l'entourage sont meilleures.

Premier principe : changer en adoptant des comportements plus affirmés.

Modifier ses pensées

Dans toutes les situations que nous vivons, nous avons des pensées automatiques qui s'imposent à nous sans que nous en ayons conscience, un discours intérieur qui commente en permanence nos faits et gestes et ceux des autres. Ces pensées sont involontaires, elles sont une interprétation de la réalité et induisent une réaction émotionnelle.

« Ce ne sont pas les événements qui perturbent les hommes, mais l'idée qu'ils se font des événements », selon Épictète.

Il faut comprendre le lien entre les pensées et les émotions. Si ces pensées sont négatives, alors les émotions seront désagréables, si elles sont positives, les émotions seront agréables.

Pour empêcher les pensées négatives d'agir, il faut les corriger, éviter de se critiquer tout le temps, de se comparer aux autres, de se juger négativement, et se mettre à la place de son interlocuteur. Les pensées influencent nos émotions et nos réactions. Il est nécessaire d'assouplir sa façon de penser pour mieux vivre les situations qui dérangent. Mais ce discours intérieur négatif œuvre en sourdine et il est difficile de le modifier.

Conseil : prenez l'habitude de noter immédiatement, pour chaque situation stressante que vous affrontez, les pensées négatives qui surviennent. Puis corrigez-les en trouvant des pensées alternatives, plus positives, plus réalistes. Vous pouvez, par exemple, vous mettre dans la peau d'une personne très différente de vous et vous demander ce qu'elle penserait dans la même situation.

Deuxième principe : modifier ses pensées négatives et les remplacer par des pensées qui encouragent à l'action.

Exemple : j'ai un entretien pour un nouvel emploi.
Pensées négatives : « Je ne vais pas m'en sortir, il va me poser des questions pièges, je vais paniquer, il y a dix personnes mieux que moi pour le poste, je ne suis pas capable... »
Pensées plus positives : « S'ils m'ont convoqué(e), c'est que mon CV leur convient, c'est normal d'appréhender le premier rendez-vous, les autres doivent être aussi anxieux que moi, je vais essayer de faire au mieux, je ne suis pas pire qu'un(e) autre, le boulot me plaît vraiment... »

Autre exemple : au cinéma, des jeunes mangent du pop corn et parlent fort juste derrière moi.
Pensées négatives : « Les jeunes sont mal élevés, ils vont me gâcher tout le film, ils le font exprès, si je leur dis quelque chose, il va y avoir un conflit et je vais être ridicule, je déteste les gens qui mangent au cinéma... »
Pensées plus positives : « Ils sont jeunes, ils se détendent, ils adorent manger des pop corn, c'est leur plaisir quand ils vont au cinéma, ils ne peuvent pas savoir que ça me gêne si je ne leur dis pas, au fond chacun est libre de faire ce qu'il veut, ça ne dure pas longtemps, ça ne va pas gâcher tout mon film, ils n'ont aucune raison de se mettre en colère si je leur explique gentiment... »

Gérer ses émotions

Les émotions correspondent à ce que l'on éprouve. On a tendance à les cacher, on les vit comme une faiblesse au lieu de les exprimer et d'en tenir compte. Or les émotions conditionnent nos réactions et sont des messages très importants dans la communication. Il est normal d'éprouver des émotions, même fortes. C'est le signe que nous sommes vivants, sensibles, réactifs, et que les choses ont un impact sur nous. Quand les émotions sont trop fortes, elles deviennent gênantes et empêchent parfois d'agir comme on le souhaiterait.

Troisième principe : apprendre à mieux gérer ses émotions
– Les identifier : qu'est-ce que je ressens ? (Tristesse, colère, peur, culpabilité...)
– Les quantifier : quel est le degré, l'intensité de mon émotion ? (Coter de 0 à 10.)
– Pratiquer la relaxation : voir « Se soigner par la relaxation, page 464.

S'affirmer, c'est dire franchement ce que l'on pense sans agresser l'autre.

Oser défendre ses droits, ses intérêts

Affirmez-vous !

L'affirmation de soi permet de défendre ses intérêts, c'est-à-dire d'exprimer au mieux ce qui est important pour moi, ce qui me convient, ce que je désire, sans éprouver de malaise excessif, en respectant la position de l'autre.
L'affirmation de soi permet d'éviter les regrets, les ruminations stériles, telles que : « Je n'aurais jamais dû dire ça ! », « Si seulement j'avais insisté ! », « Je me fais toujours avoir de toute façon... »
L'affirmation de soi est l'ensemble des techniques de communication qui permettent de faire valoir son point de vue sans agresser l'autre : ne plus être ni paillasson ni hérisson, ni inhibé ni agressif, mais bel et bien affirmé, tel est l'enjeu !
Pour développer ce comportement d'affirmation de soi, il faut :

- exprimer clairement ses idées et ses émotions, dire ce que vous avez en tête ;
- prendre des initiatives, oser passer à l'action ;
- rester calme ;
- corriger ses pensées négatives.

On ne s'affirme pas parce qu'on a peur :

- de blesser, d'être trop agressif ;
- d'un refus ou des conflits ;
- d'être jugé négativement, d'être ridicule.

Pourtant, on a tout à gagner à s'affirmer. Les avantages sont :

- la défense de ses droits, de ses intérêts ;
- de meilleurs contacts avec les autres ;
- la possibilité de vaincre ses peurs ;
- le sentiment d'être plus fort et plus serein ;
- la fierté d'obtenir ce que l'on désire.

LA RÈGLE D'OR DE L'AFFIRMATION DE SOI

- Être précis pour être crédible.
- Dire « je », parler en son nom.
- Dire son émotion, être honnête.
- Formuler clairement sa pensée.

Soyez plus positif et communiquez avec les autres

Faire des compliments aux autres est un moyen de rendre les échanges plus agréables et plus profonds. Pour cela, essayez de toujours rechercher les côtés positifs des gens, des situations et de vous-même.

- C'est plus sympathique, ça fait plaisir.
- Je montre à autrui qu'il m'intéresse.
- Ça va lui donner confiance en lui.
- Il aura envie de dire du positif en retour.

De la même façon, il faut savoir accueillir les compliments qu'on vous adresse, les accepter et remercier. Se dire : « Après tout je me suis donné du mal et tout effort mérite récompense ! La personne est sincère et ça me fait vraiment plaisir. »

Exemples de compliments : « Qu'est-ce que tu sais bien recevoir, on est toujours bien accueilli chez toi, on se sent très à l'aise, on rit, tes hôtes sont sympas et tu nous régales à chaque fois. » Ou encore : « Je te remercie beaucoup, ça me fait très plaisir, c'est vrai, j'aime recevoir les gens que j'apprécie, et je me donne du mal à la mesure de ce qu'ils sont pour moi... »

Conseil : prenez plus souvent la parole, dans les groupes, avec vos amis ; osez parler aux gens que vous ne connaissez pas, commerçants, voisins. Pour acquérir plus d'assurance avec les autres, prenez l'habitude d'affirmer votre point de vue, de formuler des demandes, de parler plus de vous ; plus les relations sont personnalisées, plus elles génèrent du bien-être et moins on se sent isolé.

Il s'agit, en somme, d'aller vers les autres, d'oser engager la discussion, de faire de la conversation un art !

Vous avez le droit de tout demander et l'autre a le droit de refuser.

Osez multiplier les demandes et dire non

Vous avez le droit de tout demander et l'autre a le droit de refuser. Bien sûr, obtenir ce que l'on veut dépend aussi des autres, mais, en s'affirmant, on a de grandes chances d'obtenir ce que l'on demande.

Les pensées négatives qui vous empêchent de faire des demandes :
• Je dois absolument obtenir ce que je demande.
• C'est mal élevé de demander.
• Je dois me débrouiller tout seul.
• Je n'ai pas le droit d'imposer quelque chose à autrui.
• L'autre devrait deviner ce que j'attends et me le proposer.
• Je vais le déranger.
• Il va certainement refuser.

Au contraire, pour oser demander, trouvez des pensées plus positives :
• Je dois accepter qu'on refuse.
• Tout le monde fait des demandes.
• Il est difficile de se passer des autres et de se débrouiller toujours seul.
• L'autre peut être content de me rendre service.
• Je serai fier d'avoir demandé.
• Qui ne demande rien n'a rien.
• On peut obtenir beaucoup plus qu'on ne croit.

Comment formuler vos demandes ?

• Parlez à la première personne : dites « je ».
• Soyez clair, précis et direct pour éviter toute confusion ou interprétation.
• Écoutez et comprenez la position de l'autre, tenez compte de votre interlocuteur.
• Exprimez votre émotion.
• Concluez : résumez.
• Si l'autre accepte : remerciez et dites votre émotion positive.
• Si l'autre refuse : dites ce que vous ressentez, éventuellement reformulez votre demande.
• Si l'autre émet des résistances : persistez et insistez en utilisant la technique du disque rayé, c'est-à-dire : reconnaissez la position de l'autre; répétez votre demande; concluez.

Vous avez un important exposé à faire et demandez de l'aide à un collègue. « J'ai un exposé à faire la semaine prochaine devant le directoire de mon entreprise, j'aimerais beaucoup que tu m'aides à le terminer, en le corrigeant et en m'aidant à faire mon power point et quelques tableaux, ça serait vraiment sympa de ta part.

– Eh bien, en fait, tu me demandes ça un peu au dernier moment, je ne sais pas si je vais avoir le temps.
– Oui, c'est vrai, je m'y prends un peu tard. Je suis désolé, je sais bien que tu as plein de travail en ce moment, mais vraiment, ça me ferait très plaisir si tu pouvais te libérer pour m'aider.
– D'accord ! [Acceptation.]
– Je te remercie, je suis très content, c'est adorable de ta part, tu me rends vraiment service.

Ou :

« Non, désolé mais ça m'est impossible. » [Refus.]
« Je suis vraiment déçu, je pensais que tu pouvais me donner un coup de main... Es-tu vraiment certain de ne pas pouvoir dégager un peu de temps pour moi ? » [Dire son émotion et insister.]

Ou :

« Écoute, je vais réfléchir et essayer de m'organiser, je te réponds demain. »
« Bien sûr, prends le temps de réfléchir avant de me donner ta réponse, je sais que ça va te prendre un peu de temps, mais je compte sur toi et ce serait vraiment très gentil de ta part. » [Remercier l'autre et laisser une impression positive.]

Dites plus souvent « non »

On dit souvent oui alors qu'on pense non. Pourquoi dire non ? Pour se protéger et poser des limites aux autres : il s'agit de ne pas se laisser envahir par les autres – les vendeurs insistants, les copains qui font du chantage affectif, les collègues qui demandent toujours plus, les parents qui multiplient les contraintes…

Des pensées négatives nous empêchent de dire non :

- Je vais l'agresser.
- Il va être furieux.
- Il va m'en vouloir.
- Je ne peux pas dire non quand on me demande un service.
- Si je dis non, je suis égoïste.
- Je dois toujours avoir une bonne raison pour pouvoir dire non.

Remplacez-les par des pensées plus positives pour oser dire non.

- Je peux dire non en respectant l'autre.

• J'ai moi aussi le droit de dire non, comme les autres.
• Je suis fier de dire ce que je pense, je me sens plus libre.
• Je ne me laisse pas envahir par les autres.
• Je négocie pour trouver un compromis.

Un ami vous invite à dîner pour le lendemain. Or vous êtes épuisé et sortez beaucoup en ce moment. Vous lui dites : « C'est adorable de me proposer ce dîner demain soir, mais je suis très fatigué en ce moment, je sors trop, alors je ne viendrai pas, mais je serais heureux qu'on reporte et de te revoir bientôt. »
Il n'est pas nécessaire d'inventer de faux prétextes. Dire la vérité, ce qu'on ressent et ce qu'on souhaite, avec tact et simplicité, suffit.

Face à un ami trop insistant ou agressif

N'hésitez pas à exprimer votre émotion négative : « Ça me gêne que tu insistes comme ça, j'ai l'impression que tu ne tiens pas compte de ce que je te dis, j'aimerais que tu cesses d'insister ainsi. »
Exprimez votre difficulté à dire non, restez ferme sur le refus, mais montrez que vous êtes ennuyé pour l'autre, éventuellement aidez-le à trouver d'autres solutions.

Face à un manipulateur

Le manipulateur mélange deux messages différents, il convient de distinguer les deux messages et de répondre oui à l'un, non à l'autre :

« Tu es excellent dans ce genre de négociations, tu es fait pour ce travail… peux-tu me remplacer la semaine prochaine ? »
« C'est vrai, j'aime beaucoup mon travail, mais je suis navré, je ne peux pas te remplacer la semaine prochaine à ce rendez-vous en province. »

Apprenez à :
• Savoir différer votre réponse.
• Dire non quand vous pensez non.
• Ne pas vous sentir obligé de vous justifier.
• Négocier si besoin.
• Oser dire non après avoir dit oui.

Osez faire face aux critiques

Dans la vie, on ne peut pas éviter les critiques, car malheureusement personne n'est parfait ! Faire ou recevoir une critique est toujours désagréable ; les émotions sont souvent fortes, c'est pourquoi il est bon d'appliquer certaines règles pour éviter les débordements, les regrets et les déceptions... Toute critique doit être formulée de façon brève, concise et efficace.

Pour bien formuler une critique :

- Décrire la situation de façon neutre.
- Exprimer votre émotion, les conséquences pour vous.
- Parler en votre nom : dire « je ».
- Exprimer le désir de trouver une solution.
- Dialoguer.

Une amie à laquelle vous avez prêté une somme d'argent ne vous l'a toujours pas rendue. Vous décidez de lui en parler : « Je souhaiterais te parler d'un problème qui me tient à cœur, tu m'as emprunté, il y a deux ans, une somme d'argent. Tu m'avais dit que tu me la rendrais dans les six mois suivants. Or je te l'ai réclamée à plusieurs reprises et je n'ai, à ce jour, toujours pas eu un sou ! Je suis très en colère, je n'apprécie pas ton attitude, je n'ai pas envie de te réclamer cette somme éternellement, je vois que tu ne tiens pas compte de mon insistance, je te demande donc de bien vouloir me la rendre maintenant car j'en ai vraiment besoin. »

Pour adoucir les critiques

- Prévenez l'autre, évitez de le surprendre ou de le forcer à la discussion, prenez rendez-vous à un moment favorable.
- Faites votre critique seul à seul, évitez les témoins extérieurs qui mettraient l'autre encore plus mal à l'aise.
- Recadrez la relation positivement, dites à l'autre ce que vous appréciez.
- Ne faites qu'une seule critique à la fois.
- Critiquez le comportement de la personne et non la personne, ce qu'elle fait et non ce qu'elle est.
- Formulez une requête plus qu'une critique directe.
- Ne cherchez pas d'emblée à l'emporter.
- Reconnaissez vos torts.

Afin d'adopter ce comportement : n'hésitez pas à noter, à préparer, à répéter.

Pour répondre aux critiques

Recevoir une critique est très désagréable. Il faut pouvoir rester calme pour y répondre le mieux possible.
Il est important de se montrer ouvert aux critiques, ce sont des messages importants qu'on vous adresse. Elles permettent de s'améliorer, de changer certains comportements, de progresser.
Cependant, il existe des critiques constructives (justifiées) et des critiques destructives (injustes) ; il faut savoir se défendre car on n'a pas à se laisser agresser. Évitez de vous mettre en colère. Pour cela :

- Utilisez la relaxation rapide (voir p. 470, chapitre « Se soigner par la relaxation »).
- Répétez-vous : « Calme-toi, si tu te mets en colère tu vas le regretter et ça va te gâcher la journée. »
- Pensez à différer vos réactions et abordez les problèmes plus tard.

Pour gérer la colère de l'autre

Il convient d'adopter une position basse : ne pas répondre immédiatement, car plus on parle et plus l'autre peut se mettre en colère ; s'il se calme, alors on veut bien discuter. Vous pouvez dire : « Je vois que tu es particulièrement énervé et je préfère qu'on reporte la discussion à un autre moment. »
Si votre interlocuteur ne se calme pas :

- Reconnaissez les émotions de l'autre.
- Refusez la situation en exprimant vos émotions.
- Remettez la discussion à plus tard.

Il peut arriver d'être confronté à des personnes qui critiquent beaucoup ou qui font des commentaires désagréables tout le temps. Dans ce cas, une méthode est très utile : la technique de l'*écran de brouillard*. On utilise des phrases du type : « C'est possible », « C'est ton opinion », « Ah bon », « Peut-être »... et surtout ne pas contre-attaquer par de l'agressivité. En ne renvoyant aucune critique à l'autre, l'interlocuteur cesse d'agresser car il sent que l'autre n'est pas blessé.

Changer : s'entraîner à être plus libre

Nous avons parcouru le champ de l'affirmation de soi. Vous aurez compris qu'on peut obtenir beaucoup si l'on ose demander et dire ce que l'on veut de façon affirmée, c'est-à-dire en respectant suffisamment son interlocuteur.

Pour améliorer ses relations avec les autres, ainsi que l'image qu'on a de soi-même, il convient d'appliquer ces techniques de thérapie comportementale et cognitive autant que possible et de s'entraîner.

Passer à l'action est indispensable : parler plus souvent aux autres, faire des demandes, dire non, corriger les pensées qui nous bloquent, oser défendre ses droits et ses intérêts. En somme, vaincre nos inhibitions, nos peurs, gérer les émotions qui nous perturbent et nous déstabilisent.

En thérapie individuelle ou en thérapie de groupe, ces méthodes d'affirmation de soi fonctionnent très bien. Les patients inhibés, anxieux, timides, ou au contraire trop agressifs ont des rapports compliqués aux autres. Ils se vivent comme inférieurs et incapables de se défendre. Ce type de thérapie apporte un bien-être spectaculaire et a fait ses preuves en psychologie clinique. Ces techniques sont maintenant bien utilisées dans le domaine de l'entreprise, où la gestion du stress est particulièrement à l'ordre du jour.

Vous gagnerez en liberté si vous n'avez plus peur de dire ce que vous pensez, si vous essayez d'obtenir ce que vous désirez et si vous avez le souci de respecter les autres.

Pour en savoir plus sur comment défendre ses intérêts, reportez-vous page 156.

Trac et blocages liés à la performance

11

Dr Laurent Chneiweiss

Le trac est une émotion commune. Il peut se transformer en maladie dès lors qu'il focalise l'attention du sujet et l'empêche de se réaliser. Il devient un handicap, parfois source de dépression ou de toxicomanie mais bien plus souvent à l'origine d'une absence de réalisation de soi et en définitive d'une baisse de l'estime de soi. Pourtant, les moyens pour l'apprivoiser sont nombreux et ne passent que rarement par des médicaments ou par des thérapies de longue durée.

Définition et enjeux

Pour bien comprendre les mécanismes du trac, prenons l'exemple de Judith, 22 ans.

Judith est comédienne et jusqu'à présent tout a bien fonctionné pour elle : le conservatoire, les castings pour entrer dans une troupe, les premiers rôles. Mais ce soir elle fête son anniversaire en présence d'une dizaine de ses amis. Judith possède une élégance naturelle et, elle le sait, son entourage apprécie ses mots d'esprit, sa voix mélodieuse et son sourire malicieux. À la demande générale, elle se lève pour prononcer un discours qu'elle a par ailleurs préparé. Mais ça ne se passe pas comme Judith l'avait prévu. Elle se soulève difficilement de son siège, ses jambes tremblent un peu. Une fois debout, elle éprouve un léger vertige et ressent quelques palpitations. Soudain la situation lui paraît étrange, un peu comme en rêve. Elle se sent flotter. Elle tente de parler mais ne parvient qu'à bredouiller. Les regards étonnés de ses amis ne font que renforcer son embarras. Elle ouvre à nouveau la bouche mais aucun mot n'en sort. Son fiancé lui tend un verre d'eau. Elle s'en saisit mais elle ne parvient pas à le porter à ses lèvres. Judith retombe lourdement sur son siège. Les larmes lui montent aux yeux, elle se sent honteuse. Le silence autour d'elle est pesant, le temps semble suspendu. Soudain, le téléphone portable de l'un des convives se met à sonner. C'est une version techno de la bande originale du film *Rocky* qui sert souvent d'introduction dans les fêtes et les mariages. Judith secoue sa chevelure, se lève et met sous le charme tout son auditoire.

Qu'est-ce que le trac ?

Dès lors que nous nous engageons dans une action importante à nos yeux, nous ressentons une appréhension, une tension, une anxiété. Au cœur de l'anxiété, il y a toujours une idée de danger : ici, c'est la crainte de ne pas être à la hauteur du regard d'autrui et/ou la crainte de ne pas être à la hauteur de notre propre regard. Ces pensées génèrent tension, appréhension et finalement un évitement de ces situations.

Le langage commun a retenu le terme de trac mais les médecins et les psychologues parlent plutôt d'anxiété de performance. Le trac est un mot courant depuis le XIXe siècle. Les étudiants l'utilisèrent en premier pour désigner leur état émotionnel précédant le passage devant un public ou devant un jury. Il dérive du verbe traquer, « poursuivre sans laisser d'issue[1] ».

L'anxiété de performance regroupe deux dimensions successives. Nous trouvons l'expérience anxieuse, proche de la panique, qui se déclenche durant la réalisation de l'action (le cas de Judith). Mais il y a surtout l'appréhension anxieuse, avant la mise en situation, la crainte que la performance n'aboutisse pas. Dans la plupart des cas, c'est cette anticipation qui cause la plus grande souffrance.

Est-ce une maladie ?

Le trac est un phénomène banal qui ne nécessite le plus souvent aucune intervention thérapeutique. Les thérapeutes ne sont amenés à intervenir que lorsque l'anxiété entraîne un handicap, lorsque les évitements se font si nombreux et si systématiques que la vie de l'individu ne tourne plus qu'autour de sa souffrance.

Où et quand ?

Par « performance », il ne faut pas entendre ici « excellence ». Le terme « anxiété de performance » est une traduction approximative de l'anglais *performance anxiety* où la locution *to perform* ne signifie rien d'autre que « faire quelque chose », « agir » ou « réaliser » et non pas nécessairement atteindre l'excellence. Le traqueur y met un enjeu et tisse lui-même la toile dans laquelle il va s'enfermer.

À côté des grandes situations de confrontation au regard de l'autre, où l'anxiété est toujours présente, nous trouvons nombre de situations du quotidien : passer son permis de conduire, faire un discours lors d'un anniversaire, interpréter une œuvre musicale devant les amis ou pour faire plaisir aux parents ou demander à son patron une augmentation.

Enfin, les situations à trac se caractérisent par le caractère unidirectionnel de la communication. L'individu va se trouver au centre (d'une scène, sous le regard intense d'autrui ou du sien) sans réel dialogue ou sans réel retour immédiat de son action. On trouve ainsi, parmi les situations sociales le plus souvent à l'origine d'une anxiété de performance[2] : parler ou agir en public, entrer dans une pièce alors que tout le monde est déjà assis, manger ou boire en public, et aussi : uriner dans les toilettes publiques.

Les symptômes du trac

Les patients mettent le plus souvent en avant les symptômes cardio-vasculaires : le cœur qui bat vite ou qui bat fort, une sensation d'oppression, une transpiration excessive avec des mains moites. Il s'y ajoute des vertiges, des tremblements, une envie d'uriner et presque toujours un ensemble de pensées catastrophiques.

Qui est touché ?

La fréquence du trac dans la population est difficile à évaluer. En fonction du nombre de symptômes et du handicap, on peut passer de l'ensemble de la population à un tout petit nombre. La prévalence actuellement retenue oscille entre 2 et 10 %[3]. Comme dans la plupart des maladies de l'anxiété, les femmes sont deux fois plus nombreuses que les hommes.

Tout le monde a connu dans son enfance le trac de l'estrade de l'instituteur, de la remise des prix ou du discours en famille. Mais les aspects pathologiques ne semblent pouvoir vraiment se dessiner qu'à partir de l'adolescence. C'est surtout vers 12 ou 13 ans que se dessinent les contours de la maladie avec des évitements réguliers qui vont progressivement exclure le traqueur de son environnement.

Comment ça évolue ?

Comme pour bon nombre de troubles affectifs, l'anxiété de performance n'est pas assez considérée comme une maladie et trop souvent assimilée à une faiblesse de caractère. Les patients consultent trop rarement et, en général, trop tard. Parmi les risques évolutifs, il y a bien sûr les états dépressifs mais aussi et peut-être surtout l'alcoolisme et les toxicomanies. À force de devoir affronter chaque jour une angoisse qui ne s'éteint pas et dont il est difficile de parler, la tentation est grande de chercher le soulagement dans les substances illicites.

Les conséquences de l'anxiété de performance sont aussi sociales. Combien de musiciens n'ont pas pu poursuivre leurs études ou leur carrière en raison de leur anxiété ! Combien de salariés n'ont pas pu atteindre les postes auxquels ils pouvaient prétendre car il fallait s'y s'exprimer en public ! Combien de couples se sont séparés parce qu'il devenait insupportable de supporter une basse estime de soi face à son conjoint !

Un conseil

Plus ou moins consciemment, lorsque nous ressentons une émotion pénible, notre premier réflexe est de trouver la première porte de sortie pour y échapper. Nous ne tentons pas de résoudre le problème, nous tentons de réduire l'émotion. Le musicien accélérera le rythme, le sportif multipliera les mouvements de son corps, l'orateur parlera plus vite.

Mais cette accélération du rythme va le plus souvent de pair avec une réduction, voire un effondrement de la performance.

En conséquence : prenez votre temps. Si un passage vous cause de l'anxiété, appuyez sur le frein et pas sur l'accélérateur. Votre performance sera peut-être moins bonne (encore que ce ne soit pas certain) : vous vous rattraperez sur les autres séquences de votre intervention.

Vie professionnelle (et scolaire)	• Dire bonjour à ses collègues de travail. • Poser une question au cours d'une réunion. • Demander un aménagement de son poste de travail. • Demander à partir plus tôt du bureau. • Porter une tenue vestimentaire originale. • Présenter un projet. • Demander une augmentation de salaire. • Réciter un texte en public. • Rejoindre des collègues de travail au restaurant d'entreprise et partager le repas. • Rédiger un devoir sur table. • Contester une décision arbitraire. • Exécuter une œuvre en public.
Vie familiale	• Résister à la pression de ses parents. • Leur communiquer de mauvais résultats scolaires. • Jouer un morceau de musique. • Téléphoner pour réserver (un restaurant, une chambre d'hôtel, une place de concert, etc.). • Demander à son conjoint de se réserver un moment pour parler de la vie du couple. • Faire une surprise pour un anniversaire. • Prendre la parole au cours d'une réunion familiale. • Aller voir les enseignants de ses enfants pour critiquer leurs méthodes pédagogiques.
Vie sociale	• Passer son permis de conduire. • Demander à changer de table dans un restaurant. • Demander à changer de garniture le plat qui vous est servi. • Demander un verre d'eau (gratuit) dans un bistrot. • Se présenter à des commerçants. • Entrer en communication avec votre voisin dans une file d'attente. • Demander à passer devant tout le monde dans une queue en cas de force majeure. • Au cinéma, dans un train, dans le métro : demander à un spectateur de se décaler d'un siège pour être à côté de votre conjoint (de votre ami).

.../...

Vie sociale (suite)	• Se garer devant un regard septique du passant. • Aller demander à un(e) contractuel(le) de retirer le PV qu'il ou elle vient d'apposer sur votre pare-brise. • Raconter une blague à des amis. • Aborder une fille (un garçon). • Résister à la pression d'un vendeur insistant. • Entrer dans une pièce alors que tout le monde est déjà assis. • Demander un service (pas forcément à un ami).

Les relations entre anxiété et performances

Dans le cadre du trac, la crainte d'échouer vient en tête, et bien souvent la montée de tension qui accompagne cette pensée est à l'origine d'une chute des performances qui suscite elle-même une crainte future d'échouer : le cercle vicieux se referme. Mais pas toujours…

Chez les musiciens ou les orateurs, l'anxiété reste presque toujours un facteur déstabilisant. Elle perturbe le geste du pianiste, elle fait trembler l'archet, elle cause un trémolo dans la voix. D'une focalisation sur le public, l'individu se focalise sur son propre corps et se paralyse.

QUELQUES TRAQUEURS CÉLÈBRES

Tous les artistes se disent traqueurs. Mais il faut dire qu'il existe un biais d'évaluation depuis Sarah Bernhardt. À une jeune comédienne qui se vantait de ne jamais avoir le trac avant d'entrer en scène, Sarah Bernhardt lui aurait répliqué : « Ne vous en faites pas, ça viendra, avec le talent ! » Sir Laurence Olivier, Barbra Streisand ou Carly Simon dans le monde anglo-saxon sont connus pour leur trac.

Plus près de nous, nous pouvons citer Georges Brassens ou encore Serge Reggiani.

Nous observons également cette relation linéaire entre stress et performance dans la peur de se confronter au regard d'une personne désirée, ce que les Anglo-Saxons appellent la « dating anxiety », littéralement l'anxiété du rendez-vous. La crainte de ne pas plaire se mêle à celle de plaire et du

ÉVALUEZ-VOUS : ÊTES-VOUS TRAQUEUR ?

Les questionnaires d'évaluation de l'anxiété sont souvent bien plus difficiles à élaborer que les questionnaires destinés aux autres troubles psychiatriques. Car ici, ce n'est pas l'addition des situations ou des symptômes qui signe le trouble. Dans le cadre du trac, il suffit d'une situation mal vécue et toute la vie peut en être perturbée.

Pour répondre au questionnaire ci-dessous, projetez-vous dans la ou les situations à problèmes.

Date de l'évaluation : Type de situation :

Instructions :

Ce questionnaire évalue votre trac avant une situation donnée qui peut vous inquiéter. Chaque item comprend une affirmation. Choisissez pour chacune d'entre elles la réponse qui décrit le mieux votre état, juste avant une situation redoutée.

	Pas du tout	Un peu	Moyennement	Beaucoup
1. Je ressens une accélération de la fréquence cardiaque et/ou des palpitations.	■	■	■	■
2. J'ai la sensation de bouche sèche.	■	■	■	■
3. Je tremble des mains ou des jambes.	■	■	■	■
4. Je transpire et/ou j'ai les mains moites et/ou je rougis.	■	■	■	■
5. Je ressens un ou plusieurs des signes suivants : modification de la voix, gorge serrée, gêne respiratoire, poids sur l'estomac, nausées, diarrhée, envie d'uriner, tension musculaire, oppression, perte de concentration, malaise général avec vertige ou évanouissement.	■	■	■	■
6. Je me dis que j'aurais dû mieux préparer cette situation.	■	■	■	■
7. Je pense que je ne referai plus jamais cela.	■	■	■	■

	Pas du tout	Un peu	Moyennement	Beaucoup
8. J'anticipe que je vais être mauvais.	■	■	■	■
9. Je ressens le public/jury comme un ennemi.	■	■	■	■
10. J'ai honte.	■	■	■	■
11. Je fais des exercices de relaxation/respiration/échauffement.	■	■	■	■
12. Je fume une cigarette ou je bois un peu d'alcool.	■	■	■	■
13. Je prends un médicament.	■	■	■	■
14. Je cherche un moyen pour ne pas affronter cette situation.	■	■	■	■

Résultats :

Calculez le total des points obtenus en notant :
- *0 point pour Pas du tout,*
- *1 point pour Un peu,*
- *2 points pour Moyennement,*
- *3 pour Beaucoup.*

- ***de 0 à 7 :** absence de trac ou trac minime*
- ***de 8 à 14 :** trac modéré*
- ***de 15 à 28 :** trac moyen*
- ***de 29 à 42 :** trac important*

passage à l'acte sexuel qui s'ensuivrait. Ici, la performance sexuelle baisse avec la montée du stress.

Par contre, chez les sportifs de haut niveau, il a été démontré que la relation entre stress et performance n'était pas linéaire : le niveau de la performance dépend de la sensibilité de chacun. La zone optimale de fonctionnement dans le sport est variable : certains auront besoin de ressentir un stress intense pour atteindre leur meilleur niveau; pour d'autres, ce sera l'inverse. C'est en partie ce que l'on peut observer dans le cadre de l'anxiété aux examens où ce n'est pas tant le public imaginaire que le but à atteindre qui focalise l'attention du candidat.

DÉTERMINEZ VOUS-MÊME VOTRE ZONE OPTIMALE DE FONCTIONNEMENT

Deux options complémentaires s'offrent à vous.

- **Regardez en arrière :** dans quel état étiez-vous au cours des dernières mises en situation et quel a été (quels ont été) le(s) résultat(s) obtenu(s)? Donnez-vous une note globale d'anxiété (comprise par exemple entre 0 et 10) et une note globale de réussite ou de satisfaction de l'« épreuve » qui a suivi. Établissez vos propres statistiques.
- **Regardez en avant :** au cours des prochaines mises en situation, observez votre état de nervosité dans les jours qui précèdent la mise en situation. Donnez-vous ensuite une note de « réussite » à l'issue de l'épreuve. Comparez. Vous obtenez ainsi votre zone optimale de fonctionnement. C'est surtout très utile pour se rassurer (si vous avez besoin d'être sous pression pour réussir) ou pour se mobiliser (si vous ne l'êtes pas assez).

Comprendre pour agir

Voici une situation courante de manifestation du stress :

> Un gamin mal préparé monte sur l'estrade de la classe. Il tente de réciter son texte mais les mots viennent difficilement. Le regard des élèves se fait dur, le professeur se montre peu loquace. L'anxiété monte et bloque définitivement l'expression de l'enfant.

Pour peu que cette situation tende à se répéter, nous aurons assisté à un beau conditionnement : un stimulus dangereux pour l'estime de soi (le regard du maître et des élèves) déclenche une anxiété et s'associe à un stimulus neutre (l'estrade ou la position centrale face à un auditoire). Par la suite, se retrouver sur une estrade, ou dans une position centrale, déclenchera une anxiété, même en l'absence de tout stimulus objectivement dangereux. C'est le conditionnement classique.

Identifier les pensées...

La personne placée dans une situation d'évaluation va tenter de se comporter comme si de rien n'était. Elle va essayer de se tenir convenablement, de contrôler son balancement, d'ouvrir la bouche et de parler intelligiblement. Mais la réaction émotionnelle conditionnée sera là et elle pensera : « Je n'ai aucun contrôle sur le fonctionnement de mon esprit et de mon corps », détruisant peu à peu la confiance qu'elle pouvait avoir en elle. Cette défaillance va être interprétée comme une menace face à laquelle le contrôle est impossible. Ce malaise ne peut pas ne pas être perçu par l'auditoire qui du coup manifeste un certain étonnement. L'orateur (ou le musicien, le sportif ou l'amoureux) interprète cette réaction comme une confirmation de ses doutes. Il projette sur l'auditoire ses propres appréhensions : « Ils me voient nerveux, névrosé, immature, incapable, etc. »

... à l'origine d'une réponse physiologique

Les symptômes physiologiques sont sous la responsabilité du système sympathique : bouche sèche, augmentation de la fréquence cardiaque, de la tension artérielle, du rythme respiratoire et de la transpiration. Ces symptômes sont souvent suivis de sensation de faiblesse ou de vertige, ou encore de l'impression de vaciller, plutôt du domaine parasympathique.

D'une attention sur l'auditoire, nous passons à une attention centrée sur ses propres symptômes. Ces signes d'anxiété vont être en eux-mêmes le point de départ de nouvelles pensées anxieuses. Ils distraient l'orateur (le musicien, le sportif ou l'amoureux) de son sujet et confirment le doute naissant concernant sa capacité à poursuivre sa performance. Retournant son attention sur le public, il croit percevoir un reflet de son malaise. Ces signes sont interprétés de façon catastrophique, entraînant un surcroît d'anxiété. Les pensées négatives se bousculent : « Je vais être rejeté, ils vont me dénigrer, je montre un visage qui n'est pas le mien mais je ne peux rien faire contre, je suis pathétique, etc. » Le cercle se referme.

Des outils pratiques : conseils pour soi ou pour les proches

Agir sur le trac, c'est agir sur les trois niveaux du cercle vicieux : sur les réactions du corps ; sur les pensées catastrophiques et sur les évitements.

Motivez-vous

Changer un comportement n'est pas chose facile. Il va falloir apprendre une autre manière de se comporter. Commencez par préciser les raisons pour lesquelles vous voulez vous battre. Et rappelez-vous vos réussites passées : elles contiennent toutes vos compétences pour obtenir un succès.

Évitez d'éviter !

La prévention est la meilleure des thérapies. Si vous commencez à appréhender une situation, tentez de ne pas l'éviter. Sinon, l'affrontement ultérieur n'en sera que plus difficile. Et ne faites pas semblant d'affronter tout en évitant comme Julien qui va en réunion mais qui demande systématiquement à son collègue de droite de dire tout haut ce qu'il lui suggère tout bas. Ou comme Sylvie qui a peur de rougir lorsqu'elle voit Jean-François et qui tente de masquer son émotion par un excès de fond de teint. Ou encore comme Jacques qui a peur de trembler durant sa présentation et qui s'accroche au pupitre durant toute la durée de sa prestation.

Ne vous précipitez pas

Bien souvent, les traqueurs se mettent au défi d'affronter la situation la plus redoutée. Il en va de l'estime de soi. Ne cédez pas à cette tentation qui risque au contraire d'accentuer le trouble. Prenez le temps de maîtriser vos émotions et commencez par vous entraîner à affronter des situations génératrices de faibles niveaux d'anxiété puis, une fois que vous y serez plus à l'aise, affrontez des situations de plus en plus difficiles.

Respirez

Avant un oral, il est fréquent de voir le candidat « prendre son souffle » : il inspire une grande bouffée, comme si l'air allait lui manquer par la suite. Cette attitude risque simplement de bloquer la respiration et d'augmenter le trac. Le bon geste, c'est de faire l'inverse : concentrez-vous sur l'expiration : soufflez, expirez lentement, vous obtiendrez ainsi une respiration plus calme et plus de sérénité.

Si vous disposez d'un peu de temps, celui-ci ne sera pas perdu en apprenant une technique de relaxation : certains psychologues, kinésithérapeutes, orthophonistes sont formés aux techniques de relaxation. Sinon, le yoga, la sophrologie ou la méditation vous apprendront les mouvements simples qui peuvent changer une vie.

Revenez à la réalité

L'anxiété génère des biais dans notre façon d'interpréter une situation. Le traqueur se focalise sur un point particulier et construit son raisonnement à partir de prémices peu consistantes. Il s'emballe et finit par estimer la situation catastrophique alors qu'une simple réflexion sur son expérience permettrait bien souvent de dédramatiser et surtout de trouver des plans d'action efficaces.

L'orateur commence son exposé en bafouillant. Il interprète ce mauvais début comme le signe avant-coureur de ce que va être la suite. Un simple examen de ses dix dernières présentations lui permettrait sans doute d'observer qu'il a bafouillé au début de la plupart d'entre elles mais que la suite s'est plutôt bien passée, voire très bien passée.

L'amoureux transi rougit et pense que ce rougissement va être interprété comme un signe de faiblesse par son interlocutrice qui ne pourra que le rejeter. S'il observait les réactions des autres couples, il s'apercevrait que le rougissement est très rarement associé à un rejet.

Le violoniste est si préoccupé par ses tremblements qu'il pense ne pas pouvoir monter son archet. S'il observait ses dix dernières représentations, il verrait qu'il a tremblé à chaque fois et qu'il a pu réaliser ses concerts (la preuve : il lui est de nouveau proposé un contrat).

Certains médicaments peuvent aider

Pas d'automédication : chaque médicament possède ses indications et ses contre-indications. Parlez-en avec votre médecin : seul lui peut vous en prescrire. Parmi eux, les bêtabloquants réduisent le rythme cardiaque et les autres symptômes physiques du trac.

Le trac n'est pas une fatalité. Il est possible de le prévenir.

Mais aussi…

Le théâtre, le yoga et toutes les méthodes de gestion des émotions.

Conclusion

Le trac n'est pas une fatalité. Il est possible de prévenir son apparition ou son extension en affrontant régulièrement les situations stressantes. Il est toujours possible de changer son attitude en apprenant à se détendre et en raisonnant autrement. Il en découlera un sentiment d'efficacité personnelle, synonyme d'une plus grande estime de soi.

Pour en savoir plus sur le trac et les blocages, reportez-vous pages 156-157.

3 En savoir **plus**

8. Créer des liens avec les autres

André C., *Imparfaits, libres et heureux. Pratiques de l'estime de soi*, Paris, Odile Jacob, 2006.

Apfeldorfer G., *Les Relations durables. Amoureuses, amicales et professionnelles*, Paris, Odile Jacob, 2004 ; « Poches Odile Jacob », 2006.

Carnegie D., *Comment se faire des amis*, Paris, Le Livre de poche, 1990.

Hahusseau S., *Comment ne pas se gâcher la vie*, Paris, Odile Jacob, 2003 ; « Poches Pratique », 2008.

Macqueron G., Roy S., *La Timidité. Comment la surmonter ?*, Paris, Odile Jacob, 2004.

9. Affirmez-vous !

Alberti R. E., Emmons M. L., *S'affirmer. Savoir prendre sa place*, Montréal, Le Jour, 1992.

Boisvert J.-M., Beaudry M., *S'affirmer et communiquer*, Paris, Éditions de l'Homme, 1998.

Cungi C., *Savoir s'affirmer*, Paris, Retz, « Savoirs Pratiques », 2005.

Fanget F., *Affirmez-vous ! Pour mieux vivre avec les autres*, Paris, Odile Jacob, 2002 ; « Poches Pratique », 2008.

Fanget F., *Oser. Thérapie de la confiance en soi*, Paris, Odile Jacob, 2003 ; « Poches Odile Jacob », 2006.

Fanget F., *Où vas-tu ? Les réponses de la psychologie pour donner du sens à sa vie*, Paris, Éditions les Arènes, « Cahiers d'enfance », 2007

10. Défendre ses intérêts

Alberti R. E., Emmons M. L., *S'affirmer. Savoir prendre sa place*, Montréal, Le Jour, 1992.

André C., Légeron P., *La Peur des autres*, Paris, Odile Jacob, 2000.

Boisvert J.-M., Beaudry M., *S'affirmer et communiquer*, Paris, Éditions de l'Homme, 1998.

Brenot Ph., *La Relaxation*, Paris, PUF, « Que Sais-je ? », 2003.

Fanget F., *Affirmez-vous ! Pour mieux vivre avec les autres*, Paris, Odile Jacob, 2002 ; « Poches Pratique », 2008.

Fanget F., *Oser. Thérapie de la confiance en soi*, Paris, Odile Jacob, 2003 ; « Poches Odile Jacob », 2006.

Haddou M., *Avoir confiance en soi*, Paris, Flammarion, 2000.

Haddou M., *Savoir dire non*, Paris, Flammarion, 2006.

11. Trac et blocages liés à la performance

Arcier A.-F., *Le Trac. Stratégies pour le maîtriser*, Montauban, Éditions Alexitère, 1998.

Chneiweiss L., Tanneau É., *Maîtriser son trac*, Paris, Odile Jacob, 2003.

Sites internet

Les associations sans but lucratif de patients, d'anciens traqueurs et de ceux qui veulent améliorer leurs performances en public : http://www.toastmasters.org

Les praticiens spécialistes et les consultations « stress et anxiété » dans les hôpitaux généraux sont retrouvés sur le site de l'Association française de thérapie comportementale et cognitive : www.aftcc.org

Un site qui commercialise des séances de relaxation validées par des experts en TCC : www.symbiofi.com

Pour la relaxation, le site Symbiofi propose un bloc de 4 séances de relaxation médicale : www.symbiofi.com

4 SE SENTIR bien à deux

Ce n'est pas parce qu'on a rencontré la bonne personne que le bonheur nous est garanti. Il reste ensuite pas mal de travail ! Dialoguer, échanger, donner et demander, faire reconnaître ses besoins et ses désirs, et reconnaître aussi les besoins et les désirs de l'autre. Si ce partage existe, on pourra alors savourer ce drôle de voyage qu'est la vie à deux…

12

Dr Stéphanie Hahusseau

Être heureux dans son couple

Aimer et être aimé est indispensable à la vie. Les personnes seules, sans amour, souffrent, sont davantage malades, vivent moins longtemps, sont moins satisfaites de leur vie. Mais être heureux à deux, ça n'est pas si simple. Les difficultés dans les couples résultent tout à la fois de difficultés individuelles et de difficultés dans l'interaction. Aucun des deux partenaires n'est coupable, mais chacun est responsable de l'initiation des changements lorsque l'interaction se déroule mal. Passé la passion des débuts, aimer et être heureux dans son couple est d'autant plus difficile que nous n'aimons pas tous de la même manière et que cela se construit, nous allons le voir, sur trois bases fondamentales.

Qu'est-ce que l'attachement ?

L'attachement, c'est la manière dont notre tempérament et le lien avec nos parents dans l'enfance nous conditionnent à l'âge adulte et nous poussent à penser, à réagir et à ressentir les relations affectives et amoureuses.
Selon que nous avons un profil sécure ou insécure, nous serons à l'aise ou mal à l'aise dans les relations amoureuses. Si nous sommes des attachés insécures, nous pouvons être « évitants » et nous méfier de l'attachement, ou bien « anxieux » et souffrir de l'attachement. Les anxieux sont davantage candidats à la souffrance morale alors que les évitants souffrent plutôt de problèmes physiques. Les sécures vivent mieux et plus longtemps.

ÉVALUEZ-VOUS : QUEL EST VOTRE PROFIL AMOUREUX ?

Nous avons chacun un profil caractéristique de notre façon d'aimer et de s'attacher à notre amoureux(se). Pour connaître le vôtre, répondez par vrai ou faux aux questions suivantes :

	Vrai	Faux
1. J'en suis venu(e) à mépriser et à détester toute forme de passion en moi.		
2. L'amour n'est pas un problème pour moi.		
3. J'ai besoin de prendre de la distance par rapport à ma relation amoureuse.		
4. Quand mon (ma) partenaire s'éloigne, j'ai la sensation qu'il (elle) va m'abandonner.		
5. J'accepte sans problème le fait d'avoir besoin de l'affection de mon (ma) partenaire et de mes amis.		
6. Je n'ai pas envie de m'engager dans une histoire d'amour qui pompe toutes mes ressources affectives et qui me prenne la tête.		
7. Je suis persuadée que personne ne peut m'aimer.		
8. Mes histoires d'amour se sont souvent mal terminées.		
9. Je ne veux pas foncer dans une relation suivie.		
10. La plus grande partie de mon énergie passe dans mon travail.		
11. Je suis anxieux(se) quand nous sommes séparés quelques jours.		
12. Je peux faire confiance à mon (ma) partenaire.		
13. Mes parents ne m'ont pas beaucoup aimé(e).		
14. J'avais une relation chaleureuse avec mes parents.		
15. Il est facile pour moi de me rapprocher des autres.		

- ***Les questions 1, 3, 6, 9, 10 concernent le profil d'attachement évitant.*** *Comptez 1 point à chaque « vrai ». Si vous avez plus de 3 points, vous êtes probablement concerné par ce profil. Vous n'êtes pas à l'aise quand les relations amoureuses s'approfondissent. Vous avez alors tendance à y mettre un terme, préférant vous consacrer à votre travail ou à des activités de loisir indépendantes.*
- ***Les questions 4, 7, 8, 11, 13 concernent le profil d'attachement anxieux.*** *Ce profil vous concerne si vous avez plus de 3 « vrais ». Amoureux(se), vous vivez dans la crainte d'être abandonné(e). Quand vous aimez, vous souffrez !*
- ***Si vous avez plus de 3 « vrais » aux questions 2, 5, 12, 14, 15, vous avez certainement un profil d'attachement sécure.*** *Veinard ! Vous êtes à l'aise avec l'intimité mais vous n'avez pas spécialement peur d'être seul(e). Vous êtes bien entouré(e), vous savez que vous pouvez compter sur vos proches et sur votre partenaire et ils savent qu'ils peuvent compter sur vous.*

Je l'aime trop. « J'ai quitté Laurent parce qu'il était égoïste, parce qu'il ne s'intéressait jamais à moi. Je pensais que les choses seraient différentes avec Sylvain. Ils ne se ressemblaient pas du tout ! Quand j'ai connu Sylvain, il était attentionné et prévenant. Mais ça n'a pas duré. Depuis quelques semaines, Sylvain me délaisse, il est davantage préoccupé par son travail et son basket que par notre couple. Je le vis très mal. J'ai la sensation de ne plus compter pour lui, d'être un meuble. Je l'aime trop, je suis malheureuse et je ne sais pas quoi faire pour changer. »

Heureusement, ces profils ne sont pas gravés dans le marbre et ils peuvent évoluer. Pour peu que nous en prenions conscience, ils peuvent se modeler avec le temps, avec le type de partenaire que nous choisissons, avec les relations que nous sommes amenés à vivre et, bien sûr, avec les événements qui jalonnent notre vie.

Comment trouver la bonne distance et la bonne dépendance

L'indépendance affective totale est un leurre.

Le profil idéal pour être heureux en amour semble donc être le profil sécure. Les « sécures » établissent la bonne distance relationnelle alors que les attachés anxieux sont trop proches et les attachés évitants trop distants. L'attaché sécure est autonome, mais il sait qu'il peut compter sur les autres et il n'hésite pas à se rapprocher des gens qu'il aime. L'indépendance affective totale est un leurre. Être indépendant affectivement, c'est être un attaché insécure évitant ! La bonne dépendance, c'est un assemblage d'autonomie (je n'ai pas peur, voire j'aspire à des moments de solitude) et de plusieurs dépendances affectives (je suis dépendante de mon amoureux, mais aussi de mes amis, de ma sœur, de mes copines, de ma famille...). Être sécure, c'est savoir demander du soutien quand on en a besoin et en procurer à autrui.
La combinaison de nos modes d'attachement peut parfois conduire à des mélanges détonants. Mettez une femme évitante et un homme insécure anxieux ensemble et vous avez toutes les chances pour que cela finisse mal – que cela finisse tout court d'ailleurs –, alors que deux attachements similaires ensemble, sécures ou insécures, risquent de durer davantage.

Les trois piliers du couple

Au-delà de cette combinaison de deux styles d'attachement, quels sont les éléments fondateurs du couple, quels sont les facteurs qui en assurent la pérennité et la cohésion ? En réalité, on décrit trois éléments importants dans un couple, qui le sont d'autant plus qu'ils font sécréter de l'ocytocine, l'hormone de l'attachement.

La part du sexe dans le couple

Le sexe constitue un de ces trois ingrédients. Il contribue à assurer le maintien de l'attachement. Avec la tendresse et la communication, c'est une partie très importante de la relation amoureuse.

Alors quelle importance accorder aux baisses de désir et de plaisir ? Cela signifie-t-il obligatoirement qu'on n'aime plus l'autre ? Il n'y a pas forcément de corrélation linéaire. Certains couples qui fonctionnent bien partagent une intimité relationnelle mais peu d'intimité sexuelle, et inversement.

L'importance des problèmes sexuels dans le couple est celle qu'on lui accorde. D'autres facteurs peuvent avoir une influence : à quel moment en est-on de la relation ? La sexualité n'est pas la même dans la phase initiale de passion que par la suite.

Quels événements stressants sommes-nous en train de vivre ? Le stress au travail, par exemple, peut avoir un impact significatif sur l'intimité sexuelle, de même que les perturbations hormonales que subissent les femmes lors du post-partum, des règles, de la ménopause...

C'est aussi une affaire de personnes : certaines sont très sensuelles et attachent beaucoup d'importance à la sexualité, d'autres moins. Les problèmes viennent lorsque les besoins ou les niveaux de désir des deux partenaires divergent, générant frustration ou infidélité. Mais est-ce grave d'être infidèle sexuellement ? Cela remet-il le couple en question ? Il est clair que l'infidélité émotionnelle ou sexuelle fait réagir émotionnellement hommes ou femmes. L'infidélité sexuelle est à l'origine d'une séparation une fois sur quatre. Mais l'infidélité est-elle une cause ou une conséquence des problèmes du couple ? Cela dépend de la solidité des deux autres piliers du couple.

La communication

Quand nous avons envie de parler, écoutons !

Chez les psys, c'est le sujet qui fâche. Certains défendent une communication policée dans laquelle la forme a plus d'importance que le fond, d'autres prétendent que les thérapies de couple qui travaillent sur la manière dont le couple communique donnent des résultats assez médiocres à long terme. Alors faut-il se taper dessus ou être tout miel tout fiel ?

La présence de conflits dans un couple n'est absolument pas de mauvais pronostic ni pour sa satisfaction ni pour sa durée. Au contraire. On peut se disputer à loisir. Seulement, la forme a un brin d'importance. Si les propos tenus à l'autre lors du conflit sont méprisants, si l'un agresse et l'autre se dérobe systématiquement, c'est dangereux et de mauvais augure pour la survie du duo.

La première astuce pour bien communiquer, c'est de brider nos tendances : quand nous avons très envie de parler et de déverser notre colère, écoutons ; à l'inverse, quand nous avons très envie de nous taire, surtout, disons les choses.

La deuxième petite recette, c'est de commencer toutes ses phrases par « je » ou « cela me » plutôt que par « tu es… ». On oublie donc les : « Tu es un sale égoïste » ou les « Allez vous faire voir, toi et ton boss et demande-toi si tu regretteras sur ton lit de mort de ne pas avoir fait assez d'heures au bureau ». On préférera : « Mon petit chéri, dorénavant j'arrête de m'occuper du linge » et : « C'est ballot, je ne serai pas là ce week-end où tu dois ramener du travail à la maison, je penserai très fort à toi quand on sera à Palavas avec mes copines ».

Et la tendresse ?

Il faut savoir qu'inéluctablement, avec la durée de la relation, la tendresse et les marques d'affection et d'attachement s'amenuisent. Pourtant, prodiguer et recevoir de la tendresse est aussi capital dans l'amour romantique que dans l'amour filial. C'est un ciment puissant.

Quand nous avons envie de nous taire, parlons !

Est-ce que ça va durer entre nous ?

Est-ce vraiment une bonne question ? On peut être plus ou moins partagé entre le besoin de sécurité et le besoin de vivacité dans une relation. Selon que notre profil de personnalité est avide ou non de sensations nouvelles, nous tolérerons plus ou moins l'ennui ou la prévisibilité des rapports du couple. Ceux qui ont un profil avide de sensations ont généralement des relations plus intenses émotionnellement mais moins durables, alors que les non-amateurs de sensations fortes privilégieront la stabilité relationnelle plutôt que son intensité. On peut donc ne pas tenir absolument à ce que le couple dure, surtout si on s'y ennuie. Pour les amateurs de sensations, la durée d'un couple n'est pas une valeur en soi.

Ce que l'on a observé, c'est que les couples qui durent sont ceux dont les partenaires ont des valeurs communes. Ce sont aussi des couples qui partagent des activités et des loisirs ensemble, qui aiment se divertir de la même manière.

Les membres des couples qui durent se connaissent bien l'un et l'autre et ont une prédominance de sentiments positifs pour l'autre par rapport aux sentiments négatifs. On n'est pas dans le manichéisme. Avec le temps et la connaissance de son partenaire, on sait qu'il (elle) n'est pas une perfection absolue mais on l'aime durablement si on lui voit davantage de qualités que de défauts.

Alors comment être heureux dans son couple ?

Quelles sont les clés?

1. Prendre soin de soi et de ses émotions

Quand ça ne marche pas dans le couple, la première chose à faire, c'est d'éviter autant que faire se peut d'exprimer les choses à chaud. On risque d'exploser et de s'exposer à l'effet boomerang. On aura dit des choses tellement méchantes et agressives que non seulement on n'aura rien résolu mais on aura aggravé le problème et l'on se sentira coupable.

Cela ne veut en aucun cas dire qu'il faut ruminer et ronger notre frein *ad vitam æternam*. Les émotions négatives que nous éprouvons, cette colère, ces frustrations, nous devons d'abord les accueillir. Surtout pas de : « Je serre les dents et je prends sur moi. » Cela rejaillirait en non verbal. Et puis, vous risqueriez d'avoir mal partout et de ne plus penser qu'à ça.

L'idéal, c'est de prendre un temps pour vous et de laisser venir tout ce que vous ressentez, en utilisant par exemple la technique d'exposition aux émotions détaillée page 505. Choisissez comme cible votre colère contre l'autre qui est présentement forte à 9/10 et passez-y une bonne demi-heure. En accueillant vos émotions, vous leur permettrez d'être utiles au lieu de vous faire perdre le contrôle. Observez aussi à quel sentiment douloureux cette situation vous renvoie. Cela ne réveille-t-il pas une expérience passée, de l'enfance, dans laquelle vous avez éprouvé la même injustice, le même sentiment d'abandon, ou bien le même sentiment d'insécurité ? Si c'est le cas, profitez-en pour travailler avec votre enfant intérieur, comme décrit page 90.

Prenez le temps d'accueillir vos émotions.

À l'issue de ce double travail émotionnel dans lequel vous avez pris soin de vos émotions, sans les juger et en les accueillant avec compassion, faites quelque chose de distrayant et d'agréable : un cinéma, un restaurant avec des copains (copines), un footing, ce que vous voulez, mais faites quelque chose susceptible de vous décentrer du problème. Au retour, vous risquez d'être surpris(e) par vos intuitions et vos nouvelles façons de voir le problème et les solutions. En plus, vous n'aurez pas gâché votre journée puisqu'il y aura eu ce bon moment. C'est toujours ça de pris.

2. Ne jamais perdre de vue ses buts à long terme

Quand on est embarqué dans un désaccord, un conflit, on peut paniquer et craindre que notre couple soit menacé, d'autant plus si l'on a un attachement insécure. Dans ce cas, on a tendance à avoir recours à des stratégies immédiates pour diminuer notre détresse. On appelle ces stratégies les trois F.

LES « TROIS » F

- *Fight* (combattre).
- *Flight* (s'enfuir).
- *Freeze* (rester sur place).

Il s'agit des trois réactions possibles face à un conflit : on peut se dérober, être défensif, ou méprisant. Ce sont presque des réactions réflexes et automatiques qui nous soulagent sur le coup mais qui nous embarquent dans des conséquences émotionnelles et relationnelles délétères à plus long terme.

Et si nous réfléchissions posément à nos objectifs ? Quel est celui que nous poursuivons en réagissant dans cette situation ? Est-ce de trouver des solutions concernant le problème qui nous oppose ou bien est-ce de laminer l'autre et de le rendre encore plus agressif ou fuyant qu'il n'a tendance à l'être ? N'y a-t-il pas des fois où nous sommes arrivés à nous entendre et à trouver des compromis ? À ce moment-là, comment nous y étions-nous pris ? Quelle stratégie relationnelle avions-nous utilisée ?
Essayez de trouver plusieurs exemples concrets de conflits et observez les stratégies auxquelles vous avez eu recours, ainsi que leurs effets à court et à long terme. Ensuite, essayez de reproduire celle qui vous a le mieux permis d'atteindre vos objectifs.

3. Bien se connaître, soi et l'autre

D'abord

Essayez de mieux vous connaître. Listez vos valeurs, vos moments de vie les plus intenses, les plus heureux, les plus difficiles. Déterminez votre mode d'attachement et travaillez votre autonomie si vous êtes un attaché anxieux en vous faisant de petites listes à difficulté progressive d'activités plaisantes solitaires ou du moins sans l'autre. Si vous avez un profil évitant et que cela vous fait souffrir, faites-vous, à l'inverse, une liste progressive d'activités à deux et observez, sans *a priori* les sensations et les émotions qui s'y produisent.

Ensuite

Travaillez la connaissance de l'autre. Pourquoi ? Parce que lorsque l'on est persuadé de connaître l'autre par cœur, on a généralement des anticipations négatives. Si je suis persuadée que mon partenaire est extrêmement prévisible et qu'il va se taire lors du prochain dîner auprès de nos amis, dès notre arrivée chez eux je vais parler pour deux et répondre aux questions à sa place, le figeant ainsi dans son mutisme. Je me conduis de telle manière que je pousse mon partenaire à se comporter de façon à conforter mes attentes négatives.
On ne connaît jamais quelqu'un complètement. Il est déjà impossible d'avoir une connaissance profonde de soi

compte tenu que nos émotions (et donc nos pensées et nos sensations) fluctuent en permanence, alors prétendre tout connaître de l'autre semble bien présomptueux et a en plus des conséquences délétères sur la dynamique du couple.

Et pour finir

Développez la connaissance de l'autre sous forme de jeux, de quizz. Posez-vous des questions, répondez-y pour vous et pour l'autre et pareil pour lui. Confrontez et discutez vos réponses. Prévoyez des gains, des enjeux : celui qui gagne demande ce qu'il veut à l'autre. Je vous vois venir, et en effet, l'enjeu peut être un câlin torride. Résultat : double sécrétion d'ocytocine grâce à la communication et au sexe, vous vous attachez donc deux fois plus l'un à l'autre. Elle est pas belle la vie ?

Pour en savoir plus sur le bonheur dans le couple, reportez-vous page 178.

13

Dr Catherine Solano

J'ai envie d'une vie sexuelle épanouie

Il n'est déjà pas facile de se sentir en harmonie avec soi, alors, à deux, c'est encore plus complexe. Dans le couple, la sexualité est un outil de communication privilégié, mais elle peut aussi devenir un lieu d'affrontement, de douleur, de difficultés. Car si la sexualité est un lieu de plaisir, elle est aussi le lieu de rencontre de deux étrangers, de deux différences, ces différences se situant souvent dans le non-dit. Alors, comment être bien avec quelqu'un qui est tout autre, quelqu'un que l'on ne connaît jamais totalement ? Comment bien vivre sa sexualité ensemble ? Quels sont les éléments qui nous permettent de vivre sexuellement heureux ? Et comment impulser de l'énergie à son couple dans ce domaine ?

Se connaître soi-même

La priorité, c'est de se connaître soi-même sexuellement, de manière à pouvoir se définir face à l'autre. Et c'est souvent un passage oublié ou éludé. Le plus souvent, nous ne nous posons pas beaucoup de questions, nous nous laissons porter par le monde qui nous entoure. Or, sur le plan sexuel, le monde autour de nous nous submerge d'injonctions très fortes qui façonnent notre manière de penser et de vivre et qui peuvent nous rendre très malheureux. Par exemple : « Pour être aimé, pour être désiré, il faut être jeune, beau et mince » (et riche en plus, c'est mieux !). Ou encore : « Un couple dont la sexualité n'est pas très épanouie ne peut être heureux et encore moins durer. » Ou encore : « L'orgasme est indispensable au bonheur sexuel, et c'est encore mieux

ÉVALUEZ-VOUS : COMMENT FONCTIONNE MA SEXUALITÉ ?

1. Comment fonctionne mon désir sexuel ? Qu'est-ce qui est susceptible de le déclencher ? ou de le bloquer ?

2. Comment fonctionne mon orgasme ? Qu'est-ce qui fait monter mon excitation pour y parvenir ? Qu'est-ce qui peut l'empêcher de survenir ?

3. Quel est mon plus grand plaisir sexuel en couple ? Est-ce qu'il se situe avant l'amour, dans le désir ? pendant l'amour dans une pratique particulière ? dans une émotion particulière ? après l'amour ? ou encore ailleurs ?

4. Qu'est-ce qui me rend heureux en couple ? Et quelle place peut tenir la sexualité dans ce bonheur ?

5. De quel couple est-ce que je rêve ? De quelle sexualité est-ce que je rêve ? Est-ce réaliste ? dans quelle proportion ? Suis-je dans l'utopie ? dans la réalité ?

(**Vie sexuelle réelle et vie sexuelle fantasmée ?** En cherchant des réponses à ces questions, Aline se rend compte qu'elle attend le « Prince charmant sexuel » qui lui apporterait tout sur un plateau sans qu'elle ait d'efforts à faire. Elle attend qu'il devine ses désirs, ses fantasmes, et elle se sent énervée quand elle constate que son compagnon n'est pas à la hauteur. Elle lui en veut. En se penchant sur ces questions, elle réalise qu'un humain n'est pas un fantasme. Il est bien moins calibré, moins adapté à vos désirs. Mais il est aussi bien plus intéressant, car il vous ouvre à la différence. Ainsi, même sans parler à son compagnon, Aline peut s'apercevoir qu'elle doit changer de manière de penser pour se laisser une chance de s'épanouir sexuellement : elle doit vivre dans le monde réel... même si elle peut bien sûr laisser une place à ses fantasmes. Disons qu'elle doit cesser de prendre ses fantasmes pour la réalité afin de vivre enfin sereinement ce qui est heureusement réalisable dans sa vie de tous les jours.

Si vous avez déjà réfléchi à ces questions, ou si vous prenez le temps de le faire, vous êtes prêt pour créer votre espace sexuel et amoureux personnel, unique, ne ressemblant à aucun autre.

s'il est simultané. » Et puis : « Vous devez ressentir du désir à chaque moment de votre vie, sinon, vous n'êtes pas normal sexuellement. » Pour vous connaître plus intimement, essayez de répondre personnellement aux questions du test page 170 concernant votre sexualité.

Exprimer son moi sexuel à l'autre

Quand vous vous êtes penché sur vous-même sexuellement parlant, il est ensuite bon d'oser en parler à l'autre – et d'en parler sans présumer de ses réactions. Car très souvent, si l'on n'ose pas dire ce que l'on désire, c'est que l'on pense que l'autre risque de juger, d'être choqué ou, à l'inverse, de vouloir aller beaucoup trop loin... Cela peut bien sûr se produire, mais c'est plus souvent redouté et fantasmé que réel. Ce qui compte, c'est d'oser s'exprimer, sans revendications agressives, sans vouloir rien imposer. L'idéal serait de formuler : « Moi, je suis ainsi, et toi, qu'en penses-tu ? » S'exprimer, c'est s'ouvrir à l'autre, lui faire confiance, penser qu'il (ou elle) va nous respecter sans nous juger. C'est d'une certaine manière idéaliste. C'est pour cela qu'il faut être capable d'aller progressivement vers plus d'ouverture sans se sentir obligé de tout dire, et encore moins tout tout de suite. Il faut aussi accepter de laisser le temps à l'autre.

Oser parler d'amour, une clé de l'harmonie sexuelle.

Se mettre en posture d'écoute

Une fois que vous vous connaissez, que vous l'avez exprimé à l'autre, le chemin de l'harmonie sexuelle à deux passe par votre connaissance de votre compagnon.

Pour cela, vous pouvez l'inciter à se poser les mêmes questions que vous, ou bien lui demander très simplement : « Qu'est-ce que tu préfères quand nous faisons l'amour ? » Et puis : « Qu'est-ce que tu aimes le moins quand nous faisons l'amour ? » Ou encore : « Y a-t-il des choses que tu aimerais changer ? » Ces questions très simples suffisent souvent à entraîner un dialogue inattendu tant nous présumons parfois des désirs ou des contentements de l'autre.

Accepter les désirs de l'autre

Le plus difficile est d'accepter les réponses de l'autre. En effet, il est impossible de se mettre à sa place émotionnellement. Nous pouvons seulement l'imaginer de manière conceptuelle, intellectuelle, c'est-à-dire que nous gardons une distance.

Lucie a expliqué à son mari que les baisers dans le cou déclenchent chez elle un désir très fort. Mais lui trouve cela étrange car il ne voit pas comment un simple baiser à cet endroit pourrait donner envie de faire l'amour ! Alors, s'il a bien entendu ce que son épouse lui a dit, s'il l'accepte, il ne le prend pas en compte et se plaint qu'elle n'ait pas souvent de désir. Lucie, même si elle lui a expliqué son fonctionnement, n'a pas envie de quémander chaque fois des baisers qui ne viennent pas spontanément. Le résultat, c'est une sorte de blocage. D'autre part, Lucie explique à son mari qu'elle a beaucoup moins de désir depuis qu'elle se sent trop grosse. Or son mari, très gourmand, l'incite à faire une cuisine très copieuse, ne cherchant pas à l'encourager à mincir. Lui n'est pas du tout gêné par les kilos, ni par les siens (il en a bien 10 de trop) ni par ceux de son épouse qui ne l'empêchent pas de la désirer. Pourtant, encourager Lucie à perdre des kilos est très important, car elle ne se sent plus du tout désirable. Il suffira d'ailleurs qu'elle en perde 3 pour que son désir réapparaisse.

Le désir a besoin d'aliments, et ces aliments ne sont pas universels, chaque désir ayant ses gourmandises propres et ses dégoûts propres. La solution n'est pas de dire à l'autre : « Telle chose, telle situation devrait te donner envie », mais de s'adapter au désir tel qu'il est pour lui (dire à Lucie : « Même avec tes kilos, je te désire », c'est bien, mais si elle se sent vraiment mal, cela ne suffit pas ! Précisons qu'il faut faire la différence entre le fantasme de minceur idéale et les kilos en trop réels ici pris lors d'une grossesse).

Accepter les limites de l'autre

Pour que deux amants se mettent en situation d'écoute, il faudrait donc qu'ils soient tous deux capables d'accepter les désirs, mais aussi les limites de l'autre. En effet, ces éléments ne peuvent coïncider exactement dans un couple. Cela signifie que l'on peut tout demander, tout exprimer à condition que l'on soit aussi capable d'accepter de s'entendre dire non. « Non, je ne désire pas faire ceci, non je ne désire pas parler de cela… » Or, quand l'autre répond non, on a tendance à se sentir frustré.

Valérien a du mal à accepter que sa compagne refuse la fellation. Il se sent frustré et se demande si c'est acceptable pour lui à long terme. Nadine, elle, déplore que son ami refuse la pratique du cunnilingus. Le problème surgit, en fait, non quand l'un refuse quelque chose, mais quand cela met en jeu la relation.

Si l'on exprime : « Je veux que tu le fasses, sinon notre couple ne pourra durer », c'est que l'on attend une prestation de service plus qu'une relation profonde. Or, dans un couple, il existe toujours un lieu où l'on est frustré, c'est inévitable. Si l'on ne supporte pas la frustration, le couple est en péril. En effet, le couple met face à face deux individus qui ne veulent pas la même chose.

Si l'un insiste pour voir son désir se concrétiser et que l'autre accepte en se forçant, c'est très toxique car celui qui dit oui de mauvais cœur se renie pour que son couple continue à exister. Il va accumuler des rancœurs car il ne se sent pas respecté.

Si, au contraire, il s'affirme en refusant d'accepter ce qui lui déplaît, l'autre se sent frustré ou pire, rejeté. Valérien exprime par exemple que le refus de fellation de sa compagne le blesse plus à cause de ce sentiment de rejet que parce qu'elle refuse cet acte.

Alors la position à prendre pour éviter ces écueils est de s'écouter, d'accepter le désir de l'autre, de chercher à le comprendre et d'exprimer sa position. Si son compagnon demande à Nadine pourquoi le cunnilingus compte pour elle dans leur relation, il pourra mieux la comprendre et elle sentira son désir à elle reconnu. Et si elle lui demande pourquoi il refuse (par peur d'un manque d'hygiène, par peur de mal s'y prendre ? parce qu'il n'en comprend pas l'intérêt ? à cause d'une mauvaise expérience ? ou pour une autre raison ?), si Nadine comprend ce qu'il exprime, elle observera peut-être que ses réticences n'étaient pas celles qu'elle imaginait. Elle pourra plus facilement accepter les limites de son compagnon de même qu'il pourra accepter ses désirs. Cela donne une chance à cette différence de les rapprocher, de leur permettre de mieux se comprendre, plutôt que de les éloigner, même s'ils ne changent pas forcément de position.

Donner sa place à l'acte amoureux dans le couple

Faire l'amour est important pour un couple, parce que la sexualité est le lieu même du couple, alors que les autres activités peuvent se pratiquer avec d'autres personnes. C'est en cela que la sexualité est essentielle. Elle est le canal de communication et d'échange privilégié du couple.

L'amour peut se faire de deux manières : sur impulsion ou sur rendez-vous. La sexualité impulsive est quasiment le seul modèle qui nous est présenté à l'heure actuelle, en tout cas le seul modèle valorisé. Or faire l'amour quand on a dépassé l'adolescence, formé une famille, que l'on travaille, cela demande du temps, temps qui doit être pris sur d'autres activités. C'est pourquoi il devient essentiel d'organiser sa vie amoureuse. Faire l'amour cimente le couple grâce aux hormones d'attachement et de plaisir qui sont sécrétées à ce moment. Et plus on fait l'amour, plus le désir s'alimente. Ainsi, dans les périodes de déprime, de manque d'envie sexuelle, continuer à faire l'amour par décision est une chose extrêmement bénéfique, permettant de garder un lien privilégié, même si le plaisir n'est pas aussi intense que dans les périodes sexuellement plus fastes.

Plus on fait l'amour, plus le désir s'alimente.

« Heureusement que mon mari m'a quasiment forcée à faire l'amour six mois après mon accouchement. Comme je n'en avais pas du tout envie, et que j'étais fatiguée, je disais non. Et un jour, il s'est énervé. Il m'a demandé de faire l'amour pour lui rendre service, même si, moi, je n'éprouvais pas de désir. Et finalement, cela n'a pas été le septième ciel, mais sympa quand même. J'ai réalisé que la sexualité, ce n'était pas seulement le désir au creux du ventre, mais aussi le rapprochement amoureux des corps. Et mon mari est redevenu plus zen, moi aussi, et nous avons continué à faire régulièrement l'amour un peu plan-plan, mais c'est ce qui a permis à mon désir de revenir progressivement. Je me rends compte que, dans un couple, il y a des cycles de vie et qu'il faut rester proches physiquement, sinon, la relation s'en ressent. »

Anne-Lise a donc constaté que l'appétit, même sexuel peut venir en mangeant, et que faire l'amour, ça s'entretient aussi par la volonté d'être bien ensemble, pas seulement par le désir impulsif.

Il est très bénéfique de laisser les idées reçues derrière soi pour épanouir sa sexualité. Faire l'amour tant de fois par semaine, que cela dure tant de temps, que l'orgasme soit toujours au rendez-vous, voire simultané, que le désir soit présent, que l'on expérimente beaucoup de pratiques, toutes ces idées qui s'imposent peuvent nous empêcher de trouver notre propre équilibre au lieu de nous aider à le découvrir. L'essentiel, c'est de s'adapter l'un à l'autre d'une manière qui sera forcément unique.

Faire l'amour, cela s'apprend et ça prend du temps

L'orgasme féminin est rarement présent la première fois, les premières semaines, voire la première année. *Idem* pour le contrôle de l'éjaculation chez l'homme.

Et la confiance en soi, la capacité à se laisser aller au plaisir parce que l'on se sent à l'aise et en phase est rarement immédiate dans le domaine sexuel. Il faut généralement des années pour se découvrir sexuellement, pour s'affirmer, pour arriver au plaisir qui est à votre portée. C'est un élément très rarement pris en compte. Les très jeunes hommes ou femmes imaginent souvent avoir un problème alors que ce n'est qu'une question de temps et de patience. L'amour, c'est comme la cuisine, cela s'apprend et c'est encore meilleur avec l'expérience, même si, quand on a faim, un repas peu élaboré peut être très comblant. La plupart des hommes et des femmes affirment qu'à 40 ans, parfois 50, leur sexualité est bien meilleure qu'auparavant.

Il faut toute une vie pour apprendre à faire l'amour.

Et si nous avons un problème sexuel ?

Une difficulté sexuelle peut venir d'un problème de couple qui déteint sur les échanges sexuels. Dans ce cas, la résolution passe par un travail en couple, une thérapie de couple par exemple.

Mais souvent la difficulté sexuelle est autonome et survient dans un couple qui par ailleurs se sent bien. Il peut s'agir de difficultés d'érection, d'éjaculation, de désir, de plaisir, d'orgasme, de douleurs pendant les rapports sexuels, de blocages…

Dans ce cas, il est conseillé de consulter un sexologue si le problème dure ou devient difficile à supporter. Consul-

ter, seul ou à deux, permet tout d'abord de faire un bilan médical. De nombreux médicaments peuvent avoir une influence néfaste sur la sexualité ; cela peut aussi être le fait de maladies connues ou à dépister.
Une partie des problèmes sexuels provient d'un manque de connaissance du fonctionnement sexuel physiologique. Si vous avez des questions à poser à votre sexologue, pensez à en faire la liste avant d'aller le voir. Il pourra vous répondre tout simplement, calmer des angoisses parfois importantes.

QUELQUES QUESTIONS À POSER AU SEXOLOGUE

- Est-il normal que j'aie un orgasme seulement dans telle position ?
- Pouvez-vous me donner des conseils pour dire à mon compagnon que je le désire ? Il pense que ce n'est pas le cas, alors que je n'ose simplement pas.
- J'évite les rapports sexuels tellement j'ai peur d'avoir une panne. Mon épouse croit que je ne la désire plus et imagine que j'ai une maîtresse. Comment faire ?
- Pourquoi ai-je du mal à avoir une deuxième érection ?
- Dois-je dire à ma compagne que je prends du Viagra ?

Une autre partie des problèmes sexuels est entraînée par des difficultés psychologiques sur lesquelles on peut travailler en sexothérapie. La sexothérapie est souvent beaucoup plus brève qu'une psychanalyse.

Un exercice classique de sexothérapie

Il s'agit d'un massage de couple. Les deux partenaires sont entièrement nus dans une ambiance à 25 °C et utilisent une huile de massage. Chacun, à son tour, masse l'autre pendant une vingtaine de minutes. Pendant ce massage non sexuel (on évite les seins et la zone génitale), celui qui reçoit le massage doit donner des indications à l'autre : « Plus fort », « Plus doucement », « Plus haut », « Encore », « Continue » , « Hum, c'est bon ».
Le but de cet exercice est de se détacher de la peur de l'échec (puisque ce massage est non sexuel), de proposer un moment d'échange agréable avec contact et proximité physique, et d'entraîner le couple à échanger ses sentiments et sensations par rapport aux gestes de l'autre. C'est sou-

vent très bénéfique, car en cas de difficultés sexuelles, les deux amants peuvent s'éloigner physiquement, ne plus se toucher, et cet exercice les incite à se retrouver. De plus, un grand nombre de difficultés sexuelles de couple viennent du manque de paroles concrètes sur le sujet. Apprendre à parler de ce qui est agréable ou non, d'abord sur un mode non sexuel, prépare des exercices plus sexuels et permettra au couple de commencer à parler de ses désirs, de ses plaisirs, de ses angoisses aussi…

Pour en savoir plus sur une vie sexuelle épanouie, reportez-vous page 178.

4 En savoir **plus**

12. Être heureux dans son couple

Gottman J. M., Silver N., *Les Couples heureux ont leurs secrets. Les sept lois de la réussite*, Paris, Pocket, 2006.

13. J'ai envie d'une vie sexuelle épanouie

Sur la sexualité

Bajos N., Bozon M., *Enquête sur la sexualité en France*, Paris, La Découverte, 2008.

Conrad S., Milburn M., *L'Intelligence sexuelle. À la découverte de votre moi sexuel*, Paris, Payot, « Petite bibliothèque Payot », 2008.

Gray J., *Mars et Vénus sous la couette. Pour que la passion résiste au temps*, Paris, J'ai Lu, « Bien-être », 2005.

Hite S., *Le Nouveau Rapport Hite*, Paris, J'ai Lu, 2004.

Paris G., *Un désir si fragile*, Paris, Éditions Leduc.S, 2004.

Sur le couple

Dallaire Y., *Qui sont les couples heureux ?*, Paris, Le Livre de poche, 2007.

Gottman J. M., Silver N., *Les couples heureux ont leurs secrets. Les sept lois de la réussite*, Paris, Pocket, 2006.

Adresses d'associations où vous pouvez trouver des noms de thérapeutes

Syndicat national des médecins sexologues (SNMS) : http://www.snms.org/

Association inter-hospitalo-universitaire de sexologie (AIHUS) : http://www.aihus.fr/

Association pluridisciplinaire de recherche et d'études sur la sexualité (APRES) : http://www.apres-assoc.org

CLER : cette association propose des conseillers conjugaux sur toute la France. Tél : 01 48 74 87 60

Sites Internet

Le site canadien de la société des obstétriciens et gynécologues du Canada : http://www.masexualite.ca

Le site français : www.e-sante.fr, à la rubrique « psycho, sexo », puis « sexualité ».

5 ÉDUQUER et aider ses enfants

Il est plus compliqué d'être parent aujourd'hui que jadis : autrefois il fallait (ce n'était pas si facile) permettre à nos enfants de survivre. Puis la mission des parents devint également de leur permettre de s'instruire. Aujourd'hui, nous souhaitons les aider à s'épanouir. Que de travail ! Il faut aimer, comprendre et consoler, ce que tous les parents apprécient et savent faire. Mais aussi cadrer et éduquer, ce qui est moins facile…

Même si vous n'avez pas d'enfants, lisez cette partie : vous avez été enfant il n'y a pas si longtemps, n'est-ce pas ?

14

Didier
Pleux

Bases éducatives pour parents modernes

**Beaucoup de parents nous sollicitent pour des problèmes de démotivation scolaire ou des difficultés de comportement et d'adaptation de leurs enfants. Le plus souvent, ils cherchent notre aide parce qu'ils pensent qu'« il existe un problème plus profond », quelque chose qui leur échappe, une « autre réalité ». Mais, avant de faire des hypothèses purement « psy », il est souhaitable d'évaluer « la » réalité de l'enfant et en particulier son environnement éducatif. L'éducation est bel et bien à la base de la construction psychique et nous savons qu'il existe certaines règles éducatives incontournables. L'éducation ne peut pas tout résoudre, elle ne garantit pas l'absence de pathologie, mais elle est sûrement le fondement indispensable de l'accommodation de l'enfant au « principe de réalité ».
Éduquer est un savoir-faire. Il est bon de pouvoir répondre à plusieurs questions : De quoi ont besoin nos enfants ? Quand peut-on parler de « problème éducatif » ? Qu'est-ce qui contrarie notre autorité ? Quelles sont les bases d'une « bonne éducation » ?**

De quoi ont besoin nos enfants ?

Stimuler leur estime de soi, leur confiance en soi

L'aider à être « soi » dans le monde, tout un projet… La fin du XXe siècle a indéniablement promu l'enfant au rang d'humain à part entière. Il était temps qu'il soit considéré,

non plus comme une « chose » malléable, voire corvéable à merci. La psychologie de l'enfant a su mettre en évidence que l'enfant ne pouvait pas être dans le monde sans une bonne estime de soi.
Si je garde la définition du dictionnaire, l'éducation, c'est avant tout savoir guider son enfant, lui transmettre des valeurs et lui donner les compétences suffisantes pour qu'il devienne adulte. L'enjeu est aussi de protéger et épanouir son enfant dans sa singularité, dans ce qui le rend « unique », l'aider à devenir moins vulnérable pour vivre en harmonie avec la réalité et ses aléas tout en respectant la vie des autres.

CE QU'ATTENDENT LES ENFANTS

- Une sécurité matérielle en ce qui concerne l'alimentation, l'hygiène, le repos.
- Une affection physique avec des contacts.
- Un « faire avec » : jouer avec le tout-petit, puis construire, faire du sport, participer à toutes sortes d'activités d'apprentissages, d'éveil ou de loisirs lorsqu'il grandit.
- Un soutien permanent : l'aider à exprimer son ressenti quand il est plus âgé, pouvoir communiquer dans les périodes difficiles.

Vers l'acceptation de soi

Il est souhaitable que l'enfant construise une réelle « acceptation de soi » : c'est le « je suis ce que je suis » avec mes qualités, mes talents, mes défauts ou mes incompétences et cela ne saurait altérer ma valeur d'être humain. Il est parfois nécessaire de partager une certaine philosophie de l'acceptation dans un environnement toujours plus « matérialiste ».
S'estimer, se savoir reconnu dans sa singularité, ne peut que donner une bonne énergie pour affronter la vie. Avoir confiance en soi stimule la volonté d'expérimenter et tempère la crainte de l'échec. Mais l'enfant doit aussi accepter les contraintes de la réalité. Notre nouveau siècle suscite toujours autant le plaisir immédiat de nos enfants et peut réduire notre volonté d'éduquer nos enfants de façon réaliste.

Éviter d'en faire des « enfants rois »

Le début du XXIe siècle signe lui aussi la prédominance d'une société de consommation qui, après les contestations des années 1960, a su retrouver ses lettres de noblesse. Au « sois ce que tu es mais sois-le pleinement » s'est largement substitué un « jouis et consomme pleinement ! ». La rencontre de cette hyperstimulation de la société des marchands avec la volonté parentale et éducative de donner à l'enfance un maximum de droits et de plaisirs, peut s'avérer des plus néfaste. À ne vouloir que vivre du plaisir, l'enfant se rend peu à peu vulnérable devant ce fameux principe de réalité : la moindre difficulté, le quelconque aléa vont lui apparaître « insupportables ». Il devient alors « intolérant aux frustrations ». Il faut donc faire attention aux dangers de ce que j'appelle les « 5 S ».

Les « 5 S »

Surconsommation

C'est ce que veulent les marchands, que nos enfants obtiennent un maximum de satisfaction immédiate par le jeu, les achats, l'alimentation et les loisirs en général. Ciblé par le marketing, l'enfant n'et plus qu'un être manipulé qui se voit proposer toujours plus de plaisirs quasiment addictifs. Il n'est pas possible pour l'enfant de se réguler seul lorsqu'il est stimulé par son « principe de plaisir ». Le parent se doit de régler, de contrôler, voire d'interdire certaines consommations comme les jeux vidéo, l'utilisation de l'Internet, etc.

Survalorisation

S'il est bon que l'enfant se perçoive « unique », il est dangereux de constamment le valoriser. Non, un enfant n'est pas Mozart parce qu'il connaît quelques notes de musique, pas plus qu'il n'est un grand architecte s'il sait assembler quelques pièces de Lego. Valoriser l'image de son enfant par des posters géants affichés dans les pièces principales me paraît disproportionné. D'ailleurs, les enfants « survalorisés » quêtent souvent l'authenticité : dites-moi la vérité de ce que je suis et non ce perpétuel « je suis le plus beau, le plus fort ... ».

Surprotection

Au fil du temps, nous avons assisté à une véritable « sacralisation » de l'enfant. L'enfant est toujours victime de l'adulte ! Il subit les carences affectives qui « déterminent » ses futures névroses selon la psychologie classique et les adultes ne savent pas le respecter dans ses « désirs ». De là à donner raison à l'enfant qui insulte son instituteur ou tout autre adulte qui n'est plus en adoration devant lui, le pas est souvent franchi.

Surstimulation

S'il est louable de donner à son enfant le maximum de choix pour qu'il découvre ses réels talents ou compétences, nous assistons souvent à une véritable « dispersion ». Sollicités de toutes parts, fascinés par les changements, curieux de toujours découvrir, certains enfants deviennent de véritables « enfants orchestre », ils ont touché à tout mais n'excellent en rien.

Bien connaître son enfant, c'est aussi l'aider à reconnaître ses véritables « centres d'intérêt » : est-il « social » « manuel », « conservateur », « entrepreneur », « commercial », « chercheur », « technique » ?

Élever un enfant, c'est lui donner « amour et frustration », plaisir et déplaisir.

Surcommunication

À l'époque où les parents apprenaient que tout était « langage », la communication s'est retrouvée indispensable en famille. Pas question de nier le bien-fondé des échanges entre les parents et les enfants, mais j'assiste de plus en plus à une véritable « logorrhée familiale ». Les parents parlent, parlent et tout est sujet à discussion… Quand les enfants attendent aussi des « actes » surtout lorsqu'il s'agit d'établir des règles de vie avec leurs inévitables conséquences ou sanctions.

Quand parler de « problème éducatif » ?

Un principe de plaisir immédiat

Selon l'âge, l'enfant refuse de s'adapter à l'école, devient vite turbulent, se fait rejeter par ses pairs et les adultes enseignants. À la maison, tout est prétexte à la guerre : refus des routines ou de participer aux petites tâches ménagères, bagarres incessantes avec la fratrie, exigences qui deviennent massives, contestation permanente de toute autorité, volonté d'imposer ses désirs sur tous les aspects du quotidien : achats vestimentaires ou autres, alimentation, heures du coucher, moments de détente, loisirs en général. L'instabilité est reine dans ses engagements, quels qu'ils soient : abandon rapide de toute activité qui se révèle trop difficile, désir de tout tenter, sorte de consommation par impulsion. Pour couronner le tout, une tendance à ne jouir que d'un plaisir immédiat qui deviendra quasiment addictif : jeux vidéo pendant des heures en bas âge, *idem* pour l'Internet lorsqu'ils sont plus âgés et, au final, toutes sortes d'appétences pour les produits comme le cannabis, une quête permanente de paradis artificiels.

Félix est-il heureux ? Félix, 16 ans, consultait depuis plusieurs mois lorsqu'il me fit cette judicieuse « synthèse »...
« J'ai tout compris. J'ai fait des tas de trucs, très tôt, tout seul. Sûr que j'ai pris des risques et ça m'a rendu moins timide. Mais j'ai fait aussi tellement de choses différentes que je ne sais plus très bien où je suis bon. La musique, c'est pareil, j'ai tenté plein d'instruments et puis jamais de solfège, maintenant c'est le jumbé... Et puis l'école, c'est la catastrophe. Je vois des copains qui sont pas si terribles que ça mais qui ont de bons résultats. Moi j'ai jamais eu l'habitude de travailler. On me disait que j'étais doué, mais je faisais qu'écouter un peu en classe, ça suffisait. Les leçons pas apprises, les devoirs bâclés et, petit à petit, la dégringolade, les redoublements. À la maison, c'était "cool", je faisais plein de trucs avec mon père, mais il ne me forçait jamais. On regardait pas mal la télé ensemble. Ma mère essayait d'avoir de l'autorité, mais je savais à qui m'adresser quand je voulais de la liberté. Et puis les heures passées avec les jeux vidéo. On me disait d'arrêter mais je pouvais pas tout seul, comme vous dites, j'ai jamais été frustré. L'autorité chez moi, c'étaient des coups de gueule. Beaucoup d'émotions, pas de punitions. Après la crise, on me laissait peinard devant la télé. Plus ça allait, moins je faisais face à tout ce qui arrivait. On ne m'a jamais appris la réalité. »

L'usurpation du pouvoir

Un enfant qui surconsomme, qui est survalorisé, surprotégé, surstimulé et qui fait constamment l'objet d'une surcommunication baigne dans son « principe de plaisir », et il ne va pas l'abandonner si facilement. Il va, au contraire, tout faire pour jouir des mêmes bénéfices et se rebellera contre toute personne qui voudra le remettre dans la « réalité » ou contre toute autorité qui tentera de le contraindre. Il va peu à peu prendre le pouvoir en famille et tout tenter pour le garder quitte à devenir de plus en plus tyrannique. Il utilisera même parfois quelques comportements « coercitifs » contre l'autorité parentale : colères, menaces, chantages affectifs jusqu'au développement de certaines pathologies.

Qu'est-ce qui contrarie notre autorité ?

Ne pas éduquer à l'émotionnel...

La plupart du temps nous sommes submergés par notre émotionnel dès qu'il s'agit du moindre conflit : mon enfant n'obéit pas tout de suite, je rentre dans une grosse colère, il fait mal ses devoirs à la maison, je suis angoissé, je ne sais plus comment m'y prendre, je me sens impuissant, déprimé.

Nous, parents, avons bien sûr certains « schémas » ou « scénarios » en tête quant au rôle que « doivent » tenir le père ou la mère ; notre propre histoire importe et bien souvent nous tentons, inconsciemment, de ne pas reproduire des attitudes qui nous ont fait souffrir enfant ou décidons de nouveaux comportements que nous estimons valables pour notre progéniture. Mais, très souvent aussi, nous avons des pensées irrationnelles quand il s'agit d'éducation : nous avons de véritables attentes, des demandes, des exigences qui parfois ne tiennent plus du tout compte de la réalité.

Ces pensées automatiques génèrent des émotions le plus souvent inappropriées, trop fortes quand on évalue les situations « déclenchantes ». Ainsi, tel père se met à hurler devant l'opposition de son enfant de 5 ans « parce qu'à son âge on *doit* obéir ! », ne cesse de réprimander, de menacer et oublie bien vite l'enjeu du conflit ; l'enfant se verra gratifier plus tard d'un câlin alors qu'il refusait de goûter tel plat pendant le repas. Tel autre parent entre dans une joute oratoire avec son ado « parce qu'il *devrait* se rendre compte qu'à son âge il travaille à l'école pour son avenir » mais ne tient pas compte de son immaturité, son problème est

Réaffirmer notre autorité de parents, c'est rendre notre enfant moins vulnérable.

justement qu'il n'anticipe pas l'avenir. La réponse parentale adaptée est-elle « il doit être mature ! » ou « comment m'y prendre pour qu'il le soit ? ». Et puis les querelles se terminent par de fausses trêves où l'ado sera de nouveau autorisé à sortir avec les copains le week-end suivant malgré les mauvais résultats scolaires.

D'autres adultes vont angoisser quand il faut devenir exigeant, voire conflictuel avec leur enfant : « Je ne supporte pas son regard à ce moment-là », me confie la maman d'un tout-petit de 2 ans. Reprendre un jouet, cesser les câlins, imposer une sieste sont parfois des moments difficiles, notre enfant est alors dans la frustration, le « déplaisir » et il ne peut que nous regarder négativement. Mais si nous, parents, interprétons cela comme du « désamour » ou de la « dépression », nous risquons fort de devenir a-conflictuels. Mais c'est bien nous qui pensons que l'enfant est « mal » ou qui ne supportons pas « qu'il ne nous aime pas à ce moment-là ».

Voir notre enfant dans cet état nous replonge bien vite dans notre propre vécu d'enfant et, sans faire une longue recherche sur le divan, il est bon de se souvenir de notre passé sans le confondre avec la réalité éducative actuelle. Nous n'avons pas forcément besoin de « psy » pour reprendre notre histoire. Et si notre enfance a pu être difficile ou douloureuse, cessons de croire que l'actualité de nos enfants est la même; les acteurs et les contextes sont différents, sachons relativiser !

Un enfant refuse souvent les exigences de l'éducation avec ses contraintes et ses frustrations : pas question d'amour, d'affects et de « relation » avec les parents à ce moment-là mais d'acceptation des contraintes, du principe de réalité. Redevenir « zen » pour un parent, c'est être rationnel : bien comprendre qu'éduquer, c'est « amour et frustration », donc plaisir et déplaisir pour l'enfant.

Ne pas éduquer « permissif » !

Nous pouvons tous devenir des parents permissifs sans l'avoir vraiment voulu. Je reprends une fois de plus la classique définition du dictionnaire : la permissivité se caractérise par l'absence de règles et de sanctions.

ÉVALUEZ-VOUS : ÊTES-VOUS TROP PERMISSIF ?

Encerclez le chiffre correspondant à la fréquence de vos comportements :
1 = jamais ; 2 = rarement ; 3 = souvent ; 4 = la plupart du temps.

1. Demandez-vous des tâches « ménagères » quotidiennes à l'enfant ?	1	2	3	4
2. S'il refuse ce qu'on lui demande, y a-t-il des conséquences ?	1	2	3	4
3. Établissez-vous une heure de « coucher » (selon l'âge) ?	1	2	3	4
4. Les heures de repas sont-elles habituelles ?	1	2	3	4
5. Le « lever » a-t-il lieu à heure régulière ?	1	2	3	4
6. Existe-t-il un système d'argent de poche ?	1	2	3	4
7. Certains loisirs sont-ils envisagés comme récompenses ? (Telle sortie au cinéma est liée à tel comportement familial ou scolaire.)	1	2	3	4
8. Répondez-vous positivement à des demandes d'achats spontanées (dans une « grande surface », en ville, besoin urgent d'argent, etc.) ?	1	2	3	4
9. Gérez-vous avec l'enfant les sommes d'argent acquises (par exemple, argent remis par la famille au moment des fêtes) ?	1	2	3	4
10. Votre enfant s'inscrit-il dans une activité de loisir pour plus d'un an ?	1	2	3	4
11. Existe-t-il des règles pour les « sorties » ?	1	2	3	4
12. Les règles de « sorties » sont-elles négociées à l'avance ?	1	2	3	4
13. Vérifiez-vous le travail scolaire fourni au moins une fois par semaine ?	1	2	3	4
14. Contactez-vous les enseignants dès qu'il y a des doutes quant au travail effectué ?	1	2	3	4
15. Appliquez-vous des conséquences devant un refus obstiné de travail ?	1	2	3	4

16. Intervenez-vous s'il manifeste des comportements « hors norme » (pas question de refuser toute originalité, surtout s'il s'agit d'un enfant, mais nous entendons par « hors norme », les comportements qui sortent réellement de l'ordinaire : cheveux teints style « punk », garder un anorak dans un living-room surchauffé, porter la « casquette » en mangeant, etc.) ?	1	2	3	4
17. Exigez-vous de lui une hygiène corporelle quotidienne ?	1	2	3	4
18. Obtenez-vous un rangement hebdomadaire de ses affaires ?	1	2	3	4
19. Décidez-vous du temps passé aux jeux vidéo ou sur le net ?	1	2	3	4
20. Lui refusez-vous de regarder certaines émissions de télévision ?	1	2	3	4
21. L'obligez-vous à lire régulièrement ?	1	2	3	4
22. Exigez-vous un « temps de scolarité » chaque soir à la maison ?	1	2	3	4
23. Doit-il faire des activités sportives ?	1	2	3	4
24. Vous donne-t-il les coordonnées de ses amis s'il est invité ?	1	2	3	4
25. Vous sentez-vous « détendu » dans votre vie quotidienne avec lui ?	1	2	3	4

Résultats

Si le total de vos points est inférieur à 60, il existe sans doute un lien entre votre permissivité et l'intolérance à la frustration de votre enfant.

Nous savons tous qu'il faut des règles de vie pour nos enfants, mais nous avons souvent du mal à les ériger en habitudes : une « exigence éducative » se doit d'être répétée sans cesse, l'enfant n'a aucun intérêt à l'appliquer puisque la plupart du temps elle va diminuer son principe de plaisir. Redéfinir la « loi familiale » et sanctionner si notre enfant ne cesse de la transgresser. Cela n'est pas contradictoire avec une volonté positive d'expliquer la « loi », mais il y a un moment où parler ne suffit plus, souvenons-nous des radars sur les routes… La permissivité éducative naît le plus souvent d'une absence d'autorité pour entériner les règles familiales. Comme si les parents « permettaient » une fois encore à l'enfant d'enfreindre la règle établie.

Les bases d'une « bonne éducation » : amour et… frustration

Du bon sens…

« Faut exiger, frustrer, faire preuve d'autorité avec les enfants, mais c'est facile à dire… vous savez bien, il y a tellement de choses qu'on ne maîtrise pas ! », me disent certains parents. Je suis d'accord avec eux, je suis aussi un père. S'il est aisé de stimuler, de « positiver » son enfant, de participer à des activités de loisirs et de communiquer avec lui, savoir être « exigeant » est une tout autre affaire ! Pourtant, l'éducation devient moins difficile quand nous retrouvons un réel « bon sens ».

Mon enfant ne lit pas ; est-ce qu'il nous voit souvent, nous les parents, avec un livre à la main ? *Idem* pour une progéniture peu sportive ; quand bougeons-nous notre corps ? Et puis est-ce si facile d'accepter les contraintes de l'école quand on a déjà consommé de la télévision au petit déjeuner ? Peut-on « manger de tout » quand on nous donne un repas « à la carte » à chaque repas ? Peut-on fixer son attention sur un devoir lorsqu'on passe son temps à « zapper » les chaînes TV, les jeux vidéo, les sites sur le net ?

Comment renforcer la tolérance aux frustrations de nos enfants ?

• Ne pas passer son temps à le frustrer ! Il est bon d'équilibrer les moments de vie « frustrants » avec les plus plaisants.

Des exigences parentales sans dialogue, sans « faire avec », sans reconnaissance de la valeur de l'enfant seront vécues comme « castrantes ».

• Savoir « frustrer », c'est inclure des moments « déplaisants » dans toute activité : laver son maillot de bain après la piscine, nettoyer son vélo après le VTT, ranger ses affaires après avoir joué, etc.

• Savoir « frustrer », c'est donner des habitudes à son enfant : des rythmes quotidiens pour les devoirs ou leçons à la maison dès le plus jeune âge, des routines d'aide à la maison pour les courses, les repas, l'alimentation des animaux, etc.

• Savoir « frustrer », c'est redonner à son enfant, à certains moments, son statut d'enfant : le mettre à l'écart de certaines activités ou habitudes adultes (émissions de télévision, sorties, loisirs réservés aux parents, conversations entre adultes, etc.).

• Savoir « frustrer », c'est exiger que son enfant termine une activité de loisirs choisie et non le laisser abandonner dès qu'il n'y prend plus plaisir. Lui éviter de papillonner.

• Savoir « frustrer », c'est lui imposer parfois des activités ou routines qu'il n'a pas envie de faire : hygiène de vie, pratique de certains sports, lecture, etc.

• Savoir « frustrer », c'est aussi sanctionner quand les transgressions sont répétitives : donner des conséquences « réalistes » et non des punitions émotionnelles disproportionnées (pas de télévision le soir même si le travail scolaire est mal fait et non suppression de 3 mois d'argent de poche pour une mauvaise note en maths…).

• Savoir « frustrer », c'est accepter de voir son enfant « malheureux » quand vous exigez un effort ou refusez une demande : il ne manifestera jamais aucune joie quand vous faites preuve d'autorité puisqu'il est… « frustré » !

Et si vous n'y arrivez » pas tout seul…

• S'adresser à un professionnel de la santé, psychologue ou pédopsychiatre membre de l'Association française de thérapie cognitive et comportementale.

• S'adresser à un centre de « remédiation cognitive et éducative » comme l'Institut français de thérapie cognitive de Caen, site Internet : www.institut-ret.com.

Conclusion

Depuis la fin du XXe siècle, la « psychologisation » de l'enfant l'a emporté sur son éducation. Nous l'avons vu, il est possible de trouver une harmonie entre l'expression de la singularité de notre enfant et la nécessaire acquisition d'habitudes, de tolérance aux frustrations. Éduquer est bel et bien un « métier » et vous trouverez assurément plus de bons conseils dans l'*Émile* de J.-J. Rousseau que chez Françoise Dolto ! Rendre notre enfant moins vulnérable devant les aléas de la réalité, c'est savoir retrouver une juste autorité, celle de l'adulte qui sait apporter plaisir et exigences quotidiennes... « Qui aime bien, frustre bien ! »

Pour en savoir plus sur l'éducation des enfants, reportez-vous page 251.

15

Luis Vera

Aider l'enfant timide

Comment aider un enfant à se sentir acteur de sa vie sociale ? Comment l'aider à développer le sentiment qu'il est légitime et souhaitable qu'il apprenne à dire non ? Comment l'aider à regarder l'autre sans le filtre de la peur et de l'anxiété ? Comment l'aider à développer des conduites sociales qui renforceront sa confiance en lui-même ? Comment l'aider à prendre conscience que sa vie sociale dépend de la mobilisation de ses habiletés ? Comment l'aider à éviter les agressions injustifiées ? Toutes ces questions sont au cœur de la timidité. Des attitudes d'encouragement, de renforcement des conduites sociales sont à adopter. Des moyens concrets s'inscrivant dans le quotidien de l'enfant timide existent pour l'aider à profiter au mieux des échanges, du partage avec les autres.

Qu'est-ce qu'un enfant timide ?

L'enfant timide refuse d'entrer en contact avec les autres, même encouragé par ses parents. Si cette réaction cède au bout de quelques minutes ou dans les heures qui suivent, il s'agit d'une réaction normale. En revanche, l'enfant qui réagit systématiquement avec anxiété et honte aux situations sociales et a une tendance à éviter les contacts est victime de timidité pathologique. Son refus de communication est global : il répond à peine aux questions, ne regarde pas son interlocuteur et ne prend pas d'initiative dans les jeux ou le partage d'activités. Sur le plan comportemental, ses contacts, ses échanges avec les autres enfants et, la plupart du temps, aussi, avec les adultes sont marqués par l'inhibition, par la soumission, par le renoncement à exprimer ses envies et ses désirs. L'apprentissage des règles qui déterminent ses relations avec autrui, de l'adulte aux camarades de même âge, privilégie le droit des autres. L'enfant timide assiste à la vie sociale en tant que spectateur des exigences et des projets des autres. Ses attentes, ses capacités à contraindre, à séduire, à résister parfois à la maltraitance de l'autre ne s'expriment pas par peur de la réaction d'autrui.

Comprendre la timidité

La peur d'être jugé par les autres est cause de la timidité

La peur des autres, de l'opinion des autres est une émotion qui accompagne la plupart des comportements sociaux; elle stimule et dynamise. Cependant, chez l'enfant timide, la peur de l'autre est trop intense, elle est une source de souffrance psychologique, elle inhibe le comportement social et empêche l'accès à des situations sociales où il pourrait s'exprimer et assumer agréablement les échanges, plus précisément le plaisir relationnel laisse place à la crainte relationnelle. De plus, l'anxiété sociale structure une image de soi défaillante : on se voit inadapté dans des situations sociales. L'enfant timide sait qu'il déçoit les autres avec son incapacité à entrer en contact avec eux et il en souffre énormément, mais l'anxiété le paralyse. L'enfant timide face aux inconnus réagira systématiquement avec angoisse. Cependant, il pourra s'habituer à certaines personnes de son âge et aura donc quelques amis. Il n'est pas totalement isolé.

La crainte d'échouer

On la retrouve dès qu'il s'agit de montrer ses capacités devant une ou plusieurs personnes. Ce sont les situations d'examen, d'exposé, de récitation ou de contrôle que l'enfant va tenter d'éviter, ou bien il va les affronter avec une très forte peur de ne pas être à la hauteur. L'approche des situations anxiogènes (faire un exposé, répondre à une interrogation orale, assister à certains cours où le professeur demande une participation active, passer un examen écrit, etc.) favorise pour la plupart des jeunes timides une appréhension excessive.

La peur des autres

L'inquiétude est déclenchée en situation interindividuelle : peur de rencontrer les autres, de ne pas savoir quoi dire en société, crainte de perdre ses amis mais incapacité à leur montrer des signes d'intérêt ; peur d'être ridicule, de ne pas être intéressant. Il va développer des conduites d'*évitement* : ne pas aller à l'école, tomber malade, refuser les invitations…

EXEMPLES DE COGNITIONS NÉGATIVES

Les cognitions négatives engendrées par l'angoisse que l'on rencontre le plus fréquemment chez l'enfant timide sont les suivantes :

- « Je suis nul(le). »
- « Je n'y arriverai jamais. »
- « Ils vont penser que je suis inintéressant(e)… »

La difficulté à s'affirmer devant les autres

L'enfant timide n'est pas spontané.

Les échanges sociaux contribuent largement au développement émotionnel. La richesse des échanges affectifs et la prise de conscience du ressenti renforceront la bonne gestion émotionnelle. L'association anxiété et inhibition comportementale devient toxique. L'enfant va avoir du mal à s'affirmer face aux autres, à se défendre ou à réagir, il aura des difficultés à exprimer ses sentiments et ses émotions. Il n'est pas spontané : toute conduite sociale passera à travers le filtre inhibiteur de l'angoisse. Parfois la difficulté à exprimer ses émotions peut aboutir à l'inaptitude à identifier ce qu'il ressent, à lire les émotions et à les gérer. L'enfant timide n'arrive plus à savoir ce qu'il veut. On l'entendra souvent dire : « Oui, d'accord… comme tu veux, pas de problème ! »

Une attention sur soi excessive

Certains *stimuli* présents dans l'environnement, tels que la présence d'un public ou d'un observateur, une stimulation physique ou l'expérience d'un contact visuel, ont pour effet de diriger les mécanismes de l'attention sur soi. L'enfant va être attentif à ses émotions, à ses cognitions, à ses comportements. Cet état de conscience de soi lui permet de se percevoir en interaction, de se confronter à autrui et de développer des connaissances sur lui-même, sur ses tendances personnelles et sur ses émotions. Chez l'enfant timide, l'attention excessive portée à soi-même devient inhibitrice du comportement : l'enfant ne peut agir d'une manière détendue lorsqu'il est conscient de lui-même, car son point de vue est posé en fonction de l'évaluation, du jugement, de la critique d'autrui. Les *stimuli* inducteurs (les autres) d'un état de conscience de soi sont devenus des *stimuli* générateurs d'anxiété. L'attention portée sur soi-même et l'attention portée sur le monde extérieur sont deux états qui alternent avec plus ou moins d'harmonie.

L'une des premières conséquences de l'hyperconscience de soi sur le fonctionnement cognitif de l'enfant est la structuration de la connaissance de soi en fonction des éléments de jugement chargés d'anxiété. Les distorsions cognitives concernant les compétences sociales sont nombreuses. D'autre part, une telle centration sur soi aura des conséquences sur les apprentissages sociaux. Nos capacités symboliques nous permettent l'acquisition d'un grand nombre de comportements sans qu'ils aient une traduction immédiate sur le plan moteur. La distinction entre acquisition et performance d'un comportement doit être faite. En effet, un comportement peut être appris par observation ou modelage sans l'adopter forcément. Lorsqu'on s'intéresse aux problèmes de timidité, cette distinction est tout à fait utile : elle permet de distinguer les enfants qui présentent un défaut d'apprentissage des habiletés sociales de ceux qui, les ayant apprises, ne parviennent pas à les adopter. Les manifestations comportementales de leur inhibition seront similaires, mais elles ne sont pas de même nature : le déficit d'acquisition des habiletés est différent du déficit de la performance des compétences sociales. Ce dernier semble être déterminé et renforcé par des manifestations anxieuses inhibitrices du comportement. La conscience de soi et l'hypersensibilité à l'opinion d'autrui peuvent entraver le développement des capacités d'affirmation de soi.

Pourquoi devient-on timide ?

Les processus d'attention que l'être humain porte à lui-même ont fait l'objet de nombreux travaux expérimentaux.

L'attention centrée sur soi impliquerait deux réactions en succession fixe. La première est une évaluation que la personne effectue entre le « soi actuel » et le « soi idéal » représentée par une norme de comparaison. Dans le cas où il existe un écart négatif entre le soi actuel et le soi idéal (échouer dans un sport, par exemple), la personne aura tendance à modifier l'élément le plus flexible : son comportement (ne plus faire de sport), son attitude (se donner plus de temps pour apprendre), son standard de comparaison (diversification des personnes auxquelles la comparaison est faite).

On distingue les aspects privés et les aspects publics de l'état de conscience de soi. Les aspects privés de la conscience de soi comprennent les données qui ne peuvent être appréhendées de manière directe par autrui (événements sensoriels et modifications corporelles internes de différents systèmes de l'organisme). Il existe également des états internes tels que l'accomplissement de soi ou les sentiments d'implication personnelle. Quant aux aspects publics de la conscience de soi, ils peuvent être perçus par l'entourage (apparence extérieure, style personnel, manière de parler et d'agir en situation sociale, composantes expressives). Les aspects privés et publics de la conscience de soi constituent des ensembles d'informations dont l'enfant peut disposer à propos de sa propre personne. Lorsqu'un sujet centre son attention sur lui, il s'autoévalue, il compare sa conduite actuelle à ses aspirations et en est généralement insatisfait. Il en découle alors un sentiment négatif qui peut entraîner deux types de réactions :

- l'évitement des *stimuli* qui orientent l'attention sur soi afin d'éliminer cet affect pénible ;
- le sujet fait des efforts pour que sa conduite se rapproche de ses aspirations (correspondant à la tentative de diminuer l'écart existant si l'évitement de l'état d'attention sur soi n'est pas possible). Il existe des différences individuelles dans la tendance à se focaliser sur soi. Certaines personnes ruminent constamment leur conduite et leur apparence, alors que d'autres personnes ne s'en préoccupent guère. L'intensité pathologique de la peur de l'autre débute souvent à l'enfance. L'enfant attache une importance parti-

culière à la présentation de son corps (conscience de soi publique très forte). Le jeune qui a une conscience de soi publique élevée se demande comment sa conduite est interprétée par les autres, ou bien si les autres étaient préoccupés par sa conduite.

La peur des autres est également une intense conscience de soi-même en tant qu'objet social, mais cette conscience est si intense qu'elle va conduire à un sentiment de malaise. Ainsi les personnes qui ont une conscience de soi publique très élevée ont tendance à être mal à l'aise en présence des autres, mais ce n'est pas toujours le cas. Par contre, celles qui sont socialement anxieuses ont toujours une conscience de soi publique élevée. L'anxiété sociale entraîne toujours un malaise relationnel. La conscience de soi est la mesure dans laquelle le soi en tant qu'objet prédomine dans la pensée. Le soi, lorsqu'il est problématique, est au premier plan de l'attention. En revanche, lorsqu'un enfant se sent bien tel qu'il est, son comportement est spontané et sans conscience de soi. La représentation de soi, la conscience de soi sont des concepts contribuant au développement psychosocial normal. Ainsi, la conscience de soi publique et privée renvoie à un processus d'attention centrée sur soi alors que l'anxiété émerge comme une réaction à ce processus. Le passage vers la timidité permanente semble se situer au niveau de l'intensité de la conscience de soi publique. Par exemple, des sujets ayant un niveau élevé de conscience de soi publique réagissent plus intensément au rejet par un groupe de pairs. La conscience de soi se distingue de l'auto-observation. Cette dernière est faite de façon ponctuelle et contribue à la connaissance de soi.

L'anxiété sociale entraîne toujours un malaise relationnel.

L'audience imaginaire

L'enfant âgé entre 7 et 10 ans est capable d'imaginer ce que les autres pensent de lui. Certains enfants, pour plusieurs raisons, pensent que les autres sont préoccupés par leur conduite et leur apparence dans les situations sociales ; ils vont croire que les autres les observent et vont donc se comporter sans cesse comme s'ils étaient sous le regard d'autrui alors qu'ils ne sont pas le centre de l'attention. Ainsi, les sujets réagissent à une audience imaginaire.

Comment aider l'enfant timide ?

L'aider à identifier ses sensations de peur

On demande à l'enfant de décrire les sensations physiques qui lui permettent de comprendre qu'il se sent anxieux : tachycardie (cœur qui bat vite), mains moites, sensation de « boule dans la gorge », diarrhée, tremblements, vertiges, « trous noirs »... Pour cela, on établit une liste avec son aide. Puis, on l'encourage à affronter les situations sociales qui l'angoissent en lui expliquant que sa peur diminuera au bout d'un certain temps (en général entre 60 et 90 minutes). La constatation de diminution des symptômes pourra être utilisée comme un facteur de motivation pour l'aider à s'engager dans des activités sociales (sport, danse, fêtes d'anniversaire...).

Développer une meilleure image de soi

La qualité relationnelle et l'image de soi sont étroitement liées : l'anxiété relationnelle et le sentiment d'inadéquation sociale seraient renforcés par une faible estime de soi. C'est-à-dire que l'enfant évalue les conséquences de ses actes, ses capacités, ses compétences et ses comportements en fonction du degré d'acceptation ou d'estime qu'il a envers lui-même. Ainsi, il est supposé que quelqu'un qui s'estime peu va souffrir d'un sentiment d'incapacité, d'infériorité, il se sentira inapte à faire face au stress suscité par les événements de la vie.

L'image de soi, l'idée que l'enfant se fait de lui-même se construit au fil des années et n'est jamais acquise. L'enfant commence à se voir dans le regard que portent sur lui les personnes qu'il juge importantes dans sa vie. Il se sert des paroles que ces personnes lui adressent et des gestes qu'elles ont à son égard pour se connaître lui-même. Ses parents ont donc un rôle primordial dans le développement de l'estime de soi de l'enfant dès le plus jeune âge et pendant toute la vie de l'enfant car l'estime de soi est un processus en transformation permanente. L'opinion que l'enfant a de lui-même implique un savoir sur la valeur qu'il s'attribue, d'où l'importance pour les parents de transmettre des messages positifs et valorisants (féliciter l'enfant quand il a une bonne note en mettant l'accent sur la réussite due à un effort personnel).

Beaucoup de parents ont tendance à mettre l'accent sur ce qui ne va pas, sur ce qui cloche. Faire passer des messages en commençant par « je » au lieu de « tu » permet de mieux partager ses sentiments et d'éviter la dispute et les malentendus. Cela est valable pour tous les points abordés par la suite (image du corps, comparaison aux autres...). Il faut montrer à l'enfant qu'il est quelqu'un d'important et d'appréciable. Une appréciation des qualités d'un enfant peut être d'ordre général (« Tu es très intelligent ») ou porter sur un point précis (« J'ai beaucoup aimé ta façon polie de répondre »).

Il faut montrer à l'enfant qu'il est quelqu'un d'important et d'appréciable.

Valoriser l'image du corps dès le plus jeune âge

L'enfant de 3 à 5 ans prend connaissance du soi par énumération des différentes parties du corps, des traits physiques et des attributs vestimentaires. Le développement d'une image négative de son corps contribue à la timidité. N'hésitez donc pas à le valoriser sur son image. À cette même période, l'enfant décrit aussi ses aptitudes physiques (force, adresse...), l'état d'intégrité du corps (maladies, blessures, fatigue...). Il est donc aussi nécessaire de le valoriser sur ces points précis et de le rassurer sur ses compétences physiques. La connaissance de soi à cet âge se manifeste par la description des actions faisant référence à ses compétences : il se valorisera ou se dévalorisera. Dévalorisé, il ne cherchera pas la compagnie des autres.

Le développement d'une image négative de son corps contribue à la timidité de l'enfant.

Encourager ses relations avec les autres

Après l'âge de 5 ans, il est capable de décrire la nature des liens affectifs qui existent entre lui-même et les autres personnes : valorisation ou dévalorisation de soi sont exprimées par rapport aux attitudes externes (comportements d'acceptation ou de rejet), puis plus tard elles sont exprimées par rapport aux états internes d'autrui (« Il/elle ne m'aime pas »). L'aider à comprendre les intentions des autres enfants en faisant des hypothèses sur les causes probables de certaines conduites renforcera sa perception de l'autre comme étant une source de plaisir relationnel. Ils peuvent décrire leurs attitudes relationnelles face à une situation précise.

Marie, 10 ans : « Je deviens agressive et insolente quand mes parents me font des reproches devant mon frère aîné. » Et : « Il m'est impossible de réciter une poésie devant la classe en faisant des gestes, je me trouve ridicule. »

L'aider à comprendre et valoriser sa personnalité

Entre 6 et 13 ans, les enfants ont accès à la connaissance de leur personnalité : ils savent reconnaître leurs sentiments vis-à-vis d'une personne.

Frédéric, 8 ans, décrit ses sentiments ambivalents : « J'aime bien la jeune fille qui s'occupe de nous mais je la déteste quand elle raconte à maman que je ne voulais pas me coucher parce que j'avais peur. Je voudrais qu'elle parte de la maison, mais je l'aime bien. Un soir elle est sortie et, pour la punir, j'ai bloqué la porte d'entrée. Elle a été obligée de sonner et a réveillé mes parents. »

Les sentiments renvoient un jugement sur soi-même. L'aider à ne pas se sentir coupable des sentiments négatifs qu'il éprouve envers certaines personnes renforce la perception de soi comme étant légitime dans ce qu'il ressent. Il ne cherchera pas à occulter ses sentiments.

L'aider à identifier ses émotions quand il est en groupe

Il peut préciser ses tendances émotionnelles et les capacités de contrôle dont il dispose. Ces contenus psychologiques ne sont pas les mêmes pour les enfants de 7-8 ans et les plus âgés : les premiers font référence à leurs peurs et les seconds aux sentiments de peine, chagrin, joie. Entre 8 et 9 ans, ils peuvent différencier l'accidentel de l'intentionnel. L'enfant tient compte des intentions et des motivations des autres et les considère comme la cause directe de certaines situations le concernant.

« Je suis sûr que Jacques voulait se moquer de moi car il a attendu qu'il y ait d'autres copains pour me dire qu'il m'avait vu pleurer dans la rue en allant à l'école. Il est mon copain, mais il n'est pas très gentil. »

Entraîner sa mémoire épisodique

Nous avons vu l'importance de valoriser l'enfant au quotidien, mais parler de ce qu'il a fait dans le passé, de ses attitudes quand il était plus jeune est un moyen de renforcer sa mémoire des événements agréables. Cela lui permet de faire le lien entre les attitudes positives d'avant et celles du présent : il a son histoire, qui ne comporte pas que des événements négatifs. « Quand tu avais 4 ans, tu faisais des châteaux de sable magnifiques. Les autres enfants voulaient souvent venir jouer avec toi sur la plage. » Cultiver la mémoire épisodique est essentiel dans l'entretien d'une bonne image de soi.

Lui apprendre à écouter

Apprendre à écouter ce qui est dit par l'autre est essentiel pour le maintien d'une discussion. Chez l'enfant timide, l'écoute est très souvent perturbée par la peur de la critique, la tendance à s'imaginer ce que l'autre pense et attend comme comportement. Il tente de calquer son comportement sur ce qu'il pense qu'on attend de lui. Le but est de permettre à l'enfant timide de devenir plus actif lors d'une conversation, de ne pas montrer de signes d'anxiété, de contrôler les idées négatives déclenchées par cette anxiété et de susciter l'empathie de l'écoute.

Pour cela, vous pouvez raconter à votre enfant un résumé d'un film et vos sentiments en rapport à ce film. On demande ensuite à l'enfant de restituer le discours. Très souvent, seuls les faits en rapport avec le film seront retenus, vos émotions ne seront pas restituées. On recommence alors une deuxième fois en expliquant à l'enfant de bien écouter et de faire attention à ce que vous avez ressenti. Ce deuxième essai est alors plus réussi.

L'IMPORTANCE DU REGARD

L'enfant timide a tendance à éviter le plus possible de croiser le regard de son interlocuteur. Le regard est fuyant et témoigne de son anxiété sociale. Vous pouvez alors demander à l'enfant de soutenir le regard direct quelques secondes en début de phrase (de l'autre ou de lui-même) puis de regarder une autre partie du visage et reprendre le contact visuel en fin de phrase. Il peut alors garder un mouvement dynamique du regard.

L'autoriser à avoir un look

La façon de s'habiller permet à l'enfant d'appartenir à un groupe, ce qui aide à le valoriser, le renarcissiser. L'apparence devient alors pour l'enfant une façon de communiquer avec les autres. De plus, le look vestimentaire permet de cacher les démonstrations anxieuses lors de conversations (rougissement, tremblements...).

En conclusion

L'enfant timide éprouve un sentiment d'inadéquation sociale, d'insatisfaction d'être ce qu'il est (remise en cause de sa propre valeur) et enfin l'impression que les autres sont « meilleurs ». De plus le sentiment d'infériorité, de ne pas être comme les autres et d'être exclu par conséquent est omniprésent. L'enfant timide qui ne sait pas dire non est en danger permanent d'agression car il ne saura pas se défendre. Il est indispensable de développer la croyance qu'il a les mêmes droits que les autres.

Pour en savoir plus sur l'enfant timide, reportez-vous page 251.

Rassurer l'enfant inquiet

16

Dr Dominique Servant

On pense généralement que l'enfance est la période de l'insouciance. Si c'est vrai pour certains enfants, pour d'autres les inquiétudes prennent une place importante qui leur est préjudiciable. Face à certains petits signes récurrents, les parents ne savent pas comment faire, il existe pourtant des moyens pour mieux comprendre et aider son enfant inquiet à s'épanouir.

Comment reconnaît-on un enfant inquiet ?

L'enfant inquiet redoute ce que tout le monde redoute : des événements graves comme un accident, une maladie qui le touche lui ou sa famille. Mais il redoute aussi des événements peu probables (catastrophe, guerre, actes terroristes…) et il a des craintes plus mineures, comme arriver en retard, rater une évaluation, se faire gronder. Le problème est avant tout de le reconnaître, car l'enfant ne dira pas : « Maman, papa, je suis anxieux. » Il le ressent, mais il lui est parfois difficile de le traduire en mots. Si on prête plus d'attention et que l'on dialogue avec lui, on s'aperçoit qu'il exprime des inquiétudes face auxquelles les parents sont souvent démunis, car il n'y a pas forcément de réponse logique à donner. Que répondre quand votre enfant vous dit : « Maman tu ne vas pas mourir ? », « Des voleurs ne vont pas venir dans la maison ? » ou « Je ne sais plus rien je vais tout rater » ?

Ce qu'il exprime

Ce qui étonne souvent les parents et l'entourage, c'est qu'un enfant aussi jeune soit préoccupé par des problèmes qui inquiètent plus généralement les adultes. Comment un enfant peut-il être préoccupé par le chômage, la peur de manquer d'argent, la maladie, les accidents, alors que ce ne sont pas des menaces qui touchent actuellement la vie de la famille.

Ce qui frappe aussi, c'est qu'il est bien difficile de le rassurer lorsque nous lui répondons : « Mais non ne t'en fais pas. » En effet, la réassurance des parents n'a pas beaucoup d'effet ou tout du moins un effet qui ne dure pas.

Qu'est-ce qui peut inquiéter l'enfant ?

Le tout petit enfant a des peurs comme celles de l'inconnu, des monstres, du noir ou de la séparation, qui marquent son développement psychologique. Mais c'est vers 6-7 ans que des inquiétudes apparaissent en relation avec les dangers et les stress de la vie. Ces inquiétudes sont liées aux différents âges de vie mais aussi aux exigences que l'enfant se fixe lui-même, en fonction de ses besoins et de sa personnalité.

Lorsque l'école est source d'inquiétude

L'école est le théâtre principal de la vie de l'enfant, et ses inquiétudes sont de nature variée. Les plus fréquentes concernent les compétences scolaires : l'enfant craint de perdre ses moyens, de ne pas savoir ses leçons, de se faire gronder par la maîtresse, le maître ou le professeur. Elles touchent tous les enfants inquiets : ceux qui réussissent et ceux qui ont plus de difficultés.

Si l'enfant présente des difficultés, il peut se sentir dévalorisé et ressentir une gêne parce qu'il ne réussit pas comme les autres.

Plus surprenant est l'enfant bon élève qui se met une pression très forte. Alors qu'il réussit toujours bien, il doute de ses capacités. L'enfant connaît ses leçons par cœur et réussit tous les exercices à la maison, mais il perd ses moyens lors d'une évaluation ou d'une épreuve. À chaque évaluation c'est un peu comme s'il remettait tout en jeu. « Il n'a pas assez confiance en lui », disent souvent les professeurs. L'exigence a des avantages et tous les enfants qui réussissent sont un peu angoissés, mais parfois l'inquiétude et la pression sont telles que l'enfant perd ses moyens et que les résultats peuvent ne pas être à la hauteur de son niveau réel.

Certaines situations sont encore plus déstabilisantes pour les parents : lorsque l'enfant a peur de l'école. Certains enfants ont une appréhension lors de chaque rentrée ou après une période de vacances. Ils redoutent de retourner à l'école sans que l'on comprenne la véritable raison. Le plus souvent cela passe après le jour de la rentrée. D'autres ont plus de mal à s'adapter aux changements et c'est peut-être cela qui les inquiète plus qu'un véritable danger. Ils se sentent moins en sécurité à l'école, qui, pour certains enfants, peut être une source de pression.

Dans d'autres cas, les inquiétudes sont beaucoup plus gênantes. C'est ce que l'on appelle la phobie scolaire ou le refus scolaire anxieux. Il touche certains enfants inquiets mais aussi des enfants qui n'ont pas un tempérament anxieux. Le début est assez insidieux : un matin, l'enfant est malade et il ne va pas à l'école. Les absences se répètent, on ne trouve aucun problème médical. L'enfant appréhende dès le matin d'aller en classe. On sent qu'il n'est pas bien, il peut même vomir et quand il arrive devant l'école à contrecœur, c'est la crise d'angoisse. S'il parvient de lui-même à entrer ou s'il est un peu contraint et forcé, il n'est pas rare qu'on vous appelle de l'école pour venir le chercher. Parfois, l'enfant ne peut plus y aller et il devient impossible de le forcer. Ce trouble anxieux doit être rapidement pris en charge avant d'évoluer vers des formes extrêmes de déscolarisation prolongée.

Les inquiétudes des dangers pour lui et sa famille

L'enfant amplifie les dangers que nous redoutons tous. Par exemple, s'il a entendu parler de la maladie de la vache folle, il sera inquiet si on sert un steak à table. On retrouve les inquiétudes de beaucoup d'adultes anxieux et on peut dire également que les risques existent. Les images vues à la télévision comme des attentats, des accidents et des catastrophes réactivent une anxiété. Cela est bien compréhensible, c'est un sentiment partagé par beaucoup, mais le problème intervient lorsque les inquiétudes s'imposent à l'enfant et lorsqu'il ne peut mettre sa crainte à distance : le raisonnement n'est pas suffisant pour l'apaiser. Les inquiétudes ne répondent pas à la logique.

L'enfant amplifie les dangers que nous redoutons tous.

L'enfant s'inquiète naturellement de tout ce qui touche sa famille, qui représente sa base de sécurité. Il s'inquiète de la santé, de l'avenir de ses parents et de toute la famille. Pour l'enfant anxieux, le moindre signe de danger réel est amplifié. Si sa grand-mère est fatiguée ou se plaint de douleurs, l'enfant peut se dire : « Ma grand-mère est malade j'espère qu'elle ne va pas aller à l'hôpital comme la dernière fois. » L'enfant raisonne et comprend bien les dangers mais il a du mal à s'en détacher, il envisage tout de suite le pire. On est surpris de constater que l'enfant a perçu des bribes de conversation et a enregistré une phrase qu'il interprète comme un danger.

DES PHRASES QUI PEUVENT FAIRE PEUR

Des paroles comme : « Ça va être dur le mois prochain », « J'espère que l'on ne va pas devoir déménager » ou encore : « Je ne sais pas ce que j'ai, j'ai tout le temps mal au ventre, il faut que j'aille voir un docteur » peuvent être interprétées par l'enfant comme la certitude d'un véritable danger.
Les mots prononcés quand on est anxieux pour se rassurer peuvent avoir un impact important sur l'enfant inquiet.

Une autre inquiétude fréquente est celle d'être séparé de la famille. Ce sentiment est bien normal et traduit ce que l'on appelle l'angoisse de séparation, qui concerne à des degrés variables tous les enfants. Elle traduit les mécanismes d'attachement qui unissent l'enfant à sa mère, à son environnement, et qui lui permettent d'acquérir peu à peu sa propre autonomie.
Dans le cas de l'enfant inquiet, non seulement celui-ci ne supporte pas une séparation réelle d'un parent qui, par exemple, doit partir en déplacement ou être hospitalisé, ce qui est normal, mais il amplifie très fortement des situations de séparation temporaire. Alors qu'il sait qu'il va retrouver sa mère le soir, il s'accroche à elle quand elle le dépose à l'école. Il ne peut la quitter physiquement. La séparation déclenche en lui l'impression qu'elle va l'abandonner, qu'il va lui arriver quelque chose et qu'elle ne reviendra jamais.

Repérer les signes d'inquiétude chez l'enfant

Souvent les premiers signes ne se repèrent pas dans les paroles de l'enfant mais dans ce qu'il ressent. Ces petits signes peuvent passer inaperçus et évoluer sans faire de bruit. Mais ils peuvent représenter une gêne à l'école et dans les activités quotidiennes.

Les signes physiques qui alertent

Les signes physiques sont les plus fréquents mais, attention, ils ne sont pas du tout spécifiques, c'est-à-dire qu'un enfant qui a mal à la tête ou au ventre n'est pas forcément un enfant inquiet, car les enfants expriment souvent leur mal-être par le corps. Lorsque les examens ont été faits et qu'il n'y a d'évidence aucun problème de santé, il faut savoir y penser.

La nervosité et les colères

Certains enfants inquiets sont constamment sur le qui-vive, ils ont du mal à se détendre, on les perçoit comme nerveux. Ils se rongent les ongles, mordillent des jouets ou des vêtements. Les troubles du sommeil et les cauchemars sont fréquents.

Tous les parents le savent bien, sauf exception, les enfants pleurent et font des colères. C'est une façon d'exprimer leur frustration mais aussi leurs inquiétudes. Surtout dans le cas de l'enfant inquiet très jeune, elles peuvent témoigner de véritable crise d'angoisse qu'il faut distinguer de la colère « normale » qui survient en réponse à une frustration, et non sans raison apparente comme c'est le cas dans l'angoisse.

Les crises d'angoisse

La crise d'angoisse est semblable à une grande peur mais se déclenche au cours de situations que l'on peut généralement maîtriser. Certains signes physiques sont fréquents : l'enfant a le souffle coupé, il a du mal à respirer, il sent une tension très forte à l'intérieur de son corps, des fourmillements et des contractures, il transpire et il est pâle comme s'il venait de vivre quelque chose d'effrayant. Parfois il est comme sidéré et bloqué; dans d'autres cas, au contraire, il est agité. Les pleurs sont fréquents et parfois même il existe un autre signe que l'on retrouve chez l'enfant inquiet : les colères.

Les difficultés de sommeil et d'endormissement

C'est un problème très fréquent rencontré par l'enfant inquiet, qui perturbe son cycle mais aussi celui de la famille. Les plus courantes sont les difficultés rencontrées au coucher. L'enfant a du mal à s'endormir seul, il faut lui raconter une histoire, lui faire un câlin, allumer une lumière et souvent ce rituel normal passe tout seul. Dans certains cas, il voudra dormir dans la chambre de son frère ou de sa sœur ou de ses parents. Tout cela est normal mais gênant uniquement si le rituel du coucher dure trop longtemps. L'enfant se relève, a toujours une demande supplémentaire pour différer le moment où il se retrouvera seul. Le sommeil de l'enfant peut être perturbé sur toute la durée du cycle, il se réveille fait des cauchemars et a plus ou moins de problèmes pour se rendormir. Il peut aller dans la chambre de ses parents pour se rassurer.

L'enfant face à ses inquiétudes

Face à ses inquiétudes, l'enfant peut avoir des comportements qui vont le gêner et qui seront parfois repérés par l'entourage.

Il contrôle : le fait de vérifier (ouvrir les portes des placards ou regarder sous le lit, d'appeler ses parents pour voir s'ils ne sont pas partis, vérifier qu'il n'a rien oublié dans ses cahiers ou ses affaires de classe…) donne à l'enfant un sentiment illusoire de maîtrise du danger.

Il évite et ne veut pas affronter : cela peut paraître la façon la plus simple de soulager son anxiété face à quelque chose qui fait peur. Mais, s'il s'habitue à éviter, à ne pas affronter, l'enfant risque d'avoir de plus en plus de mal à surmonter sa peur.

Il demande à être rassuré sans cesse : c'est une forme d'évitement plus subtile, qui place l'enfant dans une réelle dépendance et lui fait perdre un peu de son autonomie.

Il est complètement bloqué et inhibé quand il doit faire certaines choses : l'inhibition est un blocage qui peut toucher la pensée, le langage et le corps. Elle est compréhensible ou prévisible dans certaines situations (confrontation à l'inconnu, à la nouveauté, rencontre d'une personne admirée ou redoutée, changement de classe), mais beaucoup moins quand elle survient dans des situations quotidiennes.

Comprendre l'origine de l'inquiétude

Les inquiétudes sont normales, c'est lorsqu'elles traduisent un niveau d'anxiété marqué qui devient pour l'enfant un frein qu'il faut s'y arrêter plus attentivement et ne pas attendre que cela passe tout seul. Beaucoup d'enfants présentent une anxiété d'intensité faible ou moyenne qui est banale et ne doit pas inquiéter. C'est à partir de 7-8 ans que l'on peut envisager, comme chez l'adulte, ce que l'on appelle l'anxiété généralisée (voir page 347). Avant, les enfants ont plutôt des peurs multiples qui peuvent inclure les dangers et la séparation mais qui disparaîtront peu à peu avec l'autonomie. On parle d'anxiété généralisée lorsque son inquiétude prend des proportions si importantes qu'elle perturbe sa vie quotidienne et celle de l'entourage. L'enfant est envahi par le doute pour tout ce qui est à venir et dont il ne connaît pas l'issue. Il vit le monde comme une menace.

Le tempérament et le caractère

L'anxiété n'est pas anormale, et souvent elle témoigne d'un tempérament anxieux qui correspond à une façon de réagir à l'environnement et de percevoir le monde. Les parents qui ont plusieurs enfants le constatent chaque jour : chaque enfant est différent des autres. Le tempérament de l'enfant se révèle très tôt. Par exemple, certains enfants ont une tendance au retrait face à la nouveauté et à l'inconnu, d'autres sont plus sensibles, nerveux lorsqu'on les contrarie ou quand ils rencontrent des frustrations normales de l'existence. Le tempérament est inscrit en nous, il peut évoluer mais un fond persiste à partir duquel se construit la personnalité. Certains traits de personnalité sont plus associés à un caractère anxieux.

Le perfectionnisme

Certains petits anxieux ont tendance à vouloir tout maîtriser, ils ont souvent des exigences élevées ; ce qui peut être un avantage dans certaines situations ou une qualité dans le travail devient une source de tracas. En rapport souvent avec des exigences très élevées d'abord avec lui-même puis avec les autres, le perfectionniste craint de ne pas tout maîtriser et contrôler et, comme il est impossible de prévoir les choses à venir, il s'inquiète. Inutile de rejeter en bloc cette façon de se comporter mais aidez plutôt l'enfant à assouplir ce comportement en changeant ses habitudes. Par exemple, en arrivant à l'école s'il veut encore vérifier quelque chose dites-lui : « Ce n'est pas grave si tu as oublié quelque chose » plutôt que : « Que fais-tu encore à ouvrir ton sac ? » Reconnaître ce qu'il ressent comme un problème l'aidera plus à l'acc epter que de refuser de le comprendre en montrant de l'agacement.

La timidité

La timidité est un trait très fréquent chez l'enfant. Dans les formes les plus communes, l'enfant timide est un peu plus évitant lorsqu'il est confronté aux autres, mais cela passe avec l'âge et les expériences réussies, les encouragements et les satisfactions qu'il reçoit l'aident à dépasser sa timidité. Dans des formes plus marquées, l'enfant va éviter par exemple de faire des activités avec les autres il est très gêné de passer au tableau, il se sent complexé, il n'a pas trop confiance en lui. L'évitement des situations auxquelles on est confronté aux autres, où l'on peut être jugé, est très fréquent. Pour l'aider, il faut lui montrer la manière utile de se comporter dans les situations où il y a du monde. Servez-lui de modèle, si vous allez dans un magasin, montrez-lui comme faire pour demander, pour répondre. Apprenez-lui quelques phrases clés à dire en introduction et en conclusion : « Bonjour », « Au revoir… », « Je voudrais… », « Avez-vous reçu ? » Elles l'aideront beaucoup à s'exposer aux situations qu'il redoute. Encouragez-le sincèrement tout en lui prodiguant de nouveaux conseils et valorisez-le à chaque progrès. C'est ce qui le fera avancer.

L'hypersensibilité

Le fait d'être très émotif lors de certaines situations ne fait qu'alimenter l'anxiété. Certains enfants, lorsqu'ils sont dans des situations un peu difficiles ou qu'ils n'obtiennent pas ce qu'ils veulent, sont très tendus, les larmes leur montent aux yeux comme s'ils ne pouvaient accepter la situation. Tout cela est bien normal et un enfant ne peut réagir comme un adulte ; seulement certains enfants ont beaucoup plus de mal à dominer leurs émotions. Aidez-le à accepter le sentiment plutôt que de tenter de lui expliquer qu'il ne faut pas réagir de la sorte. Par exemple, dites : « Je comprends que c'est injuste que tu sois malheureux », plutôt que : « Ça n'a vraiment aucune importance » ou : « Arrête de pleurer comme un bébé. » Tout en le soutenant, il faut lui montrer que c'est lui qui réussira à se contrôler. Les petits exercices de respiration et de centration sur le moment présent sont des moyens efficaces (voir « Se soigner par la relaxation », p. 464).

L'influence des parents

« Est-ce moi qui lui a transmis mon anxiété ? » est une question qui revient souvent. Il ne faut pas se culpabiliser car les choses ne sont pas aussi simples. L'éducation joue un rôle fondamental dans la construction de la personnalité même si ce n'est pas tout. Certaines attitudes peuvent aggraver l'anxiété sur un tempérament anxieux déjà préexistant.

Faut-il surprotéger son enfant ? Cela peut paraître paradoxal, mais l'enfant apprend à gérer ses émotions, dont l'anxiété, en se confrontant aux choses de la vie. Il est essentiel surtout qu'il évolue dans un environnement sécurisant, mais le protéger systématiquement des événements normaux que chacun vit en fonction de son âge peut devenir anxiogène et mettre l'enfant en difficulté lorsqu'il devra s'y confronter. Ne multipliez pas les recommandations : « Ne prends pas froid... », « N'oublie pas de faire ceci... », « Fais attention à toi ». C'est surtout vous que vous cherchez à rassurer. Si vous avez une chose à lui dire, faites-le sans énumérer tous les dangers possibles. Apprenez-lui à faire progressivement des expériences raisonnables selon son âge. Tout en fixant des limites, il peut vivre des moments où il n'est pas sous votre surveillance et où il doit se prendre en charge.

Parents, c'est à vous d'agir

Beaucoup d'inquiétudes de l'enfant sont normales et finissent par passer, elles ne requièrent pas d'intervention extérieure sinon quelques conseils de l'entourage. Le temps

Quand les inquiétudes empoisonnent la vie de l'enfant, il faut savoir demander conseil.

souvent fait le reste. Dans les cas où ces inquiétudes empoisonnent la vie de l'enfant et qu'il se sent débordé, il faut savoir demander conseil pour agir au mieux et l'aider.

Informez-vous

Le rôle des parents est de l'aider à admettre et à ne pas avoir honte de son anxiété. Pour cela les parents doivent reconnaître des signes qui sont autant de masques de l'anxiété de leur enfant et au besoin se faire aider. D'autres personnes dans l'entourage de votre enfant (enseignants, grands-parents...) peuvent avoir remarqué certains de ses comportements ou l'avoir entendu dire des choses qu'il ne vous montre pas. Tenez-en compte sans pour autant vous alarmer. Il n'est pas toujours facile d'en parler avec l'enfant. Informez-vous pour reconnaître les signes d'inquiétude de l'enfant et savoir comment agir. Des guides pratiques peuvent vous y aider (voir bibliographie, p. 251).

Prenez du temps, expliquez-lui

Les enfants ne parviennent généralement pas à expliquer leur anxiété. Ils ont beaucoup de difficulté à parler de leurs craintes ou de leur angoisse. Ce sont souvent les parents qui repèrent des changements d'habitudes et de réactions chez leurs enfants. L'enfant peut tout à fait comprendre que ces peurs et ces inquiétudes sont exagérées si on prend le temps de lui expliquer les choses.

Communiquez

Attention, si on est soi-même anxieux, à ne pas amplifier le phénomène par contagion, car l'enfant est influencé par ce qu'il vit et entend. Inutile pour autant de se culpabiliser. Pas facile pour des parents d'aider leur propre enfant lorsqu'ils sont impliqués, mais il faut savoir prendre un peu de distance pour agir au mieux. Un enfant n'écoutera pas toujours ses parents et les parents ne sauront peut-être pas toujours comment faire. C'est pourquoi il vaut mieux prendre le temps, au bon moment, de discuter avec l'enfant pour lui faire comprendre qu'il y a d'autres façons de ressentir la même situation que par la colère : ce peut être à cause d'un problème qui s'est posé à un moment donné avec d'autres personnes. Au moment le plus aigu, où l'enfant est difficilement contrôlable, ce qui est loin d'être toujours facile, montrez-lui que vous gardez votre sang-froid. Soyez très patient face à certaines colères qui finiront par passer. Mettez au jour le motif réel de sa colère : « Tu n'es pas content parce que je ne t'ai pas donné ce que tu voulais mais tu ne peux pas toujours avoir tout ce que tu veux. » L'enfant niera la vraie raison de sa colère et dira parfois « que c'est pas pour cela », mais il finira par mieux l'accepter que si on lui dit d'arrêter de se mettre en colère, ce qui n'a pas beaucoup d'effet. Discutez toujours après coup de ce qui est légitime et normal et de ce qui ne l'est pas : « Tu as dit des choses méchantes alors que ce n'est pas la faute de maman. » Évitez de passer l'éponge trop rapidement et surtout ne cédez pas après coup pour qu'il finisse par obtenir ce qu'il voulait alors que la crise est passée. Ce message paradoxal ne ferait que renforcer son attitude et cela ne l'aiderait pas à mieux contrôler ses colères.

Agissez et aidez-le

L'inquiétude est, comme nous l'avons vu, ancrée dans le tempérament de l'enfant. On ne va pas la gommer complètement mais plutôt essayer de l'atténuer. L'aide psychologique que l'on peut apporter à l'enfant est primordiale. Beaucoup de facteurs interviennent dans la psychologie de l'enfant, et chaque enfant est différent, de telle sorte qu'il n'est pas toujours facile de comprendre d'où viennent ces inquiétudes.

Aidez votre enfant à dépasser ses peurs en lui confiant des petites tâches quotidiennes.

Pour des enfants inquiets qui ne relèvent ni de la psychiatrie ni de la psychothérapie, l'idée est d'agir par des moyens psychologiques simples. Face à certains blocages, vous lui donnerez de petites tâches, lui apprendrez à dépasser ses peurs en l'exposant à des situations de façon progressive. Tout en définissant un cadre, il est important de montrer à l'enfant comment faire, lui suggérer que l'on peut changer et agir. Il faut reconnaître avec lui que le danger existe, reconnaître ce qu'il ressent, mais l'aider à mieux accepter les dangers de la vie.

Les techniques de respiration et de relaxation sont des moyens simples et très efficaces pour contrôler les signes d'anxiété. La pratique d'un sport ou d'une activité peut aussi l'aider à prendre confiance.

Faites-vous aider

Une anxiété excessive peut perturber l'épanouissement de l'enfant, son bon développement, ses résultats scolaires, ses relations familiales et amicales et le rendre plus fragile face aux stress de la vie. Il faut savoir demander conseil et se faire aider quand il le faut.

QUAND CONSULTER

Quelques points de repère peuvent vous aider :

- l'anxiété se prolonge sur plusieurs mois, elle n'est pas un problème passager, mais elle s'installe durablement ;
- l'anxiété est intense et vous sentez que votre enfant n'arrive pas à la contrôler ;
- l'anxiété gêne l'enfant dans sa vie ; elle le perturbe dans ses activités de tous les jours, est cause de son mal-être.

Consultez votre médecin généraliste. Il pourra vous orienter pour faire un bilan et ensuite voir la possibilité d'un éventuel suivi psychologique.

Pour en savoir plus sur l'enfant inquiet, reportez-vous page 251.

Aider l'enfant triste

17

Luis Vera

La tristesse est une émotion normale lors d'un événement déplaisant, frustrant ou menaçant (absence de courte durée des parents, dispute avec un ami, impression d'être rejeté...). Elle disparaît dès que la cause n'existe plus. La tristesse dépressive existe, elle, sans motif reconnu, ou alors la cause invoquée n'en est pas vraiment le facteur déclenchant. Lorsque la cause disparaît, l'humeur ne s'améliore pas. Elle n'oscille pas en fonction des stimulations de l'environnement et la pensée de l'enfant est imprégnée de pessimisme. Comment réagir et aider l'enfant prisonnier de ses pensées négatives à ne pas voir tout en noir ? Comment diminuer sa détresse ? Comment gérer le quotidien et ses contraintes qui paraissent insurmontables à l'enfant fatigué et en proie à des difficultés de concentration ? Faut-il s'inquiéter ou n'est-ce qu'un moment passager et normal ?

Réaction « normale » ou tristesse dépressive ?

La tristesse pathologique de l'enfant est difficile à cerner parce qu'en général, l'enfant n'exprime pas sa tristesse. Elle est remplacée par des émotions qui font écran, l'irritabilité le plus souvent. La tristesse passagère, la colère après une déception ou une frustration, le repli sur soi lors d'un changement d'école sont des réactions normales. La vie psychique se manifeste et elle n'est pas toujours placide et optimiste. Les symptômes du mal de vivre ou de la dépression sont bien connus : irritabilité, passages à l'acte, école buissonnière, baisse des résultats scolaires, phobie scolaire, plaintes somatiques, colères, morosité, propension aux accidents, phobies, fugues, conduites pyromanes. Autant de comportements « anormaux » révélant un affect dépressif sous-jacent.

Mimi, 12 ans : « Quand j'ai commencé à me sentir très, très triste, j'ai eu l'impression que tout s'arrêtait. Je ne pensais pas du tout à l'avenir, je ne pensais qu'au présent, à tout ce qui n'allait pas. C'était il y a deux ans. Maintenant, je suis parfois triste, mais à l'époque je n'avais plus goût à rien, à quoi que ce soit, je ne remarquais que les choses négatives. C'est comme si on avait mal dans notre âme, ce n'est pas mental, ce n'est pas physique... »

Parler de dépression chez l'enfant, c'est évoquer une période transitoire, ponctuelle, limitée dans le temps, contribuant au développement normal de la personnalité. Aujourd'hui, il est ainsi admis que les enfants passent par des moments de dépression sans que l'on puisse parler de maladie dépressive. Beaucoup de signes dépressifs restent isolés, et même associés à d'autres signes, ce n'est pas pour autant inquiétant. Il est même souhaitable que l'enfant vive sa détresse dans certaines occasions de sa vie : une dispute avec un ami, un départ en pension, des tensions entre les parents, des mauvaises notes, la maladie d'un proche... génèrent des déceptions et/ou des frustrations tout à fait normales. Il ne faut donc pas confondre les « réactions dépressives normales » et les « dépressions pathologiques ».

Comment reconnaître les signes d'une tristesse dépressive ?

La détection de signes précurseurs, tels que le désarroi, la détresse, la déstabilisation, la désadaptation et les autres signes déjà mentionnés, est essentielle pour mener une prévention précoce et utile. L'enfant est confronté à des situations d'autant plus difficiles qu'elles sont souvent inédites, en particulier, l'agrandissement de la famille et le début de la scolarité, les deux allant souvent de pair, de surcroît. Le travail psychologique est alors normal et les troubles constatés ne signifient pas, la plupart du temps, que l'enfant entre dans un processus pathologique. C'est la persistance et l'association de plusieurs signes dépressifs qui peuvent devenir une source d'inquiétude à cause justement de leur aspect durable ou répétitif.

Un critère infaillible : la persistance

C'est la persistance dans le temps qui fait la différence entre une réaction normale et une tendance dépressive. Il faut alors demander l'avis du pédiatre, d'un spécialiste, même si l'enfant passe par de bonnes périodes et que tout semble être rentré dans l'ordre : certains enfants dissimulent leur état de mal-être pour ne pas inquiéter leurs parents.

L'enfant change de comportement

Un changement par rapport au fonctionnement habituel est toujours un signe inquiétant. Cela peut être un trouble de l'appétit, une modification du poids, des troubles du sommeil, une agitation, une diminution d'énergie, un sentiment d'indignité ou de culpabilité excessive ou inappropriée, des difficultés de l'aptitude à penser ou à se concentrer et des pensées récurrentes de mort, des idées de suicide.

L'enfant se décrit rarement comme déprimé

Les enfants d'humeur dépressive disent rarement qu'ils se sentent tristes ou déprimés, car, la plupart du temps, ils ne sont eux-mêmes pas clairement conscients de leur état. Ils ressentent un sentiment profond de découragement et de désespoir, mais ils ne s'expriment pas en ces termes : ils se plaignent en général d'un ennui constant, permanent, y compris pour les activités qui les amusaient auparavant. La plupart avouent avoir régulièrement envie de pleurer, parfois même sans raison.

Certains enfants nient leur état, mais celui-ci peut se révéler à travers l'expression de leur visage et leur comportement : quelques-uns se montrent très passifs, leurs gestes sont lents, leur visage triste et inexpressif. D'autres au contraire sont irritables, agressifs, impatients.

L'enfant n'a plus goût à rien

La perte d'intérêt et de plaisir est probablement constante, à un degré ou un autre, lors d'un épisode dépressif. Ainsi, l'enfant se plaint de n'avoir plus de goût à rien, de ne plus

Les habitudes agréables aident l'enfant à se protéger de la déprime.

arriver à s'amuser autant qu'avant, aussi bien seul qu'avec ses amis. Ces derniers, ainsi que les membres de la famille, remarquent d'ailleurs qu'il les délaisse et qu'il se montre indifférent aux divertissements qui étaient auparavant source de plaisir. Être attentif à la perte de plaisir constitue une attitude importante de prévention. La création d'habitudes vécues comme agréables par l'enfant l'aide à s'occuper de lui, à s'estimer et à se protéger contre la tendance dépressive. L'abandon ou l'incapacité à persévérer dans ces activités est inquiétant.

Son appétit est fréquemment perturbé

Le plus souvent, il s'agit d'une perte d'appétit mais, à l'inverse, dévorer la nourriture provoque, chez certains enfants, les mêmes effets qu'un calmant. Le grignotage excessif est donc également à observer comme un éventuel signe d'alerte. On peut aussi constater une absence de la prise de poids normalement attendue.

L'enfant dort mal

Les troubles du sommeil sont très fréquents chez l'enfant qui a un risque dépressif. Ce sont surtout les difficultés d'endormissement évoquées ou observées par l'entourage qui vont alerter les parents sur la détresse de l'enfant. L'enfant se plaint de passer des heures et des heures à tenter de trouver le sommeil, mais il n'arrête pas de penser à des choses qu'il a faites dans la journée ; il a l'impression d'avoir mal agi, il pense à ce qu'il doit faire le lendemain : tout lui paraît une montagne !

Il faut différencier les troubles d'endormissement des enfants anxieux des troubles d'endormissement des enfants déprimés. Chez ces derniers, les troubles sont persistants et ont moins tendance à varier en fonction des activités du lendemain (contrôle, reprise de l'école, dimanche soir…). L'enfant anxieux a un sommeil perturbé la veille des contrôles, le dimanche soir, la veille d'un départ en classe verte… Mais, en général, il dort bien s'il n'y pas d'événement. Chez l'enfant à risque dépressif, les mêmes idées désagréables viennent pratiquement tous les soirs retarder l'endormissement. Parfois, l'enfant n'a pas particulièrement d'idées en tête : il n'arrive pas à s'endormir alors qu'auparavant il n'avait aucun problème pour s'endormir. Dans ce cas, si le trouble de l'endormissement persiste au-delà de quelques jours (deux semaines au maximum), il faut prendre l'avis d'un spécialiste. Si aux troubles de l'endormissement s'ajoutent des réveils pendant la nuit sans que l'enfant paraisse angoissé par un cauchemar, la consultation médicale s'impose.

L'enfant est agité

L'agitation psychomotrice revêt la forme d'une incapacité à rester assis, d'une marche incessante, d'une agitation des mains ; l'enfant se tire les cheveux ou se gratte la tête, la peau, frotte ses vêtements ou d'autres objets. Il se déplace d'une pièce à l'autre sans but apparent. L'agitation est moins marquée chez l'adolescent déprimé : ce signe d'agitation est pour beaucoup de psychologues et psychiatres une des caractéristiques majeures de la dépression chez l'enfant.

Le caractère inquiétant de l'agitation réside dans son apparition brutale/soudaine : l'enfant a changé ! Il est devenu « intenable », il est incapable de rester à table, il ne respecte plus les modalités de fonctionnement familial.

L'enfant est fatigué

On note une diminution du niveau d'énergie quasiment constante et ressentie comme une fatigue permanente, même en l'absence d'efforts physiques. La moindre tâche peut sembler difficile, voire impossible à accomplir (préparer son cartable, se brosser les dents...).

L'enfant a du mal à se concentrer

Les difficultés de concentration, le ralentissement de la pensée et l'indécision sont fréquents. L'enfant peut se plaindre de troubles de la mémoire et apparaître facilement distrait. C'est pourquoi on note quelquefois une baisse des résultats scolaires. Les difficultés de concentration chez l'enfant sont toutefois fréquentes et sans lien avec la dépression. Le manque de concentration chez l'enfant à risque dépressif ou déprimé survient d'une manière soudaine alors qu'il ne présentait pas auparavant de difficulté de concentration.

Le sentiment de culpabilité

Les enfants déprimés ont du mal à relativiser : ils endossent généralement toute la responsabilité des échecs, se répétant que tout ce qui ne va pas est de leur faute. Ils se croient responsables de leurs malheurs parce qu'ils sont persuadés qu'ils sont « faibles » et qu'ils ne changeront jamais : ils pensent souvent que « rien ne marchera jamais bien » pour eux.

L'enfant déprimé pense souvent que « personne ne l'aime ».

Par ailleurs, l'enfant déprimé recherchera une confirmation de son « incompétence », de sa maladresse, auprès des personnes de son entourage, en particulier auprès de ses parents. Il sera plus sensible aux paroles et aux signes qui le conforteront dans l'idée qu'il ne fait pas les choses aussi bien que les autres qu'aux compliments adressés par son entourage. La culpabilité et la honte poussent parfois ces enfants à s'isoler, à se mettre en retrait par rapport à leur famille et leurs amis. C'est pourquoi ils avouent souvent souffrir d'un sentiment d'abandon et de solitude, et pensent que « personne ne les aime ».

Pourquoi un enfant peut-il être dépressif ?

Les parents ne sont pas les seuls responsables, loin s'en faut. On sait aujourd'hui que les facteurs susceptibles d'être impliqués dans le déclenchement de la dépression sont multiples, de nature psychologique, mais aussi biologique et héréditaire.

Les parents dépressifs doivent-ils être inquiets ?

Les résultats de la recherche en médecine sont encore fragmentaires et ne permettent pas d'élaborer un modèle organique qui apporte une théorie cohérente et explicative. Ce que l'on peut retenir, c'est que les antécédents familiaux de dépression ne provoquent pas du tout systématiquement de dépression chez l'enfant.

Et pour l'avenir ?

Les enfants qui ont déprimé ne sont pas marqués à vie par le négatif de l'expérience dépressive. Plusieurs années après un épisode dépressif, certains jeunes adultes se sentent plus aptes à comprendre les problèmes des autres.

Comment aider l'enfant dans la vie de tous les jours ?

Lui faire passer des messages positifs

Les enfants ont besoin de se sentir valorisés et capables aux yeux des autres. C'est ce regard, le regard d'autrui, qui engendrera chez eux des sentiments positifs et renforcera leur estime de soi. Ils ont aussi besoin de savoir que quelqu'un est prêt à les aider et à les écouter. Trop souvent, les adultes n'attirent l'attention que sur les mauvaises conduites des jeunes, sur les progrès qu'il leur reste à faire, et sur ce qui « cloche » chez eux. Ce n'est pas qu'ils n'arrivent pas à reconnaître les qualités des enfants, mais plutôt qu'ils les considèrent comme acquises.

Les enfants ont besoin de se sentir valorisés aux yeux des autres.

Lui tendre un « miroir à pensées »

En fin de journée, écouter l'enfant raconter ce qui lui passe par la tête sans le contredire, sans chercher à rationaliser ni à argumenter, lui permet de se sentir en confiance et compris. L'heure du coucher ne doit pas être un moment de discussion ni de conflit.

« Mon frère réussit tout ce qu'il fait et moi je rate tout » est un discours qui angoisse les parents. Ils sont tentés de montrer à l'enfant que chacun réussit certaines choses mais, dans un premier temps, il faut reconnaître le besoin qu'a l'enfant de se comparer à son frère et surtout identifier ses émotions de jalousie, d'admiration… C'est un premier pas vers une lecture émotionnelle. Renforcer avec une écoute empathique la description de ses pensées peut établir les conditions qui permettront à l'enfant de prendre de la distance par rapport à ses idées. Il pourra commencer à les remettre en question et, pourquoi pas, à en rire un peu.

COMMENT AIDER L'ENFANT À REMETTRE SES IDÉES EN QUESTION

Pour remettre ses idées en question, ses propos sont à reprendre dans des moments de communication calme (journée et week-end). Cherchez à lui faire argumenter ses propos sans le contredire mais en vous montrant sceptique ou dubitatif face à ses propos dépréciatifs ou généralistes (« Je comprends que tu sois énervé quand ton frère arrive content d'avoir eu une bonne note, mais je l'ai vu de temps en temps arriver énervé »).

Contrôler ses propres émotions

Il est normal et fréquent pour les parents de s'énerver en réponse aux démonstrations de colère et d'agitation d'un enfant déprimé. Apprendre à reconnaître ses propres sentiments et à les contrôler est un point clé pour construire une relation harmonieuse avec son enfant et pour l'aider progressivement à sortir de son état. Lorsque l'on reconnaît qu'il ne choisit pas de se comporter ainsi, alors on est prêt à l'accompagner.

Éviter l'isolement social

De nombreux moyens sont disponibles pour tenter d'éviter l'isolement social de l'enfant dépressif : l'encourager à se faire des amis en programmant des sorties ou en se rendant disponible pour ses sorties. Si l'enfant reste malgré tout isolé, il est temps de chercher ce qui l'empêche de s'amuser en compagnie des autres (agressivité, timidité, impression de ne pas être intéressant...).

Faire le lien avec les enseignants

Les enseignants remarquent les changements de comportement et d'humeur d'un enfant dépressif. Il est important de les contacter pour prendre connaissance de ce qu'ils ont pu remarquer (plaintes de douleurs physiques fréquentes, colère face à de petites erreurs, passivité/manque d'énergie...) et les informer de la situation.

Un symbole pour s'exprimer

L'enfant dépressif doit faire face à une douleur, à une tristesse invisible qui peut être une source d'angoisse supplémentaire. Il faut l'encourager à la dessiner sur un papier, à lui faire prendre forme pour l'aider à exprimer ses sentiments et observer son évolution au fil du temps. Son humeur va fluctuer au cours de sa dépression et par conséquent son symbole aussi.

ENCOURAGEZ L'ENFANT À DESSINER SA TRISTESSE

Pour l'aider, vous pouvez lui poser les questions suivantes :

- « Comment vois-tu ta tristesse ? »
- « Est-ce qu'elle a une forme, une couleur ? »
- « Peux-tu la dessiner ? »

Planifier des activités et les partager avec lui

Les activités ayant été agréables avant l'installation de la tristesse restent des sources de plaisir éventuelles.
Le but est ici d'augmenter les activités agréables, sources de plaisir pour l'enfant (pratique d'un sport, lecture, etc.), et donc de diminuer les événements désagréables. L'enfant n'a plus alors cette idée selon laquelle il faut attendre d'être de bonne humeur pour pouvoir faire quelque chose (« Finalement, je me suis bien amusé, je ne regrette pas d'y être allé »). Ses sentiments positifs sont renforcés, et le fait de programmer des activités permet d'éviter tout le processus de décision rempli de doutes et d'incertitudes. De plus, ces moments d'activités en commun sont propices à la communication de messages valorisants et positifs.

L'aider à mieux dormir

Les troubles du sommeil sont très fréquents et peuvent parfois être le symptôme révélateur d'un état dépressif. Il faut en premier lieu aider l'enfant à ne pas faire une fixation sur le sommeil. Là encore, la technique du « miroir à pensées » (voir plus haut) est très importante.

L'encourager dans des pensées et des émotions positives

Il est important de comprendre que ce sont les pensées déclenchées par les événements qui sont très souvent à l'origine des émotions. Parfois la tristesse de l'enfant est due à une mauvaise interprétation de la situation.

L'enfant invite un ami mais ce dernier ne vient pas. L'enfant peut soit penser : « Il ne veut plus être mon ami ! », soit se dire : « Une obligation l'a retenu, il viendra la prochaine fois. »

Il faut l'encourager à développer toutes les interprétations possibles de la situation, aussi bien positives que négatives. On sélectionnera avec lui celles qui paraissent le plus plausibles. Cela aide l'enfant à envisager différentes interprétations possibles pour la même situation et évite l'entrée systématique dans le « tunnel du pessimisme ».

Ses interprétations sont à classer avec lui en interprétations positives et en interprétations négatives. Les pensées négatives conduisent inévitablement à des émotions désagréables, alors que certaines interprétations positives peuvent engendrer la mise en place de nouveaux projets (« Pourquoi ne pas l'inviter une autre fois en t'y prenant plus longtemps à l'avance ? »). Avoir des projets protège fortement de la dépression.
Il faut essayer de l'aider à retrouver le plaisir de laisser aller sa pensée, de « rêvasser ». La pensée libre qui imagine, qui envisage que tout est possible permet une perception optimiste de l'avenir. Lire avec lui ou lui lire des histoires où les personnages vivent une belle palette émotionnelle peut favoriser l'envie de rêver. L'apprentissage par identification à des personnages est l'un des mécanismes privilégiés avant l'âge de 10 ans.

Accepter de le voir ne rien faire : il a besoin de se détendre

Si l'enfant parvient à « rêvasser », à s'abandonner dans ses pensées, c'est qu'il arrive à relâcher la tension. Donner les moyens de diminution de la tension physique et rechercher des moyens de relaxation est indispensable. Des méthodes de relaxation sont à envisager telles que des disques conçus spécialement pour la relaxation (bruitage de mer, de la nature, etc.). L'apprentissage d'activités relaxantes (sport, musique, dessin...) est efficace contre la détresse psychologique et la tension physique.

L'aider à gérer ses échecs et ses réussites

Il est bon de montrer à l'enfant qu'il est l'auteur de ses réussites.

Pour cet enfant, les échecs sont toujours attribués à une cause interne (inaptitude) et les réussites à des facteurs externes (chance). Afin de renforcer son optimisme, il faudrait lui montrer qu'il est bien l'auteur de ses réussites. C'est cette bonne image de lui qui le motivera à élaborer des projets.

Quand consulter ?

Si votre enfant présente plusieurs des signes décrits ci-dessus de façon persistante pendant plusieurs semaines, il faut demander conseil auprès du pédiatre ou du médecin traitant. Soit une aide médicamenteuse (rare), soit plus fréquemment des entretiens psychologiques seront à envisager.

À retenir

L'acceptation de la dépression et la reconnaissance de cet état de mal-être sont les premiers actes qui peuvent soulager vraiment l'enfant : il n'a pas à se sentir coupable de la fatigue qu'il ressent, il n'est ni paresseux ni égoïste ou méchant. Il a le droit de demander de l'aide, il ne se sent plus accusé. L'information sur cette maladie est donc un facteur puissant de prévention et d'aide. Il ne faut pas hésiter non plus à demander une aide professionnelle.

Pour en savoir plus sur l'enfant triste, reportez-vous page 251.

18

Jeanne
Siaud-Facchin

Aider l'enfant en difficulté scolaire

L'enjeu de la réussite scolaire est au centre de toutes les préoccupations, de toutes les pressions, de toutes les inquiétudes. « Quand tout va à l'école, ouf, se dit-on, c'est que tout va bien. » Pour tous. Pour l'enfant d'abord qui, valorisé par sa réussite, est renforcé dans une estime de soi positive qui l'aide à grandir. Pour les parents, la réussite de leur enfant est un immense soulagement ou plutôt une réelle satisfaction : « S'il réussit, c'est que nous sommes de bons parents, c'est que nous avons réussi notre mission d'éducation. » Pour la société, enfin, pour qui l'école est un enjeu central et qui tâtonne dans ses différentes réformes pour atteindre cette fameuse réussite, si nécessaire à l'évolution de la société.
Alors ? Quand rien ne va plus et que l'enfant n'y arrive plus : l'urgence d'aider, de comprendre et d'accompagner est là. Impérative. L'enfant doit être relancé dans une dynamique de réussite sur son chemin de vie. Que comprendre de cet échec, comment comprendre l'origine de ses difficultés, et surtout comment l'aider à retrouver son chemin ? Voilà la vraie question, celle à laquelle nous devons trouver des réponses.

Il n'existe pas d'enfants paresseux

« Il est paresseux », « Il a un poil dans la main », « Le problème est qu'il n'est pas motivé », « Quand il veut, il peut »,

« S'il faisait un effort il y arriverait très bien »… Phrases, toujours les mêmes, prononcées par les parents, les professeurs, face à cet enfant qui ne réussit pas comme on le souhaiterait.
Et pourtant ? Qui plus que l'enfant a envie de réussir ? Qui plus que lui, comme nous tous, a besoin de se sentir compétent ? Qui, mais qui, pourrait être désintéressé de sa réussite ? Sortons du cadre : vous faites un créneau avec votre voiture, bien sûr que vous voulez le réussir, vous faites un gâteau au chocolat, bien évidemment sa réussite sera la vôtre, vous décidez de vous marier, la réussite de votre couple est votre objectif essentiel, etc. Nous pouvons prendre chacun d'entre nous et toutes les situations de la vie, de la plus anodine à la plus essentielle : nous voulons tous réussir ce que nous entreprenons. Et pourquoi ? Parce que réussir procure du plaisir, parce que réussir nous renvoie une image positive, parce que réussir fait plaisir aux autres, parce que notre réussite nous rassure, parce que… Vous avez sûrement encore beaucoup d'idées. Au creux de vous-même.
Alors, pour quelles raisons étranges les enfants, nos enfants, les élèves, seraient-ils exclus de cette envie fondamentale de l'être humain ? Pourquoi justement eux n'auraient-ils pas envie de cette réussite que nous poursuivons tous ? Pourquoi ? Vous voyez, cela ne tient pas la route !
La proposition doit être inversée : ce n'est plus « quand il veut, il peut », mais « quand il s'en sent capable », il a, bien sûr, lui aussi envie d'y arriver, de réussir. Celui que l'on croit paresseux est finalement celui qui, secrètement, est convaincu qu'il échouera et qui fuit devant la difficulté. Ne nous y trompons pas !

Face à l'échec : la souffrance

Alors, quand les difficultés scolaires sérieuses sont là, quand l'échec insidieux s'installe, c'est une grande souffrance pour l'enfant. Une souffrance bruyante ou muette. Une souffrance brouillonne, échevelée, ou lourde et pesante. Une souffrance exprimée ou masquée. Mais une souffrance, toujours.
Et, selon les visages que prendra la souffrance, selon la personnalité de l'enfant, selon le contexte, l'enfant sera agité, agressif, bavard, indiscipliné, insolent, ingérable, coléri-

que, opposant ou renfermé, solitaire, inhibé, isolé. Maux de ventre, de tête, éruptions cutanées, difficultés d'endormissement ou insomnies, boulimie, ou des troubles encore plus clairement psychologiques, du trouble anxieux jusqu'à la phobie scolaire, du trouble de l'estime de soi à la dépression, du trouble alimentaire à l'anorexie mentale... deviendront le cortège des symptômes qui signent cette détresse face à l'échec.

Le sentiment d'incompétence se transforme vite en profond sentiment d'impuissance : puisque je suis nul, je ne suis rien, puisque je suis nul, je ne vaux rien, puisque je suis nul, je ne sers à rien, puisque je suis nul, personne ne peut m'aimer, personne ne peut m'accorder d'importance. Tous les enfants en difficulté scolaire fonctionnent sur cette mécanique de l'intime psychologique dont les manifestations les plus agaçantes masquent la présence douloureuse.

Ne confondons pas note scolaire et valeur de l'enfant !

Soyons francs : nous avons tous, nous les adultes, une propension étonnante à confondre la note scolaire et la valeur de l'enfant, comme si cette note scolaire évaluait non plus les compétences de notre enfant dans une matière, à un moment donné, mais lui-même, sa valeur propre, sa valeur d'élève, sa valeur d'enfant. Et c'est terrible ! D'autant plus que le sujet de l'école occupe 80 % des discussions – je devrais plutôt écrire des conflits – à la maison. Dès la sortie de l'école ou l'arrivée à la maison, la première question fuse : « Alors, comment s'est passé ton contrôle de maths ? », « Combien as-tu eu à ton interro ? », « Et ta dictée ? J'espère que tu n'as pas fait de fautes ! »... Quoi autour de l'enfant, de sa journée, de ses plaisirs, de ce qu'il a vécu, de positif ou de négatif, d'un vrai partage ? Rien. Ou presque, ou trop peu en tout cas. Alors, comme un laissez-passer, si l'enfant a réussi, la soirée sera bonne, si l'enfant a échoué, la valse des reproches commence et toute communication est coupée entre parents dépités et enfant blessé.

Toute cette valse mortifère autour des difficultés scolaires entame sérieusement le capital confiance en soi de l'enfant, capital essentiel pour grandir, seul capital dont il a vraiment besoin pour un développement harmonieux.

Non, je n'accuse pas, je constate. Oui, je sais que les parents sont authentiquement inquiets face à la pression grandissante et à la nécessité de « réussir » scolairement pour réussir dans la vie. Ça se discute, mais c'est bien là le fond du problème. Oui, je sais encore que les parents sont eux aussi accusés par l'école dès lors que l'enfant est en difficulté, c'est de leur faute s'ils n'ont pas su éduquer correctement leurs enfants.

Une urgence, la seule valable : comprendre d'où viennent les difficultés

Voilà la véritable urgence, celle que l'on ne peut ni ne doit jamais éviter. Face à la souffrance, l'urgence est réelle. Un enfant en difficulté sur son parcours scolaire met en péril l'ensemble de son développement, son avenir personnel, affectif, social.

Et la spirale de l'échec scolaire se met en place. Une véritable spirale infernale. Qui, très vite, trop vite, précipite l'enfant, sa famille, dans un tourbillon dont il deviendra parfois difficile de sortir. La difficulté scolaire entraîne toujours une souffrance, une image de soi dévalorisée, qui va générer de nouveaux troubles : agressivité, inhibition, anxiété, refus scolaire... Et la démotivation s'installe. Inexorablement. Entraînant à son tour, ou plus exactement précipitant encore plus, difficultés et échecs.

Pendant trop longtemps, en particulier en France, les raisons psy ont été mises en avant pour expliquer les difficultés de l'enfant. Tout était psy et tout – ou presque – était de la faute de la mère, rapidement désignée du doigt comme la coupable. Pauvres mères qui, en plus de la souffrance de voir leur enfant en difficulté, devaient porter cette insidieuse et souvent bien injustifiée culpabilité ! Alors des générations d'enfants se sont retrouvées en psychothérapie, sans grand changement face à leurs difficultés scolaires. J'exagère un peu, mais cela me met en colère ! Aujourd'hui, l'avancée spectaculaire des neurosciences a ouvert une nouvelle voie : on sait reconnaître des troubles spécifiques des apprentissages qui entravent le parcours scolaire. C'est le cerveau et ses petits dysfonctionnements qui sont en cause : le club des « dys » – dyslexie, dyspraxie, dysphasie –, le trouble de l'attention et l'hyperactivité (TDH/A), les troubles de la mémoire et du raisonnement. L'enfant surdoué, et ses par-

ticularités de fonctionnement intellectuel, ses procédures de raisonnement singulières, son fonctionnement cognitif atypique, est lui aussi mieux connu et ses liens avec des difficultés scolaires paradoxales commencent à être reconnus.
Et c'est comme ça que s'enchaîne la spirale : une difficulté scolaire entraîne une souffrance psychologique qui elle-même peut générer des troubles du comportement qui vont aggraver les difficultés. Puis l'enfant, découragé, se démotive. La motivation est alors pointée du doigt, c'est elle qui empêche l'enfant d'avancer ! Alors l'enfant est triste de ses échecs, fuit la difficulté et… on va alors s'interroger sur son manque de confiance en lui. Et si c'était pour ça qu'il n'y arrive pas ? Vous voyez ! Il faut sortir de cette spirale car elle précipite, à vive allure, enfants et parents dans des incompréhensions réciproques et une souffrance dont il est vite difficile de sortir.

L'urgence : comprendre et sortir de la spirale infernale de l'échec scolaire.

Pour en sortir, une seule démarche : comprendre. Comprendre l'origine et l'intrication des difficultés et de la souffrance de l'enfant. Faire un vrai bilan, à ce moment-là du parcours de l'enfant. Pour déterminer la porte d'entrée, la bonne, pour aider au mieux cet enfant, apporter des réponses claires à la famille, accompagner efficacement l'enfant vers sa réussite. Celle dont, nous l'avons dit, lui aussi a envie !

Petit détour du côté du cerveau ou comment relancer la motivation

Je vous invite à un petit voyage organisé dans le cerveau pour comprendre les rouages qui lancent puis relancent l'envie de réussir.
Vous le savez, les cellules du cerveau, les neurones, sont au nombre de 10 milliards environ. Les neurones, connectés entre eux par un enchevêtrement de synapses (liens entre les neurones), forment une véritable toile d'araignée complexe. À tout moment de notre vie, de notre pensée, chaque fois que nous percevons une émotion, des liaisons s'activent entre des groupes de neurones. Ce sont ces connexions qui nous transmettent l'information, qui nous permettent d'en prendre conscience, de ressentir les événements ou de passer à l'action. Ces connexions sont possibles grâce à la sécrétion de certaines hormones.

Nous y voilà ! Lorsque l'on réussit quelque chose qui a été plutôt difficile, que l'on a fait un effort, on ressent une vraie fierté et le cerveau sécrète des endorphines… l'hormone du plaisir. Donc, le cerveau reçoit une dose d'une substance agréable, cela accélère la transmission des informations dans le cerveau et le cerveau en redemande.
L'objectif du cerveau : recevoir une nouvelle dose.
Ce qui suppose : réussir une nouvelle fois.
Et la machine à motivation est lancée : face à une nouvelle tâche, l'enfant, on pourrait presque dire son cerveau, va faire en sorte de ressentir le même plaisir que celui qui avait permis cette euphorisante sécrétion d'endorphine. C'est gagné, le processus est enclenché.
Ce qui, dans la vie de l'enfant, suppose finalement une conclusion fort simple mais trop oubliée : pour avoir envie de réussir, il faut réussir ! Cela suppose de placer l'enfant dans des situations où il va réussir, seul moyen de lancer la motivation et de maintenir les efforts nécessaires pour atteindre les objectifs. Si, à l'inverse, l'enfant est en situation répétée d'échec, le fonctionnement de son cerveau va le conduire à éviter ces situations, et l'enfant fuira devant la difficulté. Vous comprenez ainsi l'importance de la pédagogie de la réussite et la nécessité de valoriser et d'encourager l'enfant face à toutes ses réussites, aussi minimes soient-elles. Même un enfant en difficulté scolaire importante réussit de petites choses : ce sont celles-là qu'il faudra souligner et amplifier pour redynamiser la motivation.

Pour avoir envie de réussir, il faut réussir !

La mission du parent face à la démotivation devient : *surprendre son enfant à bien faire*. Cela n'est pas toujours facile lorsqu'on est épuisé, découragé, en colère contre cet enfant difficile, mais cela reste pourtant la seule issue possible pour sortir de la spirale.
Et, je vous l'assure, les changements sont tellement vite spectaculaires quand on parvient à changer son regard sur l'enfant, que cela en vaut vraiment la peine. C'est le parent qui deviendra alors fier de lui-même et qui aura envie de recommencer à valoriser son enfant. Face à sa réussite éducative, c'est au tour de son cerveau de sécréter des endorphines !

Confiance en soi et réussite scolaire : l'alchimie gagnante !

Une estime de soi élevée est plus efficace qu'un QI élevé.

Avoir une image de soi positive, une solide confiance en soi est l'atout central de la réussite. De toutes les réussites. Pour l'école, une estime de soi élevée est plus efficace qu'un QI élevé. Toutes les études le confirment.
Mais pourquoi et comment ça marche ?
Considérons deux axes : le psychologique et, une fois encore, le cerveau, mais cette fois-ci sous l'angle des mécanismes cognitifs.

L'aspect psychologique

Sur un plan personnel, donc psychologique, avoir confiance en soi, c'est éprouver un sentiment de compétence. Ainsi, confronté à une tâche scolaire, l'enfant va activer cette pensée : je suis capable de le faire, je peux trouver en moi les moyens pour le faire. Même si c'est difficile, je vais chercher des solutions et je vais tenter de réussir. Ce sentiment de compétence permet à l'enfant de mobiliser le maximum de ressources pour atteindre son objectif. Il libère tous ses moyens intellectuels mais aussi sa créativité, et la probabilité de réussir devient significativement importante.
À l'inverse, si, d'emblée, l'enfant est convaincu qu'il est nul et qu'il n'y arrivera jamais, que c'est trop difficile, il bloque, involontairement, tout accès à ses compétences. Il ne parvient pas à utiliser ses ressources, et effectivement la tâche deviendra difficile à résoudre. Cela le renforcera dans ses convictions : je suis nul, ça ne sert à rien d'essayer, de toute façon je n'y arriverai jamais.
On touche ainsi au domaine des croyances : si je crois en mes compétences, je deviens plus fort pour réussir et je réussis mieux, donc j'ai confiance en mes capacités de réussite. Si je crois que je suis incapable, je n'y arrive pas et je perds toute confiance dans mes capacités de réussir.
Saviez-vous que, justement, le mot confiance signifie *avoir foi en soi*. Nous sommes bien dans ce principe de croire en ses capacités pour réussir. C'est presque mécanique comme processus !

Anxiété et mémoire de travail

Sur un plan cognitif, voici ce qui se passe. Quand on est confronté à quelque chose et que l'on pense que l'on ne va pas y arriver, on ressent rapidement une forme diffuse ou plus marquée d'anxiété. Et l'anxiété est un « poison » pour le fonctionnement cognitif.

Lorsque l'on est anxieux cela envahit notre espace mental, celui dont on a besoin pour réfléchir et trouver des solutions pour résoudre un problème. Cet espace mental, plus techniquement appelé mémoire de travail, est indispensable pour activer nos capacités intellectuelles pour enregistrer, comprendre et élaborer des solutions. Et, quand l'anxiété se déclenche, elle occupe tout l'espace et brouille notre mémoire de travail. C'est fini, on ne peut plus réfléchir, tout l'espace est occupé par l'anxiété, plus un petit coin pour poser notre pensée. Un peu comme Canal Plus sans décodeur !

Voilà les liens intimes qui lient confiance en soi et réussite scolaire. Ce n'est pas seulement un constat mais une réalité psycho-cognitive. Sans confiance en soi, la réussite est inaccessible. Convaincant, non !

LAISSEZ VOS ENFANTS S'ENNUYER

Aujourd'hui les emplois du temps de nos enfants débordent d'activités en tout genre. Surtout combler le moindre vide, faire en sorte que toute parcelle de temps soit rentabilisée pour miser sur l'avenir : cours de soutien, de chinois, d'anglais, formation sportive ou artistique. Je comprends l'inquiétude des parents face à l'avenir et la lourdeur de leur mission éducative. Avec toutes les inquiétudes qui vont avec. Et la culpabilité quand ça ne marche pas. Bien sûr. Je sais que c'est cette peur de l'avenir qui conduit les parents à cette surenchère d'activités et qu'en plus, la société envoie en permanence ce message : soyez compétents !

Pourtant, l'ennui est indispensable au développement. Un enfant qui s'ennuie laisse vagabonder sa pensée, ses idées s'enchaînent, sa créativité se déclenche… C'est dans ces moments de vide où il ne faut pas faire quelque chose que la pensée s'organise et qu'elle se construit.

Alors, n'ayons plus peur de ces moments « de rien », et lorsque votre enfant se plaint qu'il s'ennuie, répondez-lui tranquillement : « Tant mieux, tu penses ! »

La pratique du bilan psychologique : une compréhension claire et approfondie des difficultés de l'enfant

Pour comprendre, seul un bilan complet avec une exploration précise à la fois du fonctionnement intellectuel de l'enfant et des aspects affectifs et émotionnels doit être envisagé. Un bilan complet permet de comprendre comment l'enfant pense, raisonne, se situe face aux apprentissages, mémorise, quels sont ses points faibles mais aussi ses points forts, quelles sont les difficultés spécifiques qui peuvent le gêner et comment tout cela s'intrique avec la personnalité. L'enfant est-il anxieux ? triste ? ressent-il un sentiment d'impuissance face à ses échecs ? comment le vit-il ? Qu'est-ce qui, sur le plan psychologique, peut aussi expliquer les difficultés actuelles. L'idée est d'avoir une *carte du territoire* complète afin d'avoir une visibilité élargie sur le fonctionnement de cet enfant-là, à ce moment-là de sa vie, dans l'histoire qui est la sienne. Et, enfin, de déterminer avec précision quels chemins doivent être empruntés pour pouvoir l'aider efficacement et le relancer dans une dynamique de réussite. La sienne.

Comprendre et aider. Un leitmotiv. Presque un credo.

Seuls les psychologues sont habilités à faire passer des tests psychologiques. On trouve des psychologues pouvant pratiquer des bilans dans certains services hospitaliers (psychiatrie, pédiatrie), dans quelques CMPP (centres médico-psycho-pédagogiques) – structures publiques et sectorisées. Le plus souvent les psychologues exercent en libéral, et la difficulté est de trouver des praticiens capables de faire des bilans vraiment complets.

Comprendre et aider. Un leitmotiv. Presque un credo. Toujours l'un avec l'autre, jamais l'un sans l'autre. L'urgence de comprendre d'où viennent les difficultés est réelle, l'urgence d'aider rapidement et efficacement un enfant en difficulté est un enjeu de santé psychologique et de santé publique.

Face à l'échec, à la souffrance, nous devons nous mobiliser pour apporter les réponses et les aides adaptées. Les parents aussi ont besoin d'aide pour accompagner leur enfant. On ne peut les laisser sur le bord de la route. C'est en partenariat, ensemble, que nous pouvons, que nous devons, aider

ces enfants malheureux qui ont besoin de nous, les adultes, pour avancer sur leur chemin de vie et y réussir en regard de ce qu'ils sont.
Ils ont besoin que, tous, nous comprenions et soyons définitivement convaincus que leur échec est une souffrance et que, profondément, ils ont envie de réussir.

Mais n'oublions jamais...

L'enfant est en développement. Nous sommes dans une dynamique. Rien n'est jamais joué. Ou, plus exactement, on peut toujours rejouer une partie. Et une partie gagnante ! À chaque âge, à tout moment, l'enfant peut être relancé dans une dynamique de réussite. Et, malgré des idées encore trop ancrées, les parents, la mère, ne doivent plus être désignés comme les coupables ! Bien au contraire. Sans les parents, sans la compréhension qu'ils ont eux-mêmes de leur enfant, souvent la plus juste, nous, professionnels, ne pourrions jamais les aider vraiment. Les parents peuvent retrouver leur sentiment de compétence. Ce sont de bons parents, ils font ce qu'ils peuvent. Par amour. Eux aussi ont besoin d'aide. La réussite de nos enfants est l'affaire de tous ! Tous les enfants ont envie de réussir !

Pour en savoir plus sur l'enfant en difficulté scolaire, reportez-vous pages 251-252.

19

Christine
Brunet

Être parents d'adolescents

C'est à vous, parents, d'accueillir le passage de l'enfance au monde juvénile, de la préadolescence à l'adolescence, d'éduquer, de « conduire hors de » les jeunes adolescents, surstimulés, souvent surmenés dans leur vie scolaire et leurs activités de loisirs, poussés à demander encore plus « tout et tout de suite ».
La métamorphose adolescente est difficile pour le jeune tout comme pour ses parents, confrontés à la crise de la mi-vie.
Pourtant, il ne sert à rien d'accabler des parents surinformés mais bousculés par l'urgence du temps.
Alors comment garder confiance et respecter cet adulte en devenir, lui permettre de se détacher, de s'approprier son histoire, et aussi l'autoriser à avoir des projets, lui donner envie d'accomplir sa vie avec passion ?

La préadolescence

Votre enfant n'a que 10-11 ans, il n'est pas encore un adolescent, encore moins une grande personne. Toutefois, des attitudes nouvelles, certaines de ses réactions vous surprennent, vous inquiètent.
Jusqu'à ce jour, vous assistiez à une évolution régulière, attendue, rassurante. Vous saviez qu'il pourrait y avoir crise ou choc, mais pas si tôt, pas si jeune. Et pourtant, il vous faut l'admettre, votre enfant est entré dans la préadolescence.

SIGNES DE LA PRÉADOLESCENCE

Ces signes nouveaux, intermittents et précurseurs sont les suivants :

Susceptibilité	Passivité
Arrogance	Nonchalance
Exigence	Opposition
Provocation	Refus
Impulsivité	Repli sur soi
Écarts de langage	Mutisme
Sautes d'humeur	Mépris
Accès de fringale	Dégoûts alimentaires

Léo est en sixième : ses parents ont été convoqués par le principal du collège au motif d'un carnet de correspondance ainsi rempli :
Nom : inconnu
Prénoms : non identifiés
Adresse : quelque part dans le brouillard
Téléphone : débranché
Mobile : plus de batterie
Adresse de l'établissement scolaire : perdu au milieu de nulle part
Personne à prévenir en cas d'accident : Brad Pitt à Hollywood.

Parents, ne ratez pas cette étape

Votre enfant commence sa mue pubertaire. Bientôt il va vous échapper, s'éloigner du cocon familial. À ce jour, votre enfant est encore proche de vous. Il progresse par tâtonnements de l'enfance à l'adolescence. Ces signes qui vous alertent, acceptez-les. Ils vous donnent le temps de vous préparer à ce bouleversement afin de mener à bien votre rôle d'éducateur. Profitez de ce temps qui va être celui de l'information et de la prévention (sexualité, cyberdépendance, pédopornographie, racket, drogues). Plus tard, votre enfant sera moins réceptif.

Parents, évaluez-vous

Nous vous proposons un petit test (pages suivantes) pour vous aider à vous situer. Le but est de vous interroger en tant que parent. Il ne s'agit en aucun cas de formuler un jugement définitif.

ÉVALUEZ-VOUS : QUEL PARENT ÊTES-VOUS ?

À votre avis, l'éducation d'un adolescent demande surtout amour et tendresse mais aussi :

- gaieté et enthousiasme ?
- exigence et rigueur ?
- surveillance et contrôle ?
- confiance et bon sens ?
- abnégation et fatalisme ?

Que faites-vous quand...

Il est parti en camp de vacances :

1. Vous vous réjouissez de cette chance que vous n'avez pas eue. △
2. Vous imaginez en boucle tous les dangers possibles. ▲
3. Vous téléphonez sans arrêt sur son portable pour savoir ce qu'il fait. ○
4. Vous lui recommandez de revenir avec son brevet sportif. ■
5. Vous profitez de son absence pour sortir tous les soirs. ●

Il vous insulte... il vous déteste :

1. Vous n'y attachez aucune importance, vous auriez bien aimé en faire autant à son âge. ●
2. Vous le privez de sorties pour trois mois. ■
3. Vous pensez qu'il va mal et vous prenez un rendez-vous avec un psy. ○
4. Vous exprimez que c'est inacceptable et qu'il faudra en reparler à un moment plus favorable. △
5. Vous vous demandez ce que vous avez bien pu faire pour mériter ça et jusqu'où cela va aller. ▲

Ses résultats scolaires sont catastrophiques :

1. Vous prenez rendez-vous avec le professeur principal. △
2. Vous l'inscrivez immédiatement à des cours particuliers. ○
3. Ce n'est pas grave, des tas de gens géniaux ont été des cancres. ●
4. Vous pensez que vous n'avez pas été assez présent ces temps-ci. ▲
5. Vous emportez au bureau le câble de l'ordinateur. ■

Il veut s'acheter un cyclomoteur avec ses économies :

1. Vous le lui interdisez catégoriquement. ■
2. Il peut bien faire ce qu'il veut avec son argent et c'est formidable qu'il prenne son indépendance. ●

3. Vous lui sortez les statistiques des compagnies d'assurances sur les accidents de deux-roues. ○
4. Vous lui demandez d'abandonner son projet et proposez la conduite accompagnée. △
5. Vous êtes complètement affolé et anéanti. ▲

Il « sent bizarre », il a un look pas possible, sa chambre est un vrai chantier :

1. Il finira dans la rue, vous appelez votre mère. ▲
2. Vous rangez sa chambre et faites couler un bain. ○
3. Il est « cool », ça passera. ●
4. Vous chamboulez tout dans sa chambre, il l'a bien mérité. ■
5. Vous relativisez et exigez en échange une tenue correcte pour certaines occasions comme les fêtes de famille. △

Il est toujours fatigué, il saute des repas, il est en retard à ses cours :

1. C'est son problème, le collège avisera. ●
2. Vous lui portez son repas dans sa chambre. ○
3. Vous l'arrachez de son lit en hurlant. ■
4. Il couve une maladie, vous prenez rendez-vous avec le médecin de famille. ▲
5. Vous savez que c'est inhérent à sa transformation hormonale, vous l'aidez à prendre ses responsabilités. △

Comptabilisez vos résultats

Majorité de ▲ : vous êtes plutôt un parent angoissé

Majorité de ○ : vous êtes plutôt un parent surprotecteur

Majorité de ■ : vous êtes plutôt un parent répressif

Majorité de ● : vous êtes plutôt un parent libéré

Majorité de △ : vous êtes plutôt un parent avisé

Vous vous retrouvez un peu dans plusieurs réponses ? Il est tout à fait souhaitable de ne pas se situer dans un seul registre.

• En fonction des différentes circonstances de la vie, de l'éducation que vous avez reçue, vous êtes plutôt dans le dialogue, attentif et disponible. Tant mieux.

• Vous n'êtes que dans le registre autoritaire ? Attention, vous risquez d'écraser ou de laminer votre enfant, de lui faire perdre toute confiance en lui, d'ébranler sa sécurité intérieure : il aura une mauvaise image de lui, une faible estime de soi.

• Vous êtes permissif, laxiste, à l'opposé du modèle éducatif que vous avez connu ? Il vous arrive même d'être fier que votre adolescent transgresse les lois ? N'oubliez pas que l'autorité est protectrice : l'adolescent a besoin qu'on lui rappelle les règles, les limites, les interdits.

• Vous êtes le plus souvent angoissé ? Vous ne pouvez pas vous en empêcher, vous en êtes conscient. Vous pouvez atténuer cette anxiété en parlant avec votre conjoint, un ami ou un professionnel psy.

• Vous êtes avant tout confiant et enthousiaste ? Votre enfant a besoin de cet optimisme.

On ne peut être que dans la compréhension, l'écoute, le dialogue. Fermeté, limites, c'est aussi de la protection. Il est impératif d'édicter et de faire respecter des règles, toujours explicitées, mais pour une période précise, en fonction de l'âge et des circonstances.

Où en êtes-vous ? Et votre conjoint, où en est-il ?

Traquez vos incohérences. Restez supporter l'un de l'autre, faites équipe ensemble, échangez vos points de vue : c'est tellement important. Renoncez à être un parent parfait, un parent idéal, tout le temps disponible. Essayez seulement d'être un « parent acceptable », « une mère suffisamment bonne », c'est déjà beaucoup. Continuez à être fiers de votre adolescent qui construit son identité, c'est indispensable.

La métamorphose adolescente

On parle d'adolescence proprement dite à la puberté. Celle-ci débute, en moyenne, à 12 ans et demi chez la fille

et à 13 ans et demi chez le garçon ; elle dure jusqu'à 18 ans ou plus.
Des turbulences surviennent dans plusieurs domaines : le corps est en totale mutation, l'intellect se réorganise, la vie relationnelle se réaménage.

Son corps change

Les transformations qui vont faire de votre enfant un adulte sont exaltantes mais également sources d'inquiétudes, de déceptions. À la puberté, les attributs de la sexualité adulte apparaissent alors que l'adolescent a encore la fraîcheur et l'éclat de l'enfance. Parfois, le corps, hors de toute maîtrise, devient persécuteur. « Il est mal dans sa peau. » Il découvre son corps, veut s'en occuper lui-même, et pourtant…

Chez la fille

En principe, et la plupart du temps, dès la préadolescence, vous, la mère, avez donné à votre fille des informations sur la sexualité féminine. Avec elle, vous avez parlé de son hygiène quotidienne, avez acheté son premier soutien-gorge, choisi un déodorant, une eau de toilette, préparé des petites protections.
Maintenant, proposez, selon ses besoins, un rendez-vous chez le médecin dermatologue, l'esthéticienne ou le diététicien. Il est temps de parler de contraception et de prendre un rendez-vous avec le médecin gynécologue (de préférence pas celui qui vous suit habituellement, Madame, par souci de confidentialité) afin d'allier information et prévention. La première consultation n'est pas nécessairement un examen médical anatomique. Elle permet une prise de conscience du statut de femme et va bien au-delà de ce que peut faire une mère. Certains gynécologues sont réputés pour s'occuper de la grande enfance et de l'adolescence. Ce spécialiste sera une référence en cas de difficultés.

Chez le garçon

Dès la préadolescence, le père a proposé un rasoir, pris un rendez-vous avec son fils pour acheter déodorant, eau de toilette, gel pour les cheveux.
Cependant, il est habituel de dire que les garçons sont moins bien informés que les filles sur leur propre sexualité. Certains adolescents ont des connaissances erronées par

des sources peu fiables : discussions entre copains, magazines, films pornographiques.

C'est au père que revient en premier la charge de cette information. Et pourtant, celui-ci, mal à l'aise, pense pouvoir y échapper : « Il est déjà au courant, tu penses ! », répond-il à la mère. Il n'est pas toujours suffisant de procurer à son fils un paquet de préservatifs. Il est utile de fournir un livre sérieux sur le sujet, de proposer une consultation chez le médecin généraliste, éventuellement chez le dermatologue ou le diététicien.

Le sommeil évolue

Le jeune n'arrive pas à s'endormir. Il veille tard le soir, a des insomnies, et le lendemain il est difficile de le sortir de son lit. Il est toujours fatigué, vautré sur le canapé. Ce n'est pas l'effet de la paresse mais d'un processus neurophysiologique normal avec modifications des rythmes et des phases du sommeil.

Il est important de l'informer de la normalité de ce processus et en même temps d'accepter de nouveaux rituels d'endormissement (écouter de la musique, par exemple). Surtout, ne donnez jamais de somnifères, mais proposez-lui un bilan chez le médecin généraliste.

Et vous parents ? N'êtes-vous pas souvent en train de parler de votre manque de sommeil, de votre fatigue, de vos médicaments ?

L'appétit se modifie

Il dévore à chaque repas, grignote en cachette les paquets de gâteaux. Vous retrouvez les miettes et les canettes vides dans sa chambre, il a des fringales irrépressibles. Il privilégie les aliments faciles à manger, trop sucrés ou trop gras.

Parfois, à l'inverse, l'adolescente (plus souvent que l'adolescent) se restreint, sélectionne des aliments, saute des repas. Au quotidien, proposez des repas équilibrés, une nourriture variée, beaucoup de fruits et légumes, moins de graisses et de sucres ; diminuez ou mettez hors de portée bonbons, glaces, gâteaux, boissons sucrées.

Favorisez les activités sportives, diminuez le temps devant les « écrans », supprimez la télévision dans sa chambre.

En cas de surpoids ou d'amaigrissement soudain, consultez sans attendre un professionnel. Et vous, parents ? Quelles sont vos paroles sur les kilos superflus, les régimes ?

Sa pensée se transforme

L'adolescent réfléchit, déduit, généralise : il passe d'une pensée concrète à une pensée abstraite. Il forge son propre jugement. Il innove et peut développer une activité créatrice avec talent. En outre, il dispose, du fait des moyens de communication actuels, de plus d'informations que ses parents au même âge. C'est un interlocuteur à respecter. Son intelligence est à son apogée. Vous, parents, votre intelligence s'enrichit de votre expérience.

Acceptez la discussion, favorisez les débats, écoutez ses avis, ses propositions. Tolérez ses contradictions. Cultivez les moments privilégiés : un repas en tête à tête, un dîner familial, une sortie au cinéma, une émission télévisée sur un point d'actualité, un week-end ensemble, sans oublier les réunions festives avec les amis ou la famille élargie.

Sa vie relationnelle et affective se réaménage

Depuis la maternelle, vous connaissiez ses amis et leurs parents. C'est vous qui gériez invitations, goûters, sorties, vacances. Maintenant, votre enfant prend le large et vous échappe.

Les copains

L'adolescent recherche de nouvelles relations. Il a besoin de vivre en groupe.

Les filles privilégient le petit groupe de 2 à 4 personnes. Ces groupes se font et se défont. Exclusions, disputes et réconciliations sont fréquentes.

Les garçons préfèrent les grands groupes. Ils se disputent moins que les filles, se parlent assez peu, quelquefois ne savent pas quoi dire, ni comment le dire : l'important est d'être ensemble.

Le groupe de pairs donne un sentiment d'appartenance qui sécurise. On a le même style, les mêmes goûts : mode vestimentaire, musique, lectures (bandes dessinées, magazines sportifs ou glamour), communication (textos, blogs, sites comme Facebook...).

Les amours

Le jeune est romantique, il est amoureux : c'est l'âge des passions. Il a une petite amie. Elle sort avec un garçon. Il découvre son corps à travers des caresses et des baisers. Sans être amoureux, il veut faire comme les autres, aller au bout de son excitation. Quelquefois, il a un chagrin d'amour. C'est grave à son âge. Il est très vulnérable.

Il n'en est pas encore à l'acte sexuel. L'âge moyen de la première relation sexuelle se situe aux environs de 17 ans.

Vous l'avez déjà prévenu, informé des risques d'une relation sexuelle aboutie. Un jour se posera inévitablement la question de la relation d'intimité et de l'acte sexuel, sous votre propre toit, en famille. L'autorisation dépendra, pour chacun, de son seuil de tolérance, de son conformisme et du contexte : âge de l'adolescent, durée de la relation, place de l'enfant dans la fratrie, période scolaire ou vacances, famille recomposée, parent célibataire.

Soyez attentifs aux nouvelles sources de danger

L'adolescent a de plus en plus d'autonomie. Il est beaucoup plus sollicité qu'autrefois. La société actuelle met à sa portée des tentations qui suscitent sa curiosité, son envie, ses désirs. Innocent, sans défense, il est une proie facile, il peut être une victime.

La prise de risques, paris, défis, fugues

L'adolescent aime la vitesse, enfreindre les lois, transgresser les interdits, se lancer des défis : cyclomoteur sans casque, voiture sans permis, rollers sans protection, vélo en sens interdit. Et maintenant : le jeu du foulard, le « happy slapping »...

Internet

Consultez avec lui une charte de la bonne utilisation d'Internet. Rappelez les dangers, renouvelez les recommandations de prudence : pas d'adresse, pas de nom de famille. Ne pas répondre à « asv » (âge, sexe, ville).

Un blog peut-être lu par des personnes mal intentionnées qui se font passer pour des enfants. Ne jamais donner rendez-vous à un inconnu rencontré sur Internet, sauf accompagné par un parent.

Les toxiques licites ou illicites

Soyez attentif aux premiers signes de dépendance au tabac, à l'alcool, aux drogues (cannabis). Accompagnez votre enfant à une consultation chez un spécialiste.
En cas de problème, déposez plainte au commissariat, éventuellement à la brigade des mineurs ; informez le principal du collège ou le proviseur du lycée.

L'adolescence : un choc pour les parents

L'adolescence, cette métamorphose tant attendue, est aussi redoutée. On parle de crise. Celle-ci fait écho à la crise que vivent les parents, eux-mêmes confrontés à plusieurs changements : physiques, professionnels et familiaux ou environnementaux. C'est la crise de la maturité, de la mi-vie.

Le passage de la pré-adolescence à l'adolescence est aussi attendu que redouté.

Vous, père ou mère, devenez sensible à certaines modifications et votre corps vous plaît plus ou moins. Attention de ne pas être en compétition avec votre adolescent, de ne pas susciter la séduction auprès de ses ami(e)s, de ne pas vous montrer jaloux de son éclat.
Votre carrière professionnelle est en évolution : le stress est omniprésent, vous vivez des changements positifs ou négatifs (licenciement, délocalisation, période de chômage) et déjà vous avez des préoccupations quant à votre retraite qui pointe... Veillez à ne pas rapporter à la maison que des soucis, des plaintes, de la fatigue, des exaspérations pessimistes.
Parfois le couple se défait, les problèmes affectifs d'une famille recomposée se multiplient. Des amis ont des maladies graves ou meurent trop tôt. Vos parents vieillissent : vous pouvez être tenté de rattraper la dette que vous estimez avoir envers eux ou bien vous cherchez à prendre de la distance avec des grands-parents trop intrusifs. Restez à votre place de parent, veillez à ne pas prendre de revanche, ou à devenir trop tôt parent de vos parents.

Avec votre adolescent : en pratique

Pour établir des relations saines avec votre adolescent, un certain nombre de conduites sont à éviter, d'autres au contraire sont à privilégier pour l'aider à prendre son autonomie, mobiliser ses ressources et ses talents.

Les conduites à éviter

Les violences physiques

Tous ces gestes sont à exclure : gifles, claques, coups de pied, coups de ceinture, douche froide, exclusion de la maison, enfant poussé violemment sur le palier.

Les violences verbales

De même, sont à bannir les paroles et les phrases mortifères, les jugements catégoriques, les généralisations sur un ton exaspéré, les menaces qui coupent toute communication avec l'adolescent, le rabaissent, l'humilient, le renvoient à son échec.

EXEMPLES DE PHRASES À ÉVITER

« J'en étais sûre, évidemment, tu n'as même pas encore fait... [ton lit, ton travail, la vaisselle]. »
« Tu es en retard, comme d'habitude. »
« Tu prends la maison pour un hôtel. »
« Tu es nul, tu ne comprends rien, tu ne fais aucun effort, tu es un menteur, tu es un moins que rien... tu me fais honte. »
« Tu es exactement comme... [ton père, ta grand-mère, ton oncle]. »
« Je vais te couper les vivres, te mettre dehors. »
« J'en ai rien à foutre de toi, j'en ai marre. »

Votre adolescent a proféré des menaces à votre encontre. Il vous met sans arrêt à l'épreuve. Il est dans l'excès et la revendication : gardez-vous de répondre sur le même ton, de façon symétrique. Néanmoins, l'indifférence n'est pas une solution.

Les conduites recommandées

Le message « Je »

Employez les paroles qui apaisent, réconcilient, valorisent, renouent le dialogue et la complicité :
« Je me suis énervé(e) à cause de ce que tu as dit, ce que tu as fait [...]. Je vais me calmer [...]. Je voulais te dire que... »
« J'ai du mal à comprendre que [...]. Je trouve difficile [...]. Je suis très ému à cause de... quand... »
« Je souhaite que tu fasses des choix responsables. »
« J'apprécie que... », « Je suis fier(fière) de... »

Le récit de l'histoire familiale

Racontez à l'adolescent sa généalogie, l'histoire de vos deux familles (père et mère), votre enfance, votre profession, votre parcours et celui de vos parents.

Parlez des secrets de famille, des deuils, des traumatismes, de ce qui peut souder une famille ou l'isoler, mais dont il n'est pas responsable et dont il peut avoir envie de faire quelque chose de personnel, à sa façon.

Pensez à exiger le respect des valeurs et des liens affectifs qui ne sont pas les mêmes d'une famille à l'autre (noms et surnoms des parents, des beaux-parents, des grands-parents…).

L'argent et les initiatives

Préférez, à la place de l'argent de poche hebdomadaire, un budget mensuel incluant des fournitures scolaires, des vêtements, des sorties, des petits loisirs.

Attention aux cartes bleues, prêtées ou empruntées, qui donnent des ailes à un ado et des surprises désagréables à bien des parents. Soyez vigilant : il fait du troc, il peut être victime de racket, il peut être choisi pour un casting…

Autorisez votre adolescent à faire des baby-sittings et, à partir de 16 ans, à donner des petits cours à des élèves, à trouver un travail d'été, un stage rémunéré. Proposez-lui la conduite accompagnée, la préparation du Bafa (brevet d'aptitude à la formation d'animateur), le brevet de secouriste, l'engagement pour une cause humanitaire ou du bénévolat. Tous ces éléments sont très profitables pour son autonomie. En outre, ils seront utiles et appréciés dans son CV.

L'orientation scolaire

Il n'est pas suffisant de procurer à l'adolescent des revues, il est aussi utile de les consulter avec lui, de l'accompagner à des forums, des journées portes ouvertes, de lui faire rencontrer vos amis qui ont des métiers attirants pour lui.

Dès le lycée, il est bon qu'il fasse la différence entre une école et l'université, qui comporte plusieurs facultés, qu'il connaisse les différentes filières (IUT-université), les formations en alternance postuniversitaires et les passerelles BTS-école. Ne dénigrez pas les orientations professionnelles et techniques. Donnez-lui les atouts pour savoir se présenter, faire une lettre de motivation, notamment pour trouver un stage.

PETIT LEXIQUE POUR SE COMPRENDRE ENTRE PARENTS ET ENFANTS

Dialogue : le parent adulte en mutation et l'adolescent en métamorphose doivent « refaire connaissance » et se découvrir. Échanges et débats en donnent l'opportunité.

Réassurance : verbaliser le positif, éviter les jugements négatifs, les étiquettes. Saupoudrer d'humour sur soi et jamais sur l'adolescent. Ne jamais dénigrer. Aucun sarcasme ni railleries.

Respect : dignité, politesse, respect des règles. Se respecter soi-même : « Tu ne le sais pas mais quand tu respectes les autres, tu te respectes toi-même. »

Vulnérabilité : désarroi, doute, détresse, exaspération. Chacun l'éprouve ensemble ou à tour de rôle.

Contrat : Négociations. Compromis. Responsabilités.

Solidarité : Les enfants attendent de leurs parents une grande solidarité. Transmission des repères : « Moi aussi quand j'étais jeune... »

Pudeur : pudeur des parents, pudeur de l'enfant, dans les mots, les attitudes. La nudité pour chacun n'est pas de mise, ni la douche ou le bain en commun. Aucune intrusion : frappez à sa porte avant d'entrer.

Discrétion : ne racontez pas à vos amis sa vie amoureuse. Ne lui racontez pas la vôtre. Ne fouillez pas dans ses affaires et ne rangez pas sa chambre sans lui.

Tolérance : bienveillance, patience.

Gaieté : optimisme, enthousiasme. Luttez contre le pessimisme ambiant et la mauvaise humeur.

Conclusion

Votre enfant est devenu adolescent, jeune adulte, « adulescent », il est prêt à prendre son autonomie, à se détacher de vous. Il sera fier d'avoir des parents qui s'occupent d'eux-mêmes et ne se laissent pas aller. Il a besoin de votre force et de votre entrain : dans le monde professionnel, vous êtes un modèle. Il sera ému de percevoir votre bienveillance à l'égard de vos proches ou de ceux qui souffrent.

Ne renoncez jamais à être parent au jour le jour : n'attendez pas de la reconnaissance à chaque instant... peut-être plus tard, beaucoup plus tard. Vous avez été sa base de sécurité, il a besoin de vous, de votre affection, de votre confiance, de votre sollicitude même s'il vous fait croire le contraire. Il doit rester convaincu qu'il compte pour vous et qu'il peut compter sur vous.

Pour en savoir plus sur comment être parents d'adolescents, reportez-vous page 252.

5 En savoir **plus**

14. Bases éducatives pour parents modernes

Pleux D., *De l'enfant roi à l'enfant tyran*, Paris, Odile Jacob, 2002 ; « Poches Odile Jacob », 2006.

Pleux D., *Manuel d'éducation à l'usage des parents*, Paris, Odile Jacob, 2004 ; « Poches Pratique », 2006.

Pleux D., *Génération Dolto*, Paris, Odile Jacob, 2008.

Sites Internet

Centre de remédiation cognitive et éducative comme l'Institut français de thérapie cognitive de Caen, site Internet : www.institut-ret.com

15. Aider l'enfant timide

Lacombe F,. *Et si on parlait à table*, Paris, Dunod, 2003.

Vera L., George G., *Soigner la timidité chez l'enfant et l'adolescent*, Paris, Dunod, 2005.

16. Rassurer l'enfant inquiet

Servant D., *L'Enfant et l'Adolescent anxieux. Les aider à s'épanouir*, Paris, Odile Jacob, 2005.

George G., *La Confiance en soi de votre enfant*, Paris, Odile Jacob, 2007.

17. Aider l'enfant triste

Mouren-Siméoni M.-C., Klein R. G. (sld), *Les Dépressions chez l'enfant et l'adolescent*, Paris, Elsevier-Masson, « Expansion scientifique publications », 1997.

Vera L., *Pour aider votre enfant à retrouver le sourire*, Paris, Odile Jacob, 2008.

18. Aider l'enfant en difficulté scolaire

Bastien C., Bastien-Toniazzo M., *Apprendre à l'école*, Paris, Armand Colin, 2004.

Catheline N., *Psychopathologie de la scolarité*, Paris, Masson, 2003.

Pleux D., *« Peut mieux faire ». Remotiver son enfant à l'école*, Paris, Odile Jacob, 2003; « Poches Pratique », 2008.

Revol O., *Même pas grave. L'échec scolaire, ça se soigne*, Paris, Jean-Claude Lattès, 2006.

Siaud-Facchin J., *L'Enfant surdoué. L'aider à grandir, l'aider à réussir*, Paris, Odile Jacob, 2002 ; « Poches Pratique », 2008.

Siaud-Facchin J., *Aider l'enfant en difficulté scolaire*, Paris, Odile Jacob, 2006 ; « Poches Odile Jacob », 2008.

Le bilan psychologique

Pour plus de détails sur le bilan psychologique, sa pratique, les tests qui le composent, Centre français de diagnostic et de prise en charge des troubles des apprentissages scolaires : www.cogitoz.com

Les associations de parents

Pour les dyslexiques :

Association des parents d'enfants dyslexiques (Apedys) : www.apedys.org

Pour les dyspraxiques :

Dyspraxiques mais fantastiques (DMF) : www.dyspraxie.org et http://dyspraxie.info

Pour les troubles d'hyperactivité :

HyperSuper : www.thada.org et www.tdah-france.fr et www.tdah.be

AFPEDAH : http://fr.groups.yahoo.com/group/afpedah

Pour les surdoués :

Association nationale pour les enfants intellectuellement précoces (ANPEIP) : www.anpeip.org

Association française des enfants précoces (AFEP) : www.afep.asso.fr

Association des enfants précoces (AEP) : www.aep95.org

19. Être parents d'adolescents

Brunet C., Sarfati A.-C., *Petits Tracas et Gros Soucis de 8 à 12 ans. Quoi dire, quoi faire ?*, Paris, Albin Michel, 2004.

6 TRAVERSER LA VIE

surmonter ses épreuves

La vie, quelle aventure! Parfois tragique, lorsque l'adversité ou le deuil croisent notre chemin. Parfois logique, lorsqu'on prend conscience que le temps passe, que l'on va vieillir bientôt ou que c'est déjà fait. Et que nous devons alors changer, nous adapter, et rester sereins face à ce que nous n'avons pas forcément souhaité...

20

Dr Françoise Millet-Bartoli

La crise du milieu de la vie

Qui n'a pas entendu au moins une fois l'expression « crise de la quarantaine (ou de la cinquantaine) » ou « crise du milieu de la vie » ? Celle-ci désigne en général des comportements inhabituels chez un homme ou une femme dont la trajectoire affective ou professionnelle, quand ce n'est pas les deux, prend en plein âge adulte un tour inattendu. On parle même de phénomène de société. Cette crise ne prend pas toujours des allures bruyantes, mais c'est une période de changements importants. Quelles sont les principales manifestations de cette crise ? Est-elle liée à des événements particuliers ? Comment faire face aux bouleversements que l'on ressent en la traversant ? Comment en ressortir plus en accord avec soi-même, plus fort, plus heureux ? Comment réagir lorsqu'elle concerne une personne de son entourage ?

La crise du milieu de la vie : de quoi s'agit-il ?

Sentiment d'enfermement ou d'inutilité, étape de désillusion, impression de finitude ou révolte tardive, la crise du milieu de la vie peut prendre des aspects divers aux accents de doute et de remises en question personnelles ou professionnelles.

« Je ne supporte plus tout ce qu'on attend de moi. J'ai passé ma vie à être conforme, à faire plaisir, à mes parents, à ma femme, à ma belle-famille et même à mes collègues de travail. J'ai l'impression de ne plus exister. »

« Depuis que mes enfants sont partis, je ne sais plus quoi faire de mon temps. Même mon travail me paraît dérisoire alors qu'il m'intéressait, enfin je croyais... Je me demande pourquoi on vit . Même mes convictions religieuses me paraissent sans intérêt. »

« Ça s'est installé progressivement, l'impression d'être prisonnier, enfermé dans ma vie. Il n'y a pas de femme là-dessous. J'avais envie de tout quitter, de partir loin et surtout seul pendant quelque temps. »

Le milieu de la vie : une étape ?

Il ne s'agit bien évidemment pas d'un milieu arithmétique, d'une date précise, mais d'un moment symbolique. Les études psychosociologiques, les œuvres littéraires, tout comme le bon sens populaire situent entre 40 et 50 ans une phase de changements importants dans la vie adulte. « Tournant de la vie », « midi de la vie », « entre deux âges », « milieu de l'âge », « fleur de l'âge », « âge mûr », différentes métaphores évoquent cette idée d'une étape, d'une transition. Des statistiques montrent que la « transition de la mi-vie » dure en moyenne cinq ans, entre 38 et 47 ans, l'âge médian de la crise, si elle survient, se situant autour de 45,5 ans.

Au-delà des chiffres, le milieu de la vie se caractérise par une modification du rapport de l'être humain au temps ; il correspond au moment où l'individu mesure sa trajectoire dans la vie, fait un bilan du chemin parcouru jusque-là, et prend conscience de son inscription dans son histoire familiale, entre la génération qui le précède et celle à venir.

Le milieu de la vie n'est pas une date précise mais un moment symbolique.

Une crise ou une transition ?

Généralement, l'idée de crise évoque un bouleversement, un ensemble de changements à connotation plutôt dramatique. La crise du milieu de vie n'y échappe pas : on pense d'emblée au démon de midi et au cliché qui s'y rattache, celui du quadra- ou du quinquagénaire quittant femme et enfants pour une nouvelle vie, avec l'aspect destructeur que cela comporte.

Cependant, à côté de cette version, il existe de nombreuses autres manifestations. Même si elles sont moins spectaculaires, elles témoignent de la rupture d'un équilibre de vie jusque-là relativement bien établi. Ainsi les études psychosociologiques définissent-elles la crise du milieu de vie comme une période instable déterminée par la prise de conscience douloureuse du vieillissement et de l'inéluctabilité de la mort propre à nos sociétés postindustrielles. Cela entraîne au minimum une sorte de crise d'identité dont l'intensité variable conditionne les répercussions sur le cours de la vie.

Combien d'entre nous concerne-t-elle ? Certaines études avancent que 17,7 % des hommes et 20,7 % des femmes se sentiraient concernés. D'autres soutiennent qu'elle atteint inconsciemment chacun d'entre nous, y compris ceux qui n'en laissent rien paraître. Rien ne permet de dire qu'elle constitue un passage obligé de l'âge adulte, mais un nombre suffisamment grand d'observations cliniques montrent que cette période de la vie est un moment de changements importants, physiques et psychologiques, susceptibles de s'organiser en une crise comparable en certains points à l'adolescence.

Quelques facteurs de crise

Le temps qui passe

La vie jusque-là s'organisait autour d'activités tournées vers l'avenir, amoureuses, professionnelles, familiales ou amicales. Peu à peu surgit une prise de conscience : celle des limites de l'existence et de l'amenuisement du futur. Celle-ci vient faire échec à l'illusion de pouvoir réaliser tous nos rêves et nos projets. Et, avec la découverte de ce décompte, c'est la réalité de la mort qui se précise et devient une anticipation plus concrète. Bien souvent, la mort d'un proche joue un rôle déclenchant, en particulier celle de ses propres parents.

Les trahisons du corps

Premières rides, premiers cheveux blancs, quelques muscles plus flasques, un léger embonpoint ou la vue qui baisse… l'apparition de ces premiers clignotants nous confronte autour de la quarantaine à ce vieillissement qui devient de nos jours si socialement incorrect. Certains d'entre nous l'acceptent avec sagesse ou résignation, d'autres le vivent comme un drame personnel et mettent en œuvre tout ce que notre société met à notre disposition pour rester jeune,

de la salle de gymnastique à la musculation et de la cosmétique à la chirurgie esthétique.
Sexuellement, c'est aussi l'heure des changements, là encore vécus différemment : déclin pour les uns, renaissance pour d'autres. Chez les femmes, la ménopause s'annonce, avec son cortège de désagréments et de retentissements sur le désir et le plaisir, et surtout la fin des capacités d'être mère, ce qui pour certaines représente un véritable deuil. Chez les hommes, la notion d'andropause reste controversée sur le plan médical. Mais, d'un côté comme de l'autre, qu'il s'agisse de flux hormonaux, de lassitude ou de la crainte de ne plus séduire, c'est l'heure des inquiétudes, du Viagra et de la consultation sexologique, seul ou en couple. À l'opposé, la sexualité peut connaître une véritable renaissance, et le fameux démon de midi déjà évoqué (qui ne concerne pas seulement les hommes d'ailleurs) en est un témoignage.

L'adulte entre deux générations

L'adulte à cette période de la vie se retrouve fréquemment aux prises avec deux générations, celle de ses parents qui vieillissent et qu'il faut parfois prendre en charge, et celle de ses adolescents qui sont à eux seuls une source de remises en question et de déstabilisation. L'adolescent en crise s'oppose plus ou moins durement à ses géniteurs, ce qui est en soi une étape constructive, mais qui bouscule les certitudes que l'on pouvait avoir jusque-là quant à son éducation. Même s'il ne traverse pas une crise bruyante, l'adolescent impose à ses parents un double travail de détachement : renoncer au petit enfant affectueux qu'il était et aux idéaux qu'ils avaient projetés sur lui et dont il s'éloigne, soit par son parcours scolaire, soit par ses choix. Si bien que dans de nombreux cas on peut parler de « crise parentale » en écho. Enfin, n'oublions pas que l'éclosion de la sexualité de l'adolescent peut réveiller chez ses parents bien des questions sur la leur, et donner lieu à des attitudes aussi extrêmes qu'un contrôle très répressif (des sorties, des fréquentations) ou au contraire une grande permissivité et un désir excessif de complicité, qui traduisent dans tous les cas un même type d'anxiété (celle de voir son enfant s'échapper et celle aussi de le voir comme un rival qui vous met sur la touche).

Les combats au travail

Le domaine professionnel peut aussi devenir à cette période un lieu de turbulences. Tout dépend bien sûr du métier que l'on exerce. Ainsi, les professions libérales ou les cadres supérieurs « à capital culturel » considèrent davantage que leur situation s'est améliorée alors que les salariés estiment se trouver soumis autour de la quarantaine à des changements subis et plutôt défavorables. Mais, quelle que soit la situation, la sphère professionnelle devient elle aussi l'objet de remises en question : des *workaholics*, ces fameux drogués du travail, prennent conscience que leur métier dévore leur vie privée, des hommes et des femmes touchés par le chômage se sentent exclus et non reconnus car les conditions de reclassement deviennent désormais plus difficiles, d'autres enfin, qui ont pourtant réussi « sur le papier », se sentent enfermés dans une routine ou dans des choix qu'ils estiment ne pas avoir été pleinement les leurs au début de leur carrière. L'insatisfaction se traduit quelquefois par des maux corporels que les médecins du travail connaissent bien et qui conduisent à des arrêts de travail itératifs.

Comment la reconnaître ?

Qu'elle soit bruyante ou non, la crise du milieu de la vie s'exprime sur le plan psychologique par des manifestations variables, allant d'une impression de mal-être de quelques mois à des troubles psychiques qui sont parfois le prix à payer pour en sortir.

Des formes discrètes

On parle généralement de forme discrète quand le vécu de changement est uniquement « intérieur », sans retentissement sur la vie socioprofessionnelle ; ces formes passent presque inaperçues, sauf pour l'entourage très proche. Voici ce qu'en dit un homme de 42 ans venu consulter sur les conseils de son ami d'enfance :

« C'est un sentiment difficile à définir, une impression de discontinuité dans ma vie, d'interruption... comme si je regardais ma vie derrière une vitre. »

D'autres parlent d'une impression de « finitude » ou d'enfermement (dans son couple, dans son travail), ou encore d'une période d'interrogation douloureuse sur la difficulté soudaine à donner du sens à sa vie.
Ces formes-là ne relèvent pas de la pathologie, mais entraînent un degré de souffrance tel qu'elles peuvent amener à demander une aide psychothérapique. Elles évoluent sur quelques mois, souvent déclenchées par un événement en apparence banal (problème de santé, éloignement affectif, difficultés professionnelles), jusqu'à ce que des réaménagements se mettent en place et débouchent sur des projets ou des investissements personnels nouveaux.

Des manifestations dépressives

Quelle que soit leur intensité, on peut dire que les phénomènes dépressifs constituent le noyau central de la crise du milieu de vie.

Les dépressions caractérisées

Elles comportent les mêmes symptômes que n'importe quelle autre dépression (tristesse durable et continue, ralentissement intellectuel et psychomoteur, perte de tout désir et de tout plaisir, troubles de l'appétit et du sommeil). Tous les degrés de sévérité existent, jusqu'aux formes graves avec idées ou comportements suicidaires.

Les tristesses dépressives

Derrière cette dénomination particulière se cache un ensemble de symptômes d'allure dépressive qui posent justement le problème de la frontière avec une dépression tant ils lui ressemblent.
Il s'agit d'un malaise existentiel qui selon les cas s'exprime par une morosité comparable à celle décrite chez l'adolescent, par des éléments de nostalgie du passé, qui infiltrent la vie affective, ou par des attitudes de renoncement ou de démission, sorte de désinvestissement des différentes activités relationnelles et sociales.

D'autres signes révélateurs

Les troubles anxieux

L'anxiété, qui accompagne presque toujours à des degrés divers la dépression, peut à elle seule occuper le devant de la scène. Que ce soit sous forme d'insomnies, d'anxiété généralisée, de troubles phobiques ou obsessionnels, ce sont autant de manifestations susceptibles de se déclarer, traduction d'une rupture d'un équilibre existentiel.

Les conduites toxicomaniaques

L'alcoolisme, on le sait, peut commencer à la quarantaine, refuge contre l'anxiété, le sentiment de vide existentiel et la dépression. Il comporte un risque de dépendance identique aux autres âges. Il en est de même pour d'autres produits parmi lesquels les produits *amphetamine-like* comme la cocaïne, dont les vertus euphorisantes et dynamisantes peuvent attirer des quadragénaires en quête d'une nouvelle jeunesse et de nouvelles sensations.

Quand le corps parle

Quelquefois c'est à travers le corps que s'exprime la crise, notamment par des troubles psychosomatiques et hypocondriaques. L'ulcère de l'estomac du chef d'entreprise stressé par ses résultats, les craintes d'une maladie alimentées par des troubles somatiques que des examens médicaux répétés ne parviennent pas à rassurer se manifestent avec prédilection à cette période de la vie.

Comment rendre cette étape salutaire ?

Comment réagir ?

Comment bien traverser ce moment difficile ? Doutes, regrets, remises en question sont au rendez-vous, avec dans certains cas le sentiment de ne pas avoir fait les bons choix de vie, d'avoir fait fausse route, dans son couple ou dans sa vie professionnelle.

Chacun fait face avec ses armes. Ainsi, certains choisissent de bouleverser leur vie, de quitter une partie d'eux-mêmes en reniant leurs choix dans un mouvement quelque peu destructeur qui peut, s'il est trop brutal ou mal préparé, entraîner des dégâts pour soi et pour l'entourage, et ne rien régler du tout. Marie en a fait ainsi l'amère expérience, après avoir quitté ce qu'elle qualifiait de prison familiale, sans avoir mesuré les répercussions sur ses enfants qui ont pris le parti de leur père. Aujourd'hui adolescents, ils vivent avec lui, viennent la voir de temps en temps, mais la maison est le plus souvent vide et la vie elle aussi lui semble vide de sens.

D'autres vont s'efforcer de trouver des solutions plus harmonieuses, sans rompre avec le passé : en essayant de modifier certains aspects de leur mode de vie, de réorienter leur activité professionnelle, en développant des formes de créativité personnelle en adéquation avec leurs aspirations. Cela prend du temps, car les changements au milieu de la vie ne s'improvisent pas. Entre la peur de la nouveauté et celle de quitter un terrain connu, quand bien même celui-ci n'est plus satisfaisant, ces changements peuvent nécessiter des détours, des tentatives décevantes et des passages à vide :

Face à la crise, chacun fait face avec ses armes.

Fabien, 42 ans, enseignant, a quitté le domicile conjugal pour s'installer dans une pièce inoccupée de la maison de ses parents. Depuis plusieurs mois déjà il se sentait enfermé dans sa vie de couple, sans aucune envie, exaspéré par les changements de comportement de ses adolescents, enfermé aussi dans la routine de son travail . « Je m'enfermais dans mon bureau chez moi, je passais des heures devant mon ordinateur à ne rien faire, mais là au moins on me laissait tranquille. » Il lui a fallu près d'un an malgré l'inconfort de cette situation (en particulier celui de retrouver l'autoritarisme de ses parents) pour parvenir à mettre un terme à ses hésitations quant à la suite à donner à sa vie, retrouver le goût de vivre et pour finir reprendre le chemin de sa propre vie familiale après de longues et souvent douloureuses discussions avec sa femme. « Pour la première fois je crois, j'ai réussi à me détacher de mes parents, de ce qu'ils pensent ; cette période a été très difficile pour ma femme, mais ça l'a aidée elle aussi à changer ses relations avec ses propres parents qui intervenaient négativement dans notre vie. »

Jacques, architecte, a décidé après quelques années d'hésitation à quitter son métier et sa réputation pour se consacrer à l'ostréiculture. Le voici maintenant heureux, et les problèmes de dos qui le faisaient tant souffrir le laissent maintenant tranquille malgré l'aspect physique de son travail. S'il y est parvenu, c'est en partie grâce à son épouse qui a accompagné son projet et l'a aidé à faire la transition sur le plan financier. Un virage à 180° en somme, à risque, mais resté dans le domaine professionnel et soutenu par son entourage.

ÉVALUEZ-VOUS : COMMENT GÉREZ-VOUS LES CRISES ?

Le test suivant vous permet d'évaluer de manière simple votre rapport aux préoccupations d'ordre psychologique, votre façon de gérer les difficultés de la vie, votre rapport aux crises. La façon dont vous abordez cette période de votre vie, votre vision de votre parcours ont bien sûr aussi leur importance.

	Oui	Non
1. Savez-vous prendre du temps pour réfléchir seul à votre vie sans que cela vous angoisse ?	☐	☐
2. Avez-vous dans votre entourage au moins une personne proche avec laquelle vous pouvez parler de sujets personnels sans crainte d'être jugé ?	☐	☐
3. Pensez-vous que le fait de parler de vos problèmes personnels à quelqu'un de neutre peut vous aider ?	☐	☐
4. En dehors des domaines professionnel et familial, avez-vous des activités qui vous permettent de vous évader ou de vous exprimer (artistiques, sportives, culturelles ou manuelles...) ?	☐	☐
5. Avez-vous déjà traversé une ou des épreuves psychologiques et estimez-vous qu'elles vous ont aidé à progresser ?	☐	☐
6. Pensez-vous que c'est dans la deuxième partie de l'âge adulte que l'on peut enfin devenir soi-même ?	☐	☐

Résultats

***Si vous avez répondu « oui » à 4 questions au moins**, vous êtes capable, en cas de crise, de suffisamment de recul pour analyser la situation et réfléchir à des solutions, ou bien vous pouvez vous appuyer sur votre entourage.*

***Dans le cas contraire**, vous êtes peut-être moins préparé à gérer des interrogations personnelles et moins confiant aussi dans l'aide que peuvent vous apporter les autres. N'hésitez pas à vous ouvrir.*

Vous pouvez aussi puiser des sources de satisfaction, de reconnaissance et de créativité dans certains domaines (amicaux, professionnels) qui ne demandent qu'à être explorés.

QUELQUES PISTES POUR VOUS GUIDER

« Je sais ce qu'il y a sur la rive que j'ai quittée, mais je ne connais pas l'autre rive, ça me fait peur, je ne peux ni avancer ni reculer », explique Fabien, 42 ans, après avoir quitté le domicile conjugal dont il se sentait prisonnier, mais sans trop savoir quelle nouvelle direction prendre.

Pour vous aider à prendre de la distance vis-à-vis de ce que vous ressentez, voici quelques suggestions :

• Réfléchissez à votre parcours (personnel, professionnel) en prenant soin d'insister autant sur ce que vous avez accompli de positif que sur vos déceptions ou vos échecs (prenez des notes éventuellement).

• Repensez à votre adolescence : avez-vous fait une crise d'adolescence en vous opposant à vos parents ou à leurs valeurs ou avez-vous eu une adolescence en apparence calme ?

• Comment avez-vous fait ensuite les choix importants de votre vie : avez-vous suivi une passion, avez-vous au contraire été influencé fortement par les autres (parents, enseignants, milieu social...) au point de ne pas avoir fait de choix vraiment personnel ?

• Parmi les domaines dans lesquels vous regrettez de ne pas vous être accompli(e) par le passé, vers lesquels pourriez-vous vous diriger sans tout recommencer à zéro (jouer d'un instrument de musique, activité sportive ou culturelle, danse, photographie...) et que vous pourriez pratiquer seul ou avec d'autres ?

Ces questions posées à vous-même et les réflexions qu'elles entraîneront vous permettront déjà d'avancer seul dans cette période difficile. Une aide psychothérapique peut aussi vous être utile.

Quand demander une aide thérapeutique ? Que peut-on en attendre ?

Quand aller consulter ?

• Si vous n'osez pas parler à votre entourage de ce que vous ressentez (par difficulté à parler de vous, par pudeur ou par crainte d'être mal compris).

• Si vous avez le sentiment que ce que vous ressentez est anormal.

• Si vous avez besoin d'un regard neutre pour prendre une décision de changement dans un domaine de votre vie.

• Si votre mal-être retentit sur votre vie quotidienne.

Un soutien psychothérapique permet prioritairement :

• de comprendre la réalité de la crise et sa traduction par des manifestations de nature psychique et si besoin de rassurer quant à la « normalité » de ce que l'on ressent ;

• de comprendre le pourquoi de ces remises en question et ce qu'elles mobilisent du passé, par exemple en réfléchissant à la manière dont on a pu (ou pas) orienter ses choix de vie professionnels ou amoureux au sortir de l'adolescence ;
• de trouver des « portes de sortie » et même de réaliser ce que cette crise peut avoir de constructif, en devenant une étape de maturation où l'on s'approprie vraiment sa vie, son avenir ; le terme de « maturescence » a d'ailleurs été proposé par analogie avec l'adolescence pour évoquer cette véritable crise d'identité que peut être la crise de milieu de vie.

« Je commence à me réconcilier avec moi-même et j'attends moins des autres », dit une femme de 48 ans qui a le sentiment de « tracer enfin sa route ».

« La pensée du suicide m'a traversée plusieurs fois, aujourd'hui j'ai l'impression de renaître, j'ai appris à me laisser aller, à ne plus chercher la perfection chez les autres ni chez moi », dit une autre quadragénaire.

Quant à Étienne, il a pu à 41 ans assumer son homosexualité, même s'il ne peut pas en parler ouvertement à sa famille : « Je me sens en accord avec moi-même. »

Une aide médicamenteuse peut également se révéler utile, voire nécessaire lorsque des troubles dépressifs notamment, ou anxieux, se sont installés. Ils peuvent, en apaisant des symptômes invalidants (troubles du sommeil, anxiété envahissante, idées noires), favoriser une meilleure participation à cet accompagnement.

Comment réagir face à un proche en crise ?

Il n'est pas toujours facile non plus pour l'entourage de vivre ce passage, notamment pour le conjoint dont le partenaire est en crise. « On ne dirait plus la même personne », entend-on dire fréquemment. Ou : « Je ne sais plus comment réagir, je ne sais pas quelle est la meilleure façon de l'aider. » Ou encore : « On dirait un adolescent. » La crise du milieu de vie, si elle n'est pas au départ une crise de couple, le devient souvent dans un deuxième temps. Savoir écouter, interroger, suggérer des idées peuvent apaiser et aider l'autre à trouver des solutions. Sont à proscrire les attitudes autoritaires ou culpabilisantes (« Tu cherches des complications », « Tu ne sais jamais ce que tu veux », « C'est de ta faute si tu en es là »)

La situation est encore plus douloureuse dans le cas du couple lorsque le conjoint en crise rejette ses difficultés sur l'autre, et le désigne comme le bouc émissaire de ses insatisfactions. Ainsi s'exprime un patient de 49 ans venu consulter en grand désarroi devant les changements récents et les accusations de son épouse :

« Ma femme se comporte comme une adolescente depuis quelques mois, maintenant elle me reproche d'avoir imposé mes choix dans le couple, elle m'accuse de tout, elle finit par me reprocher d'être moi-même. »

Pour le conjoint accusé, même s'il a des torts ou des défauts comme dans n'importe quel conflit, la difficulté est de comprendre que la crise de l'autre vient se cristalliser sur lui et qu'elle englobe bien d'autres insatisfactions. Mais comprendre ne veut pas dire tout accepter…

À retenir

La crise du milieu de la vie, comme la crise d'adolescence, peut prendre des allures variées et ne signifie pas forcément une rupture totale avec l'existence que l'on menait jusque-là.

Elle peut ne rien changer ou amener à prendre des décisions qui à long terme ne résoudront pas les insatisfactions. Mais comme n'importe quelle crise, elle comprend des aspects salutaires, y compris lorsqu'elle se traduit par une dépression ; elle peut devenir l'occasion de mieux vivre la « deuxième » partie de sa vie, de mieux se connaître en se détachant du regard des autres, et de trouver un équilibre plus harmonieux entre renoncements et aspirations nouvelles.

Pour en savoir plus sur la crise du milieu de la vie, reportez-vous page 306.

21

Dr Hélène Duchesne et Dr Nicolas Duchesne

Accueillir le vieillissement

Et si, au XXIe siècle, le troisième âge devenait un nouveau temps de réalisation personnelle, sous réserve de bonnes conditions de santé et de revenus ? De nombreux exemples montrent que vieillir heureux s'avère possible.
Alors, en bousculant quelques idées rouillées, partageons les lignes directrices d'un nouvel épanouissement. Ce chapitre associe nos expériences de médecin gériatre et de psychiatre psychothérapeute puisqu'en vieillissant, corps et esprit s'ajustent l'un à l'autre.

Un nouveau regard sur le troisième âge

Le regard que nous portons sur notre condition influence considérablement notre vécu et nos réactions, comme nos expériences de soignants nous le confirment chaque jour.
Certes, vieillir physiquement est une épreuve, mais la vieillesse peut ne pas se résumer à subir inéluctablement la dégradation du corps, ni à se replier et vivre en marge. Pendant une période parfois longue, la vieillesse est un nouvel espace de vie disponible, plus libre, affranchi d'une partie des corvées de l'âge adulte : allègement des rôles sociaux et professionnels, fin des rythmes effrénés imposés aux actifs, suppression des impératifs de productivité, diminution des charges de soutien de famille… Comment réussir cette mutation ? Car une vieillesse réussie enrichit toute une famille : voyez plutôt ces effusions de joie partagée entre tant de grands-parents et petits-enfants à chaque période de vacances, dans les gares et les aéroports. Souvenez-vous, peut-être, de l'importance de ces aînés dans votre parcours de vie ou

prêtez attention à ces nouveaux sexa- ou octogénaires heureux de cette vie nouvelle offerte par la longévité[1].
En comprenant mieux les mécanismes et les difficultés spécifiques du vieillissement, les options constructives apparaissent naturellement.
Les autres étapes de la vie sont victimes du point de vue hégémonique de l'âge adulte, ce qu'on appelle l'« adultomorphisme ». Tel enfant « nous fait un caprice » quand il exprime son malaise en termes comportementaux; tel adolescent « se montre rebelle » alors qu'il traverse l'étape normale de séparation-individuation...
Le regard habituel sur le vieillissement, construit par comparaison réductrice avec l'étape adulte, se focalise sur la notion de perte de force, de vitalité, de fléchissement des aptitudes. Ceci est compréhensible... mais néglige les potentialités réelles et les réaménagements psychiques qui se mettent en route avec l'âge[2]. Les aptitudes physiques et psychiques sont très longtemps maintenues si elles sont entretenues et en l'absence de pathologies spécifiques. D'autre part, les envies changent, les objectifs personnels se modifient, la sensibilité aussi. Julien Gracq, peu avant sa mort, à 90 ans, répondait à un interviewer : « La jeunesse n'est pas forcément une période heureuse : des foules de possibilités s'ouvrent chaque jour, d'où l'impression qu'on a de manquer des opportunités intéressantes... Ce qui rend la vieillesse supportable, c'est que les désirs se modèlent beaucoup plus sur les possibilités. »

« J'ai consacré toute ma vie à mes proches et à mon travail, disait Denise en ce sens. Maintenant, en dépassant avec légèreté mes petits tracas de santé, c'est pour moi. »

Un premier contact parfois choquant

Chronologiquement, nous rencontrons le vieillissement à travers les autres. Nous pouvons avoir été choqués du spectacle de grands états régressifs de certaines fins de vie, période qui ne constitue, à notre sens que l'ultime conclusion, du long processus de vieillissement. Mais certaines empreintes nous marquent profondément. Le bouleversement des

rôles au sein de la famille, à savoir « devenir le parent de ses parents », les crises au sein des fratries puis la disparition de la génération du dessus sont aussi des éléments d'entrée dans cette nouvelle étape de vie ou d'interpellation sur la venue de la mort.
De même, nul n'oublie la première défaillance de ses forces : la notice qu'on ne réussit plus à lire, même à bout de bras, ces rides qui envahissent notre visage, l'épuisement qui survient pour si peu... Voilà le premier signal physique de l'échéance mortelle, loi impérative, annoncée depuis l'origine mais confuse à la conscience et imprévisible. Un ressenti différent de l'existence débute alors, que l'on pourrait appeler germe du vieillissement, qui engage un nouveau processus de maturation psychologique[3].

Pour les jeunes seniors, un véritable espace de vie avant le quatrième âge

Chacun sait qu'avec l'augmentation fantastique de l'espérance de vie (en France, elle avoisine les 80 ans – précisément 76,7 ans pour les hommes et 83,8 ans pour les femmes), la vieillesse est véritablement devenue l'« avenir de l'homme[4] ». Distinguons nettement les jeunes seniors du troisième âge, 65-80 ans approximativement, pleins de vitalité, mais exclus précocement de l'emploi, et les personnes âgées dépendantes du quatrième âge, second volet que nous n'aborderons pas tant il y aurait à développer[5].

L'augmentation fantastique de la longévité nous offre un nouvel espace de vie.

L'augmentation fantastique de la longévité nous offre depuis peu ce nouvel espace de vie ; à notre charge de l'investir avec inventivité. L'exemple d'aînés épanouis, harmonieux, nos vieux sages de référence, se révèle précieux pour repousser des représentations majoritairement péjoratives : le Mahatma Gandhi fut une référence marquante pour son peuple jusque dans son grand âge ; plus proches, Clint Eastwood, mère Teresa ou nos académiciens nous prouvent que créativité et dynamisme peuvent demeurer avec l'âge.

Le vieillissement normal ne comporte pas de handicap intellectuel ou somatique

Les études scientifiques montrent clairement que les altérations somatiques et intellectuelles dues spécifiquement à l'âge sont relativement bénignes jusqu'à 80 ans[6]. Elles permettent le plus souvent à un individu de rester actif d'une manière acceptable pour lui et pour ses proches. Évidemment, des écarts importants sont dus aux variations individuelles (capital génétique, impact des habitudes de vie et effet des traumatismes de la vie).

L'inéluctable usure du temps...

Certes, la peau devient souvent ridée, desséchée et fragile. Poils et cheveux grisonnent et se raréfient. La taille et le poids diminuent. Les dents se gâtent et peuvent tomber. Les périmètres abdominaux et thoraciques augmentent. Des cellules graisseuses et du tissu fibreux envahissent les muscles, et la force musculaire diminue : la musculature est réduite de moitié environ à 80 ans. Le cœur et les poumons connaissent des altérations cellulaires, les vaisseaux subissent la progression de l'athérosclérose. La densité des os décroît avec l'âge, davantage chez la femme...

Les appareils de la reproduction connaissent une usure avec un arrêt complet pour les femmes (la ménopause) et un « fléchissement » retardé mais progressif chez l'homme. Ce domaine, sensible aux comparaisons, rappelle les parts complémentaires des facteurs génétiques et des facteurs d'environnement dans le processus global de vieillissement : la sexualité dépend beaucoup de l'état de santé et de la présence d'un partenaire sexuel actif. Les observations montrent que l'activité sexuelle a tendance à rester relativement stable aux âges moyens et avancés de la vie. Une petite proportion des seniors de plus de 65 ans conservent (là encore, on vieillit beaucoup comme on a vécu), voire augmentent leur activité sexuelle régulière.

Les rythmes biologiques et circadiens se dérèglent lentement du fait de modifications cérébrales : le sommeil est naturellement réduit, avec des endormissements plus difficiles et des réveils nocturnes. La régulation thermique est moins bonne, l'odorat et le goût diminuent progressivement (aggravés par le tabac, certaines carences nutritionnelles et certains médicaments, dont il convient d'ajuster les doses).

L'audition et la vue connaissent probablement les usures les plus précoces[7] qui nécessitent des examens et une démarche de prise en charge.

CARACTÈRES DU VIEILLISSEMENT HEUREUX[8]

- Handicap minime, surtout si compensé avec habileté par des stratégies personnelles.
- Bonne santé mentale et conservation du respect de soi.
- Maintien d'activités physiques et intellectuelles.
- Poursuite de son style de vie.
- Satisfaction de vie (stabilité socio-économique, maintien de fonctions sociales, voire travail, etc.).

Les capacités intellectuelles

Les études scientifiques ont montré qu'il n'existe pas de chute importante uniquement due à l'âge avant 80 ans. Dans certains domaines, on enregistre une diminution de rendement, par exemple, une difficulté pour enregistrer rapidement une information nouvelle, alors que dans d'autres domaines on constate, jusqu'à un âge avancé, une augmentation possible de certaines habiletés, par exemple, la résolution de problèmes de synthèse relevant de l'expérience et de connaissances étendues[9]. La créativité ne disparaît pas, pouvant, associée à la compétence et au talent, produire de grandes œuvres.

QUELQUES CHEFS-D'ŒUVRE DE LA VIEILLESSE

Igor Stravinski compose le *Requiem Canticles* (œuvre chorale) à l'âge de 84 ans ; Pablo Picasso peint jusqu'à sa mort à 92 ans ; quant à Bertrand Russel, il rédige *L'Art de philosopher* à 96 ans !

Ce qui n'est pas entretenu se perd

Les capacités intellectuelles, comme physiques, du sujet âgé dépendent considérablement de leur utilisation à l'âge adulte[10] mais, point essentiel, celles qui ne sont pas utilisées dépérissent !

Selon plusieurs études, il est également faux d'imputer au vieillissement la diminution du dynamisme et de l'aptitude à communiquer. Ces déficits, à l'origine de changements négatifs du caractère, sont en fait causés par des événements douloureux (veuvage ou perte proche, « syndrome du nid vide », mauvaise santé ou coupures sociales). Les traits de personnalité demeurent plutôt stables, mais le seuil émotionnel s'abaisse fréquemment.

À 92 ans, Léo écoute chaque matin de la musique pendant plusieurs heures, et, après un repas savamment équilibré et un petit repos, il sort marcher d'un pas soutenu. Il suit l'actualité judiciaire récente avec la même passion qu'au cours de sa vie de magistrat. Certains de ses amis, avec lesquels il entretient une correspondance régulière, recourent parfois à ses avis pertinents et pondérés.

Comprendre les processus psychologiques à l'œuvre

Les modifications corporelles focalisent notre attention alors que les réaménagements psychiques permettent des adaptations et des rebondissements passionnants. Les processus psychiques de la vieillesse gèrent la douloureuse tension entre la persistance de nos désirs et le constat de nos insuffisances progressives, entre la dimension de nos projets et l'affaiblissement de nos forces, entre ce qu'on voudrait encore réaliser et le manque de temps[11].

Comme on a vécu, on vieillit

Avec l'avancée en âge vont se succéder des crises que notre psychisme accueille et résout en fonction de ce qu'il est, de son histoire[12]. Ces crises intérieures revisitent les étapes fondatrices de soi, dans la petite enfance, où déjà les désirs se confrontaient à nos limites et à celles de la réalité environnante.

La qualité de nos assises à ces différentes étapes détermine notre adaptation à cette nouvelle tranche de vie. Notre façon de vieillir traduit notre façon d'être. « Toute vieillesse est un aveu », selon André Malraux.

Ainsi, nous remobilisons les structures psychiques qui, au début de notre vie, ont fondé notre identité :

L'amour intériorisé de soi

Il est construit par nos tout premiers attachements. Même dans un contexte d'enfance favorable, cette assise de nous-même a déjà été relativisée puisque nos parents ne pouvaient répondre à toutes nos attentes, à l'infini de nos besoins. Cet amour de soi est la base fondatrice de notre force de vie. Il devient la source à laquelle nous puisons pour « tenir », « continuer à nous battre » face aux coups de la vieillesse. Certains en sont puissamment armés, luttent admirablement comme lors de longues rééducations pour récupérer leurs moyens, trouvent des stratégies adaptatives efficaces, investissent chaque lien persistant à la vie avec énergie ; d'autres cèdent plus vite, se replient, s'étiolent. Parfois, cet amour pour la vie prend la forme d'une haine contre les autres, qui restent plus en forme quand le sujet subit les coups de la maladie.

L'estime de soi, image intériorisée de soi

Elle s'est bâtie sur l'équilibre de nos succès narcissiques d'enfance contrebalancés par les interdits et les échecs affectifs inévitables. Il s'agit là de la représentation imaginaire de soi. Ainsi, une grande taille peut être ressentie comme un atout ou une gêne. Ce capital narcissique connaîtra forcément des réaménagements au fil des épreuves de la vie. Mais, au cours de la vieillesse, les défaillances internes et la diminution des gratifications narcissiques externes se multiplient. Quelle inventivité alors est déployée pour dissimuler les attaques des années, combien de coquetteries attendrissantes (« Ne me dites pas que je peux encore plaire… »), combien de subterfuges habiles (maquillages, coiffures, choix de couleurs, repas refusé pour des problèmes de dentition, retraite précipitée quand minuit sonne…), bien plus importants qu'ils ne le laissent paraître. Car cette image de soi s'alimente beaucoup du rapport à l'autre et la tentation du repli morbide sur soi-même menace chacun. Les manifestations d'un amour persistant, malgré les marques visibles de l'âge, permettent mieux que tout de garder le contact avec notre beauté profonde, invisible extérieurement. Quelle connivence dans les échanges de certains vieux couples, veillant mutuellement sur l'autre autant que sur soi-même ! D'autres prennent appui sur des valeurs plus symboliques par substitution – d'où l'importance des reconnaissances amicales, des titres honorifiques, des médailles et des clubs de toutes sortes, ou la pérennisation des souvenirs, qui se traduit par le goût immodéré pour les albums photo, les arbres généalogiques ou autres fixations sur les souvenirs… Confrontée aux attaques du temps, l'estime de soi est tenue de se recentrer sur des domaines d'intérêt autres que cette enveloppe qui lâche.

Les différents stades de développement

Avec l'âge, tous les moyens d'investissement de la vie mis en œuvre dans les stades successifs du développement de l'enfant peuvent être sollicités de nouveau.

• En premier lieu, l'étape psychosomatique, fonctionnement acquis au stade de nouveau-né, où certains sentiments se traduisent encore par le corps : par exemple, tomber malade d'une contrariété chargée d'un sens très puissant pour la personne, comme le fut la flambée d'eczéma de Germaine lors du divorce conflictuel de sa fille. Force du psychisme sur le corps, et puissance de leurs interactions !

• Écho de l'investissement affectif maternel par le lien oral, les plaisirs de la table et autres libations peuvent venir au secours de l'équilibre intérieur menacé. De façon plus abstraite, mais selon le même chemin selon les psychanalystes, beaucoup de gratifications peuvent naître de la parole et du désir de savoir. Clubs et associations de toutes obédiences sont ainsi passionnément investis.

• Satisfaction par la maîtrise de soi et des objets : collections obsessionnelles ou compétences développées jusqu'à l'excellence, dans lesquelles le sujet s'enferme hélas parfois. Martial, grand spécialiste de la préhistoire, André toujours et encore passionné des chemins de fer, Lucette et son cher jardin, Augustine et ses broderies… Ces investissements compensent le volume par l'attention au détail, avec une délicatesse parfois exquise.

• Les différents types d'attachements affectifs élaborés au cours de la vie sociale et intime peuvent être le moule d'attitudes altruistes, maternantes, amicales… mais aussi encore séductrices et féminines. Ces relations d'entraide spontanée sur le modèle grand-mère/petite-fille sont d'un enrichissement mutuel merveilleux. Mais « Attention ! Fragile. » Face à la contrariété de vieillir guettent les tentations infantiles de dépendance ou du repli sur soi et l'échappement dans l'imaginaire, avec les chers souvenirs…

L'envie d'entreprendre trouve des chemins différents.

Vieillir consiste donc à relancer ses investissements, malgré la diminution de l'énergie vitale, chaque fois qu'une épreuve vient déstabiliser l'édifice psychique. L'envie d'entreprendre trouve des chemins différents, proches des sentiers d'autrefois, nos aînés conservant une importante fonction sociale de mémoire vivante. Parfois, la personne décide de prendre des risques par rapport à sa personnalité d'adulte, et ose le changement. Qui aurait cru voir un jour ce sévère colonel faire sauter de jeunes enfants sur ses genoux ou cette épouse timide et soumise contredire son mari et affirmer haut et fort son opinion ?

La perception globale de l'existence

Elle se construit sur les bases de la sécurité intérieure acquises dans l'enfance, enrichies des valeurs humaines fondamentales rencontrées au cours de l'existence. Cette vision de l'existence est d'une importance toute particulière quand le face-à-face angoissant avec la mort se rapproche. Ces pensées se structurent en deux grands courants de philosophie de vie, dialoguant sans fin depuis l'Antiquité, l'un défendant l'attitude matérialiste, l'autre l'attitude spiritualiste.

MATÉRIALISTES ET SPIRITUALISTES FACE À L'EXISTENCE

- **Les matérialistes ou athées** pensent que la vie psychique, y compris ses aspects spirituels, n'est qu'une émanation du cerveau, qui « sécrète la pensée comme le foie sécrète la bile ». Ils orientent leur existence sur la recherche des plaisirs mais avec modération, car les excès engendrent la souffrance. Ils aspirent à plus de sagesse, de vertu, de tempérance, de contemplation.
- **Les spiritualistes** croient en l'existence de forces extérieures à la matière qui orienteraient l'évolution du monde, comme les religions l'enseignent. Ils n'adhèrent cependant pas forcément à une religion. Leurs vieux jours peuvent être consacrés à la recherche du bonheur dans le perfectionnement de la vie spirituelle, l'assouvissement des instincts charnels étant négligeable face à l'espérance du bonheur éternel[13].

Finalement, le processus psychique du vieillissement, quel que soit son chemin de pensée, peut avoir pour effet une plus grande aspiration à la paix, au calme, à la réduction des tensions, à la tolérance, à une sagesse que l'âge adulte n'autorise pas.

Que faire de cette étape de vie ?

« Vieillir est une nouvelle entreprise. Toutes les conditions se modifient, et il faut ou bien cesser totalement d'agir, ou bien accepter le nouveau rôle avec détermination et pleine conscience » J. W. von Goethe (1749-1832).

Anticiper un peu, selon sa situation personnelle

Pour bien se préparer, il y a un certain nombre de points sur lesquels il est bon d'agir au plus tôt.

- Se préparer aux nouvelles configurations familiales : nous avons des moyens pour vivre mieux l'éloignement des lieux de vie et des centres d'intérêts avec les enfants et petits-enfants.
- Adapter ses conditions de logement, selon ses ressources financières quand on en a la possibilité.
- Cultiver des contacts sociaux compatibles avec l'arrêt de l'activité professionnelle.
- Adopter une attitude préventive sur le plan de sa santé : arrêter de fumer avant les complications, faire modérément de l'exercice… Pourtant, dans notre société, qui stigmatise encore si négativement les vieux, rares sont les personnes abordant clairement cette problématique et faisant la démarche de consulter un médecin gérontologue. Pourtant, l'attitude préventive serait judicieuse, et nos connaissances nous permettent de l'envisager avec efficacité.
- Accueillir avec philosophie les inévitables difficultés, en restant constructif et positif : « Après 50 ans, si tu te réveilles sans douleur, c'est que tu es mort[14]. »

Rétrospectivement, Gabrielle et Claude mesurent le profit considérable tiré d'un stage de préparation à la retraite, passage à haut risque de pathologie s'il en est.

Quelques pistes pratiques

Soigner ses pathologies avec application, sans exagération

Après un accident de santé, des soins et des programmes de remise en forme organisés sont préconisés, stimulant les facultés atteintes, encourageant une attitude personnelle active, même en cas de séquelle ou de handicap définitif. L'âge ne doit surtout pas être un motif de réduction des objectifs, bien au contraire. À l'inverse des idées reçues, après un infarctus du myocarde, le sujet âgé a besoin d'un programme de réadaptation intensif aussi exigeant que pour un adulte, en sachant même que le repos au lit lui est préjudiciable.

Psychisme et physique agissent de concert : l'état de santé « objectif » est en lien avec la perception « subjective » que le sujet en a et qui conditionne la dynamique participative et le succès des soins[15].

Mais attention à la surconsommation médicamenteuse. Avec l'âge, l'organisme métabolise moins bien les produits chimiques. Or la multiplication de problèmes de santé induit parfois un cumul de prescriptions. Il y a un danger d'interactions médicamenteuses graves. Soyons clairs : pas d'automédication, les médicaments essentiels seulement.

Soulignons la fréquence des dépressions, souvent méconnue, mais relevant de soins attentifs[16]. Si penser à la mort est bien naturel, vouloir se tuer est dépressif.

Préserver ses capacités fonctionnelles : physiques et intellectuelles

À chacun de trouver son nouvel équilibre avec modération.

La diminution des capacités intellectuelles et mnésiques est souvent comprise comme le constat d'un déficit morbide, alors qu'elle résulte souvent de leur non-utilisation. Les preuves de l'effet positif de l'entraînement intentionnel sur le maintien des capacités chez les sujets âgés sont indubitables[17] ! Donc, il est important d'entretenir des stimulations auditives (appareillage auditif précoce), visuelles (bonnes lunettes) et psychiques variées (mémoire, et pourquoi pas la console de jeux).

Veiller à son hygiène de vie, notamment :

- diversifier son alimentation ;
- marcher régulièrement (laissez la voiture au garage pour de petites courses !) et/ou faire quelques exercices de gymnastique, trouver éventuellement un sport qui vous convienne ;
- s'exposer au soleil (pour disposer de vitamine D qui s'oppose à l'ostéoporose).

Mais à chacun de trouver son nouvel équilibre avec modération[18].

S'émanciper des stéréotypes péjoratifs

Il est important de résister à l'autodépréciation, au repli défensif, à la coupure entre les générations. Les seniors furent autrefois respectés comme détenteurs des références normatives ; dans une société en mutation si rapide, ils ont un rôle de mémoire active essentiel à tenir.

Développer de nouveaux rôles, trouver de nouvelles tâches

Puisque l'inaction accélère le déclin des capacités, la retraite n'est pas faite pour se reposer ! Alors, à chacun selon ses centres d'intérêts, la pétanque ou la médiathèque, les retrouvailles rituelles avec les copains (copines) ou des voyages, suivre les informations avec passion ou écrire ses mémoires, s'occuper de ses petits-enfants ou participer à la vie de la paroisse, méditer ou danser… À l'infini !

Acquiescer à la vie, accepter

L'essentiel réside dans l'art de savoir « renoncer avec grâce aux avantages que l'on a pu avoir » en accueillant les changements. Les personnes acharnées à dénier les premiers signes de l'âge, à les camoufler aux autres ou à amplifier d'un catastrophisme prématuré ces indices de déclin souffrent en vain dans une lutte sans espoir. Non au recours systématique à la chirurgie esthétique !

Non au recours systématique à la chirurgie esthétique !

Dans une vision évolutive des processus de l'existence, accepter de réduire ses résistances inutiles serait plus sage… Il convient de s'ajuster plutôt que de s'opposer : par exemple, conserver le souci légitime de son aspect, tenue seyante, soins du corps, coiffure apprêtée, en s'offrant des petits plaisirs de soi.

Conclusion

Gardons en mémoire que vieillir est une chance, l'alternative étant de mourir prématurément. Chacun devra « apprendre à vieillir » avec ce qu'il est, et pour cela « vieillir en apprenant ! ». C'est accepter que le temps qui passe est effectivement le temps qu'il nous reste, et l'utiliser au mieux. Alors, nos craintes anticipées pourraient bien laisser place à d'heureuses surprises.

Pour en savoir plus sur le vieillissement, reportez-vous page 306.

22

Dr Aurore Sabouraud-Séguin

Revivre après un traumatisme

Vivre un événement traumatique, c'est-à-dire un événement qui nous confronte à la mort est une situation qui laisse des séquelles : des séquelles physiques qui cicatriseront, des séquelles psychologiques qui ne seront peut-être pas visibles mais qui perturberont l'avenir.
Les réactions psychologiques sont normales : c'est la réaction de l'organisme dans son ensemble à un événement anormal, inacceptable. Comment se manifestent les symptômes psychologiques secondaires à un choc traumatique ? D'où proviennent les symptômes ? Comment réagir face à ceux-ci ? Comment reprendre sa vie ?
Pour diminuer les craintes face aux émotions ressenties pendant et après un événement traumatique, il est important de mieux comprendre, mais aussi d'agir.

Qu'est-ce qu'un événement traumatique ?

Beaucoup de situations sont dites traumatisantes (choc, accident, décès…), d'autres stressantes (mariage, divorce…). Une situation stressante, bouleversante n'est pas suffisante pour être considérée comme un événement traumatique. Un événement traumatique est une situation qui arrive soudainement, par surprise. C'est une situation que l'on n'a pas prévue, qui ne fait pas partie de nos apprentissages. Un policier qui a subi un entraînement à « se défendre et à attaquer » ne réagira pas de la même façon dans une situation d'agression qu'une personne dont ce n'est pas le métier. La peur et la sensation de surprise, le sentiment d'être dans une situation inconnue et hors de contrôle sont absents chez le policier alors qu'ils sont très vifs chez une autre personne. Un événement a une valeur traumatique si le sujet perçoit cette situation comme une menace de mort contre lui et ressent un sentiment d'horreur, d'effroi et d'impuissance. C'est important de comprendre que ce n'est pas seulement la confrontation à la mort qui est traumatique mais surtout le sentiment d'être mortel et impuissant à se protéger.

Un événement traumatique est une situation qui arrive par surprise.

Différents types d'événements traumatiques

- Les catastrophes collectives : crash aérien, carambolage routier, accident de train, naufrag…
- Les faits de guerre : attentat terroriste, scène de guerre, torture, camp de concentration…
- Les traumatismes individuels : agression physique, viol, agression sexuelle, avec ou sans menace de mort, violence conjugale, accident de la route, cambriolage avec menace d'une arme, prise d'otage, braquage, hold-up…
- Les agressions sur mineur de 15 ans; les faits de maltraitance aux enfants, aux personnes invalides ou aux personnes âgées, c'est-à-dire les coups physiques, la privation de nourriture, de liberté, mais aussi les insultes, les humiliations, les viols et agressions sexuelles…
- Les accidents du travail, le harcèlement professionnel ou sexuel…
- Les catastrophes naturelles : inondation, tremblement de terre, éruption volcanique, avalanche, incendie, cyclone, ouragan, tsunami…

Qui est concerné ?

Chacun de nous pourrait un jour être confronté à une agression, à un accident, à une mort brutale, à une inondation. Seulement (mais cela fait un grand nombre de personnes concernées !) 14 à 47 % de ces personnes développeraient ensuite des troubles psychologiques durables perturbant leur fonctionnement quotidien.

Les études épidémiologiques faites aux États-Unis évaluent les risques d'être confronté à une situation qui présente une menace de mort à 90 %. C'est énorme ! Mais, habituellement, on se sent immortel. On est plutôt étonné de voir que telle personne qui a été agressée continue d'aller mal ou que telle autre continue d'avoir peur. On se dit que le principal, c'est d'être en vie, et il est difficile de comprendre pourquoi la victime continue d'en parler comme si cela allait se reproduire.

DEUX ÉTATS DE STRESS CLASSIFIÉS

Depuis une vingtaine d'années, les psychologues et les psychiatres ont décrit les symptômes le plus souvent observés après un traumatisme. Il existe deux grandes classes de réactions quel que soit le trauma : l'état de stress post-traumatique (ESPT) et l'état de stress post-traumatique complexe (ou DESNOS). L'ESPT est observé après un événement traumatique unique, l'ESPT complexe englobe les conséquences psychologiques de traumatismes multiples ayant débuté pendant l'enfance.

Qu'appelle-t-on un état de stress post-traumatique ?

Pendant l'événement traumatique, le sujet perçoit la situation comme une menace de mort. Cette situation est accompagnée d'émotions : angoisse, horreur, peur, dégoût, impuissance.

Céline était en voiture avec sa famille. Son père, fatigué sans doute, rate un virage et c'est l'accident. Quand Céline reprend conscience, sa sœur qui est à côté d'elle, ne bouge plus. Elle hurle de peur la croyant morte. Quand les secours arrivent, tous les occupants de la voiture sont séparés et emmenés à l'hôpital. Tard, très tard semble-t-il à Céline, elle apprend que toute sa famille va bien, sa sœur était seulement évanouie. Céline, depuis, n'a jamais plus voulu conduire une voiture. Elle refuse de faire confiance à un conducteur, préférant rentrer à pied que de prendre un taxi la nuit ou rester dormir chez ses amis. Quand elle ne peut faire autrement, elle surveille la route, les piétons, les conducteurs, les feux et crie ses avertissements à la moindre occasion. Son cœur bat plus vite, sa respiration est saccadée, elle tremble de partout, quand elle sort de la voiture, elle retrouve son calme.

Les jours suivants, les sujets revivent le traumatisme dans leur sommeil ; on pense que le psychisme cherche à comprendre et réguler les émotions ressenties pendant cet événement. Mais il est vite dépassé par l'intensité émotionnelle : les cauchemars deviennent terrifiants et provoquent progressivement une insomnie (peur de s'endormir). Les personnes cherchent à se protéger, à moins souffrir : « Je ne veux plus rester dans cette maison, je dois partir à tout prix. » Ou, au contraire, elles veulent faire face tout de suite et ne tiennent pas compte de l'événement : « Je dois reprendre tout de suite le volant sinon je ne conduirai plus jamais ! »

Les symptômes ont tendance à disparaître naturellement en quelques semaines. C'est le stress post-traumatique aigu. Quelquefois, la victime vit le traumatisme dans un état second. La personne raconte qu'elle s'est sentie se dédoubler, ou bien qu'elle a fonctionné en pilotage automatique. Cela est très fréquent chez les enfants, c'est leur moyen de se protéger de ce qui est effroyable (un viol par exemple). Il s'agit de la dissociation traumatique. C'est le symptôme le plus grave de cette réaction psychologique normale car il annonce le plus souvent une évolution vers l'état chronique.

La dissociation est l'un des plus graves symptômes post-traumatiques.

Quand le traumatisme a été très violemment ressenti, cette phase aiguë ne se résorbe pas, les symptômes persistent, il s'agit alors de l'état de stress post-traumatique chronique qui est constitué d'une triade : reviviscences, évitement, hyperactivation neurovégétative.

Les reviviscences

Ensuite, à chaque fois que la victime va se souvenir malgré elle de l'événement traumatique (reviviscences), elle sera envahie par des émotions semblables à celles ressenties pendant le trauma (panique, angoisse, tristesse, colère). Les images, déclenchées brutalement, provoquent un sentiment d'angoisse, « comme si ça allait m'arriver de nouveau ». Ces images deviennent des signaux de danger et provoquent un état d'alerte et de vigilance. Et la séquence se répète. Elle cherchera alors à se soustraire à ces émotions en évitant tout ce qui peut provoquer ces souvenirs.

Pour réduire ce sentiment de menace incontrôlé, le sujet enclenche des comportements d'évitement ou de contrôle (vérifications).

Les comportements d'évitement

Les comportements d'évitement sont caractéristiques de l'état de stress post-traumatique. La victime évite les sensations et les émotions terribles ressenties pendant l'événement et, par-dessus tout, elle ne veut pas se souvenir qu'elle a failli mourir ou que quelqu'un a voulu la tuer.

Le sujet évite toute situation ou pensée qui pourrait lui remettre à l'esprit l'événement traumatique (conversation, actualité, journal...). Il évite les *stimuli* qu'il associe directement au traumatisme (voiture, lieu de l'agression, armes...) ou qui ont été associés pendant l'événement (bruits, type de personne...). La victime cherche aussi à éviter ses propres émotions, ce qui la conduit à se mettre en retrait, à bloquer ses émotions positives comme négatives (émoussement des affects, sentiment de détachement...). De plus, la confrontation à la mort rend l'avenir incertain et les projets inutiles (« À quoi bon, puisque la vie est incertaine ! »). Ces efforts d'évitement tant comportementaux que cognitifs vont empêcher l'adaptation et maintenir les troubles.

L'état d'alerte permanent : l'activation neurovégétative

Quand on se sent menacé, en danger de mort, la peur est l'émotion-signal : notre organisme réagit immédiatement et se met en état d'alerte (le cœur bat plus vite, la respiration s'accélère, les muscles se mettent en tension). Le danger passé, tout rentre dans l'ordre progressivement. Quand la peur a été extrême, les sensations psychologiques et physiologiques sont difficiles à évacuer. Elles sont alors liées aux émotions ressenties, la peur, l'effroi mais aussi la honte, le dégoût, et aux souvenirs. Ces éléments de mémoire vont devenir eux-mêmes source de peur et donner ce sentiment de danger immédiat. Une fois activé, ce sentiment de « danger immédiat » provoque l'accélération du cœur, de la respiration, la tension musculaire, c'est l'attaque de panique ; la personne sursaute au moindre bruit, est vigilante et se sent irascible.

Pour éviter de se sentir dans cet état, elle repère les situations anxiogènes ; il lui faut être vigilante et active pour les éviter.

Le sentiment de danger et la peur toujours présente entretiennent le sentiment d'injustice et la peur de perdre le contrôle ; la personne est irritable et facilement en colère, elle se sent coupable de ne pas s'être protégée et de ne pas se contrôler maintenant.

LA RÉACTION NORMALE AU TRAUMA

Réagir avec peur après un événement anormal et brutal est normal. On a peur que cela recommence, on veut à tout prix se protéger et éviter un nouveau trauma car on se sent coupable de ne pas l'avoir fait la première fois. On évite alors tout ce qui pourrait avoir un rapport avec le trauma. La peur provoque des réactions physiques angoissantes, les cauchemars sont fréquents et aller se coucher est angoissant ; on sursaute en entendant sonner le téléphone, quand quelqu'un crie dans la rue ou quand un collègue arrive par surprise... C'est aussi normal. Petit à petit, les symptômes diminuent, on reprend le travail, on retourne faire ses courses, on reprend la voiture, le sommeil se normalise, les cauchemars deviennent moins fréquents en quelques semaines, voire en deux ou trois mois.

Quelquefois la peur de mourir a été extrêmement violente, les émotions très intenses, les images du trauma reviennent sans cesse, on a le sentiment de n'avoir plus le contrôle de sa vie. C'est le moment de demander de l'aide.

Lorsque le traumatisme a eu lieu dans l'enfance ou qu'il est répété

L'état de stress post-traumatique complexe

L'enfant n'a pas encore les capacités de compréhension, d'analyse et de verbalisation d'un adulte. Il ne peut, seul, « comprendre » la violence d'un événement traumatique ; il réagit et ressent. La mémoire ne se construira pas sur des faits clairement nommés mais sur des sensations et des émotions qui plus tard apparaîtront dans des cauchemars ou des reviviscences (ESPT). Si les parents ne peuvent être suffisamment protecteurs ou s'ils sont coupables de maltraitances physiques et/ou psychologiques, la personnalité même de l'enfant sera atteinte.
Il s'agit d'un véritable trouble provoqué par des faits réels, qui interfère dans la construction de la personnalité d'un sujet en pleine croissance psychologique, les conséquen-

ces seront graves et vont perturber le fonctionnement de l'adulte. Les souvenirs que l'adulte aura de ces traumatismes peuvent être flous et imprécis. Cela dépend de l'âge de l'enfant et de sa possibilité de mettre des mots sur ce qu'il ressent. Avant six ans, il aura dans sa mémoire uniquement des sensations qui vont surgir brutalement dans sa vie dans une situation qui est associée au(x) traumatisme(s) d'une façon ou d'une autre.

Quand Geneviève a des rapports sexuels avec son conjoint, elle se force un peu pour lui faire plaisir et quand elle sent l'orgasme monter, elle est prise de crampes et de nausées, elle se sent proche du malaise et doit s'arrêter. D'autre fois, c'est la colère qui l'envahit et elle ne peut s'empêcher de donner des coups. Dès son plus jeune âge, elle a été victime d'inceste.

On parlera de trouble psychotraumatique complexe. Le diagnostic d'état limite est aussi souvent posé.

Quelles sont les perturbations ?

La personne se trouve dans l'incapacité de réguler ses émotions : soit elle les bloque, soit elle est débordée par elles.

Cathy se sent devenir folle, par moments, elle pique des crises, dit-elle, la souffrance est telle qu'elle ne pense qu'à mourir, elle ne sait plus qui elle est et à d'autres moments tout va bien, et elle est de nouveau la copine enjouée et sympathique que ses amies connaissent.

Quand l'agresseur a été un proche, l'enfant est pris entre deux sentiments : l'amour du parent et sa peur, l'horreur de ce qu'il a fait. La confiance et l'estime de soi n'y résistent pas, la relation à l'autre est faussée. Les relations sont perturbées, souvent agressives : on teste l'autre pour savoir quelle va être sa réaction : comme d'habitude, ce sera rejet et violence, ce qui confirmera la mauvaise opinion qu'on a de soi.
Des phénomènes semblables s'observent aussi avec les adultes lorsqu'ils sont plongés dans une situation de peur et de violence prolongée comme une prise d'otage (syndrome de Stockholm : attachement aux ravisseurs), ou de violence conjugale.

Les symptômes les plus fréquents chez l'adolescent ou l'adulte qui a été confronté à la violence ou à une agression sexuelle sont les phénomènes de dissociation, la perte de contrôle émotionnel (alternance entre la colère extrême et un sentiment de vide), les comportements impulsifs et dangereux (avec prises de risques, tentatives de suicide multiples), un recours aux substances addictives et à l'automutilation. Les troubles alimentaires sont aussi fréquents : anorexie ou crises de boulimie; la maigreur ou l'obésité permettant d'éviter toute image sexuée de soi-même afin de se protéger de la relation à l'autre. Les troubles somatiques sont multiples.

Michel ressent de violentes douleurs abdominales et est incapable de bouger pendant quelques heures, puis ces douleurs disparaissent complètement. Ses parents pensent qu'il le fait exprès pour éviter la classe. Ce phénomène se produit quand il regarde un film violent. Il ne veut plus prendre les transports en commun pour aller au lycée et change de trottoir quand il voit un groupe de garçons. Michel a été victime de rackets répétés.

Les enfants qui ont été victimes de traumatisme(s) font preuve d'un développement neurobiologique différent de celui d'enfants élevés dans un environnement sécurisant. Les techniques d'imagerie mettent en évidence des traces de la souffrance due à la maltraitance sur les structures cérébrales. Les neurosciences comme les travaux sur l'attachement confirment que le trauma chronique et précoce laisse des traces non seulement physiologiques mais aussi comportementales et cognitives.

Prise en charge des patients souffrant de troubles psychologiques consécutifs à un événement traumatique unique

La prise en charge des patients souffrant d'état de stress post-traumatique est maintenant bien codifiée. Elle s'appuie sur trois points : la loi, le support social et associatif et le traitement psychologique.

L'objectif du traitement est de diminuer les troubles émotionnels (colère, peur, honte, dégoût), cognitifs (culpabilité, modifications des croyances sur le monde et soi-même) et comportementaux (évitements). Les études cliniques montrent l'efficacité des thérapies cognitivo-comportementales dans ce type de troubles. L'EMDR (désensibilisation et retraitement par les mouvements oculaires), technique qui stimulerait les mécanismes naturels de métabolisation psychique, est aussi à l'étude et montre des résultats intéressants. L'hypnose est utilisée dans certains cas, mais doit être proscrite pendant la période de procédure judiciaire. Les techniques psychanalytiques ne sont pas évaluées dans l'indication du stress post-traumatique; elles sont utiles pour aider les patients dans leurs difficultés de vie, mais ne doivent pas faire l'impasse sur un travail centré sur les conséquences du traumatisme.

S'aider à aller mieux, aider un proche qui a vécu un événement traumatique

La première chose est la reconnaissance. Après une agression, un accident, un viol, un incendie, vient la question de la plainte. « Tu vas au-devant des ennuis », entendent souvent les victimes de viol ou d'agression. Ou bien :

« Je n'ai eu aucune blessure et l'assureur ne veut pas croire que je ne peux plus aller au travail parce que j'ai peur de reprendre la voiture, il ne veut pas m'indemniser. Pour l'expert de l'assurance, c'est ma personnalité qui est un problème, pas l'accident. »

Être reconnu « victime »

Frapper à la bonne porte, trouver l'avocat, connaître ses droits ne peuvent se faire que si l'on est reconnu « victime ». En termes judiciaires, la victime est une personne victime d'un préjudice défini par la loi. C'est aussi par ce statut que l'on peut se dégager de la culpabilité : « C'est de ma faute, je n'aurais pas dû sortir ce soir-là. » Il est plus juste de dire : « J'ai été victime d'une agression par une personne malveillante et c'est par hasard que j'étais sur son chemin. » Sans la reconnaissance du statut de victime, aucune démarche judiciaire ou sociale n'est possible. Un accompagnement par une association est souvent nécessaire (voir les adresses p. 306-308).

Savoir se faire aider

Il est difficile d'y arriver seul(e), il faut une bonne base de sécurité, une bonne philosophie de la vie, un bon support social, voire un soutien spirituel. Si ce n'est pas le cas, ou si les symptômes persistent, il sera nécessaire d'aller voir un professionnel : psychologues et psychiatres connaissent de mieux en mieux ce trouble et sont capables d'apporter une aide efficace. Ils vous informeront sur le trouble, ses conséquences et son traitement. Ils proposeront une compréhension des facteurs de déclenchement, de maintien et d'aggravation des comportements à modifier. Ils évalueront les possibilités de l'entourage d'augmenter le soutien. Le traitement sera effectué sur les trois dimensions perturbées par le traumatisme : émotions, cognitions, comportements.

Apprendre à parler et reconnaître ses émotions

Parler de ses sentiments ou de ses émotions est difficile. Il faut déjà pouvoir les identifier et les reconnaître quand ils surviennent. Les émotions sont normales et indispensables. Nous devons les accepter sans essayer de les fuir ou, pire, vouloir les supprimer. Elles sont utiles : ce sont des signaux d'alerte. Le plaisir nous incite à rechercher à nouveau la situation de plaisir; la colère à exprimer notre ressentiment ou dénoncer l'injustice; la tristesse nous permet de vivre la situation de perte; la peur nous indique qu'il y a danger. Quand on a vécu un traumatisme, la peur a été l'émotion la plus forte : peur de mourir tout simplement. Ensuite viennent la honte, la culpabilité, la colère et toujours la peur, la peur que cela recommence, la honte de ce qui est arrivé, la culpabilité de ne s'être pas protégé… Parler de ces émotions permet de les reconnaître et de les laisser passer sans fuir. Les techniques de gestion de l'anxiété seront utilisées pour diminuer les sensations physiques d'angoisse, les émotions trop fortes et pour améliorer les relations sociales et familiales.

Les émotions sont utiles : ce sont des signaux d'alerte.

Repérer ses nouvelles croyances et les faire évoluer

Penser qu'on peut mourir à tout moment et de façon brutale est très difficile à assimiler. Nous refusons totalement de voir cet aspect essentiel de la vie. En effet, nous vivons dans la croyance que nous sommes éternels, que nous méritons d'être heureux, que le monde est juste et bon. Ces croyances nous sont nécessaires pour faire confiance aux êtres humains et faire des projets de vie (se marier, s'endetter pour trente ans !). Il est difficile de se remettre d'un divorce après plusieurs années de mariage ; il faut du temps pour accepter que la vie n'est pas toujours juste. Selon la gravité du traumatisme, la victime ne pourra pas redevenir « comme avant » ; quelque chose a changé, ses croyances ont changé. La difficulté est de pouvoir retrouver de nouvelles croyances plus souples, plus ouvertes, intégrant ce qui s'est passé en tant qu'« événement » et non en tant que « loi » pour l'avenir. Appréhender l'événement traumatique pour ce qu'il est, le résultat d'un délit ou d'un crime causé par autrui et non consécutif à une faute personnelle, permet d'en percevoir les conséquences sans culpabilité et d'agir pour reprendre le fil de sa vie.

Repérer et limiter les évitements

L'exposition est la partie essentielle du traitement. C'est une technique qui a montré son efficacité pour les troubles phobiques. Si vous avez peur du métro, le plus efficace – si vous êtes motivé, bien sûr – sera de le prendre ! Plus on trouve de stratagèmes pour ne pas le prendre et plus on conforte sa peur du métro. Ne fuit-on pas ce qui est dangereux ? Quand un de nos proches a un accident de voiture, nous lui conseillons de reprendre tout de suite la conduite de la voiture : « Si tu attends trop longtemps, tu n'oseras plus conduire. »

Quand on a peur, on vit une émotion qui nous alerte sur un danger potentiel. Notre cerveau met en route un état de vigilance biologique (les hormones), physiologique (le cœur, la respiration, les muscles) et psychologique : on est prêt(e) à bondir pour fuir ou attaquer. Mais, dans le cas d'un trauma, la brutalité, la surprise, la menace perçue anéantissent et inhibent. Aucune réaction n'est possible : on se dissocie, on est sidéré(e) : on sauve sa peau !

L'objectif de tout organisme est de rester vivant. Mais, ensuite, cette peur reste en mémoire et s'inscrit dans le cerveau comme s'inscrit tout danger de mort. Cela nous est utile. Plus tard, face à un danger nous pourrons fuir. Mais ce système de sauvegarde va se déclencher à chaque moment émotionnel qui n'a plus rien à voir avec un danger de mort.

Prise en charge des patients souffrant de traumatismes de l'enfance ou de traumatismes répétés

Pour les personnes maltraitées, négligées, ou violées dans leur enfance, souvent de façon répétée, les troubles se manifestent souvent quand elles commencent leur vie d'adulte et perturbent leurs relations avec les autres. Elles n'arrivent pas à contrôler leurs émotions – les émotions sont soit excessives, soit anesthésiées –, ou bien elles peuvent se dissocier et se sentir « ailleurs » quand une situation leur fait peur.

Le traitement est long et plus compliqué que le traitement d'un état de stress post-traumatique après un événement unique. La construction de la personnalité a été perturbée à des moments différents de développement : la confiance, les émotions, l'image de son propre corps, la distance à l'autre, le respect de soi. Toutes ces perturbations vont altérer les relations interpersonnelles, les relations intimes, la stabilité émotionnelle entre autres.

L'établissement d'un climat de confiance et l'assurance que le thérapeute sera toujours là dans les limites du contrat défini et accepté par le patient et le thérapeute sont les conditions essentielles pour débuter une thérapie. Le thérapeute doit aider le patient à trouver la confiance minimale en lui et en les autres, à croire en la stabilité des sentiments, à aider à contrôler le besoin impulsif de se mettre en échec, de provoquer un rejet. La thérapie devra travailler tous ces domaines les uns après les autres avant de pouvoir aborder le ou les traumatismes.

En conclusion

Les réactions émotionnelles (peur, colère, honte, culpabilité) pendant et après un traumatisme sont vives et normales. Elles sont souvent proportionnelles à la menace de mort ressentie. Les comportements d'évitement mis en place ensuite risquent de piéger le sujet dans un cercle vicieux (peur de mourir, culpabilité -> évitement -> danger toujours présent) qui risque de maintenir les troubles pour longtemps (état de stress post-traumatique). Il sera alors utile d'avoir recours à une thérapie spécialisée.

Pour en savoir plus sur le traumatisme, reportez-vous pages 306-308.

23

Dr Alain Sauteraud

Vivre après le décès d'un être cher

Le deuil n'est pas seulement le problème de la mort, le deuil est surtout le problème de la perte. Or chacun vit la perte à sa manière. Chaque scénario de vie et de décès confère à chaque deuil sa spécificité. Mais des pistes existent pour reconstruire l'avenir. Toutefois, un deuil trop long ou trop intense est le signe d'un deuil compliqué qui nécessite une aide extérieure psychologique ou médicale.

« Je ne peux pas parler de Jean-Pierre, mon mari, sans être dévastée par la peine. Voilà six ans qu'il est mort dans un accident de la route. Jean-Pierre me manque immensément. Je pense à lui tous les jours, peut-être même toutes les heures. Je vais au cimetière au moins une fois par semaine. C'était pourtant il y a six ans ! Mais je ne peux pas m'empêcher de penser à lui, surtout ce matin-là, quand il est parti au travail en voiture pour ne jamais revenir. Il était fatigué depuis plusieurs semaines. J'aurais dû lui dire de rester à la maison. J'aurais dû appeler un médecin, ou bien j'aurais dû l'accompagner. Depuis, j'ai pensé à ce matin-là des milliers de fois, j'y pense toujours aujourd'hui. Parfois, des angoisses terribles m'envahissent. Je ne peux plus passer devant l'hôpital où il est décédé, je ne peux pas regarder le moindre reportage d'accident de la route à la télévision, ni même entendre parler d'un accident sans me sentir angoissée.

J'ai laissé notre chambre intacte, j'ai laissé ses vêtements dans l'armoire de la chambre, j'ai laissé ses photos et ses objets personnels. Sa salle de sport est intacte, comme s'il allait revenir. Je sais que c'est absurde. J'ai gardé son portefeuille, que j'ai récupéré après l'accident. Je le donnerai à notre fils cadet à sa majorité. J'ai énormément de mal à fêter Noël avec les enfants. Chaque année, je fais un photomontage où il est entouré de ses enfants qui eux, bien sûr, changent et grandissent. Ses enfants grandissent, et lui, il reste jeune… J'ai toujours une photo de lui dans mon sac. Comme cela,

quand je fais un chèque, que j'achète quelque chose, que je m'occupe de moi ou des enfants, "il me voit faire".
Mes amis m'ont souvent dit que je devrais m'intéresser à d'autres hommes, mais je ne peux pas lui faire ça. J'étais tellement heureuse avec lui ! L'an passé, nous sommes partis au Mexique avec des amis. Lors de la visite d'un parc, j'ai fait graver son nom et le mien sur un arbre géant centenaire. C'était une pensée pour lui, pour qu'on ne l'oublie pas. J'aime penser à lui, cela me fait du bien, même si je pleure, mais personne n'aime plus parler de lui avec moi. Parfois, je n'arrive pas à dormir, ou je fais des cauchemars où je revois cette scène du matin, puis son corps à l'hôpital. Je ne peux pas entendre le téléphone sans sursauter. Je me dis qu'à ma mort, je serai heureuse, je le rejoindrai. Mais je ne peux pas hâter ces retrouvailles à cause de mes enfants. »

Qu'est-ce que le deuil ?

Le deuil se définit par un état psychologique et émotionnel lié à la perte définitive par décès d'une personne à laquelle on était significativement attaché et qui constitue un être irremplaçable. À ce titre, et bien qu'il en soit rarement fait état, la perte des animaux familiers domestiques peut occasionner un deuil authentique. Cette expérience banale quasiment obligatoire peut procurer une souffrance tellement intense et insoluble qu'un état pathologique s'installe, le deuil compliqué. Ainsi, en plus du défunt, il peut y avoir une seconde mort : celle, réelle ou psychique, du survivant.

Le deuil ne consiste ni à oublier le défunt ni à vivre sans chagrin.

La durée et l'intensité du deuil différencient le deuil normal du deuil compliqué

Le deuil normal a une durée

Sorti de l'église ou du cimetière, une fois passé les formalités urgentes, les obsèques, les faire-part, les appels téléphoniques et les lettres des premières semaines, les signes extérieurs de deuil disparaissent. Plus de vêtements sombres, plus d'évocation du défunt, au mieux des silences gênés ou des mots convenus. Il n'y a plus que la succession à régler, dans les six mois, et c'est « fini ». Or la perte d'un être auquel on était significativement attaché entraîne un état qui dure plusieurs mois pendant lesquels l'endeuillé n'est pas tout à fait dans le présent. Il est préoccupé par ses souvenirs, une nostalgie douloureuse, une perte irrempla-

çable, une tristesse que lui seul peut comprendre et qu'il ne peut presque pas partager hormis avec de rares proches. Cet état de deuil (du latin *dolere* : souffrir) est rarement inférieur à deux mois, et dure généralement six mois.
Entre six mois et un an, le deuil est relativement long mais encore normal à la condition que la personne ne tombe pas malade de dépression ou d'état de stress post-traumatique ou qu'elle ne commette pas d'actions dangereuses telles que faire une tentative de suicide ou abuser de toxiques comme l'alcool. Dans ce cas, ces maladies sont à traiter comme telles en tenant compte du contexte de deuil.
Au-delà d'un an, tout s'est déjà passé une fois : premier anniversaire de naissance, premier anniversaire de décès, première fête des Pères ou des Mères, premier Nouvel An, premier Noël sans lui ou sans elle. La vie a alors habituellement repris ses droits et le défunt est, non pas oublié, mais intégré dans le « livre des souvenirs », celui qui nous construit, qui nous forge et qui au final nous rend plus expérimentés et plus forts. Après un an, si le deuil laisse la place à une douleur morale trop intense et une nostalgie envahissante, on parle de « deuil compliqué ». Selon des études américaines, qui n'ont jamais été réalisées en France, environ 10 % des personnes ayant perdu un être cher souffriraient de deuil compliqué.

Le deuil est un processus à la fois intime et universel

Le deuil n'est pas seulement le problème de la mort, le deuil est surtout le problème de la perte. Or personne ne vit la perte de la même manière qu'un autre. D'une part parce qu'il n'y a pas deux décès qui constituent la même histoire, d'autre part parce qu'il n'y a pas une relation identique à une autre.
De plus, nous sommes inégaux devant la perte. Notre fragilité psychologique avant le décès nous prédispose à plus de souffrance. Les pertes aussi sont différentes les unes des autres. La mort brutale et inattendue est beaucoup plus traumatique que la mort lente « annoncée » qui nous permet de nous y préparer. La répétition des deuils et des pertes nous affaiblit. La mort d'êtres plus jeunes que nous, surtout nos enfants, est infiniment plus douloureuse. Les suicides nous

renvoient à une impuissance et à notre culpabilité. Les homicides involontaires comme les accidents de la route causés par des individus qui étaient parfois ivres, en excès de vitesse ou qui eux-mêmes sont indemnes de l'accident, déclenchent colère et désir de vengeance. Les meurtres provoquent des deuils rythmés par la justice. Des relations ambivalentes conflictuelles avec le défunt laissent un goût d'inachevé, de non-dit « pour toujours », condamné à une brisure définitive de la relation. La perte de celui ou celle qu'on a toujours connu comme un parent est très différente de la perte de l'être qu'on a eu tant de mal à trouver comme un conjoint ou qu'on a tant attendu et tant aimé comme un enfant.

Plusieurs sentiments se succèdent, contradictoires, utiles ou asphyxiants, délétères ou porteurs d'espoir. Ainsi, différentes phases ont pu être décrites : l'incrédulité, le manque, l'angoisse et la tension insoutenable, la tristesse, la douleur morale et le désespoir, la colère, l'impression d'injustice et la nostalgie, le sentiment de béance, de vide, de ravage et de dévastation vont se succéder, s'entremêler, se contredire, jusqu'à disparaître progressivement, faiblement au début, puis de plus en plus. Ce qui apparaît comme une acceptation ou une habituation n'est en aucun cas un oubli ou une négation mais une organisation de la vie en fonction de la réalité de la perte et finalement en fonction du défunt.

On n'est jamais le même après un deuil, qui nous change en profondeur, par exemple dans notre prise de conscience que le temps est compté et que l'on n'a pas « tout son temps ». Mais finalement, la douleur et la peine vont laisser réapparaître au fil des jours, des semaines et des mois le retour à un certain bien-être et la recherche de celui-ci.

Le deuil peut aussi procurer d'autres problèmes de santé physiques et psychologiques

Le deuil procure à l'endeuillé un plus grand risque d'arrêt de travail, de consommation d'alcool et de nicotine, d'idées suicidaires et de tentative de suicide, de maladies somatiques comme l'hypertension artérielle, les accidents cardiaques et même les cancers.

Deux pathologies sont souvent associées au deuil et lui sont cependant distinctes : l'état de stress post-traumatique et la dépression. Dans le deuil, la tristesse, la culpabilité et la préoccupation liée au défunt diffèrent fondamentalement de l'état émotionnel du stress post-traumatique qui est surtout un état anxieux concernant le risque que l'événement traumatique se reproduise. Le deuil diffère aussi fondamentalement de la dépression par la présence de la nostalgie vis-à-vis du défunt et par les rêveries agréables liées à son souvenir. Tandis que, dans la dépression, la perte d'intérêt et la tristesse sont globales.

Faire face au deuil compliqué

Le deuil ne consiste ni à oublier le défunt ni à vivre sans chagrin : ainsi, l'endeuillé reste toujours triste à l'évocation du défunt. C'est là le signe de son attachement, c'est ici la reconnaissance que cette relation a construit une partie de l'endeuillé et qu'il a perdu un interlocuteur privilégié.

Le deuil vise donc à accepter la tristesse sans la redouter, à « ranger la vie de l'être disparu dans le livre des souvenirs » et, au fond, à éviter qu'il y ait « un mort de plus ». On peut en effet mourir de chagrin, physiquement autant que psychologiquement, en abandonnant la vie où le défunt nous a laissé seul.

Le deuil vise aussi à prendre conscience d'un paradoxe troublant, confus et déroutant quand on est dans la souffrance de la perte : le défunt ne l'est jamais tout à fait, il n'est pas totalement mort car il n'est pas mort en nous. Nous sommes un peu de lui par notre éducation, nos souvenirs, nos expériences, notre personnalité, quels que soient nos liens au défunt, voire nos gènes et même notre ressemblance physique si le défunt est de notre famille. Nous pensons à lui, nous nous y référons en nous disant : « Il aurait fait ceci, il aurait pensé cela, il m'aurait dit ça. » Il est présent à sa manière puisqu'on en parle, puisqu'on y pense. Finalement, cette intériorisation du défunt est donc une appropriation définitive de ce dernier. Son souvenir ne nous laisse jamais seul et nous permet de réinvestir des activités et des personnes avec plaisir. Le défunt aurait d'ailleurs très sûrement souhaité que nous fassions ainsi après sa mort. Quel père, quelle mère, quel enfant, quel ami souhaiterait que celui qui lui est cher s'arrête de vivre du fait de sa disparition, même accidentelle ? Le deuil est l'apprentissage de la vie sans l'être aimé.

SOUFFREZ-VOUS DE DEUIL COMPLIQUÉ ?

Il existe plusieurs descriptions des critères du deuil compliqué. Voici celle issue des recherches les plus récentes. On la doit à une équipe de chercheurs de l'Université Yale, aux États-Unis, dirigée par Holly G. Prigerson.

Après un deuil, c'est-à-dire la perte d'un être auquel on était significativement attaché :

• L'endeuillé fait l'expérience d'au moins un des trois symptômes de détresse suivants liés à la relation perdue :

1. Des souvenirs involontaires ou des pensées intrusives.
2. D'intenses périodes de tourment.
3. Une nostalgie intense du défunt qui lui manque extrêmement.

Ces signes doivent être ressentis plusieurs fois par jour ou bien avec une intensité handicapante.

• L'endeuillé souffre d'au moins cinq des neuf symptômes suivants :

1. Le sentiment d'être « perdu(e) ou vide » depuis le décès, parce qu'une « partie de soi est morte avec ce décès ».
2. Des difficultés à accepter la réalité du décès.
3. L'évitement de ce qui rappelle le décès : lieu, dates, images, etc.
4. L'incapacité à faire confiance à quelqu'un depuis le décès.
5. Une extrême amertume ou une colère en rapport avec le décès.
6. Une extrême difficulté à continuer son chemin dans la vie : par exemple, à se faire de nouveaux amis, à continuer d'investir ses centres d'intérêts habituels.
7. Une torpeur envahissante depuis le décès qui peut aller jusqu'à une absence d'émotion.
8. Le sentiment que, sans le défunt, la vie est vide et le futur lugubre.
9. Le sentiment d'être abasourdi(e), atterré(e), sidéré(e).

Ces signes doivent être ressentis plusieurs fois par jour ou bien avec une intensité handicapante.

• Les perturbations liées aux symptômes ci-dessus ne doivent pas être transitoires et doivent durer au moins six mois.

• Handicap : l'endeuillé doit avoir une altération significative dans au moins un des domaines de fonctionnement suivants :

1. Un isolement social apparu ou aggravé depuis le décès.
2. Une perturbation stable du sommeil apparue depuis le décès qui altère le fonctionnement durant la journée.
3. Une dégradation dans l'exercice des responsabilités au travail ou à la maison notamment dans le rôle éducatif et protecteur vis-à-vis des proches.

Se réapproprier les situations entraînant tristesse ou effondrement

De nombreuses situations sont évocatrices du défunt et créent de la souffrance. Passer devant l'hôpital où il a souffert, où il est mort, l'écoute des nouvelles à la télévision qui évoquent un accident, une avalanche, un suicide ou un meurtre sont des moments d'évocation douloureuse prévisibles. Mais la simple vue de quelqu'un qui présente une ressemblance physique peut créer le désarroi. Plus spécifiquement, les dates d'anniversaire du décès ou de la naissance du défunt, les fêtes habituelles comme Noël, un baptême ou un mariage suscitent des pensées de regret douloureux : « Il aurait pu être là », « Il n'a pas vu ses petits-enfants », « Il aurait pu se marier », etc. Mais souvent, c'est en l'absence de situation particulière que survient la douleur, dès lors que la personne n'est pas occupée : lorsque l'attention se relâche, que l'inoccupation s'installe, le souvenir refoulé avec énergie s'impose. Ces situations seront progressivement réappropriées de façon plus positive ou banale.

Adoucir ses émotions

Les souvenirs et les circonstances évoquant le défunt et la mort provoquent tristesse et anxiété. Un sentiment de vide insondable, de stupeur, d'hébétude, de dévastation envahit l'endeuillé. Dans ce cas, l'endeuillé cherchera à « accueillir » progressivement la décharge émotionnelle triste pour s'y habituer et pour se libérer, car l'on sait qu'on peut se sentir mieux après des pleurs. Il cherchera aussi à s'habituer aux émotions pénibles liées aux situations courantes de la vie qui vont se répéter, comme les fêtes familiales.

Réfléchir à ses croyances dysfonctionnelles

Ces émotions sont liées aussi à des pensées automatiques négatives dont certaines maintiennent la douleur dans un cercle vicieux : ce sont des croyances dysfonctionnelles. On les qualifie de dysfonctionnelles car elles sont rigides, sans rapport avec la logique ou même avec l'expérience banale de la vie. En effet, la vie ne se définit pas sans la mort.

Voici les pensées le plus souvent rencontrées par l'endeuillé et quelques pistes de raisonnement grâce à des questions simples que l'endeuillé doit se poser, seul ou avec l'aide d'autrui, afin de prendre du recul.

La sensation de ne pouvoir vivre sans lui

Elle se comprend sans difficulté, peu de temps après la mort, mais ne peut pas être une croyance stable, parce que la perte n'est jamais totale. Le défunt n'est-il pas dans le cœur, dans la vie, dans la façon de penser de celui à qui il manque ? En ce sens, l'être aimé est toujours là, toujours influent. L'impression d'être abandonné et sans ressource émotionnelle sans l'être perdu envahit souvent la personne. Pourtant, jamais aucun défunt n'a résumé à lui seul la vie de l'endeuillé. Même chez un conjoint qui a vécu cinquante ans avec le défunt, l'époux a aussi éprouvé du plaisir sans lui. Ce plaisir-là est intact, ces émotions-là sont toujours accessibles, avec ses enfants, sa famille mais aussi sans eux, avec les plaisirs et les activités qui étaient propres à l'endeuillé. Les idées pessimistes et de désespoir de la vie sans le défunt peuvent être contredites par l'expérience commune : comment font les autres êtres qui ont perdu un proche ? Se sont-ils arrêtés de vivre ? Les veuves ne se remarient-elles jamais quand le temps est venu ? L'idée de rejoindre le défunt est une des pensées les plus constantes : c'est mourir de chagrin. Mais résout-on un deuil par une deuxième mort ? Quelles seraient les conséquences pour ceux qui restent ? Était-ce le vœu même caché du défunt ?

La perte du défunt n'est jamais totale car il n'est pas mort en nous.

La culpabilité du survivant

Elle est souvent relatée, en particulier en cas de mort violente. Cette culpabilité fait croire au survivant qu'il aurait pu ou dû empêcher le décès. Mais comment fait-on pour empêcher un accident ? Peut-on empêcher ce qui reste et restera encore longtemps le mystère du suicide ou de la maladie ou de la violence d'autrui ?

Le survivant se reproche souvent de n'avoir pu aider le mourant dans ses dernières semaines de vie : « Il avait tout réglé, on ne savait pas quoi dire, on ne pouvait pas lui dire qu'il allait s'en sortir. » Mais que pouvait-il faire de plus ? Si le défunt n'a rien demandé, que voulait-il que fasse le proche ? Comment pouvait-il deviner ce que le défunt ne disait pas ? Le suicide laisse à ce titre la pire des impuissances au proche, qui se demande pourquoi le défunt n'a pas fait appel à lui. Mais, au fond, après tant de souffrance, n'avait-il pas le droit de choisir sa mort ? Peut-on l'accepter à défaut de le comprendre ?

La mort est la fin non pas d'un être mais d'une relation

Ainsi, beaucoup ont l'impression d'un « trop tard » pour approfondir une relation ambivalente, en particulier si la figure d'attachement a été controversée, houleuse, comme on l'observe avec un père autoritaire jamais disponible, une mère dépressive et rejetante, un conjoint alcoolique violent, un parent incestueux ou repris de justice. Ici, la relation est réellement achevée, on ne saura jamais ce qui habitait l'autre, on ne pourra que reconstruire d'une façon plus ou moins factice, historique, hors du contexte. Mais dans cette relation, qui n'a pas révélé son mystère, est-ce un hasard si parler n'a pas été possible plus tôt ? N'y avait-il pas là la volonté du défunt ? Est-ce réellement le fait de l'endeuillé de ne pas avoir été plus loin ? Et concernant des actes répréhensibles, peut-on résumer la vie du défunt à ces événements-là ?

L'endeuillé s'interdit souvent le « droit d'être heureux »

Il est vivant tandis que l'être chéri est mort. Pourtant, la vie est faite de naissances et de morts. Les parents s'arrêtent-ils de vivre à la mort de leurs propres parents ? Et quand le deuil concerne un enfant, le deuxième enfant ne mérite-t-il pas que l'on occupe de lui ? Le survivant n'a-t-il pas le droit d'avoir d'autres enfants ? Et s'il n'y a pas d'autre enfant, n'y a-t-il personne sur terre qui mérite de l'attention, du soin et de l'amour ? Pourquoi la malchance du défunt devrait-elle atteindre le survivant ? La vie du défunt aura été « inutile », diront certains devant la mort d'un enfant. Mais mesure-t-on l'intérêt d'une vie au nombre des années ? Que dire de tous les moments de joie qu'on a vécus avec lui même brièvement ? Ne comptent-ils plus ?

De façon opposée, l'endeuillé ressent parfois l'interdiction de souffrir

« Toi, tu n'as pas le droit de te plaindre, tu es en vie, tu t'en es sorti ! », s'entend-il dire. Cette réflexion compréhensible de prime abord ne résiste pas à l'examen lucide de la vie : le malheur d'autrui ne peut jamais empêcher une personne de poursuivre son chemin. Sinon, comment ferait l'humanité face à tous ses drames ?

L'idéalisation du défunt

Elle conduit à le rendre parfait, quasi divin. Par sa mort, il ne peut plus faire de bêtises ou d'erreurs, il est infaillible. Il est donc définitivement irremplaçable. Sans ôter ses mérites ni son courage, n'avait-il donc pas quelques défauts ? Était-il toujours parfait ? N'y avait-il jamais de dispute ?

La mort inexpliquée, brutale, ou inattendue crée très naturellement des idées de préjudice

Ces idées nourrissent une colère habituelle et bien compréhensible vis-à-vis de ceux qui n'ont ni su ni pu empêcher la mort : c'est la recherche d'un coupable. Le médecin des services des urgences, le médecin des dernières heures, le psychiatre sont montrés du doigt ou même attaqués. Or, qui sait empêcher le suicide, la mort subite du nourrisson, l'aggravation inexpliquée d'un état, l'infarctus du myocarde, l'état de mal asthmatique ? La maladie et la mort ne sont-elles pas des mystères ? Qui peut s'en préserver ? La mort quelle qu'elle soit renvoie à ce titre l'endeuillé dans un aveu douloureux d'impuissance.

Ainsi, ce travail de méditation consiste à rétablir des croyances « plus réalistes » sur la mort. La culture spirituelle et religieuse est souvent d'une grande aide.

Modifier lentement les comportements nuisibles

Ces situations qui déclenchent des émotions douloureuses et délétères, intriquées à des croyances néfastes, conduisent souvent l'endeuillé à adopter des comportements qui peuvent lui être nuisibles. Le deuil consiste à « ranger la vie d'un être disparu » et non pas seulement à « ranger sa mort », en « organisant le temps des souvenirs et le temps des vivants ».

Le déni du deuil empêche toute acceptation du décès

L'absence de rituel de deuil peut provoquer une douleur excessive qui gêne l'intériorisation de la perte. Ainsi l'endeuillé est-il incapable d'aller au cimetière, esquive-t-il systématiquement toute évocation du décès, telle que l'hôpital où le défunt est mort, sa maison, ses lieux de vie. Il devient incapable de voir les films parlant d'une maladie, les nouvelles parlant d'un accident. Il est aussi incapable de fêter Noël ou toute fête familiale. Le principe est donc de s'exposer progressivement aux situations anxiogènes évitées.

FAIRE FACE PROGRESSIVEMENT

- Les souvenirs, la « narration de la mort », l'évocation du défunt permettent une décharge émotionnelle éprouvante mais libératrice. Elle nécessite souvent un support social familial ou amical solide ou l'aide d'un thérapeute.
- Il est utile de respecter des lieux dévolus au défunt, mais en nombre limité. Le cimetière, le crématorium ou son jardin des souvenirs sont utiles et doivent être respectés. Il convient d'organiser l'évocation du défunt en le rangeant à une place qui devient « sa place », « son livre des souvenirs », « l'album-photo d'une vie », car sa vie ne se limite pas à sa mort. Les images du défunt, comme les photos ou les films, doivent avoir une place réservée dans la maison, par exemple dans une bibliothèque ou sur une cheminée. Ainsi ces images ne seront ni cantonnées dans un grenier ni omniprésentes sur tous les murs.
- Les événements n'empêchent ni ne gênent le souvenir : on peut fêter Noël en priant pour l'endeuillé, saluer la mémoire de l'être aimé et le remercier de nous avoir permis d'être tous là, avoir une pensée pour le défunt qui ne nous interdit pas de vivre mais qui nous accompagne. Ce peut être pensé, verbalisé, partagé. Des dates peuvent être réservées pour les moments de souvenir : la fête de la Toussaint dans la religion chrétienne bien sûr, mais aussi les anniversaires de décès ou de naissance durant lesquels une pensée simple ou une prière peuvent être adressées au défunt même par un athée.

L'envahissement de la vie par le défunt est le comportement contraire du précédent

L'excès d'évocation du défunt le fait devenir encore plus présent que de son vivant et crée une confusion de tourments morbides. Ainsi la sanctuarisation des lieux et des objets du défunt, respectés comme s'il allait revenir à tout moment : la chambre en l'état, les vêtements rangés dans la penderie prêts à l'usage, les objets personnels disposés en ordre (stylos, livres). Pourtant, des moments ou des objets de souvenir sont nécessaires. En ce domaine, on ne peut pas parler de normalité mais seulement d'excès. L'endeuillé cherchera à diminuer ces conduites excessives :

- Le temps consacré au mort doit être diminué : aller au cimetière tous les jours fait-il du bien ? Au début, sûrement, mais après ?
- Les lieux doivent être réattribués : meubles, chambre, endroits particuliers où aimait vivre le défunt doivent devenir le lieu d'autres événements et d'autres plaisirs. Parfois, mieux vaut changer d'habitation et déménager pour faciliter ce chemin.

Le deuil est l'apprentissage de la vie sans l'être aimé.

L'absence ou au contraire l'excès de rituels de deuil

L'un ou l'autre conduisent l'endeuillé à inhiber des activités « normales » de survie et de plaisir, de réinvestissement de la vie. La personne se replie dans une morne rumination solitaire, la privant de rencontres, d'activités plaisantes et dynamiques.

Il lui revient donc de réinvestir des occupations agréables en programmant des activités de plaisir : au début celles qu'il n'accomplissait pas avec le défunt, puis progressivement les activités partagées avec le défunt qu'il partagera avec d'autres. Ces activités permettront de diminuer la douleur pour « ne pas pleurer toute sa vie ».

Quand tous ces conseils ne suffisent plus : se faire aider

Quand décider de demander de l'aide ? Lorsque l'on n'y arrive plus tout seul, que l'on sent le cercle vicieux mortifère se mettre en route au détriment de soi.

Les psychothérapies

Un deuil trop long ou trop intense doit conduire la personne à avoir recours à une psychothérapie. Il n'existe cependant pas de technique spécifiquement reconnue pour aborder le deuil, c'est l'aide d'un psychologue ou d'un médecin qui est surtout recommandée.

Les médicaments

Des mécanismes biologiques profonds ont pu être mis en évidence dans les processus de deuil et d'attachement comme le montre le rôle de l'ocytocine, de la dopamine et du cortisol, qui sont des hormones ou des neuromédiateurs. La paroxétine (Deroxat) et le bupropion (Zyban) ont montré une efficacité dans le traitement du deuil compliqué.

En pratique, la plupart des antidépresseurs ont une action sur les symptômes dépressifs du deuil compliqué. Les benzodiazépines comme le bromazépam (Lexomil) ou l'alprazolam (Xanax) sont efficaces sur la tension anxieuse de l'endeuillé. Cependant, il n'existe pas de traitement spécifique connu des symptômes caractéristiques du deuil comme la nostalgie et la recherche du défunt.

À qui parler du deuil ?

Les médecins sont parfois peu ouverts à la question du deuil car ils sont mal à l'aise devant l'échec thérapeutique que constitue la mort. D'autres fois, ils médicalisent trop vite le deuil par une prescription hâtive d'un antidépresseur dès les obsèques, en plein choc et en pleine douleur, là où l'absence d'affect serait inhabituelle. Le médecin traitant reste cependant, par la connaissance de l'endeuillé et parfois du défunt, l'interlocuteur privilégié en particulier pour faire la part entre deuil normal et deuil compliqué, entre souffrir « normalement » et mourir de chagrin. Les médecins travaillant dans les centres de soins palliatifs et les gériatres sont souvent très ouverts à cette réalité.

Dans les cas plus compliqués, psychiatres et psychologues peuvent être d'un grand secours. La rencontre de personnes endeuillées vivant la même expérience peut aussi être d'une grande utilité. De nombreux groupes de parole et d'associations d'endeuillés existent en France. De même, ceux qui sont croyants trouveront dans leur foi, leur religion et dans les textes sacrés un réconfort certain.

CE QU'IL FAUT RETENIR SUR LE DEUIL

• Il est normal d'être triste et anxieux à la perte d'un être cher.

• Le deuil ne consiste pas à oublier le défunt, qui reste à l'esprit et dans le cœur définitivement.

• L'excès ou l'absence de rituels de deuil gênent le deuil : l'endeuillé doit organiser des moments de souvenir du défunt.

• L'endeuillé doit réinvestir des activités agréables en les programmant.

• Un deuil trop intense qui dure plus d'un an doit faire envisager l'aide d'un thérapeute.

Pour en savoir plus sur le deuil, reportez-vous page 308.

6 En savoir **plus**

20. La crise du milieu de la vie

Gaullier X., *La Deuxième Carrière*, Paris, Seuil, 1988.

Gauthier J., *La Crise de la quarantaine*, Paris, Du Jubilé Sarment, « Guide Totus », 1999.

Gognalons-Nicollet M., *La Maturescence*, Paris, Pierre Favre, 1989.

Levinson D., *The Seasons of a Man's Life*, New York, Ballantine Book, 1978.

Millet L., *La Crise du milieu de la vie*, Paris, Masson, 2003.

Millet Bartoli F., *La Crise du milieu de la vie. Une deuxième chance*, Paris, Odile Jacob, 2002 ; « Poches Odile Jacob », 2006.

21. Accueillir le vieillissement

Charazac P., *Comprendre la crise de la vieillesse*, Paris, Dunod, 2006.

Caradec V., *Sociologie de la vieillesse et du vieillissement*, Paris, Armand Colin, 2008.

Dadoun R., *Manifeste pour une vieillesse ardente : grand âge, âge d'avenir*, Paris, Zulma, 2005.

Guinchard-Kunstler P., Renaud M.-T., *Mieux vivre la vieillesse. 100 réponses aux questions des personnes âgées et de leur entourage*, Paris, Éditions de l'Atelier, 2006.

Hennezel M. de, *La chaleur du cœur empêche nos corps de rouiller*, Paris, Robert Laffont, 2008.

Herfray C., *La Vieillesse en analyse*, Paris, Arcanes-Éres, 2007.

Livingston G., *La vieillesse vient trop vite et la sagesse trop tard. 30 leçons de vie pour être heureux*, Paris, Marabout, 2006.

Olievenstein C., *Naissance de la vieillesse*, Paris, Odile Jacob, 1999 ; « Poches Odile Jacob », 2000.

Rosnay J. de, Servan-Schreiber J.-L., Closet F. de, Simonnet D., *Une vie en plus. La longévité, pour quoi faire ?*, Paris, Seuil, 2005.

Samson H., *Le Chemin spirituel de la vieillesse*, Paris, Parole et silence éditions, 2004.

22. Revivre après un traumatisme

Lopez G., Casanova A., *Cessez d'être une victime*, Paris, Edlm, 2001.

Lopez G., Sabouraud-Séguin A., Jehel L., *Psychothérapie des victimes*, Paris, Dunod, 2e éd., 2006.

Sabouraud-Séguin A., *Revivre après un choc. Comment surmonter un traumatisme psychologique*, Paris, Odile Jacob, 2e éd., 2006.

Lopez G., Portelli S., Clément S., *Les Droits des victimes*, Paris, Dalloz, 2e éd., 2007.

Adresses utiles

Centre du psychotrauma de l'Institut de victimologie :

131, rue de Saussure, 75017 Paris.
Tél. : 01 43 80 44 40
E-mail : institut.victimologie@wanadoo.fr

CDDPS d'Aubervilliers :
1, rue Sadi-Carnot,
93300 Aubervilliers.
Tél. : 01 48 33 00 45

Institut de victimologie rhone-alpin:
352, cours Émile-Zola,
69100 Villeurbanne.
Tél. : 04 72 65 62 46
E-mail : systhemes@worldonline.fr

Centre d'intervention psychologique post-traumatique de l'antenne réunionnaise de l'Institut de victimologie :
Rue du Moulin à vent,BP 12
97461 Saint-Denis Cedex.
Tél. : 02 62 94 14 23
E-mail : a.r.i.v@hotmail.fr

Service de médecine des adolescents :
hôpital Bicêtre, 78, rue du Général Leclerc, 94270 Le Kremlin-Bicêtre.
Tél. : 01 45 21 21 21

Consultation de psychotraumatisme (Dr Jehel) :
hôpital Tenon,
4 rue de la chine,
75970 Paris Cedex 20.
Tél. : 01 56 01 71 82

Consultation de psychiatrie (Dr Louville, Pr Debray) :
hôpital Corentin-Celton,
4, parvis Corentin-Celton,
92130 Issy-les-Moulineaux.
Tél. : 01 58 00 40 88

Consultation de psychiatrie (Dr Dantchev) :
Hôtel-Dieu, 1, parvis Notre-Dame, 75004 Paris. Tél. : 01 42 34 84 35

Associations d'aide aux victimes

Institut d'aide aux victimes et médiation (Inavem) :
1, rue du Pré-Saint Gervais,
93691 Pantin Cedex.
Tél. : 0 810 09 86 09

Associations de lutte contre la maltraitance

Allo enfance maltraitée, service national d'accueil téléphonique pour l'enfance maltraitée :
63 bis, boulevard Bessières,
75017 Paris.
Tél. : 119 ou 0800 05 41 41.
Site Internet : www.allo119.org

La Voix de l'enfant :
BP 301,
75464 Paris Cedex 10.
Tél. : 01 40 22 04 22
Site Internet : www.lavoixdelenfant.org

Sos Inceste pour revivre :
9, rue Millet,
38000 Grenoble.
Tél. : 04 76 47 90 93
Site Internet : www.sosinceste.org

Associations d'entraide aux femmes

Association européenne contre les violences faites aux femmes au travail (AVFT) :
Tél. : 01 45 84 24 24
Site Internet : pww.avft.org

Fédération nationale solidarité femmes, Violence conjugale femmes Info Service :
32, rue des Envierges,
75020 Paris.
Tél. : 3919
Site Internet : http://perso.orange.fr/solidaritefemmes/index.htm

Collectif féministe contre le viol, Viol femmes informations :
9, Villa D'este, 75013 Paris.
Tél. : 0 800 05 95 95
Site Internet : www.cfcv.asso.fr
L'Institut de victimologie :
Site Internet : http://www.victimo.fr

23. Vivre après le décès d'un être cher

Moreau E., *Vivre le deuil*, Paris, Éditions Jacob-Duvernet, 2001.

7 FAIRE FACE aux souffrances psychologiques

La souffrance fait partie de la vie : « Je souffre, donc je suis. » Mais ma souffrance ne m'enrichira que si je lui survis. Les auteurs de ce livre sont tous des psychothérapeutes. Leur métier, c'est d'aider à comprendre, de réconforter, de soulager et d'accompagner vers le maximum d'amélioration possible. Ils vous expliquent ici comment.

24

Dr Christine
Mirabel-Sarron

Comprendre et vaincre la dépression

La dépression est une maladie parmi les plus courantes. On estime qu'une personne sur dix connaîtra la dépression au cours de sa vie, quels que soient son âge, sa situation familiale ou sociale, n'importe où dans le monde. Mais la dépression est une maladie qui se traite aujourd'hui avec de bons résultats dans environ 90 % des cas.

Une maladie courante aux formes multiples

En France, on estime que 9 millions de personnes entre 15 et 75 ans ont vécu ou vivront une dépression. Selon l'Organisation mondiale de la santé, en 2020, la dépression sera la première cause de souffrance chez la femme et la seconde chez l'homme (après les maladies cardio-vasculaires). Il n'y a pas une dépression mais des dépressions, ce qui rend le diagnostic difficile. De fait, la moitié seulement des sujets déprimés entreprennent une démarche de soin dans les trois mois qui suivent les premiers troubles. Or il s'agit d'une maladie grave, aux conséquences invalidantes et cause malheureusement de suicides.
Un diagnostic précoce, un traitement rapidement instauré et suivi suffisamment longtemps sont les meilleurs garants d'une évolution favorable.

Qu'est-ce que la dépression ?

Par définition, le mot « dépression » signifie « abaissement »; il s'agit donc d'un effondrement de l'humeur, la personne se sent triste sans envie ni désir.
Cette descente aux abîmes se caractérise par la présence pendant au moins quinze jours d'un certain nombre de symptômes :

• Une tristesse inhabituelle s'accompagnant d'une perte d'intérêt ou de plaisir pour la plupart des choses. Les pensées sont négatives à type de dévalorisation de soi.

La dévalorisation de soi prédomine	« Je suis nulle. Je suis une mauvaise fille. Je n'arrive pas à m'aimer moi-même, je n'arrive plus à aimer personne. »
Cette perception négative s'étend à l'entourage, au monde environnant	« Je n'ai de goût à rien, je ne vais plus voir mes amis, je ne réponds plus au téléphone. »
La représentation du futur est totalement altérée	« Je n'ai pas de futur. C'est un tunnel sans fin. »

Les idées suicidaires s'intègrent alors dans ce désespoir de la vie vécue ; elles existent dans presque 80 % des cas.
La dépression est une cause importante de suicide (70 % environ des 12 000 suicides parmi 300 000 tentatives de suicide annuelles).
• De fréquentes difficultés d'attention, de concentration et de mémoire.
« Je n'arrive plus à lire. Je commence un article et, quelques lignes plus loin, je ne sais plus ce que j'ai lu. Je ne peux plus fixer mon attention plus rien n'est possible. »
• Une altération physique avec une fatigue importante, un ralentissement de la parole, des gestes appauvris : « Je suis ralentie pour tout, pour me déplacer, pour faire la moindre chose. J'ai du mal à parler. »

« Tout est difficile maintenant, je reste presque toute la journée sur mon lit. Je n'arrive pas à me concentrer sur mes livres, ou sur n'importe quoi. Tout me coûte... Je ne veux pas qu'on me voie dans cet état-là. Je suis exténuée, j'ai mal partout. J'ai beau me pousser, je n'y arrive pas. » (Martine, 39 ans.)

• De multiples manifestations corporelles comme une réduction du sommeil, de l'appétit, et de l'activité sexuelle.
« Je suis exténuée. Je me réveille le matin très mal, épuisée comme si je n'avais pas dormi. Je suis mal et j'ai mal partout. J'arrive difficilement à me lever vers midi. »

• Une franche rupture par rapport à l'état habituel. C'est un changement durable, même si des variations cycliques apparaissent entre le matin et le soir. « Je n'étais pas comme cela avant. Je me levais très tôt. Je démarrai aussitôt ma journée. Je faisais plein de choses avant de partir au travail. »

La présence de tous ces symptômes fait porter le diagnostic d'état dépressif caractérisé. En fonction de l'intensité de ces symptômes, on parle de dépression d'intensité légère, modérée ou sévère. Ce n'est pas un coup de blues, ni une déprime, ni un surmenage où la tristesse n'est que passagère, les symptômes sont moins envahissants, moins longs, et le plus souvent spontanément réversibles.

Qui est concerné ?

Tous les âges, tous les milieux socio-professionnels et toutes les cultures sont concernés.

On observe que la tranche d'âge 18-45 ans est la plus vulnérable et que les femmes sont deux fois plus exposées que les hommes.

N'importe qui peut être concerné par la dépression.

La dépression est exceptionnelle chez le nourrisson ; elle survient chez 1 % des enfants de moins de 6 ans, chez 3 à 5 % des 6-10 ans et des adolescents et chez 15 % des adultes.

On distingue deux autres formes bien particulières : la dépression saisonnière et la dépression du trouble bipolaire (où la dépression alterne avec des épisodes d'excitation de l'humeur).

Comprendre pour agir

D'où vient la dépression ?

Son origine intègre des facteurs multiples.

Des facteurs génétiques

Certaines personnes sont fragilisées par une prédisposition génétique (une partie seulement de certains gènes est concernée).

Des facteurs biologiques

Il existerait un taux trop bas de produit actif nécessaire à la transmission des informations entre deux cellules cérébrales. La dépression peut être due à un taux insuffisant de noradrénaline, de sérotonine ou d'autres neuromédiateurs.

ÉVALUEZ-VOUS : DÉPRESSION, SUIS-JE CONCERNÉ ?

Répondez avec sincérité aux questions suivantes :

	Oui	Non
2. Vous dit-on que votre visage est moins expressif, plus renfrogné, que vous restez toujours dans votre coin ?	☐	☐
3. Avez-vous du mal à lire des livres qui ne posaient pas de difficulté auparavant, à regarder un film jusqu'au bout ?	☐	☐
4. Avez-vous du mal à suivre une conversation entre plusieurs personnes ?	☐	☐
5. Vous trouvez-vous plus lent pour effectuer les gestes courants de la vie quotidienne ?	☐	☐
6. Vous signale-t-on que vous répondez lentement, que vous avez du mal à vous décider ?	☐	☐
7. Avez-vous des idées sombres, pensez-vous que vous êtes incapable, sans valeur ?	☐	☐
8. Éprouvez-vous un sentiment de tristesse ?	☐	☐
9. Avez-vous eu récemment des difficultés pour formuler des projets même à court terme ; remettez-vous en question les projets préétablis ?	☐	☐
10. Vous réveillez-vous au milieu de la nuit ?	☐	☐
11. Ressentez-vous depuis peu et sans cause apparente des douleurs, des vertiges, des troubles digestifs, etc. ?	☐	☐

Chacun de ces signes peut vous alerter, mais c'est avant tout leur association et leur persistance depuis au moins deux semaines qui requièrent un avis médical.

Des facteurs psychologiques

Liés à l'intimité du sujet tels que des événements douloureux de l'enfance (séparation précoce d'avec la mère), ils sont à l'origine de cicatrices affectives. Ces souvenirs douloureux peuvent être réactivés lors de nouvelles expériences émotionnelles analogues (par exemple lors de deuils ou de séparations).

Des facteurs d'environnements familiaux ou sociaux

Les études montrent une interaction entre événements de vie et fonctionnement psychologique singulier de l'individu. Dans la dépression, un mécanisme élémentaire d'impuissance amènerait l'être humain à une conduite d'inhibition qui empêcherait son adaptation aux événements de vie. En temps habituel, l'individu aurait trouvé dans son répertoire de comportements une réponse possible à la situation.

D'autre part, des études récentes montrent un phénomène de sensibilisation : après le premier épisode dépressif, le sujet devient plus vulnérable à des circonstances environnementales de moins en moins stressantes. Ce phénomène expliquerait le processus des rechutes dépressives.

Existe-t-il un dépistage biologique ?

Aujourd'hui, il n'existe pas de test biologique permettant d'établir le diagnostic de dépression. Depuis une bonne trentaine d'années, les chercheurs explorent différentes pistes non concluantes pour le moment.

Quel traitement envisager ?

Le traitement principal repose sur la prescription de médicaments antidépresseurs et d'un suivi psychologique. Environ 70 à 80 % des patients déprimés connaissent une amélioration avec les traitements antidépresseurs bien prescrits et bien pris.

Dans le cas de dépression d'intensité légère, l'aide psychothérapique a autant d'importance que les médicaments, mais pour les dépressions plus sévères d'autres solutions thérapeutiques doivent être envisagées (hospitalisation, voire électrochocs).

Il existe donc aujourd'hui des solutions efficaces souvent complémentaires, adaptées à chaque personne, et à chaque dépression.
Accepter de se faire aider est primordial. C'est la première étape du traitement. Accepter une aide consiste à consulter un médecin, à écouter ses conseils vis-à-vis du traitement à mener, que ce soit un traitement médicamenteux et/ou un traitement psychologique, à expliquer ce que vous ressentez, en lui décrivant les effets positifs et négatifs éventuels du traitement, en posant toutes les questions que vous vous posez. En somme, construire une collaboration active et sincère. Le médecin pourra ainsi mieux vous connaître et donc mieux vous aider.

Accepter de se faire aider est primordial.

Agir avec le traitement antidépresseur

Le traitement médicamenteux repose sur la prise de médicaments antidépresseurs associés ou non à d'autres médicaments assurant un meilleur confort surtout dans les premières semaines (un traitement anxiolytique pour les troubles anxieux associés et un traitement hypnotique en cas de troubles du sommeil). Cependant il faut retenir que seuls les antidépresseurs sont les médicaments actifs sur la dépression.

Qu'appelle-t-on « médicament antidépresseur » ?

Découverts dans les années 1960, ils s'appellent successivement IMAO (pour inhibiteur de la monoamine oxydase), puis tricycliques et depuis une quinzaine d'années ISRS (pour inhibiteurs de la recapture de la sérotonine). Ces nouveaux antidépresseurs sont des produits plus ciblés, aux actions spécifiques et donc moins efficaces pour tous, mais ils entraînent moins d'effets indésirables. Cette meilleure tolérance assure une bonne prise médicamenteuse.

Un antidépresseur, qu'est-ce que c'est ?

C'est une molécule chimique qui agit sélectivement au niveau cérébral dans l'espace entre deux cellules, un lieu hautement actif en échanges chimiques. Les médicaments antidépresseurs permettent l'augmentation du taux de sérotonine, de noradrénaline, rendant de nouveau efficace la transmission du message entre deux cellules nerveuses. Le médicament permet ainsi de récupérer un fonctionnement cérébral et émotionnel satisfaisant.

Comment agit l'antidépresseur ?

Le traitement antidépresseur opère une régulation chimique du fonctionnement cérébral sur plusieurs mois. Il est donc prescrit au moins un semestre. Il n'agit pas tout de suite et un délai de 8 à 14 jours est nécessaire pour observer le début de son action. Arrêter trop précocement un traitement antidépresseur est une erreur, car il n'a peut-être pas opéré toute la régulation nécessaire.

Les règles à observer

La prescription d'un traitement antidépresseur à posologie adaptée et pendant suffisamment longtemps est indispensable. S'il s'agit d'une première dépression, le traitement est poursuivi six mois. Si la dépression actuelle est une rechute dépressive, le traitement antidépresseur est poursuivi au moins une année, voire plus.
La quantité d'antidépresseurs est totalement dépendante du métabolisme de chacun. Des examens biologiques permettent de surveiller le taux d'antidépresseur efficace qui circule dans le corps.

CE QU'IL FAUT SAVOIR DES ANTIDÉPRESSEURS

1. Un antidépresseur est un médicament qui agit dans certaines zones cérébrales en augmentant le taux de substances chimiques naturellement présentes dans le cerveau : les neurotransmetteurs.
2. Ces médicaments se répartissent selon des classes chimiques différentes. Ils portent des noms qui représentent leur caractéristique chimique ou leur mode d'action : « inhibiteurs de la monoamine oxydase ou IMAO », « tricycliques », « sérotoninergiques », etc.
3. Leur administration peut s'accompagner d'effets secondaires qui disparaissent le plus souvent après quelques jours.
4. Ils doivent être pris suffisamment longtemps pour assurer une parfaite régulation du dysfonctionnement chimique.
5. Leur prise n'entraîne aucun effet d'accoutumance ou de dépendance.
6. Un temps de latence de huit à quinze jours est habituel avant que l'antidépresseur n'agisse. En attendant son effet spécifique sur la dépression,

d'autres médicaments peuvent être prescrits en parallèle pour améliorer votre confort.

7. Un traitement à base de magnésium, de vitamines, d'oligo-éléments, de stimulants psychiques est insuffisant pour traiter la dépression.

8. Il est parfois nécessaire d'associer deux médicaments antidépresseurs, il s'agira d'une décision de votre spécialiste.

9. Votre médecin peut vous proposer de suivre biologiquement votre traitement antidépresseur.

Quelles sont les étapes vers la guérison ?

L'amélioration de l'humeur triste et des autres souffrances s'opère par étapes successives. Les premiers jours n'apportent pas de grand changement et même peut-être seulement des désagréments, avec des maux de tête, des vertiges, des nausées ou autres effets indésirables qui disparaîtront spontanément sous huit à quinze jours.

LES ÉTAPES DE LA GUÉRISON SOUS TRAITEMENT

1. L'amélioration des troubles n'est pas linéaire. Elle s'effectue souvent par paliers qui peuvent donner l'impression que l'amélioration s'interrompt.

2. Après plusieurs semaines d'améliorations successives des troubles physiques et psychologiques liés à la dépression, un certain nombre d'activités ont été reprises qui sont agréables.

3. L'ensemble des signes de la dépression a disparu presque totalement ; le contact et les échanges avec les proches se rétablissent, ainsi qu'avec vos amis, vos collègues de travail.

4. Vous vous sentez bien, mais vous êtes dans une zone à risque parce que les processus biologiques cérébraux ont encore besoin de temps pour se normaliser. Le traitement doit être poursuivi selon les indications données par votre médecin.

5. Le médecin vous considère guéri de votre épisode dépressif. Il propose de diminuer, puis d'arrêter le traitement.

6. S'il ne s'agit pas d'un premier épisode dépressif, le thérapeute peut proposer un traitement médicamenteux permettant de diminuer le taux de rechutes. Ces traitements s'appellent des « thymorégulateurs » ou « régulateurs de l'humeur ».

7. Gardez le contact avec votre médecin et votre relation de confiance et de sincérité avec lui ; n'hésitez pas à lui poser les questions sur la dépression qui vient de se terminer.

8. Profitez de cette période de retour au calme pour réfléchir aux différents éléments qui ont conduit à la dépression. Cette réflexion, qui peut se révéler difficile, peut être menée avec votre médecin, voire avec un psychothérapeute.

9. Gardez le contact avec le médecin qui a traité votre dépression : il vous connaît, il a observé l'expression particulière de votre dépression, il connaît votre réaction aux traitements. Il sera le mieux à même de vous suivre.

Agir avec la psychothérapie

La psychothérapie, qu'est-ce que c'est ?

C'est une aide psychologique qui est proposée sous la forme d'entretiens. Il existe de très nombreuses formes de psychothérapies, chacune a ses buts propres et ses procédures. Ainsi certaines s'effectuent sur un week-end, d'autres au cours de plusieurs rendez-vous par semaine…

Toutes se déroulent sur un temps limité. Elles ont un début et une fin et comportent différentes étapes. Quelles que soient les psychothérapies, on distingue trois phases : l'exploration de soi, la compréhension de soi et l'action. Les processus de changement opérés au cours de la psychothérapie sont complexes, ils font intervenir la qualité de la relation thérapeutique et l'implication du patient et du thérapeute.

L'indication d'une psychothérapie reste individuelle car chaque être humain est singulier, aucune psychothérapie n'est universelle pour tous.

Et les thérapies comportementales et cognitives ?

Ce sont des thérapies brèves, centrées sur les symptômes dépressifs. Les comportements inhibés ou rendus inefficaces par la dépression gênent considérablement l'individu. Cette réduction des comportements utiles ou plaisants favorise l'émergence des pensées négatives d'incapacité, d'inutilité du type : « Je ne suis plus capable de faire quoi que ce soit de mes mains », « Je suis nul »…

Il existe un lien fort étroit entre comportement et pensée. Il est donc fondamental d'agir simultanément à ces deux niveaux. C'est l'objectif des thérapies comportementales et cognitives qui sont des aides concrètes, inscrites dans le présent, afin de donner les outils psychologiques pour dépasser les obstacles physiques et psychologiques de la dépression.

« Je fais une psychothérapie depuis plusieurs années, j'ai beaucoup appris sur moi, cela m'a beaucoup aidé au cours de ma première dépression. Aujourd'hui j'ai l'impression que cela ne m'aide pas, j'ai besoin de quelque chose de concret, de pratique pour sortir de cette paralysie. »

Quelques moyens pratiques pour agir sur la dépression

Pour réduire les symptômes de la dépression, il faut préserver une hygiène de vie en pratiquant certaines activités physiques avec modération (marcher tranquillement une petite quinzaine de minutes à l'extérieur), conserver une alimentation régulière, équilibrée (se faciliter la tâche en chauffant des plats tout préparés) ; respecter un rythme de journée (régularité des heures de coucher et de lever même si elles sont différentes de la période précédant la dépression), limiter la consommation d'alcool, en l'excluant si des médicaments psychotropes ont été prescrits. Garder également quelques contacts sociaux.

Agir sur l'inhibition dépressive

Il faut tout d'abord admettre la dépression, accepter dans un premier temps de vivre, de faire, de penser au ralenti.

S'adapter à ce ralentissement général, c'est faire un peu de toutes petites choses qui peuvent sembler bien dérisoires. Cela pourra représenter 10 à 20 % d'une simple activité routinière qui apparaîtra encore difficile. La remise en route est lente et progressive, mais peu à peu la journée se structure.

« Elle fait désormais un minimum de ménage le matin : salle de bains et cuisine une seule fois par semaine, elle qui y consacrait, avant la dépression, plus d'une heure par jour. »

Atteindre le premier objectif

La reprise très progressive d'actions modèle pas à pas la pensée, qui deviendra moins négative. En effet, les pensées dépressives confortent le comportement d'inhibition, de prostration. Ensuite ce comportement de repli, « de vie à petite vitesse » valide votre pensée négative : « Je ne suis plus capable de faire quoi que ce soit. » Cette réaction en chaîne, les psychologues l'appellent le « cercle de la léthargie ».

Créer des sous-étapes

Si l'inhibition persiste, quelle que soit l'activité à entreprendre, on peut créer des étapes intermédiaires.
« Je n'ai pas fait ma vaisselle depuis plusieurs jours, je vais laver les assiettes aujourd'hui, demain je ferrai les couverts... »
Reprendre progressivement des actions qui sont empêchées par la dépression, c'est améliorer la confiance en soi, le sentiment de contrôle sur les événements, réduire l'indécision, défier les pensées négatives sur soi-même, augmenter la participation à la vie familiale, sociale, affective et se donner un sentiment d'accomplissement personnel.

Combattre l'impérialisme des pensées négatives

Organiser son hygiène de vie, reprendre progressivement des activités, accueillir des émotions plus neutres ou satisfaisantes a pu suffire à améliorer l'expérience dépressive, mais, si le négativisme persiste, le risque de rechute précoce est réel. Le maintien du pessimisme peut freiner une reprise d'activités, de contacts sociaux, une normalisation du sommeil... Ce discours intérieur pessimiste doit alors faire l'objet d'une aide psychologique personnalisée.

Si mon conjoint est déprimé, que faire ?

Comprendre que la dépression est une maladie à part entière.

La première étape est de comprendre que la dépression est une maladie à part entière et de s'informer sur ses symptômes et ses traitements. Il s'agit aussi de l'accueillir et l'accepter, car le sujet déprimé n'a ni voulu ni demandé à être malade.
Il est important de parler avec lui, même s'il est en retrait, inhibé. Parler de tout, y compris de son négativisme, de ses idées noires. L'assurer de son soutien et l'encourager pour chaque petit succès.
Il ne faut pas trop le laisser seul, plongé alors dans ses ruminations négatives qui alimentent sa souffrance. Vous pouvez l'aider en l'accompagnant à la consultation médicale et réduire ainsi sa fatigue et sa honte. Si le médecin le demande, vous pourrez apporter des éléments d'observation qui aideront à conduire le traitement.

Vivre avec un sujet déprimé constitue après plusieurs mois une épreuve pour l'entourage, qui désorienté ne sait plus que faire, ni que dire ; ne pas hésiter à se faire aider afin d'éviter l'épuisement physique et émotionnel.

LES IDÉES ESSENTIELLES À RETENIR

- La dépression est une maladie qui se soigne et qui se guérit.
- Il existe des moyens thérapeutiques efficaces médicamenteux et psychothérapiques.
- Le traitement et la surveillance clinique doivent être poursuivis assez longtemps.
- Le seul traitement médicamenteux de la dépression est le traitement antidépresseur.
- Après la rémission des symptômes, le traitement doit être poursuivi pour réduire la probabilité des rechutes.
- L'information de la famille et de l'entourage sur la dépression est essentielle.
- La dépression est une maladie aux bases biologiques, psychologiques et environnementales. C'est une maladie grave, vécue comme un cataclysme dans la vie du sujet. Le risque suicidaire est présent.
- La dépression, même d'intensité légère, ne se banalise pas. Elle n'est ni une déprime ni un coup de blues. Elle doit être prise au sérieux.

Pour en savoir plus sur la dépression, reportez-vous page 442.

25

Stéphane
Roy

Apprivoiser ses peurs et ses phobies

Parfois moquées, souvent minimisées, les peurs et les phobies sont bien plus fréquentes et handicapantes qu'on le pense pour celui ou celle qui en souffre.
Leurs manifestations peuvent être diverses : pensées anxieuses, évitements, crises d'angoisse, etc ; et leurs conséquences (solitude, isolement social, sentiment de honte, incompréhension, par exemple) peuvent conduire à la dépression.
Essayons donc d'y voir un peu plus clair dans ce monde des peurs et des phobies.

Comprendre

Peurs et phobies : de quoi s'agit-il ?

La peur est une émotion normale et naturelle que ressent tout individu face à un danger. La plupart du temps, avoir peur n'altère pas notre vie sociale, familiale ou professionnelle.
Lorsque cette peur devient extrême, insupportable pour l'individu, on ne parle plus de « peur », mais de « phobie ». Selon les classifications psychiatriques, les phobies font partie de la catégorie des troubles anxieux. Les spécialistes ont pour habitude de distinguer trois types de phobies : les phobies spécifiques, l'agoraphobie avec ou sans attaque de panique et les phobies sociales.
Une *phobie spécifique* est une peur persistante, intense et irraisonnée, déclenchée par la présence ou l'anticipation de la confrontation à un objet ou à une situation spécifique, comme un animal, un insecte, le vide, la conduite automobile, l'avion, les orages, les lieux clos, la vue du sang, etc.

Les termes « intense » et « irraisonné » signifient que la peur est extrême et hors de proportion par rapport au risque réel que présente la situation.

L'*agoraphobie* se définit par une anxiété liée à la peur de perdre le contrôle dans des lieux où cela pourrait devenir embarrassant. Ces lieux peuvent inclure des espaces tant ouverts (comme des places publiques ou des foules) que fermés (supermarchés, autobus, avions). Il s'agit souvent d'endroits où l'on a déjà vécu une crise de panique.

Enfin, les *phobies sociales* se caractérisent par une peur exagérée d'être soumis au regard et au jugement d'autrui. Elles correspondent à des situations telles que prendre la parole en public, demander son chemin ou participer à une soirée entre amis, par exemple.

La peur est une émotion normale que ressent tout individu face à un danger.

Quelle que soit la forme que prennent les phobies, elles impliquent toutes une souffrance et perturbent de façon importante les habitudes, les activités ou les relations avec les autres.

La plupart de ces peurs et phobies tirent leur étymologie de racines grecques ou latines. En pratique, ces termes sont rarement utilisés si ce n'est par les spécialistes. Une phobie des araignées, par exemple, est communément appelée « phobie des araignées », alors que le terme médical approprié est arachnophobie.

LES PRINCIPALES PHOBIES

Ablutophobie : peur de se baigner; plus une peur de la noyade que de l'eau.

Acarophobie : peur des parasites de la peau, des acariens.

Achluophobie : peur de l'obscurité.

Acnophobie : peur de l'acné.

Acousticophobie : peur du bruit.

Acrophobie : peur des hauteurs; s'accompagne souvent de vertige.

Aérodromophobie : peur des avions.

Agoraphobie : peur des espaces libres et/ou des lieux publics.

Apiphobie : peur des abeilles. Par extension, peur des insectes possédant un dard ou pouvant piquer.

Arachnophobie : peur des araignées.

Cancérophobie : peur d'être atteint(e) d'un cancer.

Cardiophobie : peur des maladies cardiaques.

Claustrophobie : peur des espaces confinés.

Dysmorphophobie : peur des anomalies anatomiques.

Émétophobie : peur de vomir.

Entomophobie : peur des insectes.

Éreutophobie : peur de rougir en public.

Hématophobie : peur du sang.
Hodophobie : peur des voyages.
Nosophobie : peur de la maladie.
Pantophobie : peur de tout.
Sociophobie (ou phobie sociale) : peur de certaines situations sociales.
Zoophobie : peur des animaux en général.

Et pour finir :
Hexakosioihexekontahexaphobie : peur du nombre 666.
Paraskevidékatriaphobie : peur du vendredi 13.
Triskaïdekaphobie : peur du nombre 13.

Comment la peur se manifeste-t-elle ?

L'attaque de panique

Lorsque vous souffrez d'une phobie, il suffit de rencontrer l'animal, l'objet ou la situation de vos peurs pour que votre corps réagisse. Cette réaction est appelée par les spécialistes « réaction de fuite ou de combat », car la réponse de l'individu face au danger perçu est soit celle de l'agression, soit celle de la fuite.
Parfois, la peur est si intense qu'elle peut conduire à une attaque de panique. L'attaque de panique est un moment d'anxiété, de peur ou de malaise très intense (rarement plus de 20 à 30 minutes) accompagné de quelques symptômes tels que des palpitations, une accélération du rythme cardiaque, des tremblements ou une gêne thoracique, etc.
Les symptômes d'une attaque de panique sont le résultat d'une hyperventilation. Lorsque nous sommes anxieux, l'organisme réagit par une accélération de la respiration qui devient aussi plus superficielle. Ces symptômes sont désagréables et souvent sources d'inquiétude. Il est fréquent qu'une personne souffrant d'une attaque de panique croie faire ou risquer de faire une crise cardiaque ou avoir un accident vasculaire cérébral. En réalité, ils ne sont pas dangereux. Sans qu'elles soient nécessairement l'objet d'une attaque de panique, la plupart des personnes souffrant d'une phobie présentent plusieurs de ces symptômes.

L'évitement

Après la panique, une autre caractéristique fondamentale que l'on retrouve dans la phobie est la tendance à éviter. À titre d'exemples, une phobie des araignées peut vous amener à ne jamais marcher pieds nus chez vous, une agoraphobie à ne plus aller faire vos courses au supermarché, ou une phobie sociale à vous priver de relations sociales.

La personne va faire tout son possible pour éviter l'objet ou la situation qui suscite ses peurs jusqu'à se mettre parfois en danger. Dans tous les cas, l'évitement finit par provoquer de réelles perturbations dans la vie quotidienne. La personne phobique organise sa vie autour de ses évitements, ce qui mobilise beaucoup de temps et d'énergie. De plus, en évitant, elle ne peut jamais se rendre compte que le danger de la situation est surestimé. Enfin, l'évitement ne fait qu'accentuer le sentiment de peur et aggrave donc la phobie.

Le pouvoir des pensées

La personne phobique a tendance à développer un certain nombre de croyances autour de sa peur. Par exemple, une phobie des oiseaux peut l'amener à croire que les volatiles sont capables de percevoir son anxiété et donc de l'attaquer à ce moment précis ; une phobie des chiens, que tous les chiens sont forcément méchants, etc. Un patient phobique des araignées nous disait un jour que ces dernières attendaient la nuit pour venir le piquer dans son sommeil. Lui et personne d'autre ! Tout cela revient à attribuer à ces animaux des intentions bien particulières.

Redoutant l'apparition de la peur, le phobique devient à lui seul un véritable système d'alarme prêt à se mettre en route à tout instant – système d'alarme certes, mais dont le seuil de détection est bien trop sensible pour arriver à discriminer s'il y a réellement danger ou pas.

L'anxiété ressentie pousse l'individu à interpréter de façon erronée les informations qui l'entourent. Toutes ces informations sont filtrées par le canal de la peur. Ainsi, quelqu'un qui a peur des serpents va interpréter un mouvement normal de la part du reptile comme un signe d'attaque.

D'où viennent nos phobies ?

L'expérience personnelle directe

Les phobies peuvent trouver leur origine dans une expérience désagréable, un traumatisme. Ce modèle est le plus spécifique, mais le nombre de phobies dues à un choc n'est pas si fréquent, et un même choc peut laisser l'un indemne alors que l'autre développera une phobie.

L'observation de modèles sociaux et l'exemple des parents

Le contexte familial peut jouer un rôle important dans la mise en place d'une phobie. L'enfant apprend un grand nombre de comportements auprès de ses parents. Il en va de même pour les phobies. Si un enfant voit un de ses parents avoir une réaction de peur devant tel ou tel animal, il aura tendance à reproduire ce comportement.

Outre le comportement, le discours, verbal ou non verbal, a son importance. Les commentaires, les anecdotes (« telle personne qui s'est fait mordre ») ou les simples réactions du visage (masque d'horreur face à une souris) sont autant d'apprentissages pour l'enfant.

Lorsque le modèle donné par les parents est dysfonctionnel, la phobie et son comportement clé, l'évitement, sont appris. On sait aujourd'hui que la possibilité de transmission parentale multiplie par trois le risque de phobie chez l'enfant.

La part de l'inné

L'apparition d'une phobie est également due à notre appartenance à l'espèce humaine : les phobies sont pour la plupart en rapport avec un instinct ancestral de survie de l'espèce. Ces peurs extrêmes ont été justifiées à un moment ou à un autre de l'histoire humaine, favorisant l'adaptation de l'homme à son environnement. On peut parler ici de génétique : face à une situation, un comportement automatique de survie refait surface, entraînant émotion intense et évitement – d'où l'irrationalité de la phobie. Les schémas de danger seraient donc transmis génétiquement. Ce sont les contextes (familiaux et environnementaux) qui faciliteront l'émergence de ces schémas.

Autres facteurs

Stress professionnel ou relationnel, milieu familial anxieux sont des terrains idéaux à l'ancrage des peurs.

Préparer un plan d'action

Établissez votre liste hiérarchique

Maintenant que vous avez une meilleure compréhension de l'origine de votre phobie, vous êtes prêt à passer à l'étape suivante. Un des éléments clés pour surmonter sa phobie

ÉVALUEZ-VOUS : ÊTES-VOUS PHOBIQUE ?

Voici un rapide questionnaire qui vous permettra d'évaluer votre phobie :

	Oui	Non
1. Certain(e)s situations, choses ou objets vous procurent-ils (elles) une gêne importante ?	☐	☐
2. Cette gêne vous paraît-elle nettement plus forte que celle que pourraient ressentir d'autres personnes dans les mêmes circonstances ?	☐	☐
3. L'intensité de cette gêne a-t-elle déjà atteint le stade de l'attaque de panique ?	☐	☐
4. Cette gêne vous oblige-t-elle à éviter systématiquement certain(e)s situations, choses ou objets ?	☐	☐
5. Cette gêne vous fait-elle souffrir ?	☐	☐
6. Cette gêne entraîne-t-elle un handicap significatif dans un ou plusieurs secteurs de votre vie (travail, famille, loisirs) ?	☐	☐

Résultats

Si vous avez répondu « oui » à 4 de ces 6 questions, il est probable que vous souffriez d'une phobie invalidante. Les conseils présentés dans ce chapitre ainsi que l'avis d'un spécialiste vous seront fort utiles.

est d'apprendre à s'exposer progressivement à ce que l'on redoute. Avant cela, il est nécessaire d'identifier précisément les situations évitées et les différents facteurs qui influencent l'intensité de votre peur. Vous utiliserez ces informations pour réaliser votre liste hiérarchique.

Qu'est-ce qu'une liste hiérarchique ?

Une liste hiérarchique correspond à l'ensemble des situations que vous évitez pour ne pas ressentir la panique et la peur. C'est une liste unique qui vous est propre. Elle se fonde sur vos expériences personnelles. On dit qu'elle est hiérarchique car les situations sont rangées dans un ordre décroissant : de la situation la plus anxiogène à la moins anxiogène. Idéalement, la liste doit contenir environ 10 à 15 situations. Du fait de l'évitement, il est parfois difficile au début d'en trouver autant. Réfléchissez bien et ne négligez aucune situation. Votre liste en sera d'autant plus complète et précise.

EXERCICE : LA LISTE HIÉRARCHIQUE

Voici un exemple de liste hiérarchique :

Situations redoutées	Niveau de peur (de 0 à 10)
Porter un serpent vivant autour de ses épaules.	10
Toucher un serpent vivant porté par quelqu'un d'autre.	10
Regarder un serpent vivant porté par quelqu'un d'autre.	9
Visiter un magasin de reptiles et regarder les serpents.	8
Regarder une vidéo sur les serpents.	8
Porter sur ses épaules un gros serpent en plastique.	7
Toucher un gros serpent en plastique.	6
Travailler dans le jardin.	6
Regarder une photo en couleurs d'un serpent.	5
Toucher une photo en noir et blanc d'un serpent.	4
Regarder une photo en noir et blanc d'un serpent dont la tête est recouverte.	3
Dire le mot « serpent ».	2

À vous : dans un cahier ou sur une feuille, faites la liste de toutes les situations que vous évitez ou que vous redoutez. Pensez à bien noter toutes les situations dans lesquelles vous aimeriez vous sentir à l'aise. Pour le moment, ne vous souciez pas de mettre ces situations dans un ordre hiérarchique.

Hiérarchisez votre liste

La dernière étape consiste à mettre dans un ordre croissant (de la moins difficile à la plus difficile) toutes les situations redoutées combinées aux caractéristiques que vous aurez repérées en faisant l'exercice précédent.

Passer à l'action

Affrontez vos peurs

Alors que l'évitement contribue à réduire l'anxiété à court terme, il ne fait que l'augmenter à long terme. Plus vous évitez, plus vous la renforcez. La seule manière efficace de vous débarrasser définitivement de vos peurs est de vous y confronter. Bien sûr, cela paraît incroyable de se dire que l'on va devoir se confronter à ce que l'on redoute pour combattre sa phobie. On aurait naturellement plutôt envie de fuir !

La seule manière efficace de se débarrasser de ses peurs est de s'y confronter.

N'oubliez pas tout ce que vous avez déjà fait. Vous n'êtes pas en train de vous jeter dans le vide sans filet. En apprenant à hiérarchiser vos situations, vous avez dessiné un programme sur mesure.

Pour qu'elle soit efficace, l'exposition nécessite quelques règles de base qui doivent être absolument respectées.

Choisissez une situation pertinente

Ne choisissez pas une situation tout simplement parce qu'elle pourrait vous rendre anxieux. Préférez une situation que vous rencontrez fréquemment et que vous voulez changer.

Préparez votre exercice

Un exercice d'exposition ne s'improvise pas. Il est donc important que vous puissiez le planifier à l'avance. Autant que possible, prévoyez vos exercices d'une semaine sur l'autre en vous tenant à votre objectif de départ.

Exposez-vous progressivement

En vous appuyant sur votre liste hiérarchique, commencez par vous exposer à des situations faciles, accessibles. Si les situations les moins anxiogènes vous paraissent encore trop difficiles, n'hésitez pas à en choisir une d'intensité moindre. Passez à la situation suivante une fois que celle que vous avez travaillée ne provoque plus d'anxiété.

Restez suffisamment longtemps

L'exposition sera d'autant plus efficace que votre confrontation à la situation choisie sera longue. Les recherches scientifiques ont montré que l'anxiété finit toujours par diminuer au bout d'un certain temps. Cette durée est très subjective d'un individu à l'autre. Attendez de vous sentir à l'aise pour arrêter l'exercice.

Répétez fréquemment vos exercices

La répétition d'un même exercice est un principe de base essentiel à respecter. Plus souvent vous vous exposerez à une situation, plus rapidement vous progresserez. Pratiquez plusieurs fois par semaine. L'objectif est que vous constatiez par vous-même la diminution de votre anxiété au fur et à mesure des répétitions.

Luttez contre vos comportements de sécurité

Il est important d'abandonner progressivement ces comportements car ils nuisent aux bienfaits de l'exposition.

Changez vos pensées

C'est vrai, nous n'arrêtons pas de penser. On parle d'ailleurs d'un discours, voire d'un monologue intérieur. On utilise aussi le terme de « pensées automatiques » pour rendre compte de ce phénomène. Pourtant, ces pensées ne sont que des hypothèses théoriques – et non des faits – que nous propose notre cerveau pour rendre compte d'une situation donnée. En général, ces hypothèses sont acceptées comme des vérités, comme des évidences que nous ne discutons pas. Il existe pourtant des situations où le cerveau se trompe dans l'analyse des informations qu'il perçoit.
Ainsi, l'état émotif dans lequel on se trouve conditionne largement notre façon d'appréhender la vie. Dans le cadre de la phobie, c'est la peur qui va influencer notre vision.

Nous allons avoir tendance à interpréter et à surestimer ce que nous percevons sur le mode du danger.

IDENTIFIEZ ET ANALYSEZ VOS PENSÉES ANXIEUSES

Dans votre cahier, notez toutes les pensées que vous avez lorsque vous pensez ou lorsque vous êtes face à ce que vous redoutez.

Après ce travail d'identification de vos pensées, remettez-les en cause. Pour chacune, répondez aux questions ci-dessous :

1. Suis-je certain que ce que je redoute va se réaliser ? Quels arguments ai-je pour dire que ma pensée est vraie ?

2. Qu'est-ce qui peut m'arriver de pire ?

3. Est-ce que j'ai déjà rencontré des situations similaires dans le passé ? Mes prédictions étaient-elles vraies ? Se sont-elles réalisées ?

4. Que disent les statistiques à ce sujet ?

5. Que se dirait une personne qui n'a pas peur dans cette situation ?

6. Si ma pensée se réalise, que puis-je faire ?

L'objectif de ces questions est que vous adoptiez une vision plus réaliste de votre peur, fondée sur des faits et non des croyances.

Avant de conclure...

Si vous décidez de chercher de l'aide auprès d'un professionnel et avant de vous engager dans un travail psychothérapique, il est nécessaire que vous obteniez un certain nombre d'informations. Pour vous aider dans cette démarche, n'hésitez pas à demander à votre futur thérapeute comment il compte vous aider ou encore s'il a l'habitude de traiter les problèmes de peurs et de phobies. Les méthodes psychothérapiques sont nombreuses, alors assurez-vous au préalable que celle qui vous est proposée vous convient.

Pour les personnes qui souhaiteraient aider quelqu'un souffrant d'une phobie, prenez le temps d'en discuter tranquillement avec elle. Lisez ce guide. Voici quelques conseils pour bien « accompagner » :

• consacrer suffisamment de temps à la personne que vous voulez aider ;

• l'écouter et la soutenir dans les moments difficiles ;

• l'encourager tout au long de son traitement ;

• l'assister dans la recherche du matériel nécessaire aux exercices d'exposition ;

• l'aider à faire la mise au point avant et après les exercices ;

• si besoin, lui montrer comment faire durant les exercices d'exposition.

En quelques mots

Même si parfois les peurs, en devenant phobies, peuvent conduire à une souffrance significative qui nécessite l'aide d'un spécialiste, elles sont aujourd'hui suffisamment bien comprises pour être traitées et soignées convenablement.

Les conseils proposés dans ce chapitre sont largement éprouvés et seront d'une aide précieuse pour tous les petits et grands peureux !

Pour en savoir plus sur les peurs et les phobies, reportez-vous page 442.

Soigner le TOC

26
Dr Alain Sauteraud

La crainte autour de l'erreur, de la souillure, les superstitions et les rituels font partie de la vie normale dès notre plus jeune âge : alignement, phrases magiques, propreté, vérifications sont observés chez l'enfant dès les premières années. Pourtant, l'exagération stable durant des mois de ces préoccupations peut signer l'apparition d'une maladie chronique, le trouble obsessionnel-compulsif ou TOC. Le TOC est maintenant bien connu et bénéficie de traitements efficaces et simples.

Comprendre le trouble obsessionnel-compulsif

« J'ai 23 ans et j'ai toujours eu un côté maniaque. Petit, je marchais sur des lignes porte-bonheur dans la rue, je ne supportais pas de voir ma chambre dérangée, j'alignais les peluches sur mon lit, les livres sur l'étagère, les crayons sur ma table. Mes parents appréciaient cela chez moi et louaient l'enfant sage auprès de leurs amis. Vers 16 ans, j'ai commencé à ne pas vouloir m'essuyer avec les mêmes serviettes de toilette que mes parents ou ma sœur, je voulais aussi que l'on se déchausse pour entrer dans ma chambre. Puis, vers 18 ans, ma méticulosité s'est brutalement aggravée. J'ai commencé à penser que serrer la main de mes copains, c'était sale, que je devais éviter de toucher les poignées de porte. Étudiant, j'ai eu aussi du mal à prendre les transports en commun qui étaient pour moi un nid à microbes. J'habitais alors un petit studio, et, un jour, j'ai commencé à me changer entièrement en rentrant chez moi, puis à prendre une douche et enfin à ne plus supporter que l'on pénètre dans mon studio sans surveiller ce que touchaient mes visiteurs. À leur départ, je lavais tout. À peu près à la même époque, j'ai commencé à vérifier que les portes, les fenêtres, l'électricité, les radiateurs, le gaz étaient bien fermés. Quatre à cinq fois, longuement, consciencieusement. J'avais aussi peur de provoquer un incendie sans m'en rendre compte et je mettais les mégots dans l'eau avant d'aller me coucher. En conduisant ma voiture, j'avais peur d'écraser les cyclistes sans m'en rendre compte. Je revenais à mon point de départ et je refaisais le trajet pour vérifier que je n'avais écrasé personne. Dès que je voyais à la télévision un accident ou l'évocation d'une maladie, un événement négatif en somme, je répétais intérieurement des petites phrases, comme "je veux le bonheur de Papa, de Maman, de Charlotte ma sœur et de ma copine Margaux", jusqu'à cinquante fois par jour. Depuis un an, ma vie est en grande partie occupée par toutes ces petites manies qui sont devenues des rituels envahissants. Mes études sont perturbées par cette perte de temps et j'ai récemment échoué à mes examens. »

L'obsession

L'obsession est une pensée pénible, qui s'impose à l'esprit, de façon répétitive, contre la volonté. Cette pensée concerne toujours un événement désagréable ou dangereux, plus ou moins grave, que l'on pourrait provoquer si l'on n'y prend pas garde et dont il faudrait se protéger. L'obsession est source d'angoisse ou d'anxiété et peut envahir le sujet plusieurs heures par jour. L'obsession a une infinité de thèmes tous désagréables (à la différence des fantasmes) mais qui peuvent être regroupés autour de quatre thèmes principaux :

La peur de souiller, d'être souillé, de contaminer ou d'être contaminé

C'est l'obsession la plus fréquente. Cette crainte peut être aussi la peur d'être irradié. Ces obsessions se déclenchent après des contacts banaux comme une poignée de main, l'utilisation des toilettes publiques, s'asseoir dans des lieux publics, ou utiliser du linge.

La crainte de commettre une erreur

C'est le deuxième thème le plus fréquent. Cette crainte consiste par exemple à redouter de laisser une porte ou une fenêtre ouvertes, le gaz ou l'électricité allumés, le frein à main de la voiture mal serré. Dans cette catégorie d'obsessions, on note aussi la peur du désordre, de l'asymétrie, de mal faire son travail ou encore la peur de jeter par erreur.

La crainte qu'un malheur puisse arriver

Elle constitue le thème obsédant de superstition. On craint par exemple d'avoir une couleur de vêtement qui porterait malheur comme le noir, ou d'être confronté à des chiffres néfastes comme le sept ou le treize. Ou bien qu'une simple pensée négative (comme l'idée de la mort, de la maladie, d'un accident) pourrait « contaminer » les êtres chers. Ces obsessions peuvent aussi concerner la religion avec la crainte répétitive de commettre des péchés ou des blasphèmes par des actions habituellement anodines, comme le fait de prononcer ou d'avoir à l'esprit un mot grossier en passant devant une église ou une mosquée.

Les obsessions agressives

Plus rares, elle sont aussi les plus déprimantes. Elles consistent en la peur de faire du mal à quelqu'un, les êtres chers, mais aussi les inconnus ou les êtres faibles comme les enfants. La peur d'écraser quelqu'un en voiture, de pousser quelqu'un sous les roues du train, du bus ou du métro, la peur d'agresser sexuellement, de violer les femmes ou les enfants, sont les thèmes les plus fréquents. Là encore, ce sont les actes quotidiens de la vie qui déclenchent ces obsessions, comme conduire une voiture, marcher dans la rue ou seulement regarder une femme ou un enfant.

L'anxiété

Ces obsessions sont toujours désagréables. Ce ne sont pas des idées fixes, ni des ruminations dépressives concernant le passé. Ce sont des pensées d'alerte anxieuse. Les personnes qui souffrent de TOC sont en constant éveil anxieux, d'une inquiétude sourde, lancinante, oppressante, qui retentit sur l'humeur. L'anxiété peut atteindre une intensité de panique ou durer des heures. Elle est momentanément calmée par le rituel et est exacerbée si la personne s'empêche (ou si on l'empêche) brutalement de faire le moindre rituel.

La compulsion

La compulsion, qualifiée aussi de rituel, est un acte que la personne se sent obligée d'accomplir dans les situations bien précises qui ont provoqué les obsessions. La personne ressent une pulsion quasi irrépressible à le réaliser. On note trois types essentiels de compulsions.

Les compulsions consistent à laver, vérifier, compter, ranger exagérément.

Les rituels de lavage

Ils répondent aux obsessions de souillure dans des ablutions interminables, répétées, des mains, du corps, des cheveux, des dents et des organes génitaux, par des stations prolongées dans les toilettes et la salle de bains ou par la présence sur soi de lingettes désinfectantes. Le temps passé au lavage peut dépasser 8 heures par jour et la personne peut parfois utiliser des détergents agressifs comme de l'alcool à brûler ou de l'eau de Javel. Les rituels de lavage s'observent aussi vis-à-vis des obsessions de malheur et religieuses, comme s'il fallait se laver d'une « souillure morale ».

Les vérifications

Elles consistent à refaire plusieurs fois le geste initial, par exemple la fermeture d'une porte, et donc nécessitent paradoxalement de rouvrir la porte pour s'assurer de la refermer. On peut aussi « vérifier un lavage », récapituler ses vérifications par des « check-lists » mentales ou écrites, faire, par exemple, des « photographies mentales » consistant à mémoriser l'image d'une action (« je garde à l'esprit que je suis en train de fermer le gaz »). Ces opérations deviennent alors des rituels mentaux. Le rangement devient aussi disproportionné (alignement par taille décroissante de livres, piles de vêtements « au carré »), la vérification de ce qu'on va jeter à la poubelle peut prendre une heure par jour. La personne peut aussi répéter des gestes sans rien vérifier mais pour avoir la sensation que le geste a été « bien réalisé ». Ainsi, elle peut allumer et éteindre la lumière des dizaines de fois, se lever et s'asseoir de façon répétitive, ouvrir et fermer la même porte sans se préoccuper du nombre de fois où le geste a été réalisé, mais seulement pour avoir l'impression que le geste est « bien fait ». Les rituels de vérification et de rangement sont les actes privilégiés des obsessions d'erreur mais on peut les observer aussi avec les autres thèmes de souillure, d'agression et de superstition.

Les rituels mentaux

Ce sont des opérations conjuratoires telles que des prières religieuses mais aussi des phrases porte-bonheur (« Je t'aime Maman et aussi Papa et Mamie ») répétées plusieurs fois, des récapitulations ou des images mentales. Les rituels mentaux sont les actes privilégiés pour lutter contre les obsessions de malheur et les obsessions agressives mais ils peuvent aussi exister dans les autres formes d'obsessions.

Dans la très grande majorité des cas, les personnes souffrant de TOC se rendent compte de la démesure de ces compulsions qui apaisent momentanément leur anxiété.

L'évitement

Une autre action est utilisée dans le TOC pour lutter contre l'alarme obsessionnelle et son cortège de ruminations anxieuses : éviter les situations déclencheuses. Éviter de toucher quoi que ce soit censé être sale, d'inviter ou d'introduire quelqu'un chez soi, mais aussi laisser son conjoint s'occuper des vérifications habituelles de la vie domestique pour éviter de devoir le faire soi-même... Éviter aussi toute source d'obsession de malheur, tels le cimetière, l'hôpital, le journal télévisé, la lecture des journaux. Éviter les situations potentiellement dangereuses telles que les quais de gare ou de fleuve, les ponts, parapets, balcons, couteaux, ciseaux, hache, tournevis, jusqu'à refuser de rester seul en présence d'un être faible en particulier d'un bébé. Ces évitements contribuent à perturber considérablement la vie et apportent des paradoxes saisissants. Ainsi, la personne peut se retrouver dans un état de saleté important alors qu'elle évite tout contact avec la saleté extérieure. En effet, elle évite totalement de se laver car elle sait que tout lavage sera irrémédiablement interminable. Elle peut aussi vivre au milieu de détritus, de peur de jeter par erreur des documents importants.

Normalité ou pathologie ? Le seuil d'une heure par jour

L'extraordinaire particularité du TOC est que cette maladie n'est que l'exagération d'une fonction psychologique normale : la mise en sécurité vis-à-vis des dangers liés à ses propres actions. Ainsi, nous sommes tous sujets à des obsessions qui sont « normales ».

Les enfants ont fréquemment des rituels normaux qui auront tendance à diminuer puis à disparaître.

- Les rituels du coucher sont les plus habituels entre 2 et 5 ans : par exemple, la disposition des peluches toujours au même endroit sur le lit; ou bien l'un des parents devra chanter une chanson particulière, toujours la même.

ÉVALUEZ-VOUS : SOUFFREZ-VOUS DE TOC ?

A) Répondez-vous « oui » à au moins une de ces questions ?

1. Avez-vous anormalement peur de :

- être souillé ou de souiller ?
- commettre une erreur ?
- être scandaleux ?

2. Vous sentez-vous obligé de :

- laver plus que normal ?
- vérifier plus que normal ?
- ranger plus que normal ?
- vous dire des petites phrases ?
- compter intérieurement ?
- être anormalement lent ?

B) Cette gêne vous occasionne-t-elle une perte de temps réelle d'au moins une heure par jour et/ou bien une souffrance objective ?

Résultat

Si vous avez répondu :

- *au moins une fois « oui » à la question A,*
- *et « oui » à la question B,*

alors, vous feriez mieux d'aller consulter car vous avez peut-être un trouble obsessionnel-compulsif.

• La présence rituelle d'un morceau de tissu ou d'une peluche qui accompagne le petit enfant partout et sans cesse apparaît vers 8 mois et disparaît progressivement vers 6 ans. Elle est liée à l'anxiété de séparation normale de l'enfant.
• Entre 7 et 10 ans, les enfants peuvent se répéter des petites phrases ou des chiffres magiques. Ils peuvent aussi chercher à ne pas marcher sur certaines lignes de trottoir. Ces petits rituels les aident à contrôler leur anxiété et à se rassurer face à certaines épreuves de leur âge, comme par exemple une interrogation écrite à l'école.
• Les enfants à partir de 3 ans posent parfois sans cesse à leurs parents les questions rituelles « pourquoi » et « comment ».
Chez l'adulte, plus de la moitié des femmes ne s'assoient pas sur les toilettes publiques, la plupart des gens vérifient plus d'une fois la fermeture de la porte d'entrée lorsqu'ils quittent leur domicile pour plusieurs jours, on évite de prononcer certaines phrases ou d'être treize à table…
C'est donc quantitativement qu'il faut juger les obsessions et les compulsions. On définit la maladie à partir d'un seuil : pour souffrir de TOC, la personne doit perdre ou être préoccupée par ses obsessions et compulsions soit au moins une heure par jour, soit sa vie doit en être significativement perturbée.

Le TOC chez mon enfant

Même s'il apparaît en moyenne à 12 ans, on observe des formes précoces rares dès l'âge de 3 à 4 ans. L'enfant lui-même n'a conscience de son trouble que vers 8 à 9 ans et il cache souvent ce problème dont il a spontanément honte. Voici les premiers signes qui doivent vous alerter.

COMMENT SE RENDRE COMPTE DU TOC DE SON ENFANT ?

1. Des lavages de mains exagérés.
2. L'usage trop fréquent de pense-bêtes.
3. Une augmentation incompréhensible du linge sale ou des serviettes qui ne sont utilisées qu'une fois.
4. Une difficulté à porter certains vêtements.
5. Des vérifications interminables (devoirs du soir, cartable, lampe de chevet).
6. Des stations très prolongées aux toilettes ou dans la salle de bains, ou une utilisation exagérée de papier toilette.

7. Des difficultés à quitter la maison.
8. Des rituels de coucher trop longs et en dehors de l'âge habituel.
9. Des demandes de réassurance exagérées qui ne s'améliorent pas avec l'âge.
10. Des collections inhabituelles d'objets comme des coupons de réduction, des canettes de jus de fruits vides ou des sachets de supermarché (donc très différents des « trésors » habituellement collectionnés par les enfants).
11. Des façons de marcher particulières.
12. La lenteur : des heures occupées à des activités apparemment improductives, comme la lecture répétée du même texte, ou un lever de plus en plus tôt pour se préparer.

Connaît-on la cause du TOC ?

Un siècle après avoir été décrit (on doit la première description à Pierre Janet en 1903 avant que Sigmund Freud lui donne le nom de névrose obsessionnelle en 1909), la cause précise du TOC n'est pas connue.
On sait cependant qu'il s'agit d'une maladie touchant des circuits situés dans une zone cérébrale appelée les « noyaux gris centraux ». La sérotonine, qui est un messager neuronal chargé de la transmission de l'information, est particulièrement impliquée dans ce trouble. Les personnes souffrant de TOC ont une accoutumance (« habituation ») anormalement lente aux stimulations obsessionnelles banales. Aucun traumatisme psychique infantile ou adulte ni aucune particularité éducative n'ont pu être corrélés à l'apparition du trouble. En revanche, la présence dans la famille d'un sujet souffrant de TOC augmente la probabilité à un apparenté de souffrir du TOC (qu'ils aient été éduqués ensemble ou non), en particulier si l'apparenté est du premier degré : père, mère, frère, sœur ou enfant. Cette probabilité augmente très fortement s'il s'agit d'un vrai jumeau (homozygote), soulignant ainsi une part génétique modérée mais certaine dans les causes du TOC.

Soigner le TOC

Deux traitements sont efficaces

Les médicaments inhibiteurs de la recapture de la sérotonine (IRS) et la psychothérapie comportementale et cognitive (TCC) sont les deux traitements reconnus internationalement. Il est aussi utile de noter que, parmi les très nombreuses psychothérapies existantes, la TCC est à ce jour la seule qui a fait la preuve de son efficacité. La psychanalyse, dont Sigmund Freud fut l'inventeur, n'a à ce jour jamais fait la preuve de son efficacité dans le TOC et ne peut donc pas être conseillée dans son traitement.

Les médicaments inhibiteurs de la recapture de la sérotonine

Les médicaments inhibiteurs de la recapture de la sérotonine (IRS) appartiennent à la classe des antidépresseurs et sont utilisés même si les patients ne sont pas déprimés. Ils ont un nom générique (dénomination commune internationale) et un nom commercial issu du laboratoire qui les a mis au point. Il s'agit de la fluoxétine dont le nom commercial est le Prozac, la paroxétine (Deroxat), la sertraline (Zoloft), la fluvoxamine (Floxyfral), l'escitalopram (Seroplex) et la clomipramine (Anafranil).

Ces médicaments produisent leurs effets au bout de quatre à six semaines et les doses doivent être augmentées pour obtenir de meilleurs résultats dès lors qu'ils ne produisent pas ou peu d'effets indésirables. La sertraline est recommandée pour une utilisation chez l'enfant dès 6 ans.

Certains IRS peuvent être utilisés pendant la grossesse.

Ces produits sont *a priori* d'efficacité équivalente mais il est habituel de les utiliser successivement à la recherche de l'effet maximum. Quarante pour cent des gens ont des effets indésirables, le plus souvent mineurs et transitoires. La clomipramine a plus d'effets indésirables que les autres IRS, mais ils peuvent être corrigés avec des traitements d'appoint.

Les IRS ont peu de contre-indications mais ils doivent être prescrits par un médecin et jamais utilisés de sa propre initiative. La durée recommandée des traitements est de 1 à 2 ans. Le meilleur espoir de s'en passer durablement est de pratiquer une thérapie comportementale et cognitive.

La psychothérapie comportementale et cognitive (TCC) : deux méthodes complémentaires

• La psychothérapie comportementale est la plus répandue et la plus simple. Elle consiste à réaliser de petits exercices très progressifs de lutte contre l'envie de ritualiser. Cette technique s'appelle l'exposition avec prévention de la réponse : elle consiste, en effet, en une exposition minime du sujet aux situations obsédantes en lui demandant de réaliser une diminution de la réponse rituelle. L'accoutumance progressive à la situation obsédante s'appelle l'« habituation » et la disparition de toute anxiété dans cette situation est qualifiée d'« extinction ». Un entraînement quotidien d'environ une heure par jour fait réaliser des progrès importants.

EN PRATIQUE

• **Prenons un exemple dans un TOC de vérification :** si la vérification de la fermeture d'une porte consiste à actionner trois fois la poignée et à réintroduire la clé dans la serrure, un exercice consistera à ne vérifier la fermeture de la porte qu'en actionnant la poignée, sans l'étape de la clé. Une fois l'habituation et l'extinction obtenues, l'exercice suivant consistera à n'actionner la poignée que deux fois au lieu de trois, et ainsi de suite, par petites épreuves qui constituent autant de marches d'escalier pour suivre le chemin de la guérison.

• **Voici un autre exemple dans un TOC de lavage** : si un rituel de lavage des mains consiste à se laver trois fois les mains et les avant-bras, des mains vers les avant-bras puis des avant-bras vers les mains, un exercice consistera à se laver trois fois les mains et les avant-bras, mais seulement dans un sens, par exemple des avant-bras vers les mains. Une fois habituation et extinction obtenues, l'exercice suivant consistera à ne se laver que deux fois les mains et les avant-bras, sans intensifier le lavage (ce qui reviendrait à compenser la baisse du rituel).

Ces expositions réalisent un apprentissage qui tend à se généraliser à l'ensemble de la maladie en dehors des situations travaillées par les exercices. Elles permettent ainsi une amélioration stable.

• La psychothérapie cognitive consiste à apprendre à raisonner ses obsessions à froid (en dehors des situations déclencheuses d'obsessions) pour s'entraîner à rejeter leur sens alarmiste à chaud (une fois confronté à la situation obsédante). Par exemple, si l'on a fortement conscience que l'on ne peut pas mettre le feu à la cuisine avec une cafetière électrique, on résistera plus aisément à l'envie de vérifier que la prise de la cafetière est bien débranchée. Ou encore si l'on est convaincu que l'on ne peut pas provoquer de malheur avec des mots, qu'on ne peut pas contracter le sida par une poignée de porte ou qu'on ne peut pas écraser un piéton en voiture sans s'en rendre compte, on sera disposé à diminuer les attitudes rituelles ou d'évitement qui sont liées. Cette méthode qui semble simple nécessite cependant, pour être efficace, des techniques codifiées, pratiquées par des psychothérapeutes spécialisés. Ces techniques consistent à examiner avec attention et authenticité les questions suivantes :

- Le sens de l'obsession est-il tout à fait certain ?
- Existe-t-il d'autres interprétations à la situation obsédante ?
- Comment font les autres, qu'en pensent-ils ?
- Quels sont les arguments qui plaident pour ou contre le bien-fondé de l'obsession ?
- Finalement, peut-on établir un sens probable et rationnel à la situation ? Celui-ci sera intériorisé dans la situation qui déclenche l'obsession.

La thérapie cognitive consiste aussi à accepter un certain risque (on ne peut jamais être à 100 % certain de ne pas encourir le moindre danger) qui est à comparer avec les risques que nous prenons tous les jours sans nous en soucier, comme lorsque nous traversons une rue, conduisons un véhicule, voyageons en avion ou dans des pays peu sûrs.

La thérapie, qu'elle utilise les deux techniques comportementale et cognitive ou uniquement l'une d'entre elles (le plus souvent alors comportementale), nécessite une participation active du patient. Une vingtaine d'heures de thérapie en 20 à 40 séances sont nécessaires. La psychothérapie dure entre six mois et un an et se pratique avec l'aide d'un thérapeute spécialisé qu'il soit médecin (le plus souvent psychiatre) ou psychologue.

À qui parler de ce trouble ?

D'abord à votre médecin traitant

Celui-ci vous soignera lui-même ou vous conseillera un spécialiste.

À un spécialiste

Tous les psychiatres sont censés connaître ce trouble. La plupart le soignent par des médicaments. Encore trop peu de psychiatres et de psychologues savent pratiquer les psychothérapies comportementales et cognitives en France. Vous pouvez vous procurer les noms des psychothérapeutes formés en psychothérapie comportementale et cognitive en interrogeant les associations citées page 442 dans les adresses utiles.

CE QU'IL FAUT RETENIR SUR LE TOC

- Les obsessions et les compulsions sont des phénomènes normaux dès l'enfance.
- Si elles procurent trop d'anxiété ou retentissent exagérément dans la vie du sujet, elles deviennent anormales.
- Le TOC se définit par plus d'une heure par jour d'obsessions et de rituels.
- S'exposer doucement et longuement à des situations modérément anxiogènes est la base du traitement.
- S'interroger sur le bien-fondé des croyances obsessionnelles est le complément indispensable à l'exposition.
- L'aide des médicaments est souvent nécessaire.

Pour en savoir plus sur le TOC, reportez-vous page 442.

L'anxiété généralisée

27

Dr Dominique Servant

L'anxiété généralisée est la forme d'anxiété la plus banale qui concerne les dangers, les tracas et les peurs que nous ressentons, comme la peur d'être malade, la crainte pour soi ou ses proches d'avoir des ennuis ou tout simplement la peur de ne pas arriver à l'heure à un rendez-vous. Si l'anxiété est normale à petite dose, quand elle se généralise à tout ce que nous faisons, elle devient empoisonnante. Beaucoup de personnes pensent qu'il n'y a rien à faire, que c'est une façon d'être à laquelle on ne peut rien changer. Pourtant, des moyens existent pour modifier soi-même favorablement cet état anxieux qui peut devenir chronique si on ne le soigne pas. Dans certains cas, il est nécessaire de se faire aider par un professionnel.

Qu'est-ce que l'anxiété généralisée ?

L'anxiété généralisée est une forme d'anxiété très fréquente qui s'exprime par une exagération des peurs souvent normales face aux tracas et aux dangers de la vie. Le souci est centré sur ce qui peut arriver, souvent dans un avenir proche. Prenons l'exemple de quelqu'un qui se rend à la gare pour prendre son train en temps et en heure. La personne anxieuse va être assiégée par la peur d'être en retard en imaginant toutes les possibilités : une grève de métro, des embouteillages… Toutes ces choses peuvent se produire, on ne peut le nier et il est tout à fait normal d'y penser, mais le problème survient lorsque cette anxiété devient envahissante et incontrôlable et que l'on ne peut s'empêcher d'y penser. C'est là que se situe la frontière entre l'anxiété normale et l'anxiété pathologique. De plus, les personnes qui souffrent d'anxiété généralisée n'ont pas peur d'une seule chose : de très nombreux événements déclenchent une anxiété. On dit qu'elles ont « peur de tout ».

Caroline s'inquiète de tout, surtout de la santé de ses deux enfants, s'il leur arrivait quelque chose, elle ne veut pas l'imaginer, alors il faut qu'elle appelle pour savoir si tout va bien quand ils sont chez leur grand-mère, si personne ne répond parce qu'ils sont dans le jardin, c'est comme si son cœur s'arrêtait de battre. Si son mari rentre tard, elle est là à le guetter par la fenêtre, c'est idiot, reconnaît-elle, mais c'est une habitude qu'elle a depuis longtemps. Avant un événement aussi banal que la fête de l'école ou une réunion au travail, elle ne peut fermer l'œil de la nuit en ressassant tout ce qui pourrait ne pas aller. Au bureau, dans les périodes de forte pression, elle est franchement débordée car elle prend du retard à tout vérifier si méthodiquement. C'est une vraie perfectionniste. Si elle organise un dîner chez elle, elle veut que tout soit parfait et elle imagine dans les moindres détails ce qui pourrait ne pas aller, si quelqu'un n'aime pas le poisson, si une personne n'arrive pas à se garer, si elle a bien invité untel et ne s'est pas trompée dans l'adresse... Où va-t-elle chercher tout cela, se plaint son mari qui franchement n'arrive pas à la comprendre. Avec la vie de plus en plus chargée, ce qui ne la gênait pas devient beaucoup plus pénible. Elle est fatiguée et de plus en plus irritable. Elle ne voudrait pas que l'anxiété retentisse sur sa santé car, sinon, comment ses enfants et son mari pourraient-ils se débrouiller sans elle ?

De quoi se soucie l'anxieux ?

Certaines peurs sont normales, comme la peur de mourir, de tomber malade, de perdre des êtres chers ou d'en être séparé, de ne pas réussir sa vie, de perdre son travail, d'avoir un problème, d'être victime d'un accident... Ces peurs touchent aussi des choses beaucoup moins importantes comme être en retard, se tromper, ne pas avoir fait le bon choix. Nous ressentons tous ces peurs, mais on pourrait dire que la personne qui souffre d'anxiété généralisée est littéralement envahie par elles. L'anxieux regarde la vie à travers des lunettes qui lui donnent une vision menaçante des choses, et le moindre fait est envisagé comme pouvant aboutir à une vraie menace. Par exemple, en voyage, nous savons qu'il peut nous arriver quelque chose mais nous n'allons pas y penser tout le temps. L'anxieux, lui, fait la liste de toutes les choses qui pourraient lui arriver, des plus banales aux plus graves : un retard, une annulation, du mauvais temps…

LES RUMINATIONS DE L'ANXIEUX

Les inquiétudes de l'anxieux se traduisent par des pensées et des ruminations. Les phrases suivantes sont typiques de la façon dont elles s'expriment : « Et si je ne trouve pas le chemin… ? », « Et si on n'avait pas enregistré ma réservation d'hôtel… ? », « Et si je tombe en panne comment je vais faire ? », « Et si je tombe malade là-bas où je ne connais personne… ? », etc.

Bien sûr, on ne peut pas garantir que cela n'arrivera pas. Il s'agit là des incertitudes de la vie auxquelles nous sommes confrontés en permanence. Certaines incertitudes déclenchent de l'anxiété, ce qui est normal, et nous ne cherchons pas à envisager tous les problèmes qui pourraient s'ensuivre. L'anxieux a plus de mal à tolérer ces incertitudes et il se crée beaucoup de scénarios catastrophes dans sa tête. Plus il se soucie et plus il est anxieux ; on peut à peine le rassurer et il est souvent vain de lui démontrer que cela ne sert pas à grand-chose de s'inquiéter.

À partir d'un certain degré, quand on ne peut contrôler ses pensées et que l'on s'inquiète de tout, l'anxiété généralisée devient une vraie gêne, elle envahit de nombreux domaines et le simple raisonnement ou la volonté ne suffisent pas à en venir à bout.

Ces soucis amènent la personne à adopter certains comportements qui ne la soulagent pas, même momentanément, mais qui en fait entretiennent son anxiété. Par exemple, afin d'essayer de ne pas arriver en retard, l'anxieux vérifie de nombreuses fois l'heure à sa montre, pour ne pas se tromper il consultera des documents, recomptera ou vérifiera les mêmes données comme pour se rassurer mais en fait cela ne fait qu'alimenter l'inquiétude. Pensez à la personne ou à un proche qui vous demande tout le temps si vous n'avez pas oublié de vérifier les bagages, l'itinéraire, de régler les dernières formalités pour préparer un voyage. Quand vous lui dites oui, vous la rassurez, mais le propre de l'anxiété généralisée est que la réassurance est de courte durée car il y a toujours des motifs pour s'inquiéter. Il est bien difficile de rassurer quelqu'un d'anxieux.

À partir d'un certain degré, l'anxiété généralisée devient une vraie gêne.

Que ressent l'anxieux ?

L'anxiété n'est pas uniquement psychologique, elle concerne aussi le corps. Plusieurs signes physiques sont très caractéristiques de l'anxiété généralisée et ce sont même parfois les premiers signes que l'on ressent alors que l'on n'a pas forcément conscience d'être anxieux.

La tension musculaire

La sensation que les muscles du dos, des épaules mais aussi des membres ou du visage sont tendus et douloureux est très fréquente.

Le sommeil

L'insomnie est très fréquente, en raison des ruminations qui peuvent rendre difficile l'endormissement. On se lève, on s'agite, on n'arrive plus à faire le vide, les pensées restent dans la tête. Le sommeil est perturbé, on se réveille plusieurs fois dans la nuit, on repense à des choses que l'on a faites ou à faire, les cauchemars peuvent traduire aussi cette activité psychologique intense.

La fatigue

Ruminer de façon continue aboutit à une lassitude psychique mais aussi à une véritable fatigue physique qui est une des raisons les plus fréquentes pour lesquelles les personnes anxieuses consultent leur médecin.

La tension intérieure, l'énervement, l'impression d'être survolté et à bout

En plus de la tension des muscles, de nombreuses personnes décrivent une impression plus diffuse et plus difficile à décrire de tension intérieure, comme une bouffée qui monte et qui soulève l'intérieur de leur corps. Cette sensation est très déplaisante et c'est pour cela que certaines personnes sont bloquées et ne peuvent même plus bouger quand elles sont submergées par une douleur. Au contraire d'autres personnes sont amenées à s'agiter, à s'énerver pour se soulager, ce qui produit rarement un effet positif, car le plus souvent l'agitation et l'énervement aggravent l'anxiété.

Mais encore...

De nombreuses manifestations physiques, très diverses selon les personnes, accompagnent l'anxiété; chacun a un peu son talon d'Achille. Certaines ressentent des palpitations et des difficultés à respirer, d'autres ont des signes digestifs comme une difficulté à avaler, des ballonnements des problèmes de transit, d'autres des vertiges, des fourmillements, des bouffées de chaleur, des rougeurs...

Les émotions

Elles sont souvent au cœur de notre anxiété et traduisent des sentiments que nous avons au fond de nous mais que nous refusons d'envisager ou d'accepter. Par exemple, la personne qui a un besoin constant de contrôler les choses ne peut accepter l'éventualité d'être en retard ou de ne pouvoir être conforme à ce qu'elle souhaite, c'est-à-dire parfaite, sans droit à l'erreur On pourrait dire que l'angoisse lui permet de ne pas envisager une telle éventualité. Par exemple, une personne a tendance à se culpabiliser, une autre à se mettre en colère face à un souci ou à une situation qui déclenche en elle une anxiété.

Quelles sont les conséquences négatives ?

Beaucoup se seront reconnus dans ces descriptions qui relèvent de la normale. Mais à partir d'une certaine limite l'anxiété devient à la fois gênante et une entrave dans la vie de tous les jours.

Le problème se prolonge

C'est le vrai problème de l'anxiété généralisée : elle ne serait pas pathologique si elle ne durait pas autant, mais elle évolue souvent sur des mois, voire des années. Cette évolution dans le temps n'est pas anodine et a des conséquences négatives sur le psychisme et la santé. Une complication redoutée est le passage à la dépression. Le fait d'être constamment sous pression anxieuse fragilise et peut conduire à un épuisement, quand l'anxiété remplace peu à peu les émotions positives.

En raison de sa longue durée, l'anxiété généralisée fragilise l'état de santé.

En quête d'un soulagement, les personnes vont souvent prendre des médicaments anxiolytiques. S'ils sont parfois utiles, il faut chercher à s'en défaire lors des états anxieux et trouver d'autres moyens d'aide par la psychologie. Dans

Plus l'anxieux lutte, plus il s'épuise.

d'autres cas, ce sont le recours à des substances comme l'alcool qui peut être favorisé et faire entrer dans le cercle vicieux de la dépendance. Car on sait que l'alcool comme d'autres drogues, tel le cannabis, peut devenir anxiogène alors que la personne l'utilise pour chercher un soulagement et un bien-être. Le sevrage génère de l'anxiété, conduit à reprendre de plus en plus de substance et à risquer de tomber dans le cercle vicieux : anxiété-alcool-drogues ou médicaments.

L'anxiété fragilise l'état de santé. Elle précipite et aggrave l'état des personnes qui ont déjà une vulnérabilité à la maladie.

Une mauvaise qualité de vie

En dehors de ces complications médicales, ce sont des activités courantes de la vie comme le travail, les relations avec les autres qui sont touchées.

Dans le cadre du travail, les ruminations anxieuses peuvent amener à douter, à vérifier, à éviter certaines situations et donc à ne pas être productif alors que l'anxiété peut être un moteur quand elle est bien dosée.

Les stress que nous vivons tous dans la vie de famille, au sein du couple, se surajoutent et font que l'anxieux peut être complètement débordé dans sa vie. Plus il lutte, plus il s'épuise et perd la notion de plaisir, c'est pour cette raison que l'on dit que sa qualité de vie est affectée par l'anxiété.

Comprendre son anxiété

Beaucoup de personnes ne comprennent pas très bien pourquoi elles sont anxieuses alors que d'autres vont facilement exprimer les choses de leur vie. Ce qu'elles ont vécu de leur enfance, dans leur famille ou les stress et les épreuves qu'elles vivent ou tout simplement ce qu'elles ressentent sur leur personne et sur leur vie. Toutes choses comptent pour comprendre l'anxiété, mais elles ne sont pas identiques chez chaque personne et il n'y a pas une seule explication psychologique mais plutôt plusieurs.

Il est utile de faire le point sur tous ces éléments pour examiner ceux que l'on peut prendre en compte pour aller mieux.

Suis-je d'un tempérament anxieux ?

Beaucoup de personnes disent être anxieuses depuis des années ; certaines vont même jusqu'à se dire anxieuses depuis toujours. On pourrait penser alors que l'anxiété est innée et qu'elle a un caractère héréditaire. En fait, tous les scientifiques sont aujourd'hui d'accord pour dire que plus que l'anxiété en elle-même, certains tempéraments que l'on retrouve très tôt chez les enfants influencent notre anxiété (voir « Rassurer l'enfant inquiet », p. 205). Mais l'hérédité ne fait pas tout, l'éducation et la famille, les stress et les événements que nous vivons jouent un rôle déterminant. L'anxiété résulte d'une double origine ; heureusement, car cela signifie que l'on peut changer et s'améliorer.

L'anxiété généralisée survient souvent chez des personnes qui se décrivent elles-mêmes comme d'un « caractère anxieux ». La personnalité correspond à notre façon de réagir, de nous comporter, d'être au monde. Elle n'est pas faite d'un bloc mais se compose de différents traits que nous avons tous en nous. La personnalité anxieuse regroupe différents traits, comme la timidité, le perfectionnisme, la dépendance, l'hypersensibilité (voir « Rassurer l'enfant inquiet », p. 205), qui jouent un rôle important.

Suis-je plus fragile psychologiquement ou dans mon corps ?

Nous ne sommes pas égaux dans notre façon de réagir et dans nos émotions. Cela peut être en partie dû à notre fonctionnement psychique, à notre cerveau et à notre corps.

Dans l'anxiété, comme pour toutes les émotions, notre cerveau et notre corps interagissent en permanence. Le cerveau qui perçoit les informations et les traite envoie un signal qui met en jeu le système qui met notre corps en alerte. Par exemple notre cœur s'emballe, notre respiration s'accélère toute notre attention est concentrée pour nous permettre d'agir, de passer à l'action comme lorsque nous sommes soumis à la peur. Dans l'anxiété, on pourrait dire qu'il s'agit d'une alarme hypersensible et que le corps n'arrive plus à se mettre au repos alors qu'il n'a pas besoin de se préparer à agir.

À l'inverse, tout ce que le corps ressent est enregistré par notre cerveau et contribue à mettre en mémoire les émotions et l'anxiété. Certaines personnes sont plus fragiles et ressentent les choses plus fortement dans leur corps. Cela est dû à des différences physiologiques qui caractérisent chacun.

Est-ce dû à des événements du passé ?

Les événements de notre vie depuis l'enfance jouent un rôle fondamental dans notre construction psychologique. Pour certaines personnes, il est évident que certaines choses du passé, certains sentiments ou conflits intérieurs ou avec des proches sont en partie la source de leur anxiété. Mais n'oublions pas une chose, les épreuves sont normales, parfois elles nous rendent plus forts et il n'y a pas une relation simple entre l'anxiété et les épreuves de vie. En clair, les personnes qui ont vécu des épreuves ne sont pas forcément anxieuses et tous les anxieux ne vont pas trouver dans leur passé l'explication à leur anxiété. Le travail de connaissance de soi que nous ont appris les philosophes depuis des siècles est aussi important en psychologie pour se libérer de certaines angoisses. Le plus souvent, il peut se faire par soi-même et parfois il peut conduire à une psychothérapie.

Comment agir

Des moyens simples existent pour gérer l'anxiété, seul ou en se faisant aider.

Beaucoup de personnes pensent peut-être que l'on ne peut pas changer : si on est anxieux, on le reste à vie. S'il est vrai que l'on ne peut complètement gommer une anxiété d'ailleurs normale et témoin de notre personne et de notre réaction au monde, il est réellement possible de l'atténuer et de revenir à un niveau d'anxiété beaucoup moins gênant. Il existe des moyens simples pour gérer l'anxiété généralisée que chacun d'entre nous peut appliquer soi-même ou, si c'est nécessaire, en se faisant aider. Selon chaque cas, en combinant ces différentes méthodes, on trouvera les solutions qui conviennent.

Agir seul ou se faire aider ?

On peut dans beaucoup de cas d'anxiété généralisée se prendre en charge soi-même car ce problème est proche du normal et, bien qu'il entraîne une souffrance, il n'est pas comparable à d'autres problèmes psychologiques plus graves. Il importe souvent de comprendre ce qui arrive, ce que l'on ressent, pour agir par certains moyens que l'on peut développer soi-même.

Se soigner soi-même avec les « self help »

Des guides que l'on appelle les « self help » sont aujourd'hui disponibles et peuvent aider à approfondir toutes les approches actuellement proposées. La haute autorité de santé (HAS), organisme officiel dépendant du ministère de la santé, recommande le recours aux « self help » dans l'anxiété (voir bibliographie, p. 442). Ils apportent une alternative aux médicaments que les anxieux consomment beaucoup. Ils peuvent vous aider à comprendre comment s'exprime l'anxiété et d'où elle peut venir et aussi vous apporter des éléments concernant les différentes techniques de thérapie cognitive et comportementale et de relaxation permettant de réaliser par vous-même des exercices. Comprendre ne suffit pas il faut aussi agir par soi-même.

Gérer les stress

Les stress, les pressions et les exigences du monde moderne amplifient l'anxiété chez les personnes plus fragiles comme celles qui souffrent d'anxiété généralisée. Il n'est pas toujours possible d'agir sur les facteurs extérieurs, mais on peut essayer de mieux les aborder, en les hiérarchisant. Par exemple, si on vit des problèmes au travail et que l'on est agacé parce que l'électricien n'est pas venu alors que c'était prévu cette semaine, il faut distinguer l'impact différent de ces deux stress. Ce qui permet de ne pas les considérer en bloc comme tout ce qui vous tombe dessus de négatif mais d'agir en appelant à nouveau l'électricien reconnaissant, bien que très contrariant, il s'agit d'un stress sur lequel on peut rapidement agir.

Associer un stress moindre à des difficultés importantes peut empêcher de résoudre le problème. Il faut éviter de se laisser submerger par les problèmes et les stress, ce qui est le cas si on réagit selon un mode anxieux : on essaie de tout régler en même temps, on doute, et en revenant sur les choses on perd en fait beaucoup de temps en ruminations qui empêchent d'agir. Les techniques comme la résolution de problème ne sont pas infaillibles mais elles peuvent être un guide pour aborder et résoudre des stress qui sont en fait accessibles à l'action mais qui nous échappent du fait de l'anxiété.

Se raisonner et considérer les situations avec moins d'anxiété

En prenant un peu de distance, on parvient peu à peu à mieux résoudre ses problèmes.

L'anxieux généralisé est souvent plus sensible au stress qu'il vit, et il est important parfois de changer son regard sur les choses. L'anxiété généralisée n'est pas une bonne façon de faire face au stress, elle ne conduit qu'à augmenter les problèmes bien réels, à ne pas pouvoir s'en détacher et à ne pas les résoudre de la meilleure des façons. En modulant sa façon d'aborder les stress, en prenant un peu de distance, on parvient progressivement à mieux les résoudre.

Il n'est pas toujours facile de changer ses pensées catastrophes, mais les méthodes cognitives conviennent bien à l'anxiété généralisée. La première étape consiste à accepter l'idée que la rumination n'est pas efficace et qu'elle est vraiment au centre du problème anxieux. Le contenu des pensées n'est pas faux mais souvent exagéré et amplifié. Il convient pour changer de retenir une règle de base : on ne peut tout contrôler, ruminer ne sert à rien.

Apprendre à détendre son corps et apprendre à agir sur ses émotions

Dans l'anxiété, le corps est souvent en éveil, un peu comme un appareil qui fonctionnerait à plein régime alors que ce n'est pas nécessaire. Le corps est en état d'alerte permanent ce qui se traduit par une hypersensibilité cardio-vasculaire : la respiration est rapide, le cœur bat un peu rapidement et la tension artérielle est prête au moindre stress à répondre de façon très forte. Pour apprendre à réguler les différentes réponses du corps il existe divers moyens. Certains sont simples comme le fait de se détendre, par exemple en pratiquant une activité physique et particulièrement certaines activités qui aident à découvrir et maîtriser ses sensations, comme la natation, la marche, le jogging ou le vélo. Mais toutes les activités physiques sont bonnes pour la maîtrise du corps. Certaines personnes anxieuses appréhenderont l'activité physique comme elles le font pour d'autres activités, c'est-à-dire comme une lutte, là l'effet sera inverse. Si par exemple vous n'arrêtez pas de ruminer en faisant votre jogging ou que vous vous sentez très énervé, il faut aborder l'activité physique autrement.

Les techniques de relaxation et de méditation sont très indiquées pour réduire à la fois les signes physiques et aussi pour apprendre à mieux dominer les émotions d'anxiété (voir « Se soigner par la relaxation », p. 464). On peut aussi s'exposer aux situations que l'on évite habituellement, les affronter et les accepter, ce qui produira un effet d'affaiblissement progressif de l'anxiété, semblable aux techniques d'exposition aux phobies.

Relaxation et méditation sont très utiles pour dominer les émotions d'anxiété.

Quand demander une aide psychologique ?

On peut demander une aide quand l'anxiété ne peut plus être maîtrisée par soi-même et que vous sentez qu'elle déborde et vous empêche de façon marquée et surtout prolongée d'avancer dans votre vie. À ce moment, parlez-en à votre médecin ou faites directement la démarche si vous pensez qu'il faut aller voir un psychiatre, un psychologue ou un psychothérapeute.

Très schématiquement, l'aide psychologique dans l'anxiété généralisée peut consister à :

- développer les thérapies cognitives et comportementales de façon plus poussée qu'au moyen du « self help », ce qui peut être nécessaire dans certains cas ;
- faire un travail sur soi pour changer certains éléments de sa propre personnalité anxieuse en modifiant ses croyances et sa vision des choses, par exemple en acceptant d'être moins perfectionniste, d'avoir des exigences moins élevées, de se donner le droit à l'erreur et en acceptant plus facilement les risques inhérents à la vie ;
- aborder certains conflits plus personnels, source d'anxiété et de mal-être ; en parler avec un thérapeute pour s'en débarrasser.

Pour en savoir plus sur l'anxiété généralisée, reportez-vous page 442.

28

Dr Jean-Luc Émery

Faire face à ses peurs sans paniquer

La peur est une émotion utile pour faire face efficacement au danger. Elle mobilise instantanément toutes les capacités physiques. Comprendre pourquoi la peur n'est pas dangereuse, abandonner l'objectif inaccessible d'éviter d'avoir peur et vérifier qu'il existe des méthodes efficaces pour ne plus paniquer face à la peur, telles sont les grandes étapes du traitement pour se débarrasser des attaques de panique.

Pourquoi la peur peut-elle faire paniquer ?

Pour comprendre pourquoi la peur nous fait paniquer, prenons l'exemple de Valérie.

Valérie se sent envahie par une grande bouffée de chaleur qui monte de son ventre jusqu'à son visage. Depuis quelques minutes, elle se sent très mal. Cela fait deux heures qu'elle fait la queue debout dans ce couloir mal éclairé et bruyant. Elle a un poids sur la poitrine qui la gêne pour respirer. Elle s'efforce de respirer à fond, mais rien n'y fait, elle a l'impression de manquer d'air. Son cœur bat vite et fort. Progressivement tout se transforme, se déforme autour d'elle. Les conversations des autres étudiants lui parviennent inaudibles. Sa vue se trouble. Son corps est parcouru de frissons ; sa tête se vide, devient cotonneuse. Valérie est submergée par la peur.

Elle revoit cette femme à demi inconsciente, réanimée par les médecins du SAMU, entre les caisses du supermarché. Cette fois-ci, c'est son tour. C'est sûr, elle va mourir. Ou pire, elle est en train de devenir folle. Si seulement elle pouvait fuir cette foule d'étudiants massés devant le service des inscriptions de l'université.

Que faire en présence de sensations physiques angoissantes inexpliquées ?

Des manifestations proches des sensations physiques correspondant à la peur se retrouvent dans de nombreuses affections somatiques. Avant de diagnostiquer un problème psychologique, une consultation auprès d'un médecin s'impose. Il faut absolument écarter un problème médical ou chirurgical. Si, après examen, il s'agit d'une première attaque de panique, il reste à mener un débriefing psychologique avec le médecin ou un psychologue. Le débriefing psychologique est un entretien qui vous permettra de décrire en détail comment vous avez vécu l'épisode anxieux. Chaque détail pourra vous être expliqué et vous permettra d'éviter d'interpréter de manière alarmante les manifestations physiques de l'angoisse. Le débriefing psychologique est le meilleur moyen d'éviter l'apparition de complications anxieuses après une attaque de panique.

FACE À UNE SENSATION PHYSIQUE ANGOISSANTE ET INEXPLIQUÉE

En cas d'apparition brutale d'une sensation physique angoissante et inexpliquée, voici comment faire :

Consultation auprès du médecin généraliste
pour examen diagnostique et orientation thérapeutique

absence de pathologie organique	présence d'une pathologie organique
débriefing psychologique de l'attaque de panique	traitement spécifique
traitement médicamenteux d'un trouble anxieux	thérapie comportementale et cognitive d'un trouble anxieux

Pour se rassurer, Valérie a vu un médecin généraliste en urgence. Il a écouté la description du malaise, l'a examinée et a réalisé des examens complémentaires. Valérie n'a aucun problème médical ou chirurgical. Elle a fait une attaque de panique. De quoi Valérie a-t-elle eu peur ?

Valérie n'aime pas les endroits confinés au milieu de la foule (se déplacer en métro, faire la queue aux caisses des magasins, être dans des restaurants bondés et bruyants...). Elle a peur de manquer d'air; elle a déjà vu d'autres personnes être emmenées par les pompiers ou des médecins du SAMU. Donc cette situation d'attente prolongée et inconfortable lui a fait peur. Comme Valérie a eu peur, elle a eu des manifestations physiques de peur.

Les manifestations physiques déclenchées par la peur

La peur déclenche une réaction d'alarme. Des manifestations physiques apparaissent pour augmenter les capacités du corps à faire face à un danger. Le corps s'organise pour fuir ou pour combattre. Il s'agit d'un réflexe de survie.

MANIFESTATIONS PHYSIQUES FACE AUX DANGERS

• Les battements du cœur s'accélèrent et le cœur peut battre plus fort.

• La fréquence et la profondeur de la respiration augmentent.

• Les muscles se contractent. La contraction des muscles de la paroi abdominale et des muscles intercostaux peut provoquer une gêne respiratoire.

• La pression artérielle augmente.

• La concentration de sucre dans le sang augmente.

• Les vaisseaux des muscles se dilatent et le débit sanguin augmente dans les muscles (il y a de plus en plus d'oxygène dans les muscles). L'accumulation de sang dans les muscles des jambes peut donner l'impression d'avoir les jambes « molles ou, à l'extrême, coupées ».

• Au niveau de la peau, il se produit une vasoconstriction, une horripilation, une augmentation de la sécrétion de sueurs et une baisse de la résistance électrique. Ces phénomènes peuvent modifier les sensations cutanées.

Le mécanisme de l'attaque de panique

Reprenons l'exemple de Valérie et observons ses réactions.

Valérie pense que les sensations physiques de peur sont les signes que son corps va lâcher :

• elle a un poids sur la poitrine qui l'empêche de respirer librement, donc elle va finir par étouffer;

• tout se transforme, se déforme autour d'elle, donc elle va entrer dans un état de folie;

• sa vue se trouble, sa tête se vide et devient cotonneuse, donc elle va perdre conscience.

De proche en proche, elle est amenée à se dire que son corps va la lâcher, qu'elle va perdre le contrôle d'elle-même, donc qu'elle va faire n'importe quoi : se mettre en danger ou devenir folle. Ce que pense Valérie l'angoisse beaucoup. Cela va immédiatement augmenter l'intensité des manifestations physiques, donc Valérie va penser des choses encore plus angoissantes, donc...

Le diagnostic de l'attaque de panique

Le diagnostic d'attaque de panique est porté quand, dans une période bien délimitée de crainte ou de malaise intense, au moins quatre des symptômes suivants surviennent de façon brutale et atteignent leur maximum en moins de dix minutes :

- palpitations cardiaques ;
- transpiration ;
- tremblements ou secousses musculaires ;
- sensation de souffle coupé ou impression d'étouffement ;
- sensation d'étranglement ;
- douleur ou gêne gastrique ;
- nausée ou gêne abdominale ;
- sensation de vertige, d'instabilité, de tête vide ou impression d'évanouissement ;
- déréalisation (sentiment d'irréalité) ou dépersonnalisation (être détaché de soi) ;
- peur de perdre le contrôle de soi ou de devenir fou ;
- peur de mourir ;
- paresthésie (sensation d'engourdissement ou de picotements).

L'attaque de panique est une suite de raisonnements logiques qui repose sur l'interprétation erronée des réactions physiques déclenchées par la peur. Chaque interprétation est fausse, mais, comme elle est angoissante, elle amplifie l'angoisse. Et chaque augmentation de l'angoisse renforce l'intensité des réactions physiques. Ce cercle vicieux très angoissant peut induire le développement d'un trouble anxieux : le trouble panique-agoraphobie.

Si, comme Valérie, il vous arrive de paniquer face à des manifestations physiques de peur ou à des situations angoissantes, vous pouvez vous tester. Pour plus d'informations, parlez-en à votre médecin traitant.

ÉVALUEZ-VOUS

Test 1 : Présentez-vous un trouble panique ?

Avez-vous déjà ressenti dans un moment d'angoisse une ou plusieurs des sensations physiques suivantes pendant plus de dix minutes ?	Oui	Non
Oppression respiratoire	☐	☐
Palpitations cardiaques	☐	☐
Crise de transpiration	☐	☐
Tremblements	☐	☐
Nausées	☐	☐
Douleurs au ventre	☐	☐
Sensations vertigineuses	☐	☐
Sensation de tête vide, cotonneuse	☐	☐
Picotements des extrémités	☐	☐
Certaines des peurs suivantes accompagnaient-elles vos sensations physiques ?	Oui	Non
Peur d'une crise cardiaque	☐	☐
Peur d'étouffer	☐	☐
Peur de s'évanouir	☐	☐
Peur de perdre le contrôle	☐	☐
Peur de perdre la raison	☐	☐
Total :	☐	☐

Évaluez vos résultats

Si vous avez répondu « oui » à quatre des sensations physiques et à une des peurs de ce test, vous avez déjà été victime d'une attaque de panique. Pour parler d'un trouble panique, il faut que la crise soit survenue spontanément en dehors d'une situation habituellement angoissante. Si la crise d'angoisse n'est pas apparue spontanément, il faut avoir présenté au moins quatre attaques de panique dans le mois qui vient de s'écouler ou que la première attaque de panique ait été suivie par la peur persistante de présenter une nouvelle attaque pendant au moins un mois.

Test 2 : Êtes-vous agoraphobe ?

Évitez-vous régulièrement (ou dans ce cas vous faites-vous accompagner ?) quelques-unes des situations suivantes de peur d'être bloqué ou non secouru en cas d'attaque de panique ?

Situations angoissantes évitées ou nécessitant d'être accompagné	Oui	Non
Métro	☐	☐
Train	☐	☐
Voiture	☐	☐
Autobus	☐	☐
Bateau	☐	☐
Avion	☐	☐
Ascenseur	☐	☐
Centre commercial, grande surface, grand magasin	☐	☐
Restaurant	☐	☐
Cinéma	☐	☐
Salle de spectacle, étendue déserte (campagne, forêt)	☐	☐
Tunnel	☐	☐
Autoroute	☐	☐
Pont, passerelle	☐	☐
Parking souterrain	☐	☐
Foule	☐	☐
Lieux surchauffés	☐	☐
Espaces situés en hauteur	☐	☐
Changements brusques de vitesse	☐	☐
Espaces bruyants	☐	☐
Marcher seul dans la rue	☐	☐
S'éloigner seul de sa voiture	☐	☐
S'éloigner seul de chez soi	☐	☐
Rester seul chez soi	☐	☐
Nager sans avoir pied	☐	☐
Rester dans le noir	☐	☐
Total :	☐	☐

Évaluez vos résultats

Si vous avez coché « oui » pour au moins quatre des situations ci-dessus, alors vous souffrez d'agoraphobie.

Le trouble panique-agoraphobie

La répétition des attaques de panique dans (ou en dehors) des situations angoissantes comme celle de Valérie constitue ce que l'on appelle le trouble panique-agoraphobie. Ce trouble anxieux est défini selon des critères précis. Au moins une des attaques de panique s'est accompagnée pendant un mois (ou plus) de l'un (ou plus) des symptômes suivants :

- crainte persistante d'avoir d'autres attaques de panique ;
- préoccupations à propos des implications possibles de l'attaque ou bien de ses conséquences (par exemple perdre le contrôle, avoir une crise cardiaque, « devenir fou ») ;
- changement de comportement important à cause des attaques de panique ;
- présence d'agoraphobie ;
- les attaques de panique n'étaient pas dues aux effets directs d'une substance psycho-active (cannabis, alcool, amphétamines, ectasies, caféine) ou à une affection médicale.

Il existe des méthodes efficaces pour ne plus paniquer face à la peur.

L'attaque de panique n'est pas spécifique du trouble panique-agoraphobie. Elle peut apparaître dans le cours de n'importe lequel des troubles anxieux comme l'anxiété généralisée, la phobie sociale, les TOC, les états de stress post-traumatiques ou les phobies spécifiques.

Quels sont les risques de l'évolution du trouble panique-agoraphobie ?

Quand le trouble panique-agoraphobie s'installe, il est indispensable de consulter. Il existe des traitements efficaces pour traiter ce trouble et prévenir l'apparition de plusieurs types de complications.

Surconsommation d'alcool ou de médicaments

La consommation excessive d'alcool ou de médicaments comme les benzodiazépines est la complication la plus fréquente. Ces produits dans un premier temps diminuent le niveau d'anxiété. Au fil du temps une augmentation des doses est nécessaire pour conserver le même effet. Ils sont responsables de phénomènes de sevrage très angoissants. Ce type de trouble nécessite de consulter le médecin traitant pour la mise en place rapide d'un traitement adapté.

Risque dépressif

La dépression est également une indication de prise en charge rapide par le médecin traitant. Les études épidémiologiques montrent qu'il existe un risque suicidaire important lié au trouble panique-agoraphobie. En cas d'association à un épisode dépressif, ce risque est encore majoré.

Perturbation de la qualité de vie affective, sociale ou professionnelle

Difficultés de l'entourage familial à comprendre les peurs du patient; réduction du périmètre de déplacement qui peut créer une exclusion sociale et professionnelle.

Évolution du trouble panique-agoraphobie

L'évolution sans traitement :

- 10 % de guérison après quelques mois ou années;
- 30 % de persistance sporadique d'attaques de panique sans altération de la qualité de vie;
- 30 % d'évolution chronique sans aggravation de la symptomatologie;
- 30 % d'aggravation du trouble panique jusqu'à la réduction complète du périmètre de sécurité avec apparition de complications.

Quand le trouble panique-agoraphobie s'installe, il est indispensable de consulter.

L'évolution après traitement : les thérapies comportementales et cognitives (TCC), les médicaments de type inhibiteur sélectif de la recapture de la sérotonine (ISRS) et la combinaison TCC + ISRS donnent 70 à 90 % de guérison à un an selon les études.

Si l'on veut sortir du trouble panique-agoraphobie, il faut s'entraîner à faire face à ses peurs sans paniquer à l'aide d'une thérapie comportementale et cognitive. Ce type de traitement donne les moyens d'apprendre à affronter ses peurs sans paniquer. Cela nécessite de prendre le temps de faire les choses suivantes :

- s'observer quand on a peur;
- apprendre à expliquer ce qu'on observe des réactions de son corps;
- se confronter progressivement et régulièrement aux situations et aux sensations physiques qui font peur.

S'entraîner à faire face à la peur sans paniquer

Prenons l'exemple de Pascale :

Pour Pascale, le plus facile pour se rendre à son travail, c'est de prendre le métro. La station est en bas de son immeuble, et, après dix minutes de trajet, elle sort à cent mètres de son bureau. Pourtant, tous les matins, pendant dix minutes, c'est la panique. Pascale se voit dans une rame de métro, bloquée entre deux stations, en proie à une violente crise d'angoisse. Rien que d'y penser, elle respire très difficilement et se liquéfie. Depuis deux mois, chaque matin, elle prend sa voiture. Il n'y a que cela qui la rassure. Immédiatement, elle respire mieux et envisage sa matinée avec plus de sérénité. Le trajet lui prend plus d'une demi-heure, mais, au moins, elle ne risque rien d'autre qu'une contravention.

Pascale évite le métro parce qu'elle craint d'y faire des attaques de panique. Pourtant cela ne change rien, tous les matins elle a peur. Plus Pascale évite de prendre le métro, plus elle a peur du métro. Ainsi, elle évite de plus en plus de fréquenter les endroits où elle pourrait se trouver bloquée.

EN CAS D'ATTAQUE DE PANIQUE : SE FOCALISER SUR LE PRÉSENT

- Acceptez la peur et les manifestations physiques d'alarme car elles ne sont pas dangereuses.
- N'essayez pas de lutter physiquement en vous crispant ou en respirant à fond.
- Ne fuyez pas.
- Concentrez-vous pour analyser le présent :
  - dans la situation où vous êtes, y a-t-il quelque chose qui vous menace ?
  - que se passe-t-il dans votre corps ?
- Pratiquez la respiration abdominale :
  - respirez lentement en gonflant et dégonflant votre ventre ;
  - pratiquez une respiration d'amplitude modérée, silencieuse ;
  - pratiquez une respiration lente : inspiration de 2 à 3 secondes, expiration de 2 à 3 secondes et pause.

Décrire ses sensations physiques pour ne plus les amplifier

Pascale doit observer ses sensations physiques angoissantes et repérer comment elle les interprète.

Description des sensations physiques	Interprétation de Pascale
• Poids sur la poitrine, tensions autour du cou.	• Si je vais dans le métro, je vais manquer d'air, je vais étouffer.
• Spasmes respiratoires.	• Ma respiration va se bloquer.
• Sensation de chaleur.	• Je vais m'évanouir.

Toutes les interprétations de Pascale sont des anticipations. Elle décrit ce qui *va* se passer. Ce sont des scénarios catastrophes qui amplifient immédiatement sa peur, alors qu'à l'endroit où elle est (chez elle), il n'y a pas de danger. L'anticipation est un mécanisme très puissant pour amplifier la peur. C'est le mécanisme de base de l'attaque de panique. Pascale doit apprendre à focaliser ses pensées sur le présent. Pour y parvenir, le plus simple est de prendre l'habitude de décrire ses sensations physiques : facteur déclenchant, modifications dans le corps et conséquences (voir tableau page suivante).

Quels comportements Pascale doit-elle changer pour faire face à la peur sans paniquer ?

Jusque-là, Pascale faisait tout pour éviter d'avoir peur. Elle utilisait différents « trucs ». Ces divers stratagèmes, même s'ils la rassurent sur le coup, permettent au trouble panique-agoraphobie de se maintenir ou même de se développer dans le temps.

Comportements d'évitement

Éviter de prendre le métro ; éviter d'être essoufflée ; éviter d'aller dans des endroits confinés quand elle est fatiguée.

Comportements de sécurité

Se faire accompagner par quelqu'un de confiance, prendre les lignes de métro sur les parcours aériens ou en dehors des heures de pointe.

Objets contraphobiques

Avoir toujours sur elle un peu de Lexomil et une bouteille d'eau ; ne jamais oublier son téléphone mobile, etc.

Maintenant Pascale doit se confronter pas à pas à ce qui lui fait peur – la gêne respiratoire et le métro – tout en décrivant ses réactions physiques et leurs conséquences réelles. Bien sûr, elle doit également se passer progressivement de ses trucs.

Sensations physiques : origine et conséquences

Qu'est-ce qui déclenche les difficultés respiratoires ?	Que se passe-t-il dans son corps ?	Y a-t-il un danger ?
Pascale a peur de prendre le métro. Chaque fois qu'un individu a peur, une réaction d'alarme se produit, qui augmente la contraction des muscles.	L'oppression respiratoire de Pascale correspond à une augmentation des tensions musculaires au niveau du ventre, de la poitrine et du cou. La contraction des muscles de la paroi abdominale implique un effort pour vaincre la pression qu'ils exercent vers l'intérieur de l'abdomen. Cette pression gêne les mouvements respiratoires et limite leur amplitude. Les efforts respiratoires provoquent des tensions désagréables autour du cou. L'effort musculaire crée une élévation localisée de la température du corps qui provoque la sensation de bouffée de chaleur.	La réaction d'alarme est une augmentation des capacités du corps. Il n'y a aucun danger. Si cela dure trop longtemps et se répète trop souvent, c'est fatigant puisqu'il s'agit principalement d'un effort musculaire. Est-ce que Pascale manque d'air ? Non, elle éprouve une gêne respiratoire mais son corps ne manque pas d'oxygène. Est-ce que la respiration peut se bloquer ? Non, comme les battements cardiaques, les mouvements respiratoires sont automatiques. Rien ne peut les arrêter, même un blocage respiratoire volontaire finit toujours par céder à la puissance de l'automatisme. Est-ce que l'on peut manquer d'air dans le métro ? Non, la pression atmosphérique est très élevée donc l'air s'infiltre partout. Il n'y a pas plus d'air dans la rue que dans le métro. Seule la qualité est différente (température, odeur).

EXERCICES

Pour vous confronter aux sensations physiques de gêne respiratoire, testez les exercices suivants :

1. Soufflez au maximum de manière à vider complètement vos poumons, puis bloquez votre respiration pendant 10 à 30 secondes selon l'intensité de votre peur.
2. Inspirez à fond en gonflant le thorax et l'abdomen puis bloquez votre respiration pendant 20 secondes.
3. Pincez vos narines entre le pouce et l'index et appliquez un tissu plié en deux contre la bouche pendant une minute.
4. Pincez vos narines entre le pouce et l'index et respirez à travers une paille pendant une minute.

Comment se confronter à ses sensations physiques angoissantes pour apprendre à se contrôler quand on a peur ?

Si l'oppression respiratoire vous fait peur, vous pouvez tester les exercices précédents. L'objectif est :

- d'identifier les exercices qui déclenchent des réactions semblables ou proches de vos sensations physiques angoissantes ;
- de déterminer le niveau d'angoisse déclenché par chaque exercice ;
- de décrire les sensations physiques provoquées et d'apprendre à interpréter leur signification réelle .

L'entraînement commence par l'exercice qui crée le moins d'anxiété. L'objectif est de s'exposer aux sensations physiques d'angoisse en donnant des explications réalistes par rapport aux sensations physiques.

Pascale commence l'entraînement avec l'exercice n° 3.

1. Exposition : Pascale se pince les narines et respire à travers un tissu pendant 1 minute. Elle se concentre pour observer ses sensations physiques et ses pensées et note le niveau d'anxiété pendant l'exercice.
2. Description des sensations physiques et des pensées :

- gêne respiratoire et petite douleur dans le ventre ;
- « Si ça continue trop longtemps, je vais manquer d'air » ;

Niveau d'anxiété : 3/10.

3. Analyse de la signification des sensations physiques : « À cause du tissu, l'air entre moins facilement, je dois faire des efforts musculaires plus importants, cela déclenche de petites douleurs musculaires. »

4. Analyse de la logique des pensées : « Si ça continue trop longtemps, je vais manquer d'air. En fait, si je respire calmement, je ne manque pas d'air. Par contre si je respire plus rapidement, ça augmente les sensations physiques (sensation de chaleur). »

Vérifier que le contrôle est possible

Cet exercice vous permet de commencer à vérifier qu'il est possible de se contrôler face à un peu de gêne respiratoire. Il reste à mieux contrôler la pensée pour chasser les scénarios catastrophes. Décrire précisément les sensations physiques permet de focaliser la pensée sur le présent. *Arrêter d'anticiper sur ce qui pourrait arriver de pire (étouffer) est l'étape fondamentale pour sortir du cercle vicieux de l'attaque de panique.*
La poursuite des exercices vise à renforcer la capacité à faire face aux sensations physiques angoissantes sans paniquer. Chaque exercice devra être répété plusieurs fois de suite en augmentant progressivement la durée. Quand toute angoisse aura disparu dans la pratique d'un exercice, vous passerez aux exercices qui créent un peu plus d'angoisse. Vous vous entraînez jusqu'à vérifier que vous vous contrôlez facilement face à la gêne respiratoire.

S'exposer aux situations angoissantes

La dernière étape sera de vous confronter aux situations qui déclenchent des sensations physiques d'angoisse. Si comme Pascale vous êtes angoissée par les trajets en métro, vous allez vous confronter à la situation progressivement : premier exercice, descendre jusqu'aux caisses de la station de métro. Cette première étape est suffisante pour créer de nouveau un faible niveau d'anxiété donc de faibles sensations de gêne respiratoire. Comme dans les exercices de confrontation aux sensations de gêne respiratoire, vous allez pouvoir vous entraîner à décrire les manifestations physiques, expliquer leur signification et respirer calmement. Pour que cette exposition soit efficace, vous devez renoncer à vos comportements de sécurité (descendre dans le métro aux heures où il n'y a personne, vous faire accompagner, rester le pus prêt possible de la sortie, etc.) et à utiliser les objets qui vous rassurent dans une situation angoissante (comprimés

d'anxiolytiques dans la poche, téléphone portable dans le sac, etc.). N'oubliez pas ! *Il est inutile d'essayer de vous rassurer immédiatement puisque l'angoisse n'est pas dangereuse.*
Pour poursuivre ces exercices d'exposition, vous pourrez vous exposer progressivement :

- à passer derrière les tourniquets ;
- à descendre sur le quai ;
- à monter dans une rame pour aller jusqu'à la station suivante.

EN RÉSUMÉ

Les étapes pour s'entraîner à faire face à ses peurs sans paniquer sont :

- S'habituer progressivement aux sensations physiques d'angoisse.
- Faire face à celles-ci en les décrivant de façon réaliste sans anticiper.
- Vérifier qu'il est possible de se contrôler face à la peur.
- Poursuivre l'entraînement dans les situations angoissantes.

En conclusion

Si l'on a fait l'expérience que l'on peut faire face à la peur sans paniquer et que cela repose sur des méthodes que l'on maîtrise seul, alors il n'y a plus aucune raison d'avoir peur d'avoir peur.

Pour en savoir plus sur les attaques de panique, reportez-vous page 442.

29

Jean-Louis Monestès

Vivre avec la schizophrénie

La schizophrénie touche 1 % de la population. Un pour cent, cela peut paraître peu. Mais, rapporté à la population française, cela représente 600 000 personnes. Malgré tout, la maladie reste mal connue et continue de faire peur. On pense à la violence, aux actes irraisonnés. Face à l'étrangeté des symptômes, on se sent impuissant ou on redoute de commettre des erreurs qui aggraveraient les symptômes. Pourtant, une démarche active est possible afin de vivre mieux au quotidien. Pour diminuer les craintes face à la schizophrénie, il est important de mieux la comprendre, mais aussi d'agir. Comment se manifeste la schizophrénie ? D'où proviennent les symptômes ? Comment réagir face aux hallucinations, aux idées délirantes ? Comment continuer à vivre malgré la maladie ?

Qu'est-ce que la schizophrénie ?

Des symptômes variés

La schizophrénie est une maladie chronique qui envahit tous les champs de l'expérience humaine : les comportements, la pensée, les émotions, les perceptions. Elle peut se manifester par des symptômes très variés. On parle généralement de symptômes positifs – comme les hallucinations et les convictions délirantes –, et de symptômes négatifs – comme la diminution du ressenti ou de l'expression des émotions, le ralentissement de la pensée ou encore les troubles de l'attention. En raison du grand nombre de symptômes possibles, le diagnostic est complexe à établir et il nécessite au moins six mois d'ancienneté des troubles.

Les ectoplasmes de Valérie : Valérie est une jeune femme de 21 ans. Depuis plusieurs années, il lui arrive de voir des formes étranges que les autres ne voient pas, qui lui parlent et lui disent qu'elle doit mourir. Valérie ne comprend pas ce que sont ces visions qui lui font peur. Elle pense que ce sont des ectoplasmes, des esprits de défunts qui viennent la hanter. Elle a du mal à se consacrer à autre chose qu'à surveiller l'apparition de ces « ectoplasmes ».

Qui est touché par la maladie ?

La maladie touche toutes les populations sans distinction. Les femmes sont autant victimes que les hommes ; il n'existe pas de catégorie sociale moins touchée que les autres ; la schizophrénie n'a aucun lien avec le niveau intellectuel.
En revanche, les recherches montrent que lorsque l'un des deux parents est atteint par la maladie, le risque que leur enfant la développe passe de 1 à 5-8 %. Si les deux parents sont atteints de schizophrénie, ce risque augmente jusqu'à 40 %.

DES MALADES CÉLÈBRES

La schizophrénie n'exclut pas une carrière brillante, même si tous les malades n'ont pas un destin hors norme. De nombreux grands hommes étaient atteints de schizophrénie : le prix Nobel d'économie John Nash, le musicien Syd Barrett, fondateur du groupe Pink Floyd, la sculptrice Camille Claudel et bien d'autres.

Quelles sont les causes de la schizophrénie ?

La schizophrénie n'a pas de cause unique. Elle est déterminée par un ensemble de facteurs, dont certains restent encore inconnus. On parle d'un modèle vulnérabilité-stress. Des causes génétiques sont à l'origine d'une vulnérabilité et entrent en interaction avec des facteurs environnementaux, des événements de vie qui peuvent être source de stress.

Chez les vrais jumeaux, si l'un des deux est touché par la maladie, l'autre a 50 % de risque d'en être atteint. Une causalité génétique impliquerait que des vrais jumeaux, qui partagent le même patrimoine chromosomique, seraient tous deux porteurs de la maladie.

La schizophrénie n'est donc pas à proprement parler une maladie génétique bien qu'une vulnérabilité particulière, par exemple des difficultés d'attention ou un désintérêt pour les relations interpersonnelles, puisse être transmise génétiquement.

Mais il est possible d'être porteur de cette vulnérabilité sans jamais développer la maladie. C'est la rencontre avec des facteurs de stress qui peut être à l'origine du déclenchement de la schizophrénie chez ceux qui y sont vulnérables. Parmi ces stress, on trouve la consommation de stupéfiants – par exemple, le cannabis –, ou encore certains événements de vie comme une séparation, un deuil, etc.

Comment évolue la maladie ?

Généralement, la schizophrénie apparaît entre 15 et 25 ans chez l'homme et entre 25 et 35 ans chez la femme. Les premiers symptômes apparaissent souvent longtemps avant l'épisode inaugural, bien qu'ils passent le plus souvent inaperçus.

L'évolution de la schizophrénie est variable. Environ une personne sur cinq ne connaîtra qu'un seul épisode aigu, alors que sept sur dix subiront au moins deux épisodes, en général dans les cinq ou sept années qui suivent l'apparition des premiers symptômes.

Quand elle est installée, la schizophrénie est une maladie chronique qui envahit la vie du malade et de ses proches.

Malheureusement, près de 20 % des malades font une tentative de suicide au cours de leur vie. Dix pour cent d'entre eux meurent par suicide. Par ailleurs, la maladie conduit aussi à négliger son hygiène de vie et à moins se soigner, ce qui conduit à des problèmes de santé plus fréquents. Les patients doivent souvent être aidés pour se prendre en charge.

Dans tous les cas, il est nécessaire de consulter un psychiatre et/ou un psychologue afin éventuellement de mettre en place un traitement médicamenteux et/ou une psychothérapie.

LES PREMIERS SIGNES, OU QUAND CONSULTER

Plus la maladie est prise en charge tôt, moins elle a de répercussions. Les premiers signes peuvent être très variés et pour certains se rencontrer chez beaucoup d'adolescents : repli sur soi, désintérêt pour les autres, méfiance, difficultés de concentration ou d'attention, croyances inhabituelles, mais aussi dépression, irritabilité, perte de motivation. Cependant, il est préférable de consulter «pour rien» que de risquer de passer à côté des premiers signes.

Comprendre pour agir

Qu'est-ce qu'une hallucination ?

L'hallucination est une perception sans objet. Elle consiste à voir ou entendre des choses qui n'existent pas pour les autres.

Dans la schizophrénie, les hallucinations sont le plus souvent auditives. Elles peuvent prendre la forme d'une ou plusieurs voix qui parlent comme si quelqu'un était présent, ou encore directement dans la tête. Entre 50 et 80 % des patients souffrent d'hallucinations, qui sont le plus souvent à l'origine d'une grande souffrance, et dont les malades cherchent à se débarrasser.

Les hallucinations peuvent être à l'origine de conduites incompréhensibles pour l'entourage :

Christophe, le voisin de Matthieu, hurle toutes les nuits. Matthieu lui a déjà demandé d'arrêter, mais il n'a pas l'air de comprendre ou de vouloir cesser son vacarme. En fait, Christophe entend une voix qui l'insulte en permanence, particulièrement la nuit. Elle lui dit qu'il est un assassin, qu'il a tué son frère. Alors Christophe hurle pour essayer de faire taire cette voix.

Une expérience plus fréquente qu'on pourrait le penser

Les hallucinations n'apparaissent pas seulement dans la schizophrénie. On les rencontre aussi chez monsieur Tout-le-monde, par exemple après une privation de sommeil, suite à un isolement sensoriel ou pendant de longues périodes de solitude. Elles peuvent également apparaître à la suite d'un décès, et c'est alors la voix de la personne défunte qui est entendue.

Les hallucinations n'apparaissent pas que dans la schizophrénie.

Même en dehors de ces moments particuliers, il est fréquent que nos sens nous jouent des tours. Les illusions perceptives sont monnaie courante, et il n'est pas rare que nous allions ouvrir la porte alors que personne n'a sonné !

La différence avec les patients repose sur la fréquence de ces expériences, plus importante chez les malades, et sur la signification accordée à ces phénomènes par celui qui les vit.

D'où viennent les hallucinations ?

Plusieurs hypothèses sont proposées pour expliquer la provenance des hallucinations. L'une d'entre elles est que les hallucinations auditives sont en fait des pensées que les patients ne parviennent pas à reconnaître comme étant les leurs. Nous formulons tous des pensées, la plupart du temps sans nous en rendre compte, de façon automatique. Lorsque les malades prennent conscience de ces pensées, ils ne parviennent pas à reconnaître qu'ils en sont à l'origine, et les interprètent alors comme des voix venant de l'extérieur.

Il est important de signaler que lorsque quelqu'un perçoit une hallucination, son cerveau est stimulé comme pour une perception réelle. Dans le cas d'hallucinations auditives par exemple, la zone cérébrale responsable de la compréhension du langage (l'aire de Wernicke) est activée exactement de la même façon que lorsqu'on entend réellement quelqu'un d'autre parler. Simultanément, l'aire de production du langage (l'aire de Broca) est activée, ce qui vient appuyer l'hypothèse d'une difficulté à reconnaître ses propres pensées.

Pour celui qui souffre d'hallucinations, la perception est donc bien réelle, même si on peut penser qu'il en est involontairement à l'origine.

Comment réagir face aux hallucinations ?

Respecter le vécu et le point de vue du malade

Nous l'avons vu, quelqu'un qui souffre d'hallucinations entend réellement ce qu'il dit entendre. Il est le seul à savoir ce qu'il a perçu. Il est donc primordial de respecter son vécu, et de ne pas lui dire qu'il a rêvé. Il est possible en revanche de lui dire que nous n'avons rien entendu, ou, si le moment est venu, de lui rappeler que cela peut être un symptôme de sa maladie. Mais rien ne nous permet de nier sa perception.

En ne respectant pas son point de vue, le risque est qu'il n'en parle plus jamais, se sentant incompris.

Parler des hallucinations ?

Les proches craignent souvent de parler des symptômes de la schizophrénie avec les patients, de peur de les aggraver. Il n'en est rien. Quand le but n'est pas de contredire le malade ou de lui montrer qu'il se trompe, il peut être très utile de l'aider à repérer que les voix apparaissent davantage quand il est fatigué, quand il passe de longs moments seul, quand il se sent anxieux ou qu'il est inactif. Ce n'est qu'en connaissant davantage le phénomène qu'il vit que le malade parvient à le surmonter.

Il faut respecter le vécu du malade, comme le fait le père de Christophe :
Christophe : « Ils parlent entre eux, je les entends dire qu'ils vont me tuer. »
Son père : « Tu as encore entendu ces voix ? »
Christophe : « Oui, ils sont revenus. »
Son père : « Cela a dû être étrange et inquiétant pour toi d'entendre parler quelqu'un sans le voir. »
Christophe : « Oui, j'ai peur. »
Son père : « Je comprends, je pense que moi aussi j'aurais peur si j'avais entendu la même chose. Mais souviens-toi que tu as déjà entendu ces voix et que rien ne s'est passé ensuite. »

Qu'est-ce qu'une idée délirante ?

On parle d'idée délirante lorsque quelqu'un est convaincu de choses improbables ou impossibles, pour lesquelles il n'existe aucune preuve, ou qui sont en opposition manifeste avec la réalité. Un malade peut penser qu'il va être couronné roi de France, se croire surveillé par la police, penser avoir plusieurs mères, etc.
Une idée délirante n'est pas problématique en elle-même. Elle ne le devient que lorsqu'elle a des répercussions sur les conduites du malade, sur son rapport aux autres, ou qu'il en souffre.

Tout le monde peut croire en des choses non démontrées…

Certaines études montrent que de nombreuses personnes sans pathologie psychiatrique peuvent parfois se sentir menacées par un complot. Jusqu'à 40% de certains groupes étudiés croient en la télépathie, alors que ce phénomène n'a jamais reçu de preuves réelles. Nous pouvons tous à un moment ou un autre croire en des choses non démontrées ou qui peuvent paraître saugrenues. Ce qui différencie les patients est la force de leur conviction et la difficulté à en changer malgré les preuves qui s'opposent à leur croyance.

Comment se construisent les idées délirantes ?

Souvent, les idées délirantes apparaissent en réaction aux hallucinations ou aux modifications émotionnelles et de la pensée que le malade ne parvient pas à comprendre. Face à ces phénomènes étranges pour lui, le malade cherche une explication et finit par en trouver une. Même si cela peut paraître étrange, il peut par exemple sembler préférable de se croire en communication avec un défunt que de ne pas comprendre d'où vient la voix qu'on entend directement dans sa tête. Cela est parfois moins déstabilisant que de remettre en doute ses perceptions ou ses émotions. Par ailleurs, il a été observé que les malades ont tendance à tirer trop rapidement des conclusions, en l'absence de preuves suffisantes, ce qui peut les conduire à conserver leurs interprétations, fondées le plus souvent davantage sur leurs émotions que sur leur raisonnement.

Comment réagir face aux idées délirantes ?

Ne pas contredire

La schizophrénie : une maladie à démystifier.

On a souvent tendance à contredire les idées délirantes, généralement parce qu'on pense qu'il suffit de démontrer à l'autre qu'il se trompe pour qu'il change d'opinion. Malheureusement, une conviction délirante rend souvent insensible à tout argument qui pourrait la contredire.

Le risque de la contradiction est d'amener progressivement l'autre à trouver davantage d'arguments en faveur de son idée, simplement pour pouvoir défendre son point de vue. Il n'avait peut-être jamais songé à ces arguments avant d'être contredit.

Souvent, contredire une idée délirante risque d'une part de l'aggraver, et d'autre part de rompre la communication avec le malade, qui peut alors se sentir incompris. Il est donc préférable de ne pas contredire une idée délirante.

Redonner le goût du doute

Le problème des patients atteints de schizophrénie n'est pas qu'ils jugent mal, mais qu'ils jugent trop vite, en se basant trop sur leurs émotions. Une fois qu'ils sont parvenus à une conclusion, ils la réévaluent rarement. Ils doutent peu de leurs déductions. Plutôt que de contredire, il est préférable d'aider le patient à retrouver le goût de chercher d'autres hypothèses aux phénomènes qu'il vit. Son explication n'est pas obligatoirement fausse, mais peut-être en existe-t-il d'autres.

Proposer des épreuves de réalité

Si le malade parvient à envisager d'autres hypothèses que celle à laquelle il croit, il faut l'aider à chercher par lui-même des réponses aux questions qu'il se pose, à essayer de trouver des éléments en faveur ou défaveur de son idée délirante et de toutes les hypothèses disponibles. Il est alors possible de lui proposer de réaliser lui-même des petits tests afin qu'il fasse une « épreuve de réalité ».

Christelle croit que tout le monde peut lire ses pensées, ce qui lui est insupportable. Pour tester cette croyance, elle construit une épreuve de réalité avec l'aide de son frère. Elle décide de s'asseoir sur un banc public et de penser qu'elle donnera 10 euros à quiconque viendra lui chanter *Petite Marie* de Francis Cabrel (événement très improbable). Elle est confiante sur le fait que quand quelqu'un lira dans ses pensées, il ne résistera pas à l'appât du gain.

Ces épreuves de réalité ne doivent pas être imposées au malade dans le but de le convaincre, ce qui reviendrait à le contredire. C'est avant tout le malade qui doit avoir envie d'y voir plus clair. Elles doivent aussi être réalisées selon des règles strictes : le résultat attendu doit être sans ambiguïté, précis, et surtout être probant pour le malade lui-même.
Ces épreuves de réalité ne vont pas tout résoudre ni convaincre immédiatement la personne malade d'abandonner son idée délirante. Elles auront vraisemblablement besoin d'être reproduites sous différentes formes. Elles sont, de plus, complexes à mettre en place et doivent être, dans la mesure du possible, encadrées par un thérapeute. Elles peuvent néanmoins permettre au malade de reprendre l'habitude d'évaluer différemment ses convictions.

Être honnête et respectueux envers le malade

Il est difficile de se positionner face aux convictions délirantes. Comment ne pas contredire sans encourager ? Un bon moyen consiste à se comporter comme on le ferait avec quelqu'un qu'on connaît peu, un voisin par exemple. Si un voisin nous explique qu'il préfère vivre sans chauffer sa maison, allons-nous lui dire qu'il a tort et que son point de vue est déraisonnable ? Allons-nous essayer de le convaincre qu'il ferait mieux de mettre le chauffage ? Vraisemblablement non. Pour autant, allons- nous lui dire qu'il a raison ? Non plus. Le plus souvent, nous allons exprimer honnêtement notre point de vue, mais en reconnaissant à l'autre le droit de ne pas penser la même chose.

Face à une conviction délirante, il est préférable d'adopter la même attitude : exposer honnêtement son propre point de vue, mais sans chercher à convaincre. Ne pas feindre d'être d'accord tout en respectant la croyance de l'autre.

À retenir

- Consulter un psychiatre et/ou un psychologue pour envisager un traitement médicamenteux et/ou une psychothérapie.
- Respecter le vécu du malade : il est le seul à savoir ce qu'il a perçu et il a le droit de croire en des choses différentes.
- Ne pas aller dans le sens des convictions délirantes, mais ne pas non plus les contredire.
- Être honnête et respectueux : nous avons le droit d'être en désaccord, mais il ne faut pas nier au malade le droit de penser différemment.

Pour en savoir plus sur la schizophrénie, reportez-vous page 443.

Comment arrêter l'alcool

30

Pierluigi Graziani

L'alcool est un problème majeur en France : 5 millions de personnes sont concernées par un problème d'alcool (chiffres du CFES, 2001) pour des coûts sanitaires qui atteignent 1,5 à 3 milliards d'euros en plus des coûts sociaux (absentéisme, accidents de la route, violence...). Il existe de nombreuses structures, associations, centres, organismes qui s'occupent de la prévention, du diagnostic, du traitement de l'alcoolisme. Il n'y a pas de solution miracle à ce problème, mais il existe une diversité de l'offre en matière d'aide et de soin aux personnes souffrant d'un problème avec l'alcool qui répond à des niveaux de motivation différents et à la nécessité de s'adapter à la demande du patient.

Comment devient-on dépendant à l'alcool ?

Il est très difficile de répondre à cette question. Après avoir passé des années auprès de patients alcoolo-dépendants, je ne suis pas sûr d'être totalement protégé du risque d'alcoolo-dépendance. Certains événements douloureux de la vie peuvent nous faire basculer. Toutefois, il existe des facteurs facilitants ou prédisposants.

Le poids des expériences

Les expériences de consommation modifient notre rapport à l'alcool. Cela est inévitable. Lors de la prise d'alcool nous pouvons constater des changements au niveau physique, par exemple une modification du rythme cardiaque, une détente musculaire, ou au niveau émotionnel, par exemple nous nous sentons plus gais, moins soucieux, plus sociables. Ces expériences de prise d'alcool ont lieu dans un contexte (au bar ou chez soi, seul ou avec des amis, en fin de semaine, le matin, le soir, etc.), dans une ambiance (festive, sociale, etc.). Nous savons qu'au fur et à mesure de la répétition de ces expériences de consommation, même modérées ou minimes, notre corps montre rapidement une légère réaction physiologique. Si, par exemple, nous avons l'habitude de sortir le samedi soir avec des amis pour boire quelques verres d'alcool, le simple fait d'y penser pendant la semaine suffit à activer des envies associées avec l'expérience du samedi soir. De nombreuses études confirment ce mode d'apprentissage qui n'est pas intentionnel, mais s'impose à nous après quelques expériences de consommation d'alcool sans qu'il soit encore question de dépendance physique.

UN APPRENTISSAGE INCONSCIENT

Si un groupe de personnes consomme des boissons alcoolisées pendant quatre sessions dans une salle et un autre groupe des boissons non alcoolisées dans une autre salle, les premières montreront ensuite une réponse ou une modification physiologique conditionnée (augmentation de la fréquence cardiaque) lorsqu'elles se retrouveront dans la salle des alcoolisations. On observe également une augmentation du rythme cardiaque lorsque les personnes sont face à leur boisson alcoolisée.

Petit exercice de visualisation

Voici une expérience de quelques minutes que je propose souvent lors de mes cours pour montrer que l'activation d'images associées à l'alcoolisation peut susciter des envies :

Fermons les yeux et imaginons que nous débouchons une bouteille de champagne. Nous la tenons entre nos mains… Nous sentons sa fraîcheur entre nos doigts… elle est à la bonne température… la surface est humide. C'est une bonne marque… il doit être bon. Nous poussons lentement le bouchon… et nous entendons le claquement sec à l'ouverture. Une légère brume s'échappe de la bouteille, des bulles remontent du fond en pétillant. Nous pouvons nous imaginer respirant l'odeur du champagne, le versant dans une coupe, lentement, tout en prêtant attention au bruit du champagne qui remplit le verre et à celui des bulles qui éclatent lorsqu'elle atteignent la surface. Le verre se refroidit entre nos doigts, l'humidité l'enveloppe... il n'est pas loin de nos lèvres. Imaginons que nous posons nos lèvres sur le bord du verre et que nous prenons une gorgée...

Il est probable qu'après quelques minutes de visualisation, nous ayons une petite envie supplémentaire de boire du champagne. Cet exercice montre comment l'activation d'une simple image mentale est capable de déclencher une légère envie, voire parfois une forte envie, qui nous motivera à chercher de l'alcool pour la satisfaire et diminuer notre état de tension. Pour une personne qui souffre de dépendance à l'alcool, les scénarios risquent d'être nombreux tellement elle peut associer de choses à l'alcool.
Un autre scénario fréquent est le suivant :

Vous croisez un ami en ville avec lequel vous passez des soirées agréables autour d'un verre et il vous invite à boire un verre.

Vous êtes sur le chemin de retour à la maison après une dure journée de travail et vous approchez du café où vous avez l'habitude de vous arrêter avant de rentrer chez vous.

Nous avons tous nos propres scénarios idiosyncrastiques, c'est-à-dire propres à notre expérience, capables d'activer plus que d'autres les envies grâce à des associations établies avec l'alcool. Ils constituent notre propre « vulnérabilité », des situations dans lesquelles il est un peu plus difficile de refuser de consommer.

Les effets « agréables » de l'alcool

Les premières expériences avec l'alcool induisent un apprentissage automatique et le constat conscient et fréquent que l'alcool a des effets agréables.
On peut regrouper l'action de l'alcool en six catégories :
• Il transforme les expériences de l'individu de façon positive : « Je vois la vie en rose », « Je m'inquiète moins », « Un verre m'aide à supporter les frustrations », « Je rumine moins »...

ÉVALUEZ-VOUS : VOUS ET L'ALCOOL

Un test souvent utilisé est le Short-MAST*. Il prend peu de temps.

	Oui	Non	Score
1. Pensez-vous que vous consommez de l'alcool en quantité plus importante que la normale ?	2	0	
2. Vos proches vous ont-ils déjà fait des reproches au sujet de votre consommation d'alcool ?	1	0	
3. Vous êtes-vous déjà senti coupable à cause de votre consommation ?	1	0	
4. Est-ce que vos proches, vos amis pensent que vous êtes un buveur normal ?	0	2	
5. Arrivez-vous toujours à stopper votre consommation d'alcool quand vous le voulez ?	0	2	
6. Avez-vous assisté à une réunion d'anciens buveurs pour un problème personnel d'alcool ?	5	0	
7. Est-ce que l'alcool a déjà créé un problème entre vous et votre conjoint ?	2	0	
8. Avez-vous déjà eu des problèmes professionnels à cause de votre consommation d'alcool ?	2	0	
9. Avez-vous déjà négligé vos obligations, votre famille ou votre travail pendant deux jours de suite ou plus en raison de votre consommation d'alcool ?	2	0	
10. Avez-vous demandé de l'aide ou des conseils au sujet de votre consommation d'alcool ?	5	0	
11. Avez-vous été hospitalisé en raison de votre consommation d'alcool ?	5	0	

* Voir Selzer M. L., Vinokur A., Van Rovijen L., « A self-administered short Michigan alcoholism screening test (SMAST) », *Journal of Studies on Alcohol*, 36 (1), p. 117-126, 1975. Version française proposée par B. Rueff in *Les Maladies de l'alcool*, Paris, John Libbey Eurotext, 1995.

12. Avez-vous déjà été arrêté, ne serait-ce que quelques heures, en raison d'un état d'ivresse ?	2	0	
13. Avez-vous déjà été inculpé pour ivresse au volant ?	2	0	
Total			

Résultat

Faites le total de vos points en vous référant à la colonne de droite.
Il y a une forte variabilité suivant les personnes, mais, à partir d'un score de 5, le questionnaire suggère que l'alcoolo-dépendance est probable. Il vaut alors mieux consulter auprès d'un professionnel pour faire le point.

• Il accroît le plaisir social et physique : « Je parle plus facilement », « Je m'amuse plus en société », « Je rigole plus »...
• Il améliore les performances sexuelles et la satisfaction : « Je suis plus fort, plus séduisant », « L'alcool diminue mes craintes de performance au lit »...
• Il décuple les forces et l'agressivité : « Je me sens plus fort et puissant, je réponds aux agressions », « Je ne calcule pas les risques »...
• Il augmente la volubilité : « Je parle plus facilement, j'ose aborder les filles », « Je n'évite pas de croiser le regard des autres, je me fais respecter », « Je dis ce que je pense »...
• Il diminue les tensions : « Un verre me détend, je dors plus facilement, ça me calme », « Je suis moins anxieux », « Je bois un coup pour éviter de me mettre en colère ».

Il est évident que si les effets ne sont pas agréables, vous aurez tendance à ne pas répéter l'expérience.

En pratique, quelques applications thérapeutiques

Ces considérations générales sous-tendent des applications thérapeutiques pour l'alcoolo-dépendant. Il est difficile de présenter de manière exhaustive la prise en charge tant la dépendance met en jeu de nombreux aspects de la personnalité et envahit la plupart des domaines de la vie du patient. Toute présentation sera donc très partielle, mais, dans le registre de ce que je viens de présenter, travailler sur les envies d'alcool consiste, par exemple, à proposer au patient de s'exposer plusieurs fois aux indices (les éléments qui déclenchent les envies) ou scénarios alcooliques sans consommation d'alcool. Cela permet de réduire l'activation physiologique (*arousal*) et se fait dans des conditions précises avec des professionnels formés à ces principes thérapeutiques. L'exposition favorise le phénomène d'extinction, c'est-à-dire la réduction de l'intensité de l'envie de boire face à ces indices. Ainsi, les risques de rechute diminuent. Une envie plus faible et un meilleur contrôle de la prise d'alcool permettent d'investir d'autres domaines de la vie et de découvrir d'autres plaisirs.

Le poids des habitudes

Si l'extinction diminue l'envie et la probabilité de consommer de l'alcool, elle n'efface pas pour autant le souvenir du plaisir associé aux centaines de répétitions de la séquence comportementale consistant à boire. Ce que nous avons appris ne pourra pas être effacé, mais, au mieux, « remplacé » par un autre apprentissage plus adapté ou plus sain. Nous serons susceptibles de ressentir de l'envie pendant longtemps dans ces contextes.

Pour mieux comprendre les effets des automatismes, il suffit de faire une autre expérience : *changeons de place notre frigidaire ou notre machine à café. Plaçons-les à l'opposé de l'endroit habituel.* Il est probable que nous ayons tendance pendant quelques jours à aller chercher le lait ou le café là où le frigidaire et la machine à café se trouvaient. Il nous faudra quelques jours avant de produire l'extinction des anciens automatismes pour intégrer définitivement les nouveaux.

Demander de l'aide à l'alcool, ce n'est pas gratuit

La consommation d'alcool s'accompagne souvent de plaisir. C'est la même chose pour l'utilisation des médicaments. Nous avons mal à la tête, le médecin nous prescrit des médicaments, et nous apprenons ainsi ce qui nous soulage. Cet effet augmentera la probabilité qu'à la prochaine apparition de la douleur, nous prenions rapidement les mêmes cachets pour la soulager. Dans ce cas, nous choisissons de produire un effet : *soulager la douleur*.

L'alcool aussi peut être utilisé pour soulager une souffrance et produire des effets agréables à la demande. Des situations telles qu'une mauvaise journée au travail, une humiliation, un entretien d'embauche, une grande fatigue peuvent faire apparaître la prise d'alcool comme une solution possible afin de soulager la tension, l'inquiétude, l'anxiété, le stress, la déprime, l'ennui. L'aide obtenue grâce à l'alcool s'imprime dans la mémoire et rend son recours plus probable chaque fois que l'individu se trouve dans des situations similaires. C'est ainsi que l'utilisation de l'alcool pour faire face aux émotions risque d'ancrer des croyances comme : « L'alcool m'aide à me sentir mieux », « L'alcool me soulage », « Il me faut de l'alcool pour… » La prise d'alcool devient un moyen banal, surtout si rien d'autre n'est envisagé. Il devient une béquille qui vous rend boiteux. C'est bien une dépendance qui risque de se mettre en place.

La thérapie insiste sur la nécessité de nous aider à faire face à notre souffrance émotionnelle sans utiliser l'alcool. Il est indispensable de travailler sur des aspects profonds de notre personnalité, sur la manière de donner du sens, ou un autre sens, aux expériences et à sa vie. La thérapie aide à développer un regard nouveau sur nous-mêmes et à trouver tant en nous qu'à l'extérieur des solutions alternatives à l'utilisation de l'alcool.

Être alcoolique... sans boire ?

Bien avant sa première expérience avec l'alcool, l'enfant peut apprendre à valoriser ce dernier, ne serait-ce que parce qu'il lui est interdit et par l'observation de la valeur qui lui est attribuée par les adultes. Dès l'enfance, l'individu commence à tisser la toile des valeurs et des règles qui vont gérer et donner du sens à son comportement et à la consommation d'alcool. Il n'est pas nécessaire de consommer pour apprendre quels sont les effets de l'alcool. Observer les comportements d'autrui, intégrer des modèles de conduite des personnes significatives pour chacun de nous (cela va bien au-delà de la simple consommation de boissons alcoolisées mais concerne toute notre personnalité) est un apprentissage automatique, inconscient, qui nous permet rapidement d'apprendre à gérer les situations en utilisant l'expérience des autres. Apprendre à gérer la consommation d'alcool fait partie aussi de ces apprentissages dans notre société.

L'alcool est une béquille qui rend boiteux.

Nos idées nous donnent des envies ?

Certains chercheurs ont essayé de décrire les idées qui se construisent au fur et à mesure des expériences d'alcoolisation. Nous savons aujourd'hui que la répétition dans les conduites d'alcoolisation se fait à l'aide d'attentes positives et de pensées qui autorisent le sujet à boire.

Quand les situations auxquelles nous sommes confrontés conduisent à un état émotionnel négatif (tristesse, frustration...), nous pouvons croire que l'alcool, longtemps utilisé comme remède, est la seule stratégie disponible et rapide pour faire face à cet état désagréable et intolérable. Cela augmente l'envie de boire ou *craving* (besoin ou désir compulsif puissant de boire). L'utilisation du produit « alcool » pour obtenir des effets précis amène le sujet à développer, dans le temps, des croyances anticipatoires, soulageantes et permissives.

Des attentes anticipatoires

Ce sont les attentes positives liées à l'alcool (exemple : « Je serai gai et amusant si je bois de l'alcool »).

Des attentes soulageantes

Ce sont les attentes de réduction du manque ou d'un malaise (exemple : « L'alcool m'aide à oublier » ; « Si je bois, je suis moins anxieux » ; « Il me faut de l'alcool pour réduire ma souffrance, mon besoin » ; « C'est trop difficile, il faut que je boive »).

Des attentes permissives

Ce sont des pensées qui autorisent la consommation d'alcool (exemple : « Je l'ai bien mérité, après tout ce travail ! » ; « Je suis invité, je ne peux pas refuser à un ami » ; « Ce n'est pas avec un verre que je rechuterai » ; « Je suis libre, donc je peux décider de boire » ; « C'est mal vu de dire non quand on est invité » ; « Je ne conduis pas » ; « J'arrête demain » ; « C'est difficile de résister, il vaut mieux que je boive »).

Dilemme : boire ou ne pas boire ?

Les trois catégories de pensées sont très importantes, mais j'attire l'attention sur le rôle des pensées permissives. L'activation d'une souffrance émotionnelle, dépressive, peut activer des idées négatives, par exemple : « Je n'y arriverai pas, je suis nul. » Pour résoudre cette souffrance, par association, l'idée des avantages de l'alcool s'offre au sujet. Cela le met souvent dans un conflit entre *boire* et *ne pas boire* s'il est quelque peu conscient des conséquences négatives de sa consommation. Pour pouvoir dépasser ce dilemme, et donc boire, il a besoin d'une justification qui lui est donnée par un panel très varié d'« excuses », les *croyances permissives* donc, qui résolvent ce conflit et l'autorisent à passer à la consommation d'alcool.
Ces croyances se retrouvent dans la plupart des troubles addictifs (addiction à la cocaïne, aux opiacés, à la nicotine, à l'alcool, aux médicaments, au jeu, etc.) et jouent un rôle incontestable dans leur maintien et dans une éventuelle rechute.

Imaginons que nous invitons un couple d'amis à prendre un verre chez nous. Ils arrivent, nous leur proposons différentes boissons alcoolisées, en particulier du punch que nous avons préparé dans l'après-midi. L'un accepte volontiers un verre de punch et l'autre nous demande un verre d'eau. Cela nous surprend un peu parce c'est assez décevant de ne lui offrir que le plaisir d'un verre d'eau. Nous essayons de le convaincre de boire ce que nous avons préparé parce que nous pensons que c'est bon et qu'il aura plus de plaisir à en boire. Que dirons-nous pour le convaincre ? « Tu es sur(e) ? Goûte au moins un fond de verre », « Un verre d'eau ? Mais tu es malade ? Allez, goûte-moi un peu ça, c'est délicieux ! », « J'ai passé l'après-midi à préparer ce punch parce que je sais que tu l'aimes... Prends-en au moins un verre », « Tu ne conduis pas, tu peux boire », « C'est vendredi soir, demain tu ne travailles pas, tu peux faire la fête ».

Ces phrases correspondent en partie à celles que nous utilisons pour nous-mêmes quand nous hésitons sur le fait de boire.

Prenons maintenant la place de celui qui a demandé le verre d'eau. Que pourrait-il se dire face à ces pressions ? S'il pense : « Je suis invité. C'est impoli de refuser », « Il insiste tellement que je devrais boire pour lui faire plaisir », « Je ne peux pas dire non », « Je ne conduis pas », « J'ai le droit de boire, je suis libre, je fais ce que je veux », « J'ai bien le droit de boire un verre », « J'ai envie de boire, un verre ne me fera pas de mal », il passera facilement à la consommation. Par contre, s'il se dit : « Je ne supporte pas l'alcool », « Ils vont me trouver ridicule si je bois trop », « Je ne peux pas conduire si je bois plus de deux verres », « Il n'est que 11 heures du matin, il est trop tôt pour boire », « J'ai trop bu hier soir, il vaut mieux refuser aujourd'hui », « Elle insiste, elle ne me respecte pas. J'ai le droit de dire non », il ne consommera probablement pas.

Plus les obstacles à la consommation s'accumulent (sentiment de culpabilité, risques de conséquences désagréables, plaintes de l'entourage, contrôle familial, accidents, chutes), plus l'individu doit trouver des arguments forts et variés pour passer à la consommation. Plus la personne est dépendante, plus elle aura besoin d'arguments forts pour ne pas consommer quand l'envie est présente. Une fois l'autorisation de consommer « obtenue », les stratégies de recherche du produit ou de consommation sont alors entreprises. Les sujets alcoolo-dépendants ou toxicomanes, mais aussi les fumeurs ou les boulimiques, ont des croyances permissives (mais aussi anticipatoires et soulageantes) plus nombreuses et plus intenses que la plupart des sujets non dépendants. Ils se piègent dans un système de pensées facilitantes qui leur permettent de dépasser n'importe quel obstacle et d'annihiler le système interne de contrôle.

Et l'entourage ?

La personne qui consomme ne le fait pas sur une île déserte, isolée du monde, seule, sans amis et sans famille. Malheureusement, la dépendance alcoolique s'intègre dans un style de vie qui ne laisse pas indifférents les proches. Eux aussi modifient leurs habitudes pour s'adapter à l'alcoolo-dépendance : les enfants évitent d'inviter leurs amis à la maison, il n'y a pas de loisirs le week-end parce que monsieur ou madame cuve sur le canapé et ne peut pas sortir, les amis viennent de moins en moins à la maison, les dépenses importantes en alcool limitent les possibilités financières, on rentre à la maison avec la peur des disputes et des remontrances, la vie est bien plus difficile.

Conflits et perte de confiance

Dans mon activité clinique avec les familles de patients alcoolo-dépendants, je me suis rendu compte que la perte de confiance est probablement le changement le plus douloureux. Cela se traduit souvent par une attitude de contrôle de la consommation de l'autre, par une attention portée sur les signes qui pourraient traduire la consommation (yeux rouges, haleine alcoolisée, dépenses importantes, démarche titubante...), par des promesses de changement non tenues, par des mensonges quotidiens, par des frustrations répétées. Proposer aux personnes (alcoolo-dépendantes et proches) de reconstruire les bases de la confiance dans le rapport à l'autre est un objectif principal.

La perte de confiance est l'un des changements les plus douloureux.

La durée de l'alcoolo-dépendance modifie profondément les rapports entre les membres en souffrance, et souvent l'arrêt de l'alcool ne suffit pas à résoudre les conflits et à améliorer la communication et les rapports familiaux.

L'alcool était la partie visible de l'iceberg et l'arrêt fait émerger certaines difficultés sous-jacentes ; il en provoque aussi. Il devient important de décentrer l'attention du comportement d'alcoolisation vers les raisons qui le maintiennent. Les insultes, la mauvaise entente dans le couple, les conflits entre parents et adolescents figurent parmi les situations qui risquent de faire rechuter et qui demandent à être traitées en thérapie.

La famille souffre aussi

La famille a besoin que sa souffrance soit prise en compte. Elle est parfois épuisée par les tensions et les conflits. Même quand le patient décide de demander de l'aide, elle craint son retour après le sevrage. Elle ne sait pas comment faire en cas de rechute tellement elle a été déçue dans le passé, ni quelle place donner au patient abstinent tellement elle n'a pas pu compter sur lui (elle) pendant des années. Elle doit aussi retenir sa colère et l'envie de faire payer au patient, maintenant qu'il peut mieux comprendre, toute la souffrance passée.

Si le patient arrête de consommer, il devient nécessaire de modifier le système de fonctionnement mis en place pendant la période de consommation. Parfois, ce système est devenu rigide : chacun garde sa place et les changements sont vécus comme dangereux parce qu'ils bousculent le système entier. Cette rigidité est faite de comportements et de pensées stéréotypés mis en place lentement pendant l'alcoolisation du patient. L'entourage continue à se méfier et à contrôler la consommation du patient, même si cela n'a jamais servi à rien, donnant ainsi l'impression que rien n'a changé. Boire ou ne pas boire, parfois cela ne change rien au-delà de la consommation. Paradoxalement, il arrive que nous entendions : « Ils préfèrent que je boive. » Ou : « Maman, c'est mieux quand tu bois », quand l'abstinence amène certains changements non souhaités ou qui heurtent les avantages acquis par les autres.

Il est très important que la famille participe à la mise en place du changement. Certains patients ont du mal à tenir les projets construits pendant l'hospitalisation parce qu'ils ne sont pas adaptés à l'entourage et que ce dernier n'y a pas été associé. Ils font des beaux projets pour ne pas boire, à l'hôpital, mais à l'extérieur, c'est autre chose.

L'entourage, partenaire du changement

C'est pour toutes ces raisons qu'il existe des programmes de prise en charge qui intègrent l'entourage et dont les objectifs sont les suivants :

Il n'y a pas que le patient qui souffre, la famille souffre aussi.

- exploiter les ressources existantes dans le tissu social du patient et associer au changement les personnes extérieures importantes pour lui ;
- aider les jeunes enfants des patients à mettre des mots sur ce qui se passe et à le comprendre ;
- offrir un lieu et un cadre définis où exprimer la souffrance liée à l'alcoolisation pour amener le groupe à construire le futur et à ne pas revenir sans cesse aux erreurs passées ;
- repérer les difficultés affectives et relationnelles qui entretiennent un comportement d'alcoolisation afin de les analyser et de les modifier ;
- aider le patient, sa famille et son entourage à modifier leur style de vie pour éliminer peu à peu ce qui facilite la consommation d'alcool et préparer la sortie ;
- modifier les croyances liées au produit alcool et faire un travail de prévention dans la famille.

Quelle prise en charge ?

L'alcoolo-dépendance est un système très complexe, influencé par des apprentissages (conscients et inconscients) et géré par des processus décisionnels (contrôlés ou automatiques). Elle s'appuie sur le système de valeurs personnelles et sociales et sur les connaissances et les expériences des effets du produit et des risques individuels et sociaux de la consommation. Nous pouvons nous représenter le tout comme un *règlement intérieur* de conduite face à l'alcool. Moins les excès ou les ivresses sont suivis de conséquences désagréables, moins rigides seront les règles concernant le mode de consommation d'alcool. La quantité d'alcool qu'une personne boit est donc le résultat d'une négociation entre ses valeurs, ses attentes personnelles et sociales vis-à-vis du produit, sa connaissance du produit, etc. Devenir dépendant signifie développer un style de vie qui influence aussi la vie des personnes proches qui jouent un rôle important dans le développement de la motivation à l'arrêt de l'alcool, mais les conflits qui s'ensuivent peuvent paradoxalement accentuer la consommation et en favoriser la rechute. La prise en charge de l'alcoolo-dépendance doit être globale.

La prise en charge de l'alcoolo-dépendance doit être globale.

Il est important de souligner l'utilité des groupes d'entraide, du soutien psychologique fait par des professionnels formés et des thérapies comportementales et cognitives, tout comme l'intégration de la famille à la prise en charge.

La thérapie comportementale et cognitive consiste à aider le patient à développer une motivation au changement, une prise de conscience des mécanismes internes et des influences externes qui gèrent les conduites d'alcoolisation et enfin d'accompagner le changement sans se limiter au simple arrêt de l'alcool, mais en soignant en profondeur un style de vie alcoolique, personnel et social.

Pour en savoir plus sur l'alcoolo-dépendance, reportez-vous page 443.

31

Dr Charly Cungi

Les toxicomanies et les dépendances, comment s'en sortir ?

Les formes de dépendance sont multiples : aux produits (tabac, alcool, drogues illégales, etc.), aux comportements, à une relation… Toutes se caractérisent par une mise en place généralement progressive, insidieuse, puis par l'impossibilité d'arrêter le comportement problème quand la personne le décide… ou quand c'est nécessaire. Mais des solutions existent pour se libérer.

Qu'est-ce que la dépendance ?

La dépendance peut prendre des formes diverses et variées :

Bertrand fume plus de deux paquets de cigarettes chaque jour. L'idée même de manquer de tabac le rend anxieux et irritable.

Myriam chaque soir fait chez elle une crise de boulimie. Elle avale en une demi-heure une énorme quantité de nourriture qu'elle vomit ensuite rapidement.

Jérémy s'injecte régulièrement de l'héroïne, et Charles termine chacune de ses journées dans un bar, bien que son permis de conduire lui ait été retiré pour état d'ébriété au volant.

Josyane prend des tranquillisants de la famille des benzodiazépines qui lui ont été prescrits par plusieurs médecins. Sa consommation quotidienne est d'environ 20 comprimés par jour… Il s'agit d'une toxicomanie sur ordonnance.

Chacune de ces personnes est dépendante : il leur est très difficile, voire impossible de se passer d'un produit. Quand un état de manque s'installe, la prise du produit calme le malaise et le plus souvent apporte beaucoup de plaisir. Quand il n'est pas possible de fumer, de manger, de s'injecter de l'héroïne, de boire ou de prendre un tranquillisant, la souffrance devient insupportable. Même si Bertrand, Myriam, Jérémy, Charles ou Josyane décidaient respectivement d'arrêter de fumer, de faire des crises de boulimie, de s'injecter de l'héroïne, de boire, d'avaler des comprimés, ils n'y parviendraient probablement pas facilement.
Il existe aussi des toxicomanies sans produits :

Casimir est un acharné du travail. Ses journées commencent très tôt et finissent très tard. Les dossiers encombrent ses week-ends et « il ne sait pas se reposer ». Dès qu'il travaille, il se sent mieux. Dès qu'il est en vacances il lui manque quelque chose.

Rolande joue. Elle se rend presque tous les jours au casino dans la salle des machines à sous, et de pièce de 1 € en pièce de 1 € elle perd tout son argent. C'est plus fort qu'elle, chaque pièce glissée dans la machine la soulage considérablement. Elle est attirée irrésistiblement vers les machines à sous et, même quand elle gagne, elle rejoue toujours plus que ses gains.

Jacques, lui, est sportif. Chaque jour, hiver comme été, il fait soit de la bicyclette, soit de la course à pied, au moins 4 heures ! S'il n'a pas sa dose, il se sent mal.

Benjamin est accroc à Internet. Il passe 14 heures par jour devant son écran sur Second Life et rogne sur son temps de sommeil et de repas pour surfer dans des jeux virtuels jamais terminés.

Chacune de ces personnes éprouve tout d'abord une *sensation de manque* impossible ou difficile à surmonter suivie d'un *soulagement immédiat* et/ou de *plaisir* après le *comportement addictif*[1].
La dépendance envahit leur vie, avec des conséquences néfastes psychologiques, affectives, relationnelles sociales et bien sûr physiques.

La dépendance est un phénomène complexe

Une dépendance est un phénomène complexe, biologique, psychologique, affectif, social. Elle est multiple, associe fréquemment plusieurs produits et comportements problèmes. Ainsi, il est rare qu'une personne souffrant d'une toxicomanie alcoolique ne fume pas[2], et plus la quantité d'alcool consommée est importante, plus la quantité de tabac fumé est importante[3]. Il est encore plus rare qu'une personne prenant de l'héroïne ne consomme pas également plusieurs autres produits[4] : tabac, cannabis, alcool, cocaïne, ecstasy… ou souffre dans le même temps d'autres comportements potentiellement addictogènes.

Une des rares toxicomanies avec un seul produit est le tabagisme[5]. L'autre toxicomanie avec un seul produit est celle des tranquillisants. Pour les autres dépendances, si plusieurs produits sont presque toujours associés, on retrouve régulièrement le tabac. Tabac et alcool, qui sont des toxicomanies légales, sont aussi celles qui tuent le plus[6]: 60 000 décès par an sont imputables au tabac, 23 000 à 28 000 décès par an sont imputables à l'alcool.

Les problèmes de dépendance sont souvent associés à des problèmes psychiatriques[7] la dépression, les troubles anxieux, les psychoses, les troubles de personnalité, mais aussi à des pathologies médicales graves comme l'hépatite C, le sida[8], la cirrhose, des maladies respiratoires, digestives, cardio-vasculaires, les cancers[9], dont il faut tenir compte dans le traitement.

Enfin les études ont bien mis en évidence que les problèmes familiaux, les difficultés financières, le stress, les mauvaises conditions de vie en général favorisent l'emploi de produits, les comportements problématiques comme le jeu, Internet, les conduites alimentaires perturbées facilitent ainsi l'évolution vers une ou des dépendances[10].

Comment devient-on dépendant ?

Le terrain

Comme l'a écrit George Orwell, nous sommes tous égaux, mais certains sont « plus égaux que d'autres ». Pour les problèmes de toxicomanie, c'est aussi vrai. Certaines personnes sont bien plus prédisposées que d'autres pour développer une dépendance, biologiquement, mais cela dépend aussi de la famille d'origine, de l'éducation reçue, du milieu dans lequel elles vivent[11].

Les produits et les comportements

Tous les produits ou comportements ne présentent pas le même risque toxicomaniaque. Par exemple, si, dans notre culture, presque tout le monde a bu de l'alcool, tout le monde, heureusement, ne devient pas dépendant de l'alcool. Il en est de même pour le cannabis : la plupart des fumeurs de cannabis ne deviennent pas dépendants[12]. Pour le tabac, par contre, presque tous les fumeurs deviennent fortement dépendants. C'est aussi le cas de la cocaïne, de l'héroïne. Quant aux comportements, bien plus de personnes deviendront dépendantes du sport ou du jeu que du ménage !

Classiquement, nous dirons que la toxicomanie, c'est la rencontre d'une personne avec un produit ou un comportement potentiellement addictogènes, dans un contexte particulier.

L'histoire de la toxicomanie

Le plus souvent une addiction s'installe progressivement et insidieusement. Au début, la personne concernée ne se sent pas dépendante. Les bénéfices de la consommation sont importants et il n'y a pas de conséquences néfastes. Les problèmes arrivent ensuite. C'est comme une « vie à crédit » : *on profite immédiatement des choses qu'on paye plus cher plus tard* et quand les personnes consultent, *plus tard, c'est déjà maintenant.*

Par exemple, pour le tabac, le parcours débute durant l'adolescence, au contact des amis. Les premières habitudes se mettent en place : le partage avec les autres, la façon de tenir sa cigarette, le « look », l'utilisation pour « mieux réfléchir », pour gérer le stress.

Le tabac prend progressivement une place de plus en plus importante et quotidienne. Le fumeur n'arrive plus à s'en passer.

La dépendance s'installe petit à petit, mais la personne ne s'en rend pas compte. C'est ce que James Prochaska et Carlo Di Clemente[13] ont nommé stade de « précontemplation ».

La personne ne sait pas qu'elle est dépendante, ou bien elle pense que ce n'est pas vraiment un problème, ou encore elle ne se sent pas concernée.

Ensuite vient la prise de conscience. Le fumeur se rend compte qu'il ne peut plus se passer de tabac. Cette prise de conscience est souvent liée à l'information et à l'apparition des premiers problèmes comme le manque de souffle, les odeurs de tabac, la bronchite, etc. À ce stade, les personnes ont souvent envie d'arrêter de fumer… mais n'y parviennent pas ou ne s'en sentent pas capables. Ce second stade est appelé « contemplatif » : la personne « contemple » sa dépendance sans pouvoir la contrôler malgré son souhait d'arrêter ou de diminuer sa consommation.

Au fur et à mesure que le prix à payer devient plus important (problèmes respiratoires, odeurs pénibles, mauvaise haleine, changements de voix, vieillissement de la peau…), les personnes développent souvent plus de motivation pour se passer de tabac et entrent dans le stade de *détermination*, marquée par une forte volonté d'arrêter de fumer. L'*action* est caractérisée par le sevrage du tabac.

Quand ce sevrage a été bien préparé les bénéfices sont rapides et importants et compensent les difficultés et le manque. Quand le sevrage est mal préparé, le manque et quelques effets latéraux, comme l'irritabilité, une prise de poids, sont très mal supportés entraînant parfois une reprise de la consommation.

Le stade de *maintenance* correspond au maintien de l'abstinence et au renforcement du nouveau style de vie et des bénéfices d'une vie sans tabac.

La *rechute* est le dernier stade décrit par James Prochaska et Carlo Di Clemente. Dans l'étude initiale qui portait sur le tabagisme, les deux auteurs avaient remarqué que les fumeurs rechutaient en moyenne quatre fois avant d'arrêter « définitivement ».

Quel que soit le type de dépendance, avec ou sans substance, le processus est similaire. Si une personne reste précontemplative elle ne prend jamais conscience de sa dépendance, si une personne reste contemplative, elle subit une dépendance qu'elle comprend et admet mais sans pouvoir en sortir même si elle le souhaite. La meilleure solu-

ÉVALUEZ-VOUS : ÊTES-VOUS DÉPENDANT ?

Après la lecture de ce qui précède vous avez certainement une idée de votre état de dépendance ou de celui de quelqu'un que vous connaissez bien. Le questionnaire suivant permet d'évaluer et de mieux préciser le problème.

Échelle générale de dépendance[14]

Suis-je dépendant ?	Oui	Non
1. Est-ce que je consomme régulièrement un/des produit(s), ou bien ai-je un/des comportement(s) régulier(s) dont il est difficile de me passer ?	☐	☐
2. Si je ne peux consommer ce produit, ou si je ne peux réaliser ce comportement, existe-t-il un état de manque ?	☐	☐
3. La consommation de produits, le comportement dont j'ai besoin, me revient-il cher ?	☐	☐
4. Suis-je prêt à dépenser beaucoup de temps et d'énergie pour me procurer ce produit, ou réaliser le comportement ?	☐	☐
5. Existe-t-il des conséquences sur ma santé ?	☐	☐
6. Existe-t-il des conséquences sur mon travail ?	☐	☐
7. Existe-t-il des conséquences sur ma vie familiale ?	☐	☐
8. Existe-t-il des conséquences sur ma vie relationnelle et mes loisirs?	☐	☐

Résultat

Un nombre de « oui » égal ou supérieur à 2 indique une dépendance. Plus le nombre de « oui » est élevé, plus la dépendance est grande.

tion est bien sûr de rester dans le stade de maintenance, sans produits ou comportement addictif, mais avec tous les bénéfices d'une nouvelle vie tout à fait libérée de la dépendance. C'est fort heureusement la voie que choisissent la majorité des gens concernés par une toxicomanie.

Se libérer d'une dépendance

Quand on est dépendant d'un produit ou d'un comportement, on pense qu'il est impossible de s'en passer ou que le « sevrage » va être très difficile. Le premier point : « impossible de s'en passer », est tout à fait faux ! Les personnes qui essaient de se débarrasser d'une dépendance y parviennent le plus souvent bien et en sont très satisfaites.

Le second point « le sevrage va être très difficile » n'est pas toujours vrai. Une bonne préparation rend le changement plus facile et les bénéfices de l'arrêt sont très importants, toujours bien plus importants que ceux de la toxicomanie.

Les méthodes comportementales et cognitives[15] sont une aide précieuse pour se libérer d'une dépendance.

La première étape pour se débarrasser de son problème est de bien comprendre sa toxicomanie. La seconde étape est de savoir s'appuyer sur les avantages qu'apporte le nouveau mode de vie sans dépendance tout en développant des solutions efficaces pour faire face aux situations à risque de consommer. La troisième étape consiste à bien mettre au point des plans d'urgence en cas de reprise de consommation ou du comportement problème. Enfin, il ne reste plus qu'à décider d'une date et à passer à l'action.

Bien préparer sa « libération » rend le passage plus facile et diminue le risque de rechute.

Première étape : comprendre son problème de dépendance

Une bonne méthode consiste à bien « contempler » le problème, en faisant une liste des avantages et des inconvénients de maintenir la toxicomanie. Avec la liste des inconvénients, il s'agit de bien préciser le prix à payer pour rester dépendant. Prenez bien le temps de réfléchir, revenez souvent sur la liste, ajoutez des points au fur et à mesure de l'observation de votre problème.

L'exemple de Coralie : Coralie est dépendante à l'héroïne. Dans un premier temps, elle liste les avantages et les inconvénients qu'elle a à maintenir sa toxicomanie.

Avantages de continuer à consommer de l'héroïne	Inconvénients de continuer à consommer de l'héroïne
• Plaisir. • Calme le manque. • Plus rien n'a d'importance, je n'ai plus à m'occuper des problèmes. • Calme l'angoisse et la dépression.	• Galère, souffrance. • Avoir à se méfier de tout le monde. • Risques : police, maladies (sida, hépatite C). • Impossible de faire d'autres choses : pas d'étude, pas de sport... • Problèmes avec les parents. • Que des copains toxicos : impossible de ne pas consommer.

Dans un second temps, elle liste les avantages et les inconvénients qu'il y a à mettre un terme à sa dépendance.

Avantages d'une vie sans héroïne	Inconvénients d'une vie sans héroïne
• Se sentir libre, ne plus avoir besoin de produits. • Plus de risque, plus de méfiance à avoir, plus de risque de prison. • Pouvoir travailler, faire des études, ne plus avoir à se procurer de l'héro. • Vivre avec quelqu'un, peut-être fonder une famille. • Plus de risque de maladies, meilleure santé. • Retrouver ma famille, qu'ils aient confiance en moi.	• Le manque, les angoisses. • Ne plus voir certaines personnes. • Avoir à affronter la vie, chercher un travail... • Me retrouver seule, sans amis.

Coralie constate que les bénéfices sont bien plus importants pour une vie sans héroïne et met en évidence deux difficultés importantes pour lesquelles elle devra « s'équiper » : le manque et les tentations quand elle se retrouve avec d'autres consommateurs du produit.

Il sera nécessaire également pour elle de développer un nouveau réseau d'amis. Ces observations indiquent les méthodes à employer : diminuer le manque, traiter l'anxiété et la déprime, savoir traiter les situations à risque, développer un réseau relationnel et enfin cultiver le plaisir de se sentir libre et de développer des projets importants : études, travail, vie affective, vie familiale.

Dans un second temps, faites une liste des avantages et des inconvénients d'une vie sans toxicomanie. Généralement, vous pourrez vous rendre compte que presque tous les bénéfices de la toxicomanie sont à très court terme, immédiats et tous les inconvénients à moyen et long termes. Par contre, une vie sans dépendance apporte à la fois des bénéfices à court et long terme.

Ces observations permettent, en comprenant mieux comment s'organise la toxicomanie, de bien prendre conscience des difficultés principales que vous aurez à affronter, de développer votre motivation et de mieux définir les avantages de l'arrêt sur lesquels vous pourrez compter pour réussir.

Une vie sans dépendance apporte des bénéfices à court et long terme.

Seconde étape : s'équiper

Il s'agit de cultiver les bénéfices de la vie sans produit ou sans comportement addictif et de mettre au point des méthodes pour faire face aux situations à risque de consommer.

Cultiver les bénéfices

Les bénéfices d'une vie sans dépendances sont considérables. Plus une personne cultive ce qui lui fait du bien, son *carpe diem* (« Cueille le jour », selon la formule d'Horace), mais également le plaisir des projets de vie, plus elle récolte des bénéfices, moins elle aura tendance à revenir vers sa toxicomanie.

Faire face à des situations à risque de consommer

L'observation des conduites addictives met régulièrement en évidence des situations à fort risque. Ces situations sont « ouvertes » et/ou « couvertes ». Les « situations à risque ouvertes » sont les endroits particuliers de tentation, certains contextes relationnels, comme un bar pour une personne souffrant d'un problème d'alcool, ou une fête de famille, ou des problèmes stressants comme un examen, une réunion à affronter, etc.

Les « situations à risque couvertes » sont les émotions, les sentiments, les pensées d'une personne, ce qui ne se voit pas de l'extérieur mais qui augmente la probabilité de consommation. Ce peut être l'anxiété, la dépression, un mauvais ou un bon souvenir, etc.

Pour chacune de ces situations, il conviendra de bien mettre au point une ou plusieurs méthodes efficaces comme savoir refuser avec persistance, savoir s'affirmer quand c'est utile, apprendre à mieux gérer son stress ou soigner ses angoisses et sa dépression autrement que par des produits ou des comportements addictifs.

Dès que vous vous sentez assez équipé pour profiter pleinement d'une vie sans produit, que vous savez apprécier ce que vous avez plutôt que de rester centré sur les « manques », vous pouvez passer à l'action.

Mettre au point des plans d'urgence

Les rechutes commencent toujours par une « chute ». Il est utile de mettre en place des stratégies afin qu'une reprise de consommation d'un produit ou d'un comportement addictif reste une chute et n'évolue pas vers une reprise totale de la dépendance.

Pour cela, avant même que vous ayez décidé de stopper votre comportement addictif, il est important de faire le point sur les rechutes antérieures. En effet, presque toutes les personnes dépendantes ont connu des périodes, plus ou moins longues, d'arrêt total des produits ou des comportements problèmes, suivies d'une rechute.

COMPRENDRE LA RECHUTE

Quelques questions suffisent pour bien comprendre l'histoire de la (des) rechute(s) :

- Quelles sont les circonstances de cette (ces) rechute(s), comment cela s'est-il passé ?
- Était-ce une (des) rechute(s) prévisible(s) ? Existaient-ils des facteurs déclencheurs particuliers ? Ou inversement était-ce imprévisible ? Aurait-il été possible de repérer très précocement des envies de reprendre ?
- Que s'est-il passé après la première « chute » ? Dans quel état étais-je ? Est-ce que j'ai eu tendance à minimiser cette « chute » ? Ou au contraire ai-je eu tendance à dramatiser ?

Ces questions peuvent mettre en évidence des facteurs utiles pour bien mettre au point les plans d'urgence.

Tout d'abord, il est possible de repérer des *situations à risque ouvertes ou couvertes* dont on n'a pas assez tenu compte et pour lesquelles l'équipement destiné à faire face n'est pas suffisant.

Parfois on peut observer le phénomène des « petites décisions apparemment sans rapport avec la rechute mais qui y conduisent inéluctablement » décrit par Alan Marlatt et Judith Gordon[16]. Dans ce cas, ces personnes éprouvent dès les premières décisions une envie de reprendre le comportement addictif, mais sans se l'avouer vraiment… Tout en le sachant un peu !

LES PETITES DÉCISIONS D'ALAIN

1. « Je pourrais inviter Georges et Bernadette ce soir. »
2. « De toute manière, ils sont au courant pour mon problème d'alcool, il n'y a pas de risque ! »
3. Au supermarché : « Bon moi, je ne bois pas, mais eux ils peuvent boire un peu, je ne veux pas leur imposer de l'eau. J'achète juste un peu de vin et de bière, moi je boirai de l'eau gazeuse. »
4. Au moment de l'apéritif : « Ce n'est pas poli de ne pas trinquer, je prends juste une bière. »

La prise de conscience très précoce du phénomène permet de réagir rapidement et de manière adaptée : « Il est plus facile d'éteindre un incendie au début que quand la forêt brûle ! »

Enfin, il est possible d'observer ce qui se passe juste après la première reprise du comportement addictif, ce que Alan Marlatt et Judith Gordon ont appelé l'« effet de violation de l'abstinence ». Deux conséquences sont facilement repérables : la minimisation et la maximalisation. Dans la minimisation, la personne pense que finalement ce n'est pas grave de reprendre le comportement problème. Elle peut même se « sentir guérie » et capable de consommer modérément, « comme tout le monde ». Par exemple, cette personne peut « s'autoriser à reboire normalement » ou bien à rejouer un peu au casino.

Après avoir repris de la cocaïne : « Finalement, je me sens bien. Un peu de coke, ça ne peut pas faire trop de mal. Il suffit que je n'exagère pas ! »

Dans la maximalisation au contraire, la personne se culpabilise beaucoup et/ou se décourage : « De toute manière je ne m'en sortirai jamais… Donc autant recommencer ! »

Après une reprise de tabac : « C'est trop c..., on reprend toujours finalement, je n'arriverai jamais à arrêter. »

Dans beaucoup de cas, les effets de minimisation et de maximalisation coexistent : un être humain ne craint pas forcément les contradictions. Autant la minimisation que la maximalisation augmentent considérablement le risque de rechute totale.

Que faire?

Un plan d'urgence consiste, dans la mesure du possible, à prévenir plutôt que de guérir. Les observations ci-dessus permettent le plus souvent de bien mettre en évidence les points faibles et de faire face.

- Mettre au point des conduites à tenir pour faire face aux situations à risque dont on n'a pas assez tenu compte (par exemple mieux traiter un moment de déprime, mieux savoir refuser une offre de produit, bien développer des conduites alternatives, etc.)
- Repérer dès le début les envies ou les besoins de consommer d'une part et toutes les petites excuses que nous nous donnons pour nous retrouver dans une situation à risque. Se dire rapidement la vérité permet de mieux éviter de se retrouver dans le contexte favorisant une rechute.
- Après une « chute » prendre conscience des effets de minimisation et de maximalisation, les remplacer par une « prise au sérieux » du problème et ainsi ne pas passer à la seconde ou même la troisième « prise » de produit ou de comportement addictif : une chute mais pas une rechute.
- Savoir compter sur des personnes ressources (famille, amis, soignants) en cas de « chute » et faire appel. À plusieurs, il est plus facile de faire face, c'est ce que font très bien les membres d'un groupe d'alcooliques abstinents en cas de reprise de la consommation.

Passer à l'action : le « sevrage »

Si votre préparation a bien tenu compte des facteurs de risque, que vous avez bien compris comment votre dépendance fonctionne, que vous avez bien développé les bénéfices de la vie sans addiction, il sera plus facile de surmonter les difficultés. Parfois ce sera même si facile que vous en serez surpris ! Quand on subit un problème important durant des années, il est normal de penser que ce problème ne peut pas être résolu, mais les « impressions » ne sont pas toujours la réalité. Presque toutes les personnes décidant de se libérer d'une dépendance y parviennent… même sans y croire.

ET SI VOUS CUMULIEZ ?

Si vous souffrez de dépendances, pourquoi ne pas essayer de les arrêter toutes à la fois ? Contrairement à l'idée reçue, ce n'est pas plus difficile : « Quitte à galérer autant ne galérer qu'une fois ! » Beaucoup de personnes arrêtent tabac et alcool en même temps et s'en portent très bien.

Vous pouvez traiter le problème tout seul et/ou avec vos proches, souvent nos scientifiques se sont particulièrement intéressés aux personnes se sortant par elles-mêmes de leur toxicomanie. Une grande partie des méthodes est issue de cette observation. Pour le tabac, vous pourrez même utiliser des substituts nicotiniques comme des gommes à mâcher, des patchs en vente libre, si vous le jugez nécessaire.

Cependant, il est souvent plus facile de se faire aider – par un médecin, un psychologue, voire une « équipe » de soins spécialisés – afin de ne pas rester isolé quand les problèmes sont multiples et complexes (problèmes médicaux, juridiques, financiers, sociaux, etc.). Une prescription de produits de substitution comme la méthadone[17], la buprenorphine[18] est parfois indispensable, elle ne peut être faite que par des médecins compétents. Les associations de patients sont aussi très utiles, parfois indispensables. C'est le cas de groupes comme les Alcooliques Anonymes, Vie libre, Croix bleue, Croix d'or…

Si un de vos proches est touché par une dépendance, n'hésitez pas à prendre contact avec un centre spécialisé, une association ou tout simplement à en parler à votre médecin traitant. Les solutions existent.

Pour en savoir plus sur les toxicomanies et les dépendances, reportez-vous page 443.

32

Pr Gilbert Lagrue

Se libérer du tabac

Vous faites peut-être partie des 30 % de Français fumeurs et vous fumez en moyenne une douzaine de cigarettes par jour. Comme près des deux tiers des fumeurs, vous souhaiteriez cesser de fumer, car vous connaissez les risques liés au tabac. Mais, malgré cela, seulement moins de 10 % d'entre vous réussissent à arrêter de façon durable chaque année. Les raisons de ce paradoxe sont maintenant connues.

Qu'est-ce que le tabagisme ?

Le tabagisme est un comportement appris et renforcé par une dépendance pharmacologique dont la nicotine est la principale responsable.

La cigarette est devenue en moins d'un demi-siècle, la modalité quasi exclusive de l'usage du tabac et pour 90 % des fumeurs, sous forme de « blondes ». Les industriels du tabac ont modifié leurs techniques de fabrication pour obtenir une fumée moins âcre, aromatisée ; cela permet une inhalation profonde et l'absorption rapide et massive de la nicotine, qui arrive en moins de 10 secondes au cerveau et est responsable essentiellement des effets psychoactifs et de l'induction de la dépendance.

La cigarette est aussi malheureusement la forme la plus dangereuse de l'usage du tabac, car tous les toxiques de la fumée se retrouvent directement dans les poumons, où ils exercent leurs effets nocifs et où ils sont rapidement absorbés.

L'apprentissage et la poursuite du comportement tabagique s'expliquent par les données générales de la psychologie comportementale.

Un comportement d'imitation

Le début du tabagisme, qui survient 9 fois sur 10 à l'adolescence, est un comportement d'imitation reposant sur des rites et un apprentissage progressif.
Les interdits dans l'environnement et l'exemplarité sont les éléments essentiels pour la prévention du tabagisme chez les jeunes.

Des processus de renforcement

L'entretien du comportement dépend de processus de renforcement :

Le renforcement positif

Il est lié à tous les effets psychoactifs de la nicotine : le plaisir, la détente, la gestion du stress, les diverses actions « antidéprime », psycho-stimulantes et coupe-faim. Le fumeur reprend une cigarette pour ressentir toutes ces sensations positives liées à l'usage de la cigarette.

Le renforcement négatif

Il existe seulement chez certains fumeurs, ceux à forte consommation, et il ne se manifeste qu'après plusieurs mois ou plusieurs années de tabagisme.
Il est caractérisé par une sensation désagréable qui survient lors de la privation de cigarette, ne fût-ce que pendant quelques heures : un état de manque, un mal-être et toute une série de troubles, les symptômes de sevrage... caractéristiques de la dépendance physique. Le fumeur reprend alors une cigarette, ce qui fait disparaître immédiatement toutes ces manifestations. Il refume pour éviter ces sensations négatives.

La mise en place de réflexes conditionnés

Quand une personne a fumé tout au long de sa vie dans des circonstances très diverses – après le café, à l'occasion d'un stress, dans une réunion conviviale, agréable –, et qu'elle a enfin réussi à arrêter, chaque fois qu'elle se trouvera dans ces mêmes situations, par réflexe conditionné, l'envie de fumer reviendra parfois d'une façon très intense mais aussi longtemps après, plusieurs mois, voire plusieurs années.

Quel fumeur êtes-vous ?

Derrière les chiffres globaux existent des situations individuelles très diverses.

Les petits fumeurs

Avec 2 à 3 cigarettes de temps en temps, parfois plus au cours d'une soirée, ils représentent moins de 5 % des fumeurs.

Les fumeurs réguliers

Quel est le délai entre le réveil et votre première cigarette ?

Ils consomment au moins une cigarette par jour. La moitié reste à des consommations modérées – moins de 10 cigarettes par jour –, avec des variations d'un jour à l'autre, suivant les circonstances, pouvant aller de 5-6 cigarettes par jour à 20 et plus en soirée. Dans cette situation, la dépendance est avant tout psychologique et comportementale.
L'autre moitié fume plus de 10 cigarettes par jour : une dépendance physique est alors associée, d'intensité variable. Chez les « gros » fumeurs, à 20 cigarettes par jour et plus, soit 25 à 30 %, la consommation est régulière, avec peu de variations d'un jour à l'autre et avec une inhalation importante qui traduit le besoin de nicotine. La dépendance physique peut être évaluée en répondant à la question : Quel est le délai entre le réveil et votre première cigarette ? Si celui-ci est inférieur à 30 minutes, la dépendance physique est présente. Elle est d'autant plus importante que cet intervalle est plus court, et si vous fumez une ou plusieurs cigarettes dans l'heure suivante. Dans tous ces cas, la dépendance est à la fois psychologique et physique.

Que fumez-vous ?

Il y a de nombreux types de cigarettes, théoriquement définis par les teneurs en nicotine et en goudrons indiquées sur les paquets.

Les cigarettes légères

Les cigarettes « légères » sont une tromperie et un leurre :
• Une tromperie, car les chiffres sont obtenus dans des « machines à fumer » industrielles censées reproduire une façon moyenne de fumer. En fait, toute cigarette contient environ 1 gramme de tabac, soit 10 à 15 milligrammes de

nicotine. Les fumeurs dépendants vont « tirer » fortement pour obtenir les quantités de nicotine dont ils ont besoin.
• Un leurre, car le terme « léger » fait croire à une moindre nocivité… Le fumeur rassuré continue à acheter des cigarettes et à s'intoxiquer.

Ne vous laissez pas prendre au piège des cigarettes légères.

Les cigarettes « roulées » et les cigarillos

Certains fumeurs, surtout depuis l'augmentation des prix, se sont mis aux cigarettes « roulées ». Certes, ils en fument peut-être moins, mais ils « tirent » encore plus intensément, sinon la cigarette s'éteint. Il en est exactement de même pour les cigarillos.

Le narghilé

La mode du narghilé (la « chicha ») s'étend, avec une fausse réputation de moindre nocivité. Bien au contraire, la « chicha » est encore plus dangereuse que la cigarette, car le fumeur inhale très profondément !

La pipe et le cigare

D'autres fument alors le cigare ou la pipe, ayant entendu dire que les deux présentent moins de risques que les cigarettes. Cela est vrai pour ceux qui n'ont jamais fumé que la pipe ou le cigare ; mais si, avant, ils ont pris l'habitude d'inhaler profondément la fumée des cigarettes, ils continuent alors à le faire… et la fumée est encore plus toxique.

Fumer du tabac, sous quelque forme que ce soit, comporte toujours des risques majeurs.

Quels sont les enjeux ?

Il faut mettre en balance les avantages et les inconvénients.

Les avantages

Vous les connaissez bien. Ils sont variables d'un fumeur à l'autre :
• Le premier est le plaisir de fumer une cigarette : un plaisir particulier, qui n'est pas le plaisir intense et éventuellement l'« extase » des autres drogues ; un plaisir tranquille, accompagné de détente partagée lorsque la cigarette est fumée en groupe. C'est un élément de convivialité.
• Un élément différent est l'aide apportée par la cigarette dans les situations difficiles à affronter ; elle constitue alors un instrument très efficace pour la gestion du stress. Si vous

avez une tendance à réagir de façon exagérée à tous les accidents de la vie quotidienne, la cigarette constitue pour vous un soutien efficace. De même, si vous êtes très timide, si vous avez du mal à vous affirmer dans vos relations avec les autres, si vous manquez de confiance en vous, la cigarette vous apporte un secours dans toutes ces situations. Peut-être avez-vous d'ailleurs commencé à fumer dans de telles circonstances...

• Les cigarettes peuvent également apporter une aide dans les états de déprime, de mal-être. La nicotine exerce alors une action antidépressive ; elle a une action de stimulation générale, en particulier pour « démarrer » le matin.

• Un aspect également recherché est celui de la stimulation intellectuelle ; la nicotine augmente la concentration, la vigilance, l'attention et elle peut aider dans certaines activités intellectuelles, les écrivains, les informaticiens...

• Enfin, principalement chez les femmes qui craignent de grossir, la cigarette contribue à réguler le poids ; elle augmente le nombre de calories brûlées pour un même travail, et, par l'intermédiaire de la nicotine, elle se comporte comme un coupe-faim efficace. L'ensemble peut représenter 400 à 500 calories par jour. À l'arrêt du tabac, la prise de poids est de 2 à 3 kg en moyenne, mais parfois beaucoup plus : c'est souvent une raison pour recommencer à fumer !

Tels sont les nombreux éléments qui vous amènent à prendre une cigarette. Ils sont variables d'un fumeur à l'autre et doivent être analysés avec précision. Lors de l'arrêt, il faut se préoccuper de chacun d'entre eux et y apporter une compensation.

Les inconvénients

En face de ces avantages, il y a de nombreux inconvénients. Certains surviennent à court terme, vous les ressentez peut-être déjà. D'autres se manifestent à plus long terme.

À court terme

• L'odeur de tabac qui imprègne tout à la maison et que l'on retrouve également dans la voiture si vous fumez en conduisant.

• Le souffle qui est rapidement altéré si votre consommation est importante : en effet le monoxyde de carbone, le

CO, que vous inhalez prend la place de l'oxygène et votre capacité à l'effort physique se trouve obligatoirement réduite, par exemple à la montée des escaliers ou lors d'une marche rapide.

- Une modification de l'aspect physique, mal vécue chez la femme : le teint devient grisâtre, les cheveux ternes, et des rides précoces apparaissent aux coins des yeux.
- La perte du goût et de l'odorat dont le fumeur n'a le plus souvent pas conscience, mais qui entraîne une modification instinctive du type d'alimentation : pour retrouver le goût des aliments, vous mangez plus salé, plus gras, avec toutes les conséquences à long terme sur le vieillissement vasculaire.
- L'argent dépensé, et le coût des cigarettes sont un élément important, rappelez-vous qu'un paquet par jour représente près de 2 000 € par an !
- L'environnement. Si vous êtes un couple fumeur se sont les futurs bébés qui risquent d'en pâtir, et si vous avez des enfants, rappelez-vous que le meilleur moyen de les préserver de la tentation de fumer est de ne pas le faire vous-même. Si l'un de vous deux fume, pensez à la gêne et éventuellement au risque de maladie que cela implique pour l'autre.
- Enfin, événement tout récent, les interdictions de fumer sont maintenant généralisées et lorsque vous êtes dans un lieu interdit, soit vous êtes en manque et cela est très pénible, soit vous êtes obligé d'interrompre vos activités… C'est donc une très bonne raison pour vous motiver à l'arrêt.

À long terme

Ce sont les complications dont la fréquence est directement proportionnelle à l'intensité du tabagisme et à sa durée. Certes, les risques sont lointains, heureusement non inéluctables :

- Le cancer de la gorge (le cancer des fumeurs), le cancer des bronches et du poumon, deux cancers pour lesquels la cigarette est la cause quasi exclusive et qui tuent en France, chaque année, plus de 30 000 fumeurs ! Également le cancer de la vessie, et d'autres atteintes pour lesquelles la cigarette joue un rôle favorisant en altérant les processus normaux de défense de l'organisme.

Pour 20 cigarettes par jour…

• La bronchite chronique, c'est-à-dire la toux matinale avec expectoration. Elle est apparemment banale, mais en fait redoutable : si le tabagisme est poursuivi, elle évolue vers une perte progressive des fonctions respiratoires aboutissant à l'asphyxie.
• Toutes les maladies liées à des lésions des vaisseaux : l'artérite des membres inférieurs caractérisée par une gêne progressivement croissante à la marche avec souvent chez l'homme, une altération de l'érection et une impuissance parfois dès 40-45 ans. Également des altérations des artères coronaires pouvant aboutir à un infarctus du myocarde dès la quarantaine ; et enfin également des lésions des artères du cerveau, lorsque le tabac est associé à l'hypertension ou au diabète, avec l'accident vasculaire cérébral.
• Bien d'autres complications sont également possibles et en particulier les troubles de la vue (cataracte, dégénérescence rétinienne précoce).

Bilan

Finalement, il y a en France près de 70 000 morts par an liées au tabagisme, c'est-à-dire plus de 10 % de la mortalité globale.
La consommation prolongée du tabac, dès qu'elle atteint un certain niveau, entraîne une réduction de la durée de vie globale et, ce qui est plus grave, un vieillissement accéléré avec tout le cortège de maladies et de troubles que cela implique.
Pour 20 cigarettes par jour, c'est dix à quinze ans de vie active et normale qui sont gâchés ou « partis en fumée » !
Tous ces faits sont connus, mais si vous êtes jeune, ces risques lointains ont peu d'influence sur votre comportement, car « jamais la connaissance d'un risque ne suffit à elle seule à modifier un comportement ».
Tels sont les éléments qui doivent s'inscrire dans les deux plateaux de la balance.
• D'une part et à court terme tous les avantages indéniables que vous connaissez et qu'il faut bien identifier.
• D'autre part tous les nombreux inconvénients à court terme et les complications à long terme : elles sont lointaines, mais les années passent très vite…

… c'est dix à quinze ans de vie active et normale qui sont gâchés ou « partis en fumée » !

À quel stade êtes-vous de l'évolution de votre tabagisme ?

Le premier stade est celui où vous n'envisagez pas d'arrêter de fumer, où vous reportez éventuellement la décision à plus tard, mais pas dans les six mois à venir. Vous êtes un fumeur « satisfait », « heureux ». Les avantages et les agréments de la cigarette l'emportent largement sur les inconvénients. Vous pouvez cependant lire quelques ouvrages et brochures sur le tabagisme, ce qui sera un premier pas.

Si au contraire vous envisagez d'arrêter de fumer dans les six mois à venir, mais sans avoir encore décidé d'une date, vous êtes au stade d'indécision, d'ambivalence. Le moment est venu de bien analyser le « pour » et le « contre » et de noter sur un tableau les raisons de votre attitude vis-à-vis du tabac pour en suivre l'évolution. La motivation à l'arrêt se construit progressivement.

SUIVEZ VOTRE ÉVOLUTION

Continuer à fumer

Le « pour »	Le « contre »

Dès que le « contre » l'emporte, vous êtes réellement motivé pour une tentative d'arrêt. Vous avez choisi le jour, un week-end, un anniversaire. Il faut analyser votre comportement tabagique en inscrivant sur un tableau deux jours de suite, en semaine et en week-end, tout ce qui concerne les cigarettes fumées.

Cigarettes	Heure	Intensité de la pulsion	Circonstances	Sensations obtenues
N° 1				
N° 2				
N° 3				
N° 4				

Vous pouvez ainsi identifier les différentes situations à risque et vous y préparer. Vous savez distinguer les envies déclenchées par les circonstances extérieures et le besoin lié à la dépendance physique (voir ci-dessous).

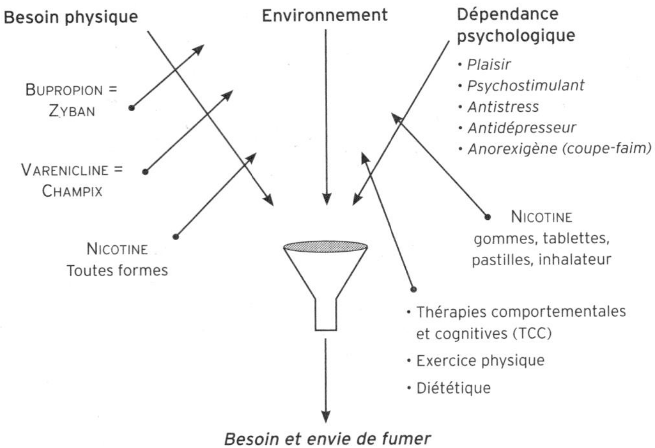

Quelles stratégies allez-vous utiliser pour arrêter ?

La tentative spontanée

Pour la première fois, lancez-vous et faites une tentative d'arrêt, éventuellement à deux – avec un ami(e) ou en couple si vous êtes marié(e) –, en prenant soin de prévenir votre entourage (famille, travail...).

Si la dépendance physique est présente, vous allez ressentir certains symptômes plus ou moins intenses :

• dès le premier jour, une nervosité, une irritabilité, une sensation de manque avec une pensée obsédante de la cigarette ;

• dans les jours suivants, d'autres troubles s'ajoutent : de l'anxiété, une baisse du moral, des insomnies et une somnolence diurne, une augmentation de l'appétit, des difficultés de concentration dans le travail. Tout cela témoigne d'une forte dépendance et devient vite insupportable pour soi-même… et pour l'entourage, et conduit plus ou moins rapidement à reprendre une cigarette. Ne vous désespérez pas, car il existe maintenant des moyens efficaces pour éviter tous ces troubles et rendre le sevrage confortable.

L'aide médicalisée

Une aide médicalisée tiendra compte des différents éléments précédents.

Votre degré de dépendance physique

Il existe plusieurs médications efficaces possibles pour lutter contre :

• Les médications nicotiniques – timbres, gommes, pastilles, inhalateur – permettent de réduire le symptôme de sevrage et d'augmenter le pourcentage d'arrêts, à condition que les doses soient suffisantes, adaptées au degré de dépendance, et la durée d'utilisation suffisamment prolongée.

• Les médications psychotropes, tels le bupropion (Zyban) et la varénicline (Champix).

Les facteurs psychologiques et les consommations éventuelles d'autres substances

Si la dépendance est faible ou nulle ou si elle a été réduite par le traitement, le besoin n'existe pas, mais il reste les envies. Celles-ci peuvent être provoquées par toutes les circonstances psychologiques ou environnementales dans lesquelles vous aviez pris l'habitude de fumer une cigarette. Vous avez appris à les reconnaître par l'analyse de votre comportement tabagique :

• L'environnement tabagique était jusqu'à ces dernières années une cause fréquente de rechute. Fort heureusement, l'application maintenant rigoureuse des interdits a supprimé en grande partie ce facteur.

• Les situations de stress constituent l'élément le plus souvent responsable d'une envie brutale de fumer. Vous pouvez apprendre à maîtriser ces situations par des « outils de bien-être », telles la gestion des émotions et l'affirmation de soi. Si votre sensibilité au stress est très importante, un traitement pharmacologique associé peut vous aider.

• Inversement, les situations de détente, de convivialité, toutes les fortes émotions positives peuvent également déclencher une envie brutale de fumer. Cette éventualité doit être connue : si cela survient, il faut alors quitter l'endroit, boire un grand verre d'eau et marcher pendant quelques minutes. Dans toutes ces circonstances aiguës, si vous aviez arrêté avec l'aide de médications nicotiniques orales, il est conseillé de reprendre immédiatement une ou plusieurs gommes ou pastilles à la nicotine.

• Malgré le traitement du syndrome de sevrage, l'arrêt du tabac peut s'accompagner de façon prolongée d'une augmentation de l'appétit, avec parfois des fringales et des pulsions vers les aliments sucrés. Il en résulte une prise de poids plus ou moins rapide, parfois importante et très mal supportée, surtout chez la femme. Des mesures doivent être prises dès la période de sevrage : des conseils diététiques et comportementaux, la pratique d'une activité physique suffisante. Là encore, les apprentissages de la gestion des comportements jouent un rôle important.

• Enfin, la survenue d'un état dépressif secondaire, quelques semaines ou mois après l'arrêt du tabac, est possible, surtout si vous avez eu antérieurement une ou plusieurs « déprimes ». En dehors de toute sensation de besoin ou d'envie, certains fumeurs reprennent alors volontairement leurs cigarettes et leur état psychologique s'améliore très rapidement. Un traitement doit être mis en place dès la survenue des premiers symptômes, reposant sur la psychothérapie comportementale et cognitive (TCC), associée éventuellement à une thérapeutique à base de psychotropes.

À FAVORISER : L'ACTIVITÉ PHYSIQUE

La pratique d'une activité physique régulière doit toujours être conseillée.

• Elle contribue à réduire la prise de poids.

• Elle a une influence favorable sur l'équilibre psychologique.

• Elle améliore les résultats d'ensemble de l'aide à l'arrêt du tabac.

Et après

Comme pour tout changement de comportement, conseiller ne suffit pas : des stratégies spécifiques sont nécessaires (TCC). Ainsi, après la phase de sevrage, un suivi et un

accompagnement prolongés sont indispensables pour vous aider à faire face à toutes les causes de rechute. Vous devez bien les connaître et apprendre à y résister avec le soutien de votre entourage et de tout le personnel de santé.
Malgré ces précautions, une rechute accidentelle est toujours possible devant une situation imprévue, et les exemples en sont nombreux. Il faut alors dédramatiser, ce n'est qu'un faux pas et vous avez appris à reconnaître un piège où vous ne tomberez plus ultérieurement. Reprenez tout de suite votre démarche d'arrêt.

Pour en savoir plus sur l'addiction au tabac, reportez-vous pages 443-444.

33

Dr Emmanuel Granier

Le suicide et les tentatives de suicide

Voici un sujet qui peut paraître bien difficile, le plus souvent perçu comme douloureux, voire dangereux, soit que nous ayons nous-mêmes parfois eu de manière plus ou moins précise des idées de suicide ; soit que l'un de nos proches ait déjà réalisé un geste suicidaire, qui dans le pire des cas a pu être fatal.
Mais, dans ce domaine, comme dans beaucoup d'autres, être informé, connaître et comprendre les mécanismes qui sont en jeu peut constituer une aide et un soutien de qualité.

5 balises pour comprendre le suicide

En s'intéressant au problème du suicide, nous ne risquons pas d'être « contaminés » par ce mal, d'être tentés de passer (ou de repasser) à l'acte. Bien au contraire, nous pouvons nous retrouver en position de mieux aider celui ou celle qui souffre parce que nous comprenons comment il a pu en arriver là. Nous pouvons, si nous sommes nous-mêmes confrontés au problème, porter un regard plus distancié sur ce qui nous arrive. Enfin, si nous pleurons la perte d'un de nos proches, avoir de l'information peut nous aider à nous sortir du sentiment infernal de la culpabilité, si souvent à l'œuvre dans de tels épisodes.
Essayons de poser quelques « balises » simples pour mieux cerner le problème. Volontairement, nous allons l'aborder dans son ensemble, de manière générale, car il concerne toutes les populations : sujets jeunes, plus âgés, hommes ou femmes, riches ou pauvres… Il existe bien sûr des différences entre chacun de ces groupes, mais les « données de base » sont les mêmes pour tous.

1re balise : la « crise suicidaire »

Les comportements suicidaires, à savoir des idées ou des gestes dans l'intention clairement établie de se donner la mort, surviennent *au cours d'une période délimitée dans le temps* : autrement dit, les envies ou les gestes de suicide ont très souvent un début, *et aussi une fin*. On n'est que très rarement « suicidaire à vie ». Ce qui conduit aux tendances suicidaires durant cette période appelée « crise suicidaire » est généralement une *sensation de souffrance de plus en plus importante*, à laquelle on a le sentiment de ne plus pouvoir faire face, et dont on ne pourra jamais sortir : accumulation de problèmes, pertes, deuils, échecs, maladies, soucis multiples, des plus graves aux plus anodins... La liste peut être plus ou moins longue, et s'étendre sur une durée de temps plus ou moins vaste... Peu importe. Ce qui est sûr, c'est qu'à un moment donné, cette tension, cette souffrance est perçue comme intolérable, et qu'elle doit s'arrêter coûte que coûte, quel qu'en soit le prix, fût-ce le prix de la vie.

L'ACCUMULATION DE DIFFICULTÉS

Bien souvent, ce n'est pas à la première difficulté que les personnes s'effondrent. Elles résistent en général plutôt vaillamment à des accumulations de problèmes. Mais, au bout d'un moment, les capacités à faire face s'épuisent, les personnes ont le sentiment de perdre leur capacité à gérer. C'est précisément à ce moment que peuvent survenir les premières idées de suicide. La plupart du temps, elles se manifestent sous une forme rapide, de simples « flashs » dans la tête : « Si je n'étais plus là, ce serait plus simple. » Si les difficultés continuent, le sentiment de perdre pied et de ne plus pouvoir faire face peut s'amplifier. La personne devient alors de plus en plus fragile, et l'idée suicidaire peut s'imposer peu à peu comme une évidence. Quand la personne est très fragile, le moindre événement, même très anodin en apparence, peut la faire basculer vers le suicide.

2e balise : échapper à une souffrance perçue comme intolérable

Une personne qui se suicide ne souhaite pas vraiment mourir : elle veut échapper à une souffrance perçue comme intolérable.

La souffrance qui peut mener au suicide n'est pas une souffrance « classique », l'état d'une personne qui songe à mourir n'est pas un état habituel. Celui ou celle qui songe à mourir en réaction à telle ou telle difficulté de l'existence se sent dépassé, submergé, noyé… par ses problèmes et ses tourments. Au point qu'il a l'impression que jamais il ne pourra en sortir, que jamais ses difficultés ne s'arrêteront, et que seule la mort peut venir y mettre un terme.

On se sent souvent dans une incompréhension totale lorsqu'on est confronté au suicide ou à la tentative de suicide d'un proche : « Comment peut-on en arriver à vouloir se tuer ou mourir pour telle ou telle situation ? » Il nous semble souvent qu'il existe un décalage total entre les causes « apparentes » du geste suicidaire et la gravité de celui-ci.

Ce décalage vient de ce que nous regardons la situation avec nos propres yeux, la compréhension de celui qui n'est pas en crise suicidaire. Pour celui ou celle qui songe à mourir, ou qui est passé à l'acte en revanche, on est dans le monde de l'inadmissible et de l'intolérable… Les événements ne sont pas jugés selon leur gravité réelle, mais en fonction du ressenti et de l'impact qu'ils produisent.

Je dîne un soir avec un de mes amis qui travaille dans une banque. Je lui raconte avoir rencontré le matin même une personne qui a tenté de se suicider avec une arme à feu suite à des difficultés financières dans son entreprise. La réaction de mon ami, professionnel de la finance, est immédiate : « Mais comment peut-on faire cela pour de simples difficultés d'argent ? On peut toujours en sortir… » Le matin même, la personne me confiait : « Mon entreprise, c'est tout pour moi. Les difficultés s'accumulent depuis trop longtemps, je n'en pouvais plus. » Deux visions d'une même réalité totalement différentes… Mais, pour être totalement exact, il faut ajouter que lorsque le patient a quitté l'hôpital après plusieurs jours d'hospitalisation, il m'a dit : « Je n'aurais jamais cru en arriver là. Mourir pour des problèmes d'argent… Je crois que j'ai pris une bonne leçon, j'avais complètement perdu le sens des réalités. »

3e balise : les points de fragilité par rapport au risque suicidaire

En effet, si tout le monde peut un jour ou l'autre, sous l'effet d'une accumulation de tensions ou de difficultés, présenter des idées, voire des gestes suicidaires, certains semblent montrer une « facilité » déconcertante et surtout inquiétante à reproduire très régulièrement ce genre de comportement. Parfois même, les répétitions sont tellement proches, qu'on peut avoir l'impression non plus d'une crise, mais d'un mode de fonctionnement au long cours.

Nous ne sommes malheureusement pas tous égaux devant le risque suicidaire. Certains plus que d'autres auront tendance à perdre pied rapidement et à réagir sur un mode suicidaire face à des accumulations de difficultés :

- Pour certains qui présentent des problèmes d'ordre psychologique comme des dépressions ou d'autres troubles de l'humeur, le sentiment de ne pouvoir faire face et d'être condamné à devoir souffrir tout le temps peut survenir, même pour des faits qui semblent de gravité minime.
- Pour d'autres, qui présentent une grande impulsivité, il peut exister une tendance à réagir très vite, et en particulier à certaines situations, comme les menaces de rupture ou d'abandon.

Claire a 17 ans et « sort » depuis peu avec Hugo. Une amie lui raconte avoir vu Hugo en train de discuter avec une autre amie, et elle a l'impression qu'ils se sont embrassés : Claire est détruite. Elle téléphone à Hugo sur son portable et l'accuse violemment de l'avoir trompée. Elle ne cherche pas à savoir si ce qu'elle lui reproche est fondé, elle ne veut même pas entendre ce qu'il a à lui dire... Elle raccroche en larmes, se jette sur la pharmacie familiale et vide une boîte de médicaments pour mourir...

À première vue, le comportement de Claire est incompréhensible : réagir avec une telle violence paraît disproportionné. Des centaines de jeunes filles ont traversé ce que vit Claire, et elles n'ont pas réagi comme elle.

Mais Claire a deux particularités : d'une part son impulsivité, qui la pousse à réagir souvent rapidement, sans réfléchir, « sur le coup »; d'autre part, elle redoute plus que tout de vivre un abandon. Bien que sortant depuis peu avec Hugo, elle a l'impression d'avoir trouvé en lui le compagnon idéal, qui la comprend et à qui elle peut (et pourrait) se confier tout au long de sa vie. Le simple fait d'imaginer qu'elle puisse être séparée d'Hugo et trahie par lui lui apparaît totalement insupportable, au-dessus de ses forces. Vue à travers les yeux de Claire, la mort paraît être la seule issue possible pour sortir de la douleur qu'engendre l'idée d'une séparation.

LES PRINCIPAUX FACTEURS DE RISQUE SUICIDAIRE

Les points de fragilité par rapport au risque suicidaire sont fréquemment désignés sous le terme de « facteur de risque » : cela veut dire qu'ils peuvent rendre plus fragile par rapport à un risque suicidaire en cas de difficultés de l'existence. Rappelons que ce n'est pas parce qu'on présente un ou plusieurs de ces facteurs que l'on va réaliser un geste suicidaire.

Facteurs primaires : ils ont une valeur d'alerte importante par rapport au risque suicidaire, et indiquent une grande fragilité. Ils sont sensibles à une prise en charge médico-psychologique.

- La communication d'un désir de suicide.
- Les antécédents personnels de tentatives de suicide, et les antécédents familiaux de décès par suicide.
- Les troubles psychologiques ou psychiatriques (dépression, trouble bipolaire, schizophrénie, anorexie mentale).
- La consommation d'alcool, et plus largement l'usage des toxiques.
- Une impulsivité importante.

Facteurs secondaires : ils sont liés aux circonstances de la vie, et ont surtout du sens s'il existe déjà des facteurs primaires.

- Les pertes parentales précoces.
- L'isolement social (veuvage, divorce).
- Les difficultés financières importantes.
- Les événements de vie négatifs importants, c'est-à-dire les problèmes aigus auxquels nous pouvons être confrontés (maladie, problème judiciaire, problème de santé dans la famille...).

Facteurs tertiaires : ils n'ont de valeur que s'il existe déjà des facteurs primaires et secondaires.

- Sexe masculin.
- Âge à risque (adolescent ou sujet âgé).
- Période à risque.

4e balise : les éléments qui protègent du risque suicidaire : les liens affectifs

Les difficultés sont d'autant plus dures à surmonter que nous nous y confrontons seuls. À l'inverse, la présence d'aide et de soutien, la compréhension des proches nous aident à nous sortir de notre sentiment d'isolement.

Pour une personne en crise suicidaire, noyée par une souffrance intense, les liens affectifs sont comme autant de bouées de sauvetage, de fils qui la relient vers l'extérieur. Cela peut se faire de diverses façons :

- discussion avec des amis qui permettent de trouver des solutions là où on pense que l'avenir est totalement bouché;
- périodes de divertissement qui distraient pour un moment d'une tension trop insupportable;
- souvenirs, images douces d'un passé qu'on ne veut pas quitter, ou de personnes à qui l'on sait que notre mort ferait trop de peine : enfants, parents, conjoints, amis… ;
- groupe dans lequel nous sentons que nous avons notre place, et par qui nous nous sentons épaulé dans les moments les plus pénibles.

Parfois, dans les pires cas, bien que la personne en crise bénéficie de tels soutiens, elle persiste dans son projet de mort, passe à l'acte et quelquefois décède… La situation devient terrible pour l'entourage qui a essayé de l'aider, mais qui n'a pas pu, et donc a très souvent le sentiment d'avoir failli. La culpabilité est alors majeure.

Que se passe-t-il donc? Celui (celle) qui est en crise est dans un tel état de tension qu'il n'arrive pas à percevoir la présence de l'entourage autour de lui – un peu comme s'il était sous l'effet d'une anesthésie pour tout ce qui relève du lien, de l'affectif, de la présence, de l'accompagnement, de l'amitié ou de l'amour. Il reste centré sur ses difficultés, et aucune autre réalité ne peut prendre corps à ses yeux. On peut ainsi le voir comme une personne « murée » dans son désespoir et dans son désir suicidaire et rien, aucun raisonnement, aucune présence, ne peut alors le détourner de son funeste dessein. Dans de tels cas (extrêmes, heureusement), bien souvent l'hospitalisation s'impose pour protéger la personne rapidement et lui donner des soins intensifs qui pourront l'aider.

5e balise : quel est le sens des idées ou du geste suicidaire ?

Si vous avez bien lu ce qui précède, la réponse devrait maintenant venir toute seule : « Une personne qui dit vouloir mourir (ou qui tente de se suicider) dit qu'elle n'en

Il n'existe pas de tentative de suicide sans gravité.

peut plus, et qu'il ne lui est concrètement plus possible de mener *cette vie-là*, avec tel problème ou tel événement marquant... »

Parfois pourtant, on s'interroge sur le sens d'une lettre laissée, et qui ne paraît pas très claire. Dans d'autres cas, on est étonné par l'appel des secours par la victime elle-même, juste après le geste suicidaire : « Au fond, il ne voulait pas mourir », pense-t-on souvent... D'autres fois, à l'inverse, c'est l'absence de message, d'explication de celui qui nous a quittés qui nous laisse dans l'incompréhension, voire la révolte.

L'invasion par les idées suicidaires est progressive : celles-ci deviennent de plus en plus envahissantes et occupent une part croissante de l'esprit, jusqu'à en occuper toute la conscience. Alors, mourir ou vivre ? Les deux envies, les deux tendances, les deux pulsions s'affrontent, avec une force à peu près identique. On en arrive à éprouver l'étrange sentiment d'avoir *en même temps* envie de mourir pour mettre un terme à trop de souffrance, et dans le même mouvement avoir peur de cette envie de mort, et vouloir vivre et se défendre contre cette volonté d'autodestruction. Une pulsion peut ainsi prendre le pas sur l'autre, puis les choses peuvent avoir tendance à s'inverser.

UN SENTIMENT AMBIVALENT

Pour expliquer cette notion d'ambivalence, on peut représenter les deux envies (vie et mort) comme les deux plateaux d'une balance, quasiment à l'équilibre (50-50). Si l'un prend le pas sur l'autre, même légèrement (49-51), la balance penche d'un côté : si c'est de celui de l'envie de mourir, un geste suicidaire peut survenir. Et parfois cela peut suffire pour faire pencher la balance dans l'autre sens : la personne peut alors arrêter son geste, appeler des secours, demander et/ou accepter des soins...

Malheureusement, il peut arriver qu'un geste suicidaire se produise sans volonté de mort réelle et profonde mais qu'il conduise au pire : médicaments pris sans conscience de la gravité, geste réalisé de manière impulsive sans avoir réellement notion des conséquences... C'est ce qui (entre autres) fait dire qu'il n'existe pas de tentative de suicide sans gravité, et que tout geste suicidaire doit donner lieu à une évaluation médico-psychologique dans un lieu spécialisé.

Dans d'autres cas, on peut voir des personnes réalisant brutalement un geste irrévocable, alors qu'on a l'impression que rien n'existait auparavant : rien n'existait-il vraiment ? Ou bien la personne n'en a pas parlé ? S'agit-il de ce qu'on appelle un « raptus », le sentiment d'un grand gouffre qui s'ouvre devant soi et dans lequel on se sent aspiré malgré soi ? Probablement les deux hypothèses sont vraies. La personne est mal depuis quelque temps sans pouvoir en parler, et elle est d'un coup confrontée à la certitude que la mort par le suicide est la seule voie pour elle. Pour aider dans de tels cas, il est indispensable de pouvoir relever les signes précurseurs : or l'entourage n'est souvent pas le mieux placé pour repérer de tels signes. En effet, les personnes en souffrance cachent leur détresse à leurs proches pour ne pas les effrayer et pour les protéger. Elles dirigeront plutôt leurs signaux de détresse, plus ou moins explicites vers des professionnels[1] : il importe que ceux-ci soient bien formés, et n'hésitent pas à aller chercher l'information.

Tout geste suicidaire doit donner lieu à une évaluation médico-psychologique.

Deux cas particuliers : les adolescents et les personnes âgées

Cela peut paraître un peu étonnant d'aborder en même temps ces deux populations. Mais adolescents et sujets âgés représentent une population fragile, qui paie un lourd tribut aux conduites suicidaires. Quelques chiffres pour s'en convaincre : le suicide représente la deuxième cause de mortalité chez les 15-24 ans[2]. D'un autre côté, le taux de suicide est le plus élevé chez les sujets âgés de plus de 70 ans (et encore plus lorsqu'on dépasse 85 ans). Pourquoi ?

Adolescents et personnes âgées : des similitudes

Adolescents et sujets âgés se ressemblent par certains côtés. En effet, ils sont confrontés, chacun dans leur contexte, à une certaine forme de perte : perte du statut d'enfant pour l'adolescent, perte du statut d'homme ou de femme actif et autonome pour le sujet âgé. Beaucoup d'incertitudes entourent ces évolutions : quel type d'homme deviendra l'enfant à l'issue de son adolescence ? Arrivera-t-il à « mener

sa barque » ? De la même façon, quel vieillard va devenir celui qui commence à sentir les effets de l'âge ? Ne va-t-il pas perdre son autonomie, ses facultés et ses capacités, dont certaines peuvent commencer à être amoindries ?
Ces incertitudes, à l'origine de beaucoup d'angoisses, peuvent de surcroît se cumuler avec des difficultés qui se retrouvent fréquemment à ces deux âges de la vie : les ruptures sentimentales ou conjugales, fréquentes chez les adolescents, mais également peu rares au fur et à mesure que l'on avance en âge... Les déménagements, habituels chez des adolescents qui suivent leurs parents ou qui font des études, mais qui concernent aussi les personnes âgées qui doivent par exemple quitter leur domicile pour aller en maison de retraite. Ces ruptures dans les habitudes ne vont pas forcément de soi... Il en va de même des maladies chroniques qui peuvent se déclarer à ces deux extrêmes de la vie : diabète, tumeur, hypertension... Au total, l'accumulation d'incertitudes concernant l'avenir s'ajoutant à des événements de vie difficiles peut ainsi être à l'origine de crise suicidaire chez certaines personnes fragiles.

Adolescents et personnes âgées : des différences

Les angoisses ne sont pas gérées de la même manière dans ces deux populations. L'adolescent, pour faire face à l'incertitude de son avenir, privilégiera plutôt le besoin d'être en groupe, de sentir qu'il existe à travers des sensations toujours plus fortes, d'où de nombreuses conduites à risque. La solitude sera souvent une expérience angoissante pour lui... À l'inverse, on retrouvera plutôt des phénomènes de repli et d'isolement chez la personne âgée qui a souvent le sentiment d'avoir fait son temps, qui reste bloquée sur ce qu'elle a perdu (moyen personnel ou matériel) et n'investit plus ses capacités restantes, s'ennuie et se laisse aller, considérant la tristesse et la perte d'envie comme un état normal de la vieillesse.

Une note d'espoir cependant...

C'est pour ces deux groupes que la prévention a été la plus forte ces dernières années, avec pour résultat une baisse nette du nombre de décès par suicide.

Quelques conseils pratiques

1er conseil : ne pas hésiter à parler du problème

Nous l'avons dit, une personne en crise suicidaire souhaite surtout sortir de sa souffrance, et dans le même temps elle n'ose souvent pas demander de l'aide : soit parce qu'elle n'y croit plus, soit parce qu'elle a peur de gêner… Donc, si nous croisons des personnes de notre entourage qui nous paraissent aller beaucoup plus mal que d'habitude, il ne faut surtout pas hésiter à leur demander si elles sont mal au point d'avoir des idées de suicide : une telle démarche ne risque pas de « fabriquer du risque ». Au contraire, elle permet à la personne de se sentir comprise et d'exprimer si besoin la totalité de sa souffrance.

2e conseil : demander des précisions

Si nous sommes au courant de pensées de suicide d'un proche, il ne faut pas le laisser avec celles-ci, il faut les lui faire préciser. En effet, pour apporter une aide efficace à une personne, d'autant plus qu'elle se trouve en pleine crise, il faut savoir de quoi elle a besoin. Il faut donc se préoccuper de savoir à quel degré de crise suicidaire elle se trouve. Pour cela, un seul moyen : lui demander le plus clairement possible si ses idées suicidaires sont précises, si elle a déjà arrêté un plan pour se tuer, si elle a déjà mis des moyens en œuvre, si elle a déjà arrêté une date… Cela peut paraître difficile, voire osé de poser de telles questions, mais loin d'aggraver, cela constitue au contraire une prévention des plus efficaces contre le suicide : la personne n'est plus seule avec des idées en tête qui l'effraient, elle peut en parler, d'autres sont au courant, c'est souvent la première étape pour la mise en place d'une aide[3].

Face au danger du suicide, le réalisme et le pragmatisme doivent primer.

3e conseil : ne pas garder pour soi le risque suicidaire d'un proche

Nous pouvons souvent être tentés de vouloir nous-mêmes aider celui chez qui nous avons découvert les idées de suicide, ou qui nous les a lui-même confiées. D'autant plus que cela correspond souvent à une demande de ne rien dire, de garder le secret et la confidentialité… Mais cela représente une charge et une responsabilité bien trop lourdes de vouloir aider, seul, celui à qui l'on est déjà relié par des liens affectifs. Sans compter le poids de la culpabilité si les choses venaient à mal tourner… Il est donc indispensable d'aider la personne à s'orienter vers un ou des professionnels qui pourront aider de manière d'autant plus efficace qu'ils seront extérieurs, tout en gardant la discrétion sur la réalité de cette crise suicidaire.

4e conseil : l'importance de l'accompagnement

Nous avons insisté au début de ce chapitre sur l'importance des liens affectifs comme « protection » face au risque suicidaire. Il n'est donc pas question de « passer le relais » et d'être moins présent, et de donner l'impression que nous nous désintéressons. Au contraire, il est indispensable d'accompagner celui qui souffre, de rester à ses côtés, de s'assurer qu'il va réellement chercher une aide professionnelle et efficace, prendre de ses nouvelles… Bref, lui faire sentir qu'il ou elle a de la valeur pour nous, que nous ne l'abandonnons pas, et que nous sommes et resterons à ses côtés.

5e conseil : ne se priver d'aucun moyen

Les crises suicidaires s'accompagnent souvent de troubles psychologiques, de dysfonctionnements familiaux… Les professionnels qui seront consultés peuvent parfois proposer des moyens avec lesquels nous pouvons de prime abord ne pas être en accord : traitement médicamenteux pour une dépression par exemple, ou hospitalisation en milieu spécialisé si un trouble psychiatrique important le nécessite, ou encore placement temporaire en cas de conflit ou de difficultés familiales importantes… Pourtant il est important de bien considérer ces propositions : en effet, si en temps normal elles peuvent être contraires à nos principes, elles peuvent parfois en temps de crise permettre de franchir un cap difficile. Il sera toujours temps de revenir sur nos pas si les résultats ne sont pas ceux escomptés.

Mais, face au danger du suicide, c'est le réalisme et le pragmatisme qui doivent primer.

Pour en savoir plus sur le suicide et les tentatives de suicide, reportez-vous page 444.

34

Dr Yves Simon

Sortir de l'anorexie et de la boulimie

Actuellement, beaucoup de jeunes filles et de jeunes femmes, mais aussi des hommes s'engagent dans des tentatives pour contrôler leur poids qui, associées ou non à des facteurs psychologiques, sont susceptibles de poser de réels problèmes de santé. Ces conduites de régime peuvent paradoxalement provoquer une prise de poids chez les enfants et les adolescents, ou à l'adolescence et à l'âge adulte des troubles des conduites alimentaires dont les plus connues sont l'anorexie mentale et la boulimie. Ces comportements en relation avec le poids et l'alimentation apparaissent dans une population de plus en plus jeune et sont associés à des préoccupations concernant le corps et un mal-être corporel.

L'anorexie mentale et la boulimie, c'est quoi ?

Les symptômes

L'anorexie mentale

Dans l'anorexie mentale, la personne refuse de manger suffisamment et craint de prendre du poids et de devenir grosse. Alors qu'elle est maigre, elle refuse d'atteindre ou de maintenir un poids corporel normal. Celui-ci peut être calculé sur la base de l'indice de masse corporelle (IMC), en divisant le poids par le carré de la taille. Dans l'anorexie mentale de l'adulte, l'IMC est en général inférieur à 17,5. Par exemple, une jeune femme de plus de 18 ans mesurant 1,60 m et dont le poids est inférieur à 44,8 kg devrait attirer l'attention de ses proches et de son médecin. Mais un poids bas isolé n'est pas un indicateur fiable de l'anorexie mentale; il faut que l'évaluation de la perte de poids soit répétée dans le temps et tienne compte des aspects psychologiques.

Dans l'anorexie mentale de l'adolescent, jusqu'à 18 ans, l'IMC n'est pas un bon indicateur. Les parents et le médecin suivront l'évolution de la courbe de poids en se référant à la courbe de croissance. Cependant, l'anorexie débute bien avant que la personne ne soit mince ou maigre, et se manifeste, au départ, dans ses pensées, ses sensations et son vécu corporel. Les présentations cliniques de l'anorexie mentale sont très diverses, notamment chez la jeune adolescente qui ne prend pas de poids ou qui ne semble pas se préoccuper de son poids mais qui craint, en mangeant, d'étouffer, de vomir, d'éprouver des malaises abdominaux ou montre clairement des schémas alimentaires perturbés. Lorsque l'état de dénutrition est sévère, le cycle menstruel est irrégulier ou s'arrête, mais ce symptôme est masqué par la prise d'un produit de substitution hormonale comme la pilule contraceptive.

Dans l'anorexie mentale de l'adulte, l'IMC est en général inférieur à 17,5.

La boulimie

La boulimie est caractérisée par des épisodes de suralimentation suivis de comportements inappropriés visant à éviter la prise de poids : ne pas manger, ou peu, aux principaux repas, vomir, utiliser des laxatifs ou encore pratiquer une activité physique ou sportive excessive.

L'hyperphagie boulimique

C'est un comportement de perte de contrôle de l'alimentation caractérisé par une grande consommation d'aliments chez des personnes qui généralement, parce qu'elles n'utilisent pas de stratégie de contrôle du poids, sont en surpoids ou présentent une obésité.

« Marie a 15 ans. Elle s'est confiée à l'un de ses professeurs qui l'interrogeait à propos de sa mauvaise mine et de sa fatigue. Depuis plusieurs mois, Marie se nourrit peu et se sent très coupable dès qu'elle s'alimente. Il lui arrive d'essayer de se faire vomir. Elle craint d'en parler à ses parents de peur de les inquiéter. Depuis deux semaines, il arrive qu'elle mange plus qu'elle ne le souhaite et soit paniquée. Son professeur l'a encouragée à se confier également à ses parents, ce qu'elle a fait. Marie était en larmes. Ses parents prennent l'initiative de l'emmener chez le médecin, ce qu'elle accepte. Au cours de la consultation, les parents soulignent positivement la prise de conscience par Marie du caractère anormal de ses comportements qu'ils interprètent comme une volonté de se soigner. Cependant, lors de l'entretien individuel, Marie avoue ne pas vouloir changer ses comportements, elle n'ose pas le dire à ses parents de peur de les inquiéter plus encore. »

« Jasmine a 35 ans. Dès qu'elle rentre du travail, elle se dirige vers la cuisine et mange ce qu'elle trouve dans son réfrigérateur ou se précipite sur les biscuits qu'elle a achetés pour ses enfants. Depuis plusieurs années, elle ne peut plus contrôler ses pulsions alimentaires. Peu de personnes sont au courant. Jasmine éprouve une sensation d'apaisement pendant qu'elle mange puis très rapidement se reproche d'avoir "cédé", redoute de prendre du poids et va vomir dans la salle de bains. »

Qui est touché par l'anorexie mentale et la boulimie ?

Un nombre croissant de filles s'engagent dès 8 à 10 ans dans des régimes restrictifs à risque pour la santé. Entre 14 et 19 ans, plus d'une adolescente sur dix présente des formes incomplètes ou débutantes d'anorexie mentale ou de boulimie. Toutes n'évolueront pas vers l'anorexie mentale ou la boulimie. En fait, près d'une adolescente sur cent souffre d'anorexie mentale. La boulimie touche 2 % de la population féminine. On estime qu'une femme adulte sur dix souffre de problèmes alimentaires comportant une difficulté à contrôler la prise de nourriture et une attention exagérée au poids et à la silhouette. Les hommes ne sont pas épargnés. Ils représentent près de 10 % de l'ensemble des personnes concernées. (Bien que les troubles alimentaires affectent également les garçons, ils sont plus fréquents chez les filles et, pour une lecture plus aisée, nous parlerons de la personne souffrant d'un trouble alimentaire au féminin.)

La boulimie touche 2 % de la population féminine.

La popularisation des régimes, de l'utilisation des vomissements, des laxatifs et des diurétiques pour contrôler le poids mène les femmes à considérer ces conduites comme normales. Ces « techniques » sont désormais adoptées par des femmes n'ayant pas de trouble avéré, mais qui deviennent des sujets à risque pour la boulimie et l'anorexie mentale.
Un bon nombre d'idées reçues, notamment sur l'anorexie mentale, peut être à l'origine d'un retard du diagnostic.

QUELQUES IDÉES REÇUES SUR L'ANOREXIE MENTALE

- Une jeune fille anorexique ne mange pas, ou alors elle se fait toujours vomir.
- Les résultats d'une prise de sang permettent de faire le diagnostic de l'anorexie.
- Les garçons ne souffrent pas d'anorexie mentale.
- L'anorexie mentale n'est pas une vraie maladie.
- Les jeunes filles souffrant d'anorexie mentale sont responsables de ce qui leur arrive.

En ce qui concerne la boulimie, elle est souvent confondue avec l'obésité alors que les jeunes femmes souffrant de boulimie ont généralement un poids normal ou inférieur à la normale. Elles ne parlent pas de leurs crises de boulimie car elles éprouvent de la honte et de la culpabilité; elles évoquent plutôt leurs préoccupations pour les régimes alimentaires, leur poids et leur silhouette.

Quelles sont les causes de l'anorexie mentale et de la boulimie?

Il n'y a pas une seule cause à l'anorexie mentale ou à la boulimie. La pression sociale à la minceur, la crainte de l'obésité, l'influence des médias, de la famille ou des pairs ont été étudiées afin de déterminer l'origine du développement des troubles alimentaires. Actuellement, il n'y a aucun doute que les explications socioculturelles soient importantes et appropriées. Cependant, l'anorexie, la boulimie et l'hyperphagie boulimique peuvent être mieux appréhendées si elles sont considérées comme des troubles impliquant l'interaction des gènes et de l'environnement, en particulier des facteurs sociaux et culturels, ces facteurs jouant différemment d'une personne à l'autre. Des facteurs de risque génétiques, dans un environnement donné, s'expriment différemment selon l'âge. Les jeunes sont plus fragiles au moment de la puberté. Il semble que l'interaction entre un régime alimentaire restrictif et la maturation cérébrale au cours de cette période développementale favorise le maintien de l'anorexie mentale. Les études sur l'anorexie mentale et la boulimie ont mis en évidence des altérations du métabolisme d'une molécule cérébrale appelée sérotonine. Les troubles de la fonction de

la sérotonine sont aussi associés à des traits de comportement ou à des traits de personnalité fortement liés au perfectionnisme, à l'anxiété obsessionnelle et au contrôle excessif des impulsions et des émotions dans l'anorexie mentale, et à une sensibilité au rejet et au sous-contrôle des impulsions et des émotions dans la boulimie. Par ailleurs, des événements de vie associés à l'insécurité, au stress ou au manque de respect à l'égard de la personne (des moqueries, voire des comportements de coercition, d'abus ou d'agression) sont fréquemment retrouvés en tant que facteurs prédisposant ou déclenchant des troubles alimentaires.
L'idée reçue la plus commune concerne la responsabilité des parents dans le développement du trouble alimentaire. Ils sont jugés trop permissifs ou alors trop coercitifs. Il est souvent admis que les jeunes filles refusent de manger pour exprimer leur colère à leurs parents. Ces fausses croyances peuvent conduire à la stigmatisation des personnes souffrant d'un trouble alimentaire et de leur famille. Progressivement, les parents se retrouvent isolés et coupés du soutien social.

Comment évolue la maladie ?

Quel que soit le trouble, la majorité des personnes guérissent, mais près de la moitié d'entre elles garderont des préoccupations alimentaires ou corporelles sans que ces symptômes résiduels entravent leur projet de vie. La durée moyenne de la maladie, tant pour l'anorexie mentale que pour la boulimie, est de six années, mais elle peut varier de six mois à toute une vie et dans cette situation, le risque suicidaire existe.

Quelles sont les complications ?

De nombreuses personnes souffrant ou ayant souffert d'un trouble alimentaire consulteront à l'âge adulte pour des plaintes physiques (douleurs, maux de tête, malaises abdominaux, symptômes cardio-vasculaires, fatigue chronique, insomnie, nausées et vomissements) ou des plaintes psychologiques (anxiété, dépression, diminution de l'activité sociale). Cependant, ce sont les complications de la dénutrition, des vomissements et de l'usage de laxatifs ou d'autres médicaments qui nécessitent une grande attention.

ÉVALUEZ-VOUS : SOUFFREZ-VOUS D'UN TROUBLE DU COMPORTEMENT ALIMENTAIRE ?

Quelques questions simples permettent à une personne d'identifier si elle présente un trouble alimentaire. Une réponse positive à plus d'une des questions suivantes devrait l'alerter et la conduire à s'informer sur les risques pour sa santé.

	Oui	Non
1. Est-ce que je me fais vomir lorsque j'éprouve une sensation désagréable de plénitude gastrique ?	◻	◻
2. Suis-je effrayé(e) quand je perds le contrôle sur la quantité de nourriture que je mange ?	◻	◻
3. Ai-je perdu ou pris récemment plus de 6 kg sur une période de 6 mois ?	◻	◻
4. Est-ce que je crois que je suis trop gros(se) lorsque les autres me disent que je suis maigre ?	◻	◻
5. L'alimentation domine-t-elle ma vie ?	◻	◻

Consulter le médecin de famille, un professionnel spécialisé ou une association d'entraide est nécessaire afin de s'informer.

Il faut évaluer les risques d'ostéoporose, de troubles cardiaques et rénaux liés à la chute du potassium dans le sang et le ralentissement du transit des aliments dans l'estomac et dans les intestins (qui ne doivent pas être traités par des laxatifs). Lorsqu'une patiente retrouve un cycle menstruel normal, lié au retour à un IMC aux alentours de 20, il n'y a pas de diminution de la fertilité. Par contre, une jeune femme ayant souffert d'un trouble alimentaire présente plus de risques de complication durant une grossesse qui devra être suivie avec attention.

Ce qu'il faut savoir pour agir

Actuellement, les traitements des troubles alimentaires ne sont pas toujours très satisfaisants et durent longtemps. Les études récentes montrent que le soutien des proches est essentiel à la réussite des thérapies, mais surtout permet à la personne malade de reconnaître son trouble et d'activer ses ressources personnelles pour surmonter ses craintes et ses difficultés.

Pour agir, la personne malade doit recevoir des informations à propos de la maladie, ses causes et ses complications, mais aussi à propos des procédures de traitement, du rôle positif que peuvent jouer les proches et du respect de la confidentialité par les professionnels.

Le soutien des proches est essentiel à la réussite d'une thérapie.

Pour agir, les proches doivent aussi recevoir de l'information et pouvoir partager, avec des professionnels ou d'autres parents confrontés au même problème, leur représentation de la maladie et de ses causes afin de gérer, au mieux, leur anxiété, leurs sentiments de culpabilité ou d'impuissance. Pour un mineur, le respect de la confidentialité doit être assuré sans retirer aux parents l'exercice légitime de leurs compétences. Même en situation de détresse, ils souhaitent assumer leur rôle et leurs tâches éducatives auprès du jeune.

Comment réagir, comment aider

Les proches

Il y a lieu de distinguer le trouble alimentaire de l'adolescente du trouble alimentaire de l'adulte. En effet, le trouble alimentaire de l'adolescente nécessitera la collaboration active des parents, notamment pour l'évaluation du retentissement des symptômes et la compréhension des problèmes. Les parents devront s'engager, ensemble, dans le traitement en reprenant temporairement le contrôle de l'alimentation de la jeune fille. Celle-ci manifestera fortement son opposition, mais des parents fermes sur la nécessité de reprendre du poids, qui organisent calmement les principaux repas familiaux et veillent au « contenu de l'assiette », peuvent rassurer l'adolescente.

UN EXEMPLE DE BON COMPORTEMENT DES PARENTS

Les parents choisissent les menus, préparent et servent les repas ; ils s'abstiennent de tout commentaire et de toute critique sur le comportement alimentaire de leur enfant, ils peuvent parfois l'encourager à manger tout en reconnaissant les efforts que cela nécessite ; ils s'efforcent de parler, durant le repas, de sujets agréables afin de ne pas se focaliser sur l'alimentation ; ils mettent un terme au repas après environ 45 minutes ; ils partagent après le repas une activité distrayante avec l'adolescente afin de la soutenir durant ce moment angoissant.

De manière générale, les parents devront veiller à laisser l'adolescente exprimer ses idées, ses pensées et ses réactions émotionnelles. Ces attitudes sont particulièrement difficiles à mettre en pratique. Des entretiens de famille avec un thérapeute seront nécessaires durant plusieurs mois afin que l'adolescente soit écoutée dans l'expression et les manifestations de son point de vue, et que les parents puissent apprendre à gérer leurs propres émotions et se sentent soutenus dans l'exercice de leurs tâches. Chez l'adulte, le rôle des proches sera d'adopter une attitude de soutien non intrusive et décentrée du comportement alimentaire.

Quand les proches prennent conscience du problème alimentaire, ils craignent d'agir trop tôt et de pointer un problème, alors que peut-être il n'existe pas. Pourtant, il est préférable que les proches interviennent dès qu'ils ont un doute. Il vaut mieux s'alerter pour rien, et le plus tôt est le mieux. Plus le trouble alimentaire est détecté de manière précoce, plus grandes seront les chances de guérison. Il est également recommandé de tenir compte des avertissements des amis, des professeurs ou de l'entourage professionnel qui, souvent, détectent le problème avant les proches et particulièrement les parents. Ceux-ci peuvent se sentir remis en cause, s'angoisser et se culpabiliser en entendant ces commentaires de leur entourage; cela peut les conduire soit à retarder la prise en compte de la détresse du jeune, soit à adopter des attitudes de surprotection ou coercitives, voire de rejet à son égard. Il est alors nécessaire qu'ils surmontent ces émotions négatives et abordent calmement le problème avec la personne concernée.

Lorsque les proches décident d'aborder le problème, il leur est conseillé de se contenter de décrire les comportements qu'ils ont observés et d'évoquer leur inquiétude. Il est inutile de chercher à convaincre la personne de modifier ses comportements. Même pour vous faire plaisir, elle est dans l'impossibilité de le faire. Elle est sous l'emprise de la maladie.

Consulter un psychiatre et/ou un psychologue spécialisé est très souvent nécessaire. Il n'y a pas de traitement diététique ou médicamenteux de l'anorexie mentale, et dans la boulimie ces approches ne sont pas au centre du traitement. N'hésitez pas à exprimer simplement vos sentiments, vos craintes.

Pour aider la personne souffrante, il faut s'efforcer de créer un environnement sécurisant tout en veillant à ce que les règles de base de la vie familiale soient respectées. Cet environnement permettra à la jeune fille ou à la jeune femme d'activer ses ressources pour sortir de la maladie. Face aux comportements alimentaires problématiques, il faut faire preuve de patience, apprendre à se taire et à écouter. Cette tâche est difficile et ne peut être mise en place du jour au lendemain. En effet, il est pénible d'admettre les comportements aberrants et illogiques associés au trouble alimentaire. Les proches sont tentés de convaincre la personne de changer et de suivre la voie de la raison. Il leur est aussi douloureux de l'écouter énoncer des idées irréalistes concernant l'alimentation, les formes corporelles ou le poids; de faire face à des réactions émotionnelles déroutantes ou à des comportements pouvant mettre en danger sa santé, voire sa vie. Pourtant, dans ces conditions, il est indispensable de s'abstenir de toute attitude ou propos désobligeant. En effet, les critiques contribuent en grande partie au maintien du trouble alimentaire.

L'anorexie ou la boulimie peuvent parfois transformer une jeune fille ou une jeune femme en un véritable tyran, imposant ses volontés à l'ensemble de la famille. Même si la personne souffrant d'un trouble alimentaire traverse une période difficile, il est normal d'attendre un certain respect des règles de vie commune.

Une idée fausse consiste à attribuer la responsabilité de leur comportement problématique aux personnes qui en souffrent. Elles sont souvent jugées capricieuses, égocentriques, manipulatrices et suscitent peu d'empathie. Leur entourage pense souvent qu'il suffirait qu'elles soient plus obéissantes et plus persévérantes pour résoudre leur problème. Une autre idée fausse, aux conséquences néfastes, est de penser que la jeune fille est guérie lorsqu'elle a repris du poids ou arrêté les crises de boulimie ou les vomissements. C'est au contraire à ce moment précis qu'elle a le plus besoin de soutien et d'encouragements. L'idée qu'il faut séparer la personne de ses proches continue également à persister alors que ceux-ci sont des partenaires indispensables du processus de guérison.

Les traitements

Pour les personnes présentant des troubles alimentaires caractérisés, des approches individuelles et de groupe se sont montrées efficaces. Cependant, une des grandes difficultés face à des personnes présentant des troubles alimentaires est leur ignorance de l'urgence de modifier leurs comportements et leur faible motivation au changement. Ces personnes tentent de développer des attitudes défensives dans la mesure où leur expérience passée a pu leur montrer que la reprise du poids est souvent associée à un plus grand mal-être personnel. Des approches multidisciplinaires sont alors recommandées. Elles incluent les interventions familiales, la thérapie individuelle, la collaboration avec le médecin traitant. Parfois, un traitement hospitalier est nécessaire. La boulimie répond, dans près de la moitié des cas, relativement bien à la thérapie cognitivo-comportementale. Pour l'anorexie mentale de l'adolescente, l'engagement des parents dans le traitement est vivement recommandé.

En pratique

Pour les personnes souffrant de trouble alimentaire, il est indispensable de s'informer sur la maladie et de consulter des thérapeutes spécialisés.

Une des plaintes principales des proches concerne leur isolement au cours du traitement. Peu de personnes sont susceptibles de comprendre leur situation, les troubles alimentaires étant mal connus. C'est pourquoi il est important de se mettre en contact avec une association d'entraide et de participer à des groupes. Rencontrer d'autres personnes ayant vécu ou vivant la même situation apporte un grand réconfort et est source d'optimisme et de confiance.

Pour en savoir plus sur la boulimie et l'anorexie, reportez-vous page 444.

7 En savoir **plus**

24. Comprendre et vaincre la dépression

Mirabel-Sarron C., *La Dépression, comment en sortir*, Paris, Odile Jacob, 2002 ; « Poches Pratique », 2008.

Olié J.-P., *Les Maladies dépressives*, Paris, Flammarion, « Médecine-Sciences », 2003.

Labro Ph., *Tomber sept fois, se relever huit*, Paris, Albin Michel, 2003.

Association de patients

Association française contre la dépression et la maladie maniaco-dépressive :

14-20, rue Mathurin-Reignier,
75015 Paris.

Argos 2001 Île-de-France :

1, rue de la Durance
75012 Paris.
Site Internet : www.argos2001.fr

Site de l'Institut national de prévention et de sécurité pour la santé :

www.infos-depression.com

25. Apprivoiser ses peurs et ses phobies

André C., *Psychologie de la peur. Craintes, angoisses et phobies*, Paris, Odile Jacob, 2004 ; « Poches Odile Jacob », 2005.

André C., Muzo, *Petites Angoisses et Grosses Phobies*, Paris, Seuil, 2002.

Émery J.-L., *Surmontez vos peurs. Vaincre le trouble panique et l'agoraphobie*, Paris, Odile Jacob, 2002 ; « Poches Pratique », 2008.

Van Rillaer J., *Peurs, angoisses et phobies*, Paris, Bernet-Danilo éditions, 1998.

Sites Internet

Site en anglais : www.alaphobie.com
L'association Médiagora :
Site Internet : http://mediagora.free.fr

26. Soigner le TOC

Sauteraud A., *Je ne peux pas m'arrêter de laver, vérifier, compter. Mieux vivre avec un TOC*, Paris, Odile Jacob, 2002.

Sauteraud A., *Le Trouble obsessionnel-compulsif. Le guide du thérapeute*, Paris, Odile Jacob, 2005.

Sites Internet

http://aftoc.club.fr : site d'information de l'Association française de personnes souffrant de troubles obsessionnels-compulsifs.

Adresses utiles pour trouver un psychothérapeute

www.aftcc.org : le site de l'Association française de thérapie comportementale et cognitive.

www.afforthecc.org : le site de l'Association francophone de formation et de recherche en thérapie comportementale et cognitive.

27. L'anxiété généralisée

André C., Muzo, *Petites Angoisses et Grosses Phobies*, Paris, Seuil, 2002.

Servant D., *Relaxation et Méditation. Trouver son équilibre émotionnel*, Paris, Odile Jacob, 2007.

Servant D., *Soigner le stress et l'anxiété par soi-même*, Paris, Odile Jacob, 2003 ; « Poches Pratique », 2008.

28. Faire face à ses peurs sans paniquer

Émery J.-L., *Surmontez vos peurs. Vaincre le trouble panique et l'agoraphobie*, Paris, Odile Jacob, 2002 ; « Poches Pratique », 2008.

29. Vivre avec la schizophrénie

Bottéro A., *Un autre regard sur la schizophrénie*, Paris, Odile Jacob, 2008.

Franck N., *La Schizophrénie. La reconnaître et la soigner*, Paris, Odile Jacob, 2006.

Gourion D., Gut-Fayand A., *Les Troubles schizophréniques*, Paris, Éditions Ellipses, 2004.

Monestès J.-L., *La Schizophrénie. Mieux comprendre la maladie et mieux aider la personne*, Paris, Odile Jacob, 2008.

Tobin C., *Les Schizophrénies*, Paris, Odile Jacob, 2004.

30. Comment arrêter l'alcool

Batel P., *Pour en finir avec l'alcoolisme. Réalités scientifiques contre idées reçues*, Paris, La Découverte, 2006.

Conférence de consensus, « Objectifs, indications et modalité du sevrage du patient alccolodépendant », 17 mars 1999, http://www.has-sante.fr/portail/upload/docs/application/pdf/alcool.court.pdf

Documents de référence de la Société française d'alcoologie, http://www.sfalcoologie.asso.fr/page.php?choix=A10

Graziani P., Eraldi-Gackiere D., *Comment arrêter l'alcool ?*, Paris, Odile Jacob, 2003.

Palazzolo J., *Aidez vos proches à surmonter l'alcoolisme*, Paris, Hachette Pratique, 2006.

Sites Internet

http://www.sfalcoologie.asso.fr/page.php?choix=annuaire

http://www.aftcc.org/membres_carte.php

http://www.afforthecc.org/index.php?id=352

31. Les toxicomanies et les dépendances : comment s'en sortir

Clauzel I., *Ne plus fumer*, Paris, Retz, 2005.

Cungi C., *Faire face aux dépendances*, Paris, Retz, 2005.

Hybord G., Manigand D., *Le Cannabis expliqué aux parents en 60 questions*, Paris, Retz, 2007.

Lagrue G., *Arrêter de fumer*, Paris, Odile Jacob, 2006.

32. Se libérer du tabac

André C., *Psychologie de la peur. Craintes, angoisses et phobies*, Paris , Odile Jacob, 2004 ; « Poches Odile Jacob », 2005.

Aubin H.-J., Dupont P., Lagrue G.,Comment arrêter de fumer ?, Paris, Odile Jacob, 2003 ; « Poches Pratique », 2004.

Fanget F., *Affirmez-vous! Pour mieux vivre avec les autres*, Paris, Odile Jacob, 2002 ; « Poches Pratique », 2008.

Lagrue G., *Arrêter de fumer*, Paris, Odile Jacob, 2006.

Servant D., *Soigner le stress et l'anxiété par soi-même*, Paris, Odile Jacob, 2003 ; « Poches Pratique », 2008.

Quelques adresses utiles

L'annuaire de l'**Office français de prévention du tabagisme (OFT)** fournit les adresses des tabacologues :
66, boulevard Saint-Michel,
75006 Paris.
www.oft-asso.fr/consultation.htm

Ligne téléphonique de Tabac info service : 0 825 309 310

Institut national de prévention et d'éducation pour la santé :
42, boulevard de la Libération,
93203 Saint-Denis Cedex.
www.inpes.sante.fr

33. Le suicide et les tentatives de suicide

Favre A., *L'Envol de Sarah. Ma fille : sa vie, son suicide*, Paris, Max Milo, 2007.

Fauré C., *Après le suicide d'un proche. Vivre le deuil et se reconstruire*, Paris, Albin Michel, 2007.

Granier E., *Idées noires et tentatives de suicide. Réagir et faire face*, Paris, Odile Jacob, 2006.

Pommereau X., *L'Adolescent suicidaire*, Paris, Dunod, 2005.

34. Sortir de la boulimie et de l'anorexie

Apferldorfer G., *Mangez en paix !*, Paris, Odile Jacob, 2008.

Doyen C., Cook-Darsen S., *Anorexie, boulimie : vous pouvez aider votre enfant*, Paris, InterÉditions, 2004.

Cook S., Doyen C., *50 Exercices pour sortir de l'anorexie*, Paris, Odile Jacob, 2008.

Nef F., Simon Y., *Comment sortir de la boulimie*, Paris, Odile Jacob, 2004.

Perroud A., *Faire face à la boulimie. Réservé aux patients atteints de boulimie, pour les aider dans leur combat contre la maladie*, Paris, Retz, 2001.

Perroud A., *Faire face à l'anorexie*, Paris, Retz, 2003.

Simon Y., Nef F., *Comment sortir de l'anorexie ? Et retrouver le plaisir de vivre*, Paris, Odile Jacob, 2002.

Simon Y., Simon-Baïssas I., *Anorexie mentale et les troubles apparentés de l'adolescent. Un guide pratique pour les parents* (à paraître).

Sites Internet

www.anebquebec.com

Association Autrement :
www.anorexie-et-boulimie.fr

Association boulimie anorexie (ABA) :
www.boulimie-anorexie.ch

Maison d'information et d'accueil des troubles de l'alimentation (Miata) :
www.miata.be

Association française pour le développement des approches spécialisées (Afdas) :
www.anorexieboulimie-afdas.fr

8 APPRENDRE à changer

Changer ! C'est de loin la demande la plus souvent entendue en psychologie. Encore faut-il savoir pourquoi et vers quoi changer, et apprendre comment le faire. Puis le faire : là, ça se complique parfois un peu. Car changer est un art. Et comme tous les arts obéissent à des règles, en voici quelques-unes. Il ne vous reste plus qu'à les mettre en pratique…

34

Dr Bruno Koeltz

L'art du changement

Nous vivons tous des situations qui ne nous satisfont pas, où nos comportements, notre façon de voir ou de ressentir les choses nous gênent ou nous font souffrir. Notre faculté à changer de comportement conditionne pour beaucoup notre bien-être. Si parfois changer nous semble simple et naturel, souvent cela nous paraît plus difficile, voire impossible. Comment sortir de ces impasses dans lesquelles nous nous sentons parfois coincés ? Comment abandonner ces comportements ou ces modes de pensée problématiques ? Comment conduire avec succès ces petits ajustements ou ces changements plus profonds indispensables à notre bien-être ? Comment agir et ne plus subir ? Existe-t-il des règles, des méthodes, des principes à respecter pour conduire le changement ?

Prendre conscience : un bon commencement

« On ne se débarrasse pas d'une habitude en la flanquant par la fenêtre. Il faut lui faire descendre l'escalier marche par marche » (Mark Twain).

Une clé pour le changement

Nous avons tous dans notre entourage des personnes dont nous pensons : « Il serait temps qu'il prenne conscience du fait que… » Ainsi, Jean devrait prendre conscience qu'il se ruine la santé en fumant autant. Paul devrait se rendre compte qu'il perd son temps à attendre une promotion qui ne viendra pas. Quant à Louise, il est clair qu'elle devrait prendre conscience qu'à force de dire oui à tout elle n'a plus de vie à elle.

Comment envisager et *a fortiori* entreprendre de changer si, comme Jean, Paul ou Louise, nous n'avons pas conscience de ce qui peut nous inciter à arrêter de fumer, à changer de travail ou encore à apprendre à dire non ?

Une clé, est-ce suffisant ?

S'il ne fait pas de doute qu'une prise de conscience est un préalable à tout changement, est-ce bien suffisant ?

> « Depuis que j'ai pris conscience de l'importance de faire des compliments à mes enfants, je m'efforce de saisir chaque occasion qui se présente pour leur en faire. »

> « Depuis que je conduis une moto, j'ai pris conscience de la vulnérabilité des motards et je ne suis plus le même automobiliste. »

Les témoignages qui font ainsi le lien entre prise de conscience et changement sont légion, et tant mieux ! Très probablement avons-nous eu la chance d'en faire l'expérience. Inversement, nous avons certainement en tête une foule d'autres situations pour lesquelles nous nous répétons : « Ce n'est pas faute d'être conscient de… », en nous étonnant de notre difficulté à tirer les conséquences pourtant logiques de cette prise de conscience.

Pour mieux comprendre pourquoi la simple prise de conscience est si souvent insuffisante, examinons deux situations radicalement opposées et qui, pourtant, ne manquent pas de points communs.

Nos « amies » les bonnes résolutions

Pourquoi nous arrive-t-il si régulièrement de prendre de bonnes résolutions… et tout aussi régulièrement de ne pas les tenir ? « Ça ne peut plus durer, il faut que ça change, je me sens trop coupable… » Nos bonnes résolutions sont généralement le résultat d'une prise de conscience soudaine. Plus souvent guidés par l'émotion que par la raison, c'est à la hâte, sans réflexion approfondie, que nous nous promettons d'agir. Nos objectifs sont flous ou excessivement ambitieux. Bien que notre désir de changer soit sincère, notre motivation est fragile et se brise sur la première difficulté rencontrée : l'espoir de changement fait rapidement place au découragement puis à l'abandon.

Des désirs de changement tués dans l'œuf

À l'inverse des bonnes résolutions, il nous arrive de balayer l'idée de changement à peine celle-ci entrevue. Est-ce bien raisonnable ? Nous commettons ici le même type d'erreur que lorsque nous prenons une bonne résolution : sous le coup de la prise de conscience d'un problème de comportement, nous ne prenons pas le temps de l'examiner rationnellement. Envahis par l'émotion, nous n'avons qu'une vision floue de notre problème. Le changement nous paraît vain ou inaccessible. Faute de perspectives clairement utiles et atteignables, nous préférons tuer nos désirs dans l'œuf. C'est alors que nous nous efforçons de minimiser le problème pour le rendre plus acceptable et surtout ne rien changer… jusqu'à notre prochaine prise de conscience.

De la prise de conscience à l'action : ne brûlez pas les étapes

Bonnes résolutions ou décisions hâtives de classer le problème, les ennemis du changement sont toujours les mêmes : le flou du problème à affronter, le flou des objectifs à atteindre, le flou du chemin à suivre, le flou des moyens à mettre en œuvre, qui finissent par saper notre motivation.
Pour sortir de ce brouillard et conduire efficacement le changement, il nous faut donc passer par plusieurs étapes :

- clarifier et énoncer le problème ;
- évaluer notre désir de changement ;
- définir des objectifs du changement ;
- se donner les moyens de changer ;
- et enfin… passer à l'action.

C'est au fur et à mesure que nous franchissons ces étapes que nous développons et renforçons un bien précieux : notre motivation.

Énoncez précisément le problème

Ne vous contentez pas d'un sentiment global

« Je me sens trop timide, je me mets en colère ou me laisse abattre pour un rien » sont des sentiments qu'il est légitime de ne plus vouloir ressentir. Mais il ne suffit pas de dire : « Je voudrais être moins timide, moins coléreux ou encore ne plus me laisser abattre pour un rien » pour définir un objectif de changement motivant.

Restez centré sur aujourd'hui et sur vous-même

Attention à ne pas tomber dans le piège de vouloir définir le problème uniquement à partir d'explications portant sur le passé : « J'aurais dû prendre l'habitude de faire des exposés à l'école… » ou sur l'environnement : « Les gens sont tellement sans gêne, ils abusent… »

On change plus facilement le présent que le passé

Les problèmes sur lesquels vous pouvez agir sont ceux d'aujourd'hui, pas ceux d'hier. Le passé est une précieuse base de données dont nous pouvons extraire des enseignements. Attention cependant à ne pas en faire une prison. À trop répéter : « J'aurais dû… » ou : « C'est parce que… », vous courez le risque de vous focaliser exagérément sur les problèmes du passé au détriment de vos attentes et du futur.

Les problèmes sur lesquels vous pouvez agir sont ceux d'aujourd'hui pas ceux d'hier.

Il est plus facile de changer sa propre personne que de changer les autres

Bien sûr, le problème peut venir en grande partie des autres. Toutefois, n'attendez pas de changement spontané de leur part. Sachez que vous aurez plus de chances de les voir changer si vous changez vous-même de comportement à leur égard.

Précisez les circonstances de survenue de ce sentiment

Transformez vos sentiments d'insatisfaction ou de frustration présents en problèmes concrets.

- Où, quand, avec qui ces sentiments se manifestent-ils ?
- Comment vous comportez-vous ?
- Que pensez-vous de vous et des autres dans ces situations ?

Plus la définition du problème sera précise, plus elle s'appuiera sur les difficultés actuelles que vous rencontrez, plus cette définition vous aidera à définir vos objectifs.

Sentiment	Problème précis
Je me sens trop timide.	• Je ressens de la gêne à chaque fois que je voudrais me joindre à une conversation avec un groupe de collègues ou de connaissances. • Si je suis inclus dans la conversation, je me sens nul de n'avoir pas osé exprimer une opinion personnelle.
Je suis trop coléreux.	• Je ressens un profond sentiment de colère à chaque fois que j'ai l'impression que l'on me prend pour la bonne poire à qui l'on peut tout demander. • Je pars au quart de tour et m'en prends à la terre entière au lieu de dire simplement non.
Je me laisse aller.	• Depuis que j'ai rompu, j'ai abandonné mes activités de loisir (sport, cinéma, lecture) et toutes les activités ménagères pour passer de longues heures à ruminer allongé sur mon lit. • Je ne contacte plus mes amis et ne réponds plus à leurs invitations.

Évaluez votre désir de changement

Et si vous ne changiez rien ?

Vous avez pris conscience d'une situation insatisfaisante, vous l'avez définie avec précision. Est-ce le moment de se poser une telle question ? Oui, car cela va vous permettre :
• de mettre au jour les inconvénients de la situation actuelle. Cela renforcera votre motivation à changer et vous aidera à dégager des objectifs de changement plus concrets ;
• de vérifier si la situation actuelle ne présente pas des avantages auxquels il pourrait être difficile de renoncer. Si c'est le cas, mieux vaut en être conscient dès à présent afin d'en tenir compte dans la formulation de vos objectifs ou de prévoir des compensations.

Je continue à ne pas me joindre à un groupe et à ne pas exprimer mes opinions

Avantages	Inconvénients
• Je n'ai pas à affronter l'anxiété que provoquent ces situations.	• Je nourris une image de moi de plus en plus négative. • Ce n'est pas moi, j'ai besoin d'échanger et d'être avec du monde. • Je ne supporte pas de me sentir isolé. • Ce n'est pas comme ça que les autres viendront vers moi, ça va être de pire en pire.

Et si vous changez que se passera-t-il ?

Conscient des conséquences d'une absence de changement, vous pouvez maintenant clarifier vos attentes. Mais attention, le changement n'est pas sans risques ni inconvénients. Examiner attentivement ses avantages et ses inconvénients renforcera votre motivation et vous permettra de mettre au jour une mine d'informations utiles pour définir vos objectifs.

Je me joins à un groupe et j'exprime mes opinions

Avantages	Inconvénients
• Je n'aurai plus à attendre comme un idiot qu'on vienne me chercher. • Je me sentirai moi-même, quelqu'un qui s'intéresse aux autres, qui pose des questions et qui peut partager ses points de vue. • Les autres auront sûrement plus envie de me parler.	• Je ne suis pas sûr de ne pas indisposer certaines personnes. • Je ne sais pas comment réagir si on ne m'accueille pas tout de suite ou si mon opinion déclenche des réactions trop vives.

Évaluez la balance coût-bénéfice des changements envisagés

Jean souhaite maîtriser sa colère,. Voici comment il établit la balance coût-bénéfice de ce changement.

Se laisser aller à ma colère		Maîtriser ma colère	
Avantages à ne pas changer	**Inconvénients à ne pas changer**	**Avantages à changer**	**Inconvénient à changer**
• Se faire respecter. • Évacuer le stress, se défouler.	• Blesser des gens que j'aime. • Faire fuir, faire le vide autour de moi. • Ressentir honte, culpabilité. • Accumuler plus de stress que je n'en libère.	• Améliorer mes relations. • Me sentir en paix avec moi-même. • Ne plus me sentir lamentable et avoir à présenter des excuses.	• Risque que l'on abuse de moi si je ne fixe pas de limites.

Jean a beaucoup à gagner à modifier son comportement colérique. L'examen de ce tableau lui révèle aussi qu'il va avoir à apprendre à fixer des limites s'il veut maîtriser sa colère et ne pas voir sa motivation s'envoler à la première difficulté rencontrée. Grâce à cette démarche, Jean a non seulement renforcé sa motivation mais également identifié un important objectif de changement (apprendre à fixer des limites).

Définissez clairement vos objectifs de changement

Conscient de vos aspirations et de vos motivations, vous êtes maintenant prêt à transformer votre problème en objectifs. Pour vous aider à définir efficacement vos objectifs, quelques règles simples sont à prendre en compte.

Soyez précis et concret

Rappelez-vous : objectif flou = destination incertaine = chemin incertain = risque de se perdre ou de tourner en rond !

Appuyez-vous sur les étapes précédentes

Utilisez la définition du problème et la balance coût-bénéfice, que vous avez établie, pour évaluer votre motivation. Prenez en compte les obstacles éventuels et intégrez-les à vos objectifs.

Les quelques exemples du tableau ci-contre montrent comment une bonne définition du problème permet de passer rapidement d'un objectif flou à un objectif concret.

Imaginez-vous arrivé à destination

Vous éprouvez encore un peu de mal à identifier des objectifs précis et concrets ? Fermez les yeux, imaginez un instant que vous avez résolu vos difficultés. Comment vous voyez-vous ? En quoi votre vie aura-t-elle changé ? Comment vous comportez-vous ? Que faites-vous ? Permettez-vous de rêver pour visualiser votre comportement.

Assurez-vous que votre objectif est observable

Un objectif concret doit être observable. Demandez-vous comment vos proches ou vos collègues pourraient s'apercevoir que vous avez atteint votre objectif, comment votre entourage pourrait constater que vous êtes moins stressé.

Objectifs flous	Objectifs concrets, précis
Être moins timide.	• Me joindre à un groupe de collègues sans attendre qu'on m'y invite. • Exprimer une opinion personnelle au moins une fois par conversation avec des amis ou collègues. • Accepter les invitations à déjeuner à la cantine de mes collègues. • Entamer une conversation avec un inconnu dans la salle d'attente de mon médecin. • Etc.
Ne pas me laisser abattre.	• Reprendre les sorties à vélo une fois par semaine. • Passer l'aspirateur une fois par semaine. • Faire une machine à laver par semaine. • Aller au cinéma tous les 15 jours. • Téléphoner à un ami chaque jour. • Etc.
Être moins coléreux.	• Ne plus partir au quart de tour lorsque l'on me fait une critique. • Prendre le temps de laisser mon émotion se stabiliser avant de réagir. • Exprimer mon ressentiment sans agressivité • Savoir dire non quand on me dérange. • Chercher des solutions plutôt que de rechercher des coupables afin de mieux poser mes limites aux collègues. • Etc.

Peut-être vous observeraient-ils plus souvent en train de jardiner ou de lire un magazine dans une chaise longue ?

Exprimez-vous en termes positifs

Ne vous contentez pas d'exprimer votre objectif par la négative. Pensez en termes de comportement à mettre en place plutôt qu'en termes de comportement à supprimer. Préférez « inviter mes voisins à prendre l'apéritif » à « ne plus rester dans mon coin ». De même « prendre le temps de laisser passer mon envie de fumer » est plus motivant que « résister à tout prix à mes envies de fumer ».

L'exercice n'est pas toujours facile, mais le jeu en vaut la chandelle. Chaque fois que vous parviendrez à exprimer votre objectif en termes positifs, vous vous tournerez vers le futur au lieu de regarder le passé. Encore une fois vous augmenterez votre motivation et vos chances d'avancer dans la bonne direction.

Restez réaliste

Plus vous serez précis dans vos objectifs, plus vous aurez de chances de rester réaliste.

Soyez attentif à ne pas être trop perfectionniste

Rappelez-vous qu'il est plus facile de revoir un objectif à la hausse après avoir remporté des premiers succès que de le revoir à la baisse en proie au découragement.

Comptez avant tout sur vous

Ne vous fixez pas d'objectifs qui dépendraient excessivement des autres. Les autres peuvent certes vous aider mais ils ne changeront pas à votre place.

Donnez-vous les moyens de changer

Gardez en mémoire que, pour nourrir votre motivation au changement, il ne suffit pas d'avoir un objectif attractif. Il est également nécessaire de se sentir capable d'y arriver.

Informez-vous sur les moyens du changement

Existe-t-il des ouvrages qui traitent du sujet ? Avez-vous des amis qui ont surmonté des problèmes analogues, comment s'y sont-ils pris ? Comment s'y prennent les personnes qui ont un comportement correspondant à votre objectif ?

Rappelez-vous des changements que vous avez déjà entrepris avec succès.

Cultivez votre optimisme

Il ne s'agit pas de minimiser les difficultés, vous les avez étudiées avec lucidité. Maintenant vous pouvez vous rappeler des changements que vous avez déjà entrepris avec succès.

Prévoyez de l'aide si nécessaire

Qui peut vous aider, s'associer à vous, vous accompagner, vous conseiller ou encore vous encourager ? L'optimisme n'est pas au rendez-vous, vous vous sentez déprimé, vous doutez ou avez le sentiment de n'avoir pas rencontré beaucoup de succès dans vos tentatives de changement précédentes ? Prenez conseil auprès d'un professionnel.

Passez à l'action

Avancez progressivement

Commencez par la piste verte

Commencer à mettre en œuvre un nouveau comportement dans une situation trop difficile, c'est un peu comme de reprendre le ski, après de longues années, par la descente de la piste olympique : avec un peu de chance vous arriverez en bas entier, mais il est peu probable que le lendemain vous ayez très envie de renouveler cet exploit. Or un changement durable repose sur la répétition.

Pratiquez la technique du salami

Procédez par petites tranches, déclinez vos objectifs en sous-objectifs et bâtissez une hiérarchie pour vous approcher pas à pas de l'objectif final. Chaque tranche, chaque sous-objectif doit être un succès qui vous donne confiance et envie de poursuivre.

Stéphanie veut apprendre à devenir plus insistante dans ses demandes : lorsque quelqu'un lui donne des instructions, Stéphanie s'empresse d'approuver comme si tout était parfaitement clair. Même si elle n'a que partiellement compris, Stéphanie se sent incapable d'insister pour demander des éclaircissements. Pour Stéphanie, ce comportement est régulièrement source de frustration et d'insatisfaction. Après avoir dressé une liste des situations dans lesquelles ce comportement se manifeste, Stéphanie identifie que la situation qu'elle redoute le plus est de demander des explications complémentaires à son patron. Ceci sera donc l'objectif, mais ce n'est pas par là qu'elle va commencer. Tout en bas de sa liste, Stéphanie a noté une autre situation qui lui semble beaucoup moins difficile : obtenir un renseignement administratif au téléphone, le reformuler puis demander confirmation de l'exactitude de sa reformulation. Cette situation sera pour Stéphanie un bon terrain d'entraînement qui lui permettra de se familiariser avec son nouveau comportement et de remporter un premier succès encourageant. Une fois cette étape franchie, Stéphanie remontera d'un cran sa liste pour se rapprocher peu à peu de la situation cible tant redoutée.

Récompensez-vous

Pour s'installer et persister, nos nouveaux comportements ont besoin d'être très régulièrement « renforcés ». En l'absence de renforcement, un comportement disparaît ! Les récompenses sont parmi les plus puissants renforçateurs de nos comportements. Plus vous vous récompenserez plus vous aurez de chances de progresser dans le changement.

Comment pouvons-nous nous récompenser ?

La question mérite d'être posée. Beaucoup de nos difficultés à changer viennent de nos difficultés à nous récompenser ! Et pourtant nous disposons de moyens simples et efficaces : la bienveillance et la reconnaissance.

Mesurez régulièrement et reconnaissez vos avancées

Là encore, l'approche progressive et pas à pas du changement vous sera d'une grande aide. Autant de petits pas, autant d'occasions de constater une progression. Prenez donc le temps à chaque fois que l'occasion se présente de faire un rapide bilan le plus objectif possible.

Rappelez-vous que le changement est un voyage et que ce n'est pas la taille des pas qui compte mais le nombre de pas dans la bonne direction. Même si vous n'êtes pas encore arrivé à destination, le chemin parcouru mérite d'être pris en compte. Vous méritez donc de vous féliciter.

Renoncez encore à la perfection et acceptez les faux pas

L'important n'est pas de bien faire à tout prix mais de faire différemment, d'explorer de nouvelles façons de faire. Plutôt que de vous interdire tout faux pas, ce qui risquerait de vous immobiliser, acceptez que ceux-ci puissent survenir. C'est même inévitable. Plutôt que de vous blâmer, prenez soin de vous et félicitez-vous encore et encore d'avoir pris le risque ou fait l'effort de ce pas supplémentaire… même si les résultats obtenus ne sont pas encore exactement ceux que vous attendiez.

Stéphanie est découragée…
Une fois encore son patron vient de lui donner des directives à cent à l'heure. Stéphanie se sent nulle de n'avoir pas osé lui faire préciser les deux points qu'elle n'a pas bien compris. De retour dans son bureau, l'émotion un peu « tassée », Stéphanie fait le point : d'un côté ce dernier incident, de l'autre toutes les occasions où elle a avancé. Tout bien réfléchi, elle se sent certes

déçue de ne pas faire face à tous les coups mais reconnaît qu'elle a déjà bien avancé dans d'autres situations tout en s'apercevant qu'elle avait peut-être oublié de s'en féliciter. Ragaillardie par ce bilan, Stéphanie décide de récapituler les instructions de son patron et de lui envoyer un mail pour demander confirmation des deux points demeurés obscurs. Encore un nouveau pas dont Stéphanie s'empresse de se féliciter...

Facteurs de succès et d'échec du changement

Facteurs d'échec du changement	Facteurs de succès du changement
Méconnaître ou nier l'existence d'un problème personnel.	Prendre conscience et accepter l'existence d'une difficulté personnelle.
Avoir une vision floue du problème à résoudre.	Définir précisément les comportements, émotions et modes de pensée problématiques.
Se centrer excessivement sur l'explication du ***pourquoi*** du problème.	Se centrer sur le ***comment*** de la persistance du problème.
Négliger le facteur motivation.	Avoir conscience de l'importance de la motivation.
Surestimer une motivation faible ou fragile.	Renforcer sa motivation par une approche méthodique.
Changer impulsivement sous l'emprise de l'émotion : précipitation ou bonnes résolutions.	Anticiper les avantages attendus mais aussi les difficultés à surmonter.
Se sentir contraint ou en désaccord avec son système de valeurs personnelles.	Être volontaire et conforme à ses valeurs personnelles.
Ne pas identifier les moyens ou appuis nécessaires.	Anticiper les moyens nécessaires et les appuis disponibles.
Vouloir changer seul sans aide extérieure.	S'appuyer sur toutes les ressources disponibles.
Rester centré sur le problème.	Transformer le problème en objectifs.
Avoir des objectifs flous/abstraits.	Se donner des objectifs précis/concrets.
Formuler ses objectifs de façon négative.	Formuler positivement ses objectifs.
Être excessivement perfectionniste.	Se donner des objectifs réalistes et atteignables.
Être plus dépendant des autres que de soi-même dans l'atteinte de l'objectif.	Définir des objectifs de changement reposant avant tout sur soi-même.

Aborder le changement par la « face nord ».	Changer progressivement, du plus facile au plus difficile.
Attendre d'être arrivé à destination pour se féliciter ou se récompenser.	Se récompenser pour chaque pas fait dans la bonne direction.
Se décourager face à l'absence de modifications rapidement perceptibles du fait d'un manque d'étapes intermédiaires.	Prévoir de nombreuses étapes intermédiaires sources d'encouragement par des modifications même modestes mais régulières.
Méconnaître le chemin parcouru.	Évaluer régulièrement le changement en mesurant le chemin parcouru et le chemin restant.
Considérer trop rapidement le changement comme définitivement acquis.	Entretenir et nourrir régulièrement les changements obtenus.

Pour en savoir plus sur le changement, reportez-vous page 461.

8 En savoir **plus**

35. L'art du changement

Koeltz B., *Comment ne pas tout remettre au lendemain*, Paris, Odile Jacob, 2006 ; « Poches Pratique », 2008.

9 PRATIQUER le bien-être au quotidien

La santé active, c'est de participer à son bien-être : il ne nous tombe pas du ciel, mais il est, le plus souvent, le résultat de multiples petits efforts. On le comprend bien pour la santé du corps (manger équilibré, faire de l'exercice physique, ne pas abuser de l'alcool…). Mais il y a aussi des pratiques bénéfiques à la santé de notre esprit, qu'il faut implanter dans nos vies : savoir se relaxer, communiquer, méditer, cultiver lucidité et recul sur ses pensées et ses émotions…

36

Dr Dominique Servant

Se soigner par la relaxation

Une nouvelle approche de la relaxation est particulièrement adaptée au stress, à l'anxiété, aux difficultés psychologiques du quotidien et à certains problèmes de santé comme l'insomnie, les douleurs ou les maladies psychosomatiques. Moyen simple, efficace, peu coûteux et facile à apprendre par soi-même, elle est encore sous-utilisée. Elle est fondée sur plusieurs approches du mieux-être et de la connaissance de soi, dont certaines sont très anciennes. Il est facile de s'y initier et de s'entraîner grâce à divers supports (livres, CD, logiciels). L'intérêt de cette méthode dépasse la simple détente. On peut l'utiliser dans des situations précises pour faire face aux difficultés tant physiques que psychologiques. La relaxation est un véritable outil de gestion des émotions.

Un ensemble de méthodes

Tout le monde a entendu parler du yoga, de la sophrologie, peut-être aussi de la méditation ; on peut même déjà avoir pratiqué des exercices sans vraiment connaître la relaxation. En fait, il existe beaucoup de techniques de relaxation dont les plus anciennes sont le yoga et le zen. Découvertes en Occident dans les années 1960, elles sont très ancrées dans la culture et les religions asiatiques. En plus d'induire un état de relaxation, elles apportent un regard sur l'existence et une façon d'être au monde de plus en plus recherchés aujourd'hui en raison de notre mode de vie stressant.

Cependant, même si leur apport est fondamental, ces techniques ne peuvent être considérées comme des méthodes psychologiques. D'autres méthodes de relaxation, comme l'hypnose, le training autogène de Schultz, la relaxation musculaire de Jacobson ou la sophrologie ont été proposées pour soigner des problèmes de santé ou des troubles psychologiques. Toutes apportent quelque chose mais elles diffèrent assez les unes des autres et ne sont pas toujours applicables à tous les problèmes psychologiques et de santé ni à toutes les personnes.

DES TECHNIQUES DE RELAXATION DIVERSES

On peut distinguer :

- les techniques à point de départ corporel comme les techniques musculaires – notamment la technique de Jacobson –, ou celles qui agissent sur la respiration ;
- les techniques que l'on qualifie de relaxation plus profonde comme l'hypnose ou la méditation, fondées sur la modification des niveaux de conscience ;
- des techniques qui associent elles-mêmes plusieurs techniques, dont le meilleur exemple est la sophrologie.

Il est parfois difficile de se lancer dans un apprentissage long, et tout le monde n'est pas prêt à investir de son temps. Certains disent aussi qu'ils ont du mal à pratiquer les exercices, à lâcher prise, et qu'ils n'arrivent pas à se relaxer. Certaines personnes n'obtiennent un état de relaxation que lors d'une séance avec un thérapeute ou un relaxologue mais ne réussissent pas à refaire, seules, les exercices et encore moins à les utiliser comme méthode thérapeutique psychologique.

Cette nouvelle approche de relaxation est particulièrement adaptée aux personnes qui ont du mal avec les techniques classiques parce qu'elle propose des techniques que l'on peut facilement s'approprier. Cette approche repose sur ces techniques plus anciennes, mais elle peut être considérée comme un véritable outil pour mieux vivre sa santé et son bien-être. Quatre techniques de base sont communes aux différentes méthodes de relaxation. À partir de l'apprentissage de ces techniques, on peut plus facilement composer la technique adaptée à chaque cas. Certaines techniques conviennent mieux à certaines personnes et à certaines situations. Par exemple, pour gérer une crise de panique ou une crise de colère, on ne pourra pas utiliser des techniques longues alors que des techniques rapides seront d'un grand secours. Mais si on veut se débarrasser de symptômes qui durent ou faire un travail sur soi, les techniques plus profondes auront tout leur intérêt.

Les quatre techniques de base de la relaxation

Le contrôle respiratoire

Si la respiration est automatique, nous pouvons aussi la modifier.

C'est la technique de base, la plus simple, la première que l'on va apprendre mais aussi la plus importante, car utilisée presque tout le temps. Le principe de base est que lorsque l'on est stressé ou que l'on ressent une émotion, notre respiration s'accélère, certaines personnes ont tendance à respirer vite, fort, par la poitrine comme si elles manquaient d'air. C'est ce que l'on appelle l'hyperventilation. Elle a pour effet d'augmenter la spirale du stress et de l'anxiété. Avec le contrôle respiratoire, on va au contraire respirer calmement, tranquillement et en mobilisant plutôt la partie abdominale que la poitrine : on pourrait dire « respirer par le ventre ». Dès les premiers exercices de respiration, cela paraît évident pour certains et pour d'autres cette respiration paraît moins facile, mais, ne vous y trompez pas, c'est la meilleure respiration naturelle. Comme pour tous les exercices, l'entraînement permet d'induire très rapidement une respiration calme, régulière et abdominale qui est complètement maîtrisée. La respiration entraîne tout notre corps et notre psychisme vers un état de repos. Lorsque l'économie d'énergie prend le pas sur l'hyperexcitabilité et le stress inutile, on appelle cela le contrôle respiratoire.
Si la respiration est automatique, nous pouvons aussi la modifier. C'est pour cette raison que le contrôle respiratoire peut être considéré comme un interrupteur sur lequel vous appuierez pour déclencher un état de relaxation.

La relaxation musculaire

La tension musculaire, les contractures, la tension que l'on ressent à l'intérieur de soi sans parvenir à bien la définir

sont les signes les plus fréquents du malaise psychologique et physique. Un moyen d'agir directement sur le corps pour le détendre est appelé la relaxation musculaire. Pour parvenir à détendre le corps il y a deux façons de procéder : soit en mobilisant activement les muscles, c'est la contraction-relaxation musculaire, soit en induisant par suggestion ou autosuggestion la même sensation de détente.
En contractant et décontractant les différentes parties du corps (par exemple serrer le poing pour ensuite le desserrer) et en se centrant sur le contraste entre la sensation de tension que l'on ressent suivie de la sensation de détente, on va peu à peu induire une sensation de détente musculaire. En suivant une progression des groupes musculaires (main, avant-bras, bras, visage, épaule, dos, fesses, cuisses, pieds), on obtiendra par cette succession de contractions et de décontractions un état de relaxation. En reproduisant régulièrement l'exercice vous parviendrez à vous conditionner et pourrez induire plus rapidement la détente de l'ensemble du corps en contractant et détendant seulement quelques muscles.
L'autre méthode peut être apprise d'emblée ou constituer la suite de la contraction-décontraction. On induit la détente, non pas en mobilisant les muscles, mais en se concentrant sur eux et par la suggestion. La première façon de suggérer cet état de détente se fait par la voix. Soit celle de la personne qui vous guide, soit en se répétant des mots dans sa tête (*mon bras est détendu, cette sensation s'étend à tout mon membre supérieur, puis les deux, je ressens une sensation de détente qui gagne tout mon corps…*) et en se concentrant sur la partie du corps concernée, parfois même en la visualisant dans sa tête. Avant de pratiquer l'autosuggestion il est souvent utile de se laisser conduire par la voix du relaxologue ou par un enregistrement audio qui peut être d'une grande aide pour vous entraîner. Vous pouvez vous procurer par téléchargement ou sur CD les exercices audio des quatre méthodes pour vous aider (voir références, p. 524).
Pour beaucoup de personnes, le fait de s'être bien entraîné à la relaxation musculaire progressive facilite l'obtention de la détente par suggestion. Si la sensation de détente est inscrite en nous, on peut parvenir à la réveiller rapidement

par la suggestion. Une fois entraînée, l'autosuggestion permet par la concentration sur les différents muscles et en se disant que le muscle est détendu d'obtenir la détente.

La méditation de pleine conscience

La méditation de pleine conscience est directement inspirée des techniques zen. Elle a été récemment remise au goût du jour par les thérapeutes. Il s'agit d'une méthode psychologique qui ne fait référence à aucune religion ou philosophie : elle respecte les croyances de chacun. On peut pratiquer la méditation de pleine conscience en étant de confession et de foi différentes.

Le principe est simple et part de la constatation suivante : lorsque nous sommes débordés par nos émotions, nous sommes embarqués dans des pensées, des sentiments que nous rejetons, sans parvenir à nous en défaire véritablement. La méditation de pleine conscience offre un moyen de se libérer des pensées et des émotions négatives en se recentrant sur la chose la plus importante, l'ici et maintenant, l'action que nous sommes en train de faire, le moment présent. La méditation de pleine conscience aide à se recentrer dans le présent et, pour ce faire, des exercices très simples sont proposés comme se centrer sur sa respiration, sur la marche, le fait de manger, de se laver, de travailler. C'est une excellente technique pour les personnes stressées ou qui ont un tempérament hyperactif et qui vivent dans l'action. Alors que les techniques qui impliquent un « lâcher prise » sont souvent mal acceptées par ces tempéraments, les exercices de méditation de pleine conscience deviennent vite très utiles. On peut ainsi faire face au stress tout en restant actif, performant et efficace. Il faut pratiquer ces exercices régulièrement, et ce qui est intéressant est que la plupart d'entre eux se font les yeux ouverts et dans n'importe quelle situation.

La visualisation mentale

La visualisation mentale est une technique moins connue mais elle peut être tout aussi simple que la méditation de pleine conscience; notons qu'elle nécessite un peu plus de recul. C'est une technique de préparation, d'optimisation des performances et de gestion des émotions profondes qui sont parfois ancrées en nous et que le simple raisonnement n'arrive pas à gommer.

Pour bien comprendre la visualisation, il faut s'arrêter un peu, fermer les yeux et rechercher des images qu'on laisse apparaître dans son esprit. On choisit ces images, par exemple, parce qu'elles déclenchent des émotions positives mais aussi pour réussir à dépasser des choses dont nous avons peur ou qui sont associées à des émotions négatives. Ces images peuvent correspondre à des objets, des lieux, des scènes... On se laisse ainsi guider à travers elles comme si nous étions dans une réalité virtuelle. Certains parviennent très facilement à reproduire, dans leur tête, une image simple, par exemple être sur une plage ou face à un paysage agréable. Pour d'autres, cela demande un peu d'entraînement.

Comme il est impératif de fermer les yeux, certains peuvent être un peu gênés au début. Il faut donc bien prendre son temps. Une fois que l'on arrive à associer une image et une émotion, on peut induire, entre autres, une émotion positive par le souvenir d'un endroit ou d'un moment du passé agréable dans des situations de la vie de tous les jours. Peu à peu, on pourra utiliser cette « image apaisante » pour faire face à des émotions négatives. On pourra affronter le stress, les situations qui nous font peur, que nous rejetons, qui nous mettent en colère. Se confronter à ces situations en s'exposant progressivement par la visualisation (voir les chapitres correspondant aux principes et aux techniques d'exposition), notamment dans le cas du stress, des phobies ou de la dépression, ou à quelque chose qui est plutôt rejeté, aidera à mieux faire face et à ressentir des émotions moins gênantes.

Composer sa propre relaxation pour dominer ses émotions

Ces techniques ne sont pas seulement un moyen de se détendre mais aussi un formidable procédé pour mieux vivre les émotions. La maîtrise des différentes techniques est très utile pour induire une relaxation rapide et faire face à des situations concrètes urgentes. C'est ce que l'on appelle la relaxation flash.

Les relaxations flash

Les techniques flash sont comme un point d'ancrage.

À partir du contrôle respiratoire, de la centration sur la respiration, du balayage corporel – technique de pleine conscience qui consiste à se centrer sur les différentes parties de son corps en les passant en revue rapidement les unes après les autres de la tête aux pieds puis en sens inverse –, de la visualisation de son espace de sécurité, on peut induire une réponse de relaxation en quelques minutes. On se centre sur ces techniques comme sur un point d'ancrage, un peu comme si on appuyait sur un bouton pour faire face à des situations qu'il faut gérer sur le plan émotionnel plus que par les pensées et le raisonnement.

La relaxation pour aborder les pensées négatives

La méditation de pleine conscience et la visualisation vont aider à prendre plus de distance et à se détacher des pensées automatiques que l'on retrouve dans beaucoup d'états de stress et d'anxiété, dans les ruminations dépressives et dans les dépressions. Quand on n'est pas bien, il est souvent impossible de se raisonner, on est sans cesse ramené à ses pensées négatives. Rien ne peut nous en écarter puisque nous ne nous sentons pas bien. S'intéresser d'abord à ce que l'on ressent plus qu'à ce que l'on pense peut être bien utile.

Gérer ses émotions en améliorant sa cohérence cardiaque par la relaxation

On sait aujourd'hui que nos émotions sont renforcées et mémorisées dans notre cerveau en raison de signaux physiques que nous ressentons. Par exemple, la sensation désagréable que notre cœur s'emballe lors d'une peur ou d'un accident de la circulation peut rester inscrite dans notre mémoire émotionnelle.

Un moyen de moduler nos émotions consiste à apprendre à contrôler les variations du rythme cardiaque. En effet, le cœur ne bat pas toujours au même rythme. C'est ce qui permet à la fois de se mobiliser face au stress et de se mettre au repos lorsque nous n'avons pas besoin de le solliciter.

Certaines personnes ont du mal à trouver cet état de veille où il n'y a pas de dépense d'énergie, elles sont dans un état de stress constant alors qu'elles n'en ont pas besoin. On peut à partir de l'électrocardiogramme mesurer un indice cardiaque que l'on appelle la cohérence cardiaque qui traduit la flexibilité de notre cœur pour réguler les émotions. Les personnes qui ont du mal à gérer leurs émotions ont une moins bonne cohérence cardiaque.

AMÉLIORER SA COHÉRENCE CARDIAQUE EN S'AMUSANT

Il existe aujourd'hui des appareils disponibles pour le grand public qui permettent d'améliorer la cohérence cardiaque en utilisant le contrôle respiratoire mais aussi les autres techniques de relaxation.

Cet appareil est le biofeedback de cohérence cardiaque. Il se présente comme un jeu vidéo (deux bracelets ECG et un disque contenant le logiciel). En reliant simplement les microbracelets mis aux poignets à un ordinateur, la cohérence cardiaque apparaît à l'écran sous la forme d'animation graphique comme dans un jeu vidéo. Par exemple, si vous améliorez votre score, des animaux viennent boire à un point d'eau dans un paysage de savane africaine; si votre score diminue, ils s'en vont.

L'entraînement permet de faire venir un maximum d'animaux parmi les plus gros et de les maintenir en place. Cette méthode ludique permet d'améliorer par soi-même la cohérence cardiaque en pratiquant la relaxation.

La relaxation en psychologie et en médecine

La relaxation est la première technique complémentaire qui trouve un intérêt dans beaucoup de problèmes psychologiques et médicaux. Elle peut permettre de réduire notre consommation de psychotropes (anxiolytiques et antidépresseurs hypnotiques) si importante en France.

Dans le domaine médical, c'est dans le traitement de la douleur et des plaintes fonctionnelles (troubles du transit, palpitations, gène respiratoire, vertiges, tremblements) et de l'insomnie qu'elle est recommandée. Elle peut être proposée dans de nombreuses maladies en association avec les traitements habituels. Elle apporte un bénéfice important aux patients pour mieux gérer les symptômes face à l'anxiété de la maladie.

Il ne faut pas oublier que la relaxation est une technique complémentaire qu'il est possible d'associer aux psychothérapies, qu'elles soient psychanalytiques ou cognitivo-comportementales.

Apprendre et pratiquer

Chacun d'entre vous peut pratiquer la relaxation et la méditation, quel que soit votre âge. Je vous conseille seulement de vous aider d'outils aujourd'hui disponibles. Vous retrouverez la méthode de relaxation et de méditation avec de nombreux exercices faciles à réaliser dans un guide pratique et des exercices audio enregistrés qui seront très utiles (voir références, p. 524).

Il est conseillé également de choisir une méthode adaptée à la personne et un thérapeute compétent qui met en confiance. L'entraînement est un élément important : il faut prendre un peu de temps et s'exercer régulièrement à pratiquer des exercices qui ne prennent pas plus de 5 à 10 minutes, mais il importe de les faire quotidiennement.

Pour parvenir à un bon niveau de relaxation qui vous permettra de trouver un bénéfice, il convient de vous concentrer sur le module de base dont les possibilités sont déjà très importantes et d'y consacrer 8 à 12 semaines.

L'ordre des exercices de respiration, puis de détente musculaire, de méditation de pleine conscience et enfin de visualisation doit être respecté. Pour bien s'entraîner utilement, il faut toujours garder à l'esprit, dans un premier temps, de s'entraîner au calme chez soi, en position assise pour la majorité des exercices, puis ensuite en situations naturelles, et enfin face aux difficultés de la vie quotidienne.

Pour en savoir plus sur la relaxation, reportez-vous page 524.

La méditation : mieux vivre et moins souffrir

37

Dr Claude Penet

La méditation est une culture mentale. Quel besoin de cultiver son mental ? La culture physique nous est plus familière. Si nous nous confrontons à la simple expérience d'arrêter quelques minutes le déroulement habituel de nos pensées, nous prenons très rapidement conscience de l'extrême difficulté de l'entreprise… La culture mentale n'est donc pas un luxe ! La pratique de la méditation peut-elle être un art de vivre pour ne plus souffrir ?

Une pratique qui soigne

Une approche de la méditation

Le sens usuel du mot « méditation » est celui d'une réflexion approfondie, d'une pensée attentive sur un sujet particulier. Mais son étymologie (du latin *meditari*, « s'exercer », et *mederi*, « soigner ») évoque des significations latentes qui rapprochent la méditation d'une pratique qui soigne et de la médecine.

Si nous élargissons l'acception du mot à une pratique spirituelle au sens propre, la méditation n'est alors plus l'apanage d'aucune tradition religieuse, d'aucune culture, d'aucune civilisation. Sous des formes diverses, elle existe de tout temps, en tout lieu. Les pratiques méditatives sont extrêmement nombreuses et si la méditation de pleine conscience est seule évoquée ici, c'est que cette pratique est au cœur des psychothérapies contemporaines dont l'évaluation, notamment dans la pathologie dépressive, suscite un intérêt croissant.

Qu'entendre par pleine conscience ?

C'est être présent, avoir une présence consciente dans l'ici et le maintenant, vivre chaque instant pleinement. C'est l'état naturel des enfants en bas âge, attentifs à la coccinelle qui évolue sur la feuille, à la buée sur la vitre, au moineau qui picore ou à la sensation du sable sous leurs pieds.

Pour nous, les adultes, c'est *revenir* au moment présent et volontairement entrer en contact avec le nuage, l'érable ou le sourire d'un enfant. C'est vivre chaque instant sans laisser son esprit s'attacher aux pensées, aux émotions ou aux désirs qui peuvent l'emmener bien loin, hors du corps, au risque de nous faire « vivre comme un mort ». C'est ainsi que Meursault, dans *L'Étranger* d'Albert Camus, décrit le prêtre qui lui rend visite dans sa cellule de condamné à mort. Beaucoup de gens déambulent de cette façon en transportant leur propre cadavre, l'esprit ailleurs… Avec la pleine conscience, nous pouvons immédiatement ressusciter !

Jon Kabat-Zinn, le médecin à l'origine des thérapies basées sur la pleine conscience, la définit ainsi :

C'est « faire attention d'une manière particulière :
délibérément, au moment présent
et sans jugements de valeur ».

Nous pouvons également ajouter : sans attente. Bien souvent, nous jugeons automatiquement notre expérience ; il s'agit alors de ne pas juger ce jugement, mais simplement de l'observer.

La méditation de pleine conscience peut se définir comme l'art de cultiver un état de conscience spécifique, vigilant à l'expérience présente, sans la juger ni rien en attendre de particulier.

Une pratique qui favorise l'autoguérison

La thérapie cognitive basée sur la pleine conscience ou MBCT (*Mindfulness Based Cognitive Therapy*) est un programme de huit séances hebdomadaires, en groupe de 10 à 12 personnes, complété par des entraînements quotidiens. Cette thérapie a démontré son efficience en réduisant la probabilité des récidives de moitié environ pour les sujets qui ont déjà fait trois épisodes dépressifs majeurs ou plus.

Au début des travaux à l'origine de MBCT, les trois chercheurs, Segal, Williams et Teasdale, ne font appel qu'à des outils classiques de la thérapie comportementale et cognitive (TCC). Ce n'est qu'au décours de plusieurs recherches d'outils thérapeutiques que la méditation « entre en scène ». Il est remarquable qu'un travail contemporain scientifique vienne confirmer l'intérêt thérapeutique d'une méthode vieille de plusieurs millénaires !

Comment réduire significativement le risque de récidives dépressives ?

La TCC met l'accent sur le changement du contenu des pensées et ce traitement mène peu à peu à des changements dans la relation des patients avec leurs pensées et leur ressenti. La décentration utilisée en TCC n'est pas seulement un outil pour modifier le contenu des pensées, car c'est le point de vue sur les pensées et le ressenti qui change. Le premier changement (sur le contenu des pensées) n'a que peu d'influence comme facteur préventif des récidives, alors que le deuxième (sur la relation aux pensées) est primordial. Ainsi, la décentration permet de voir que nos pensées ne sont que des pensées, qu'elles ne sont ni « nous » ni la « réalité ».
Précisément, la méditation de pleine conscience est un véritable apprentissage de décentration.

Une pratique du corps

Les exercices de pleine conscience centrés sur le corps apprennent à avoir une relation différente à son expérience. La conscience de l'effet des pensées et des émotions négatives, se manifestant par des *sensations corporelles*, donne un autre point de vue sur la situation. L'esprit est alors moins susceptible d'être englouti par un vortex émotionnel.
Par ses résultats, la MBCT apporte la preuve que la pratique régulière de la méditation de pleine conscience favorise un processus d'autoguérison de l'esprit.

La méditation de pleine conscience favorise une autoguérison de l'esprit.

Faire et être : deux modes de pilotage de l'esprit

L'esprit fonctionne soit de façon automatique, en mode « faire », soit de façon volontaire, en mode « être ». La pleine conscience permet de savoir quel fonctionnement est actif. Le mode « faire » (pilotage automatique) est actif quand l'esprit constate que les choses ne sont pas comme il voudrait qu'elles soient. Ce mode est à l'origine d'un sentiment d'insatisfaction. Une humeur négative peut tout aussi bien le déclencher.

Le mode « être » en revanche n'est pas tourné vers un but. Il implique l'*acceptation* de ce qui est, sans volonté de le changer dans l'immédiat. Pour évaluer, le mode « faire » est obligatoirement dans le passé ou dans le futur. En conséquence, l'expérience vécue n'est pas celle du moment présent.

À l'opposé, le mode « être » baigne exclusivement dans l'expérience du présent et l'esprit « n'a rien à faire, nulle part où aller ».

Le mode « faire » ne vit pas pleinement le présent, il conceptualise à propos du présent, du futur et du passé.

Le mode « être », c'est l'expérience directe et intime du présent. Il n'y a pas d'attente dans le mode « être ».

Néanmoins, cela ne signifie pas que toute activité cesse en mode « être »; quant au mode « faire », il peut se manifester en l'absence d'activité. Faire la cuisine en étant simplement conscient de ses gestes, avec une attention à chaque instant, relève du mode « être ». Méditer dans le seul but de se sentir relaxé relève au contraire du mode « faire ».

Désactiver les réactions émotionnelles automatiques

Nous savons que notre conscience traite moins de 1 % des informations qui parviennent à notre cerveau. Les 99 % restantes entraînent des réactions qui demeurent inconscientes. Le pilotage automatique permet le plus souvent d'être efficace et rapide. Un acte machinal régulièrement répété devient réflexe. Mais, dans le domaine émotionnel, la prépondérance de ces réflexes peut parfois s'avérer lourde de conséquences quand elle émane d'un schéma inadapté.

QU'EST-CE QU'UN SCHÉMA ?

Un schéma est l'ensemble des connexions au moyen desquelles le mental emmagasine et organise les informations pour exécuter une tâche donnée. Les schémas mettent de l'ordre dans le flot des perceptions. Ils répartissent les sensations soit vers le champ de la conscience (pour 1 %), soit vers le subconscient. Ils constituent les scénarios types de notre expérience. Mais ils peuvent se révéler toxiques en dictant la reproduction de séquences émotionnelles et comportementales stéréotypées. Nous nous croyons impuissants à les changer. Nous avons acquis nos habitudes émotionnelles au cours d'épisodes répétés, souvent durant l'enfance, et nous ne nous en souvenons plus. Elles fonctionnent à notre insu, ce qui explique leur grand pouvoir.

C'est tout le travail de la pleine conscience que de mettre au jour nos réactions automatiques ; il s'agit de débrayer du « pilotage automatique », pour dégager un espace libre où nous pouvons observer le déroulement de nos automatismes affectifs, puis *agir*, au lieu de *réagir*.

Le mental n'est ni ange ni démon ; c'est simplement un outil qui ne doit pas être confondu avec l'artisan. De fait, il est beaucoup plus agile pour intervenir sur le monde matériel que dans la sphère émotionnelle et cognitive, où, pour reprendre les mots de Prévert, « le monde mental ment, monumentalement ».

Vivre le présent, seul temps réel

La méditation de pleine conscience nous invite à revenir au moment présent car le passé n'est plus et le futur n'est pas encore. Passé et futur ne sont donc pas réels, et seul le présent existe. Le temps concret, le temps réel, c'est l'« être même de ce qui dure et passe [...], non la somme d'un passé et d'un avenir, mais la perduration du présent » (André Compte-Sponville).

Le temps comme durée séparée de ce qui dure, donc le temps abstrait, implique, quant à lui, le passé, le présent et le futur. Ce n'est qu'une pensée, certes très utile pour le mental, mais sans lien avec les choses réelles. Par contraste, le temps des choses, de la nature, est un perpétuel et changeant *maintenant*. Le présent est éternel : « Si l'on entend par éternité non la durée infinie mais l'intemporalité, alors il a la vie éternelle celui qui vit dans le présent » (Wittgenstein).

Le présent est donc le seul temps concret de la réalité ; le passé et le futur ne sont que des temps psychologiques, des mirages de l'esprit. Essayons de bouger notre pied gauche... dans le passé !

Le présent est le seul temps concret de la réalité.

Il n'y a jamais eu un moment où notre vie ne se déroulait pas « maintenant », et il n'y en aura jamais. Jamais rien ne s'est réellement accompli dans le passé : cela s'était accompli dans le présent. Jamais rien ne s'accomplira réellement dans le futur : cela s'accomplira dans le présent.
Ce que nous prenons pour le passé, c'est le souvenir d'un moment présent. Ce que nous prenons pour le futur, c'est la pensée d'un présent imaginé. Lorsqu'il arrive, c'est uniquement sous la forme du présent. Passé et futur ne constituent pas des réalités, ce sont des cognitions.

La douleur obligatoire et la souffrance facultative

Bien que douleur et souffrance soient pratiquement synonymes, il est préférable de leur donner des acceptions spécifiques en distinguant d'une part l'aspect inéluctable et bien réel de la douleur, et d'autre part la composante subjective et, en quelque sorte, facultative de la souffrance.
Quand un enfant tombe, se cogne et se blesse, il réagit le plus souvent en deux temps :

- d'emblée, c'est l'expression mêlée de la surprise et de la douleur, et les pleurs, si pleurs il y a, sont immédiats, spontanés et peu dépendants des interventions de l'entourage ;
- dans un second temps, c'est au contraire le contexte environnemental qui va déterminer la manifestation et l'expression de la douleur de l'enfant. Ainsi, il peut se produire une certaine emphase ou des changements dans la manière d'exprimer la plainte en fonction de l'attitude des adultes présents. Cela devient alors éventuellement souffrance.

Après une intervention chirurgicale, il arrive qu'une douleur se manifeste, elle peut même parfois se révéler vive. Cependant, initialement, elle présente un aspect net, en quelque sorte nu et propre. Propre de quoi ? Dans les instants suivants, quand le mental se manifeste et que les pensées recouvrent la sensation initiale (« Combien de temps cela va durer ? Je ne vais pas le supporter ! Je n'ai vraiment pas de chance… »), la douleur perd de sa pureté : c'est de la souffrance.

Paul a vécu plusieurs événements fâcheux. Bien que récemment reconnu innocent du chef d'accusation de harcèlement sexuel dont il était l'objet, l'affaire qui remonte à plus de trois ans s'est initialement traduite par un licenciement. Depuis, il n'a jamais pu retrouver un emploi durable. Il se retrouve seul pour élever son fils de 14 ans, et les difficultés financières ont peu à peu miné sa combativité et son moral. Dernièrement, les Assedic lui signifient qu'une erreur informatique va entraîner la suspension de son allocation chômage pour au moins deux mois. Très affecté par ce nouvel avatar, il a pensé qu'en cas de nouvelle manifestation défavorable du destin, il ne pourrait qu'« exploser ». Cette cognition, véritable mine personnelle, exprime et génère la souffrance. Paul est-il obligé d'« acheter » cette pensée ?

Dans ces exemples, le dénominateur commun, c'est l'activité du mental sous forme de jugements, d'étiquetages et de discriminations. Ce n'est pas la situation par elle-même qui est délétère, mais le fait de prendre pour la réalité les pensées plaquées sur elle : le terme philosophique, c'est hypostasier, étymologiquement « prendre une idée pour une substance ». Or notre interprétation des faits n'est pas la réalité, et nous ne cessons de l'oublier. Et c'est l'origine de la souffrance. En fait, c'est moins ce qui nous arrive que la manière dont nous y réagissons qui détermine le mal-être.

Modifier la souffrance

La douleur est la part inéluctable. De fait, tout être humain est exposé au cours de sa vie à des maladies, à des accidents, à des deuils, à des conflits et à la seule expectative dont il puisse être absolument certain, à savoir sa propre mort... En revanche, la souffrance est contingente. Elle dépend de la fonction cognitive ; elle peut donc être modifiée. La pleine conscience, par la décentration qu'elle implique, permet d'empêcher l'identification au mental ainsi que les ruminations sur le passé ou le futur. La souffrance devient une « option ».

Comment méditer ?

La pratique de la méditation de pleine conscience a deux aspects, celui d'exercices d'entraînement (la pratique formelle) et celui de l'application dans la vie quotidienne. Communément, le terme « méditation » correspond à la pratique formelle, avec un temps dévolu, un horaire, un lieu. En réalité, ces deux aspects sont interdépendants et se renforcent. Si la pratique de la méditation assise est régulière, la pleine conscience se manifestera plus facilement dans les activités de la vie quotidienne ; par ailleurs, sans la pratique informelle, la méditation assise n'a guère de chances de nous apporter les bienfaits d'une vie pleinement consciente.

La méditation assise

Ses objectifs sont d'améliorer notre capacité de concentration, de nous donner l'opportunité d'être simplement présent afin de mieux nous connaître, et peut-être même de nous familiariser avec nous-mêmes. C'est ne rien faire de spécial et être présent dans le moment, afin d'apprendre à *être* au centre de nos actions quotidiennes, d'apprendre le secret d'une vie éveillée où nous sommes présents à ce que nous faisons.

La méditation assise est le retour au silence du mental.

C'est s'arrêter (concentration), regarder (attention nue) et comprendre (vision profonde). Cela signifie regarder profondément à l'intérieur de notre propre nature et de la nature de tout ce qui nous entoure, afin de dissiper nos idées reçues. C'est le retour au silence du mental.

La respiration consciente

En méditation assise, nous focalisons notre attention (concentration) sur la respiration ou plus précisément sur les sensations de la respiration, en choisissant l'endroit de notre observation. Cela peut être le ventre, le thorax ou les narines.

Réellement présents avec chaque inspiration et chaque expiration, nous permettons à nos idées sur la respiration de s'évaporer pour entrer en contact avec la vraie nature de notre respiration, telle qu'elle est, rapide ou lente, régulière ou irrégulière, superficielle ou profonde…

Si nous restons concentrés sur notre respiration, nous allons observer que notre respiration change, qu'il n'y a pas deux inspirations exactement identiques, et bien d'autres choses, telles des émotions, des pensées, des sensations qui surviennent et demandent notre attention.

C'est ainsi que nous pouvons apprendre à nous connaître, nous-mêmes et notre mental, en quittant la connaissance conceptuelle.
La posture assise est une posture de vigilance qui « incarne la dignité » (Jon Kabat-Zinn). La position du lotus, le pied gauche placé sur la cuisse droite et le pied droit reposant sur la cuisse gauche, n'est pas indispensable pour méditer. L'important est de trouver une position confortable qui permette de demeurer assis aussi longtemps que nous le souhaitons.
Le demi-lotus, un pied seulement placé sur la cuisse opposée, permet une grande stabilité inhérente aux trois points d'appui que sont le bassin en légère antéversion sur un coussin ou un petit banc et les deux genoux touchant le sol. Assis sur une chaise, les pieds en contact avec le sol, le bassin en antéversion grâce à un coussinet, est une position tout aussi favorable.
Le dos doit être bien droit, la nuque et la tête sont alignées avec la colonne vertébrale, en souplesse, les yeux sont fermés ou demi-fermés. La détente des muscles du visage laisse fleurir un demi-sourire : c'est « le yoga de la bouche » enseigné par Thich Nhat Hanh. La main gauche, paume en haut, est placée dans la paume de la droite ou bien les mains sont posées sur les genoux. Les muscles sont autant que possible détendus. Si la méditation est ressentie comme une tâche difficile générant de l'impatience, cela témoigne d'un problème à résoudre !
La pratique consiste à observer les sensations émanant de la respiration avec un *double processus d'attention* : une attention focalisée (concentration) sur un endroit du corps où les sensations de la respiration se manifestent (par exemple les narines), et une attention ouverte qui accueille ce qui émerge du corps ou de l'esprit, une pensée, une émotion, une sensation... Le souffle est le véhicule qui unit le corps et l'esprit, c'est le pont qui relie les deux.
Il est préférable de programmer une plage horaire et une durée pour cette pratique qui gagne à être quotidienne, même si elle n'est que de quelques minutes au début de l'entraînement. Il est également souhaitable de choisir un lieu aménagé à cet effet.

La pratique de la pleine conscience dans la vie quotidienne

Il s'agit de tenter de faire de chaque instant le plus beau moment de la vie.

C'est voir tout pour la première fois. Nos yeux fatigués ne remarquent plus les véritables « miracles » de la vie, tout devenant banal au fil du temps. C'est avoir pour toute chose les yeux d'un petit enfant devant un papillon. C'est faire comme si nous venions d'atterrir sur notre planète ce jour même. Nous avons tendance à négliger le présent en nous promettant des lendemains chantants, à miser sur l'avenir. Mais si nous sommes incapables de vivre pleinement maintenant, en quoi cela serait-il plus facile demain ? L'espoir peut être un obstacle. Ce que nous oublions constamment, c'est qu'il n'y a que maintenant et que, dans cette perspective, nous sommes déjà arrivés, qu'il n'y a nulle part où aller en dehors d'ici et maintenant. C'est un chemin pour la vie qui n'a pas de but, le but est le chemin.

Il s'agit de tenter de faire de chaque instant le plus beau moment de la vie.

Le fait de laver la vaisselle peut tout aussi bien être une occasion de s'éveiller que peut l'être la pratique de la méditation assise. Être engagé dans le moment présent signifie être pleinement conscient. Il est habituel que notre attention s'égare. Il n'est pas réaliste de s'attendre à ce que notre mental s'arrête complètement, et c'est tant mieux car les pensées et les émotions sont d'excellentes fenêtres sur la compréhension de notre fonctionnement.

DES MOMENTS POUR MÉDITER

Toutes les activités de la vie quotidienne peuvent devenir des occasions de pratiquer :

• prendre un repas en silence, en étant conscient de chaque bouchée, des saveurs et des odeurs. Avant de manger, nous pouvons nous octroyer quelques respirations conscientes en portant notre attention sur la nourriture devant nous et y voir un cadeau de la terre ;

• marcher pour se rendre au travail sans penser au travail qui nous attend, sans penser même à l'endroit où nous nous rendons, mais être conscients des sensations du pas présent, de la respiration, des arbres... afin que chaque pas se fasse dans la paix ;

• revenir à notre respiration, quand nous sommes coincés dans une file d'attente ou à un feu rouge, et en profiter pour s'arrêter afin d'être conscients

de la posture du corps et revenir chez soi, c'est-à-dire ici et maintenant ;
• utiliser plusieurs fois par jour les nombreuses occasions sonores que nous offrent la sonnette de la porte, la sonnerie du téléphone, les bruits de l'ordinateur comme des « cloches de pleine conscience » qui nous invitent à revenir à notre respiration consciente.

Chaque moment de la journée peut devenir ainsi un moment d'éveil.

La vision profonde

C'est le stade ultime de la méditation. Nous sommes souvent trompés par ce que nous voyons ou entendons. La science permet de voir au-delà des apparences. Nous regardons le ciel, la nuit, et croyons que l'étoile est là. Et pourtant, il est possible qu'elle ait déjà disparu depuis longtemps. Nous sommes donc trompés par nos sens. La science nous aide à être plus prudents, la méditation également. La vision profonde de la nature de la réalité, au-delà des apparences, au-delà des concepts nous libère des illusions en nous ramenant au caractère éphémère de toute chose. Rien n'a d'existence séparée ou autonome, tout « inter-est » avec tout le reste.

Chaque moment de la journée peut devenir un moment d'éveil.

« Si nous sommes poètes, nous enseigne Thich Nhat Hanh, nous verrons un nuage flotter dans cette feuille de papier, car, sans le nuage, il n'y aurait pas de pluie et sans pluie les arbres ne pousseraient pas, et sans arbres, il n'y aurait pas de papier. » Sans nuage, pas de feuille de papier. Le nuage et la feuille de papier « inter-sont ». Le soleil, la terre, notre conscience « inter-sont » avec la feuille de papier. Ce n'est pas une philosophie, c'est un outil de la pratique : apprendre à voir la nature éphémère de toute chose, de tout phénomène, l'absence d'existence séparée, l'interdépendance de toute chose, c'est méditer en pratiquant la vision profonde de la nature de la réalité et transcender les notions de naissance et de mort, et ainsi *se libérer de la souffrance*. La vague était déjà dans l'océan avant d'apparaître, elle y sera encore quand elle aura cessé d'apparaître. La vague « inter-est » l'océan. La dimension de la vague, c'est ici et maintenant, la dimension de l'eau, c'est partout, à tout moment.

Pour en savoir plus sur la méditation, reportez-vous page 524.

38

Dr Philippe Presles

Quand je fais du bien à mon corps, je soigne ma tête

Prendre soin de soi passe aussi par le corps et la santé. Le corps et la tête ne font qu'un. En effet, ce que l'on fait à notre corps, on le fait aussi à notre cerveau : trop de graisses, de sucre, de nicotine, d'alcool, de fatigue l'usent autant que le reste du corps. Aujourd'hui, on sait quels sont les bons comportements pour notre santé et notre bien-être : avoir une alimentation équilibrée, faire de l'exercice physique, ne pas fumer, boire avec modération… Le plus difficile est de mettre en application ces principes. Alors comment faire pour se motiver ? pour non seulement se convaincre, mais agir ? N'oublions pas que c'est notre cerveau qui commande tout, y compris nos orteils : c'est lui qui nous fait prendre trop de graisses, de sucre, de nicotine, etc. Et, en retour, il subit ou tire profit de notre santé générale. C'est pourquoi l'important est d'apprendre à notre cerveau à vouloir les choses bonnes pour notre corps, et ce par le biais du plaisir.

Pourquoi changer nos comportements de santé ?

Quand on s'interroge sur nos motivations pour adopter des comportements préventifs, on peut en trouver plusieurs :

- éviter une maladie grave, souvent le cancer, l'infarctus ou la maladie d'Alzheimer ;
- guérir ou prévenir une dépression ;
- guérir d'un cancer ou ne pas rechuter d'un infarctus ;
- rester en forme le plus longtemps possible avec une bonne qualité de vie jusqu'au bout ;
- ne plus avoir envie de se faire du mal en subissant des comportements négatifs ;
- goûter au plaisir d'être en bonne santé à tout moment, c'est-à-dire de rester beau, de sentir que notre corps marche bien ou que notre tête est claire.

Il est maintenant bien établi que les comportements préventifs sont bons tant pour le cœur (infarctus) que pour les cancers ou le cerveau (attaques cérébrales, maladie d'Alzheimer). Il est tout aussi établi qu'ils sont bons pour le mental et le psychique en général. Voici un bref panorama des bénéfices pouvant être attendus globalement pour le cerveau :

- Le tabagisme double les dépressions, multiplie par 5 l'anxiété généralisée et par 15 le risque de faire des attaques de panique. Le tabac, c'est vraiment une horreur psychique pour les adolescents. Son arrêt participe au bien-être général, par exemple en stimulant la sexualité. Dès l'arrêt du tabac la qualité des érections augmente (signe que les vaisseaux sanguins retrouvent leur santé, même dans la verge) et, d'une manière générale, pour avoir une vie sexuelle toute sa vie, il ne faut vraiment pas fumer : le tabac est responsable de la majorité des troubles de l'érection (et probablement de nombre de dysfonctions sexuelles féminines).
- Le sport est aussi efficace que les antidépresseurs contre la dépression. Il constitue la mesure préventive la plus performante contre la maladie d'Alzheimer. Dans la prévention de ces deux maladies, faire de la marche ou tout autre exercice modéré trois fois par semaine constitue une très bonne base.
- L'activité physique améliore les fonctions cognitives, l'humeur, et augmente la sensation globale de bien-être.
- L'obésité, le cholestérol et l'hypertension sont impliqués dans la maladie d'Alzheimer et les accidents vasculaires cérébraux.

• Enfin, d'une manière générale, la prévention est associée au plaisir de vivre en forme longtemps : plus cela va, plus on apprécie d'avoir un corps sain et d'entendre les autres nous dire : « Tu n'as vraiment pas changé ! »

CHOISIR NOUS-MÊMES NOS ADDICTIONS

Fondamentalement, tous nos plaisirs deviennent des addictions. C'est un mécanisme sophistiqué qui est apparu avec les reptiles (voir Michel Cabanac, *La Cinquième Influence ou la Dialectique du plaisir*, Presses de l'université de Laval, 2003). Le serpent ressent une « tachycardie émotionnelle » lors d'une nouvelle expérience : il aime ou il n'aime pas... Et le principe est simple : quand il aime, son cerveau lui suggère de recommencer, sauf quand un mécanisme comme la satiété lui indique que c'est fini.

Évidemment, nous sommes beaucoup plus sophistiqués que des serpents... car nous sommes aussi doués de conscience. Cela veut dire que nous sommes lucides sur nous-mêmes et que nous avons de ce fait une histoire personnelle et une culture liée à notre environnement social. Cela rend les choses plus complexes et passionnantes.

Prenons un exemple. Aucun animal n'aime l'alcool. Aucun humain non plus au début, car le premier essai est plus désagréable que plaisant. Si nous étions des simples mammifères, l'expérience s'arrêterait là. Mais, comme nous avons une culture qui nous apprend que le vin est un grand plaisir, nous continuons... Puis nous engageons une histoire personnelle avec l'alcool : certains ne seront plus jamais buveurs, certains vont devenir des buveurs excessifs, d'autres, enfin, vont devenir des amateurs éclairés, réservant leurs papilles pour les meilleures bouteilles...

Comme nous sommes à la fois des êtres lucides et primitifs, tout l'enjeu sera de nous mettre dans les conditions adéquates pour aimer les choses bonnes pour nous... Autrement dit, l'idéal est de choisir nous-mêmes nos addictions !

L'enjeu pour changer : y prendre plaisir

Concrètement, comment faire pour aider notre cerveau à choisir un fruit plutôt qu'une crème brûlée ? Comment le pousser à chausser nos baskets plutôt que nos chaussons ? En lui expliquant que c'est bon pour sa santé ?

Oui, bien sûr, mais ce n'est pas suffisant… Il faut vraiment comprendre comment nous pouvons le former à des plaisirs différents. Voici trois règles pour s'entraîner aux bonnes choses.

Règle n° 1 : comprendre que les succès sont notre plus grande motivation : construisons-nous une histoire pleine de succès !

Nous prenons plaisir à réaliser nos projets, même si ceux-ci sont, de prime abord, en conflit avec des plaisirs plus basiques. C'est ainsi que le sportif va choisir de s'entraîner pour atteindre son but, même si d'autres plaisirs plus simples sont à sa portée. Et la botte secrète du sportif, la botte secrète de notre conscience, notre botte secrète à tous, c'est que la réalisation de nos projets est la source de nos plus grands plaisirs. Celui qui a perdu les 10 kg qu'il voulait perdre le sait très bien : la réussite de son projet vaut mille fois plus que les éclairs au chocolat ou les babas au rhum qu'il a délaissés sur sa route…

Il faut apprendre à notre cerveau à prendre plaisir aux choses bonnes pour notre corps.

Règle n° 2 : comprendre que c'est notre constance qui entraîne notre cerveau à développer les bons automatismes

Le sportif qui s'entraîne plusieurs fois par semaine, sait qu'il existe une deuxième règle essentielle : avec l'entraînement, les tentations pour d'autres plaisirs plus simples baissent, alors qu'il devient de plus en plus facile de se mettre au sport. Là encore, c'est le mécanisme prodigieusement complexe de notre cerveau qui agit : pour réaliser ce que nous voulons, notre cerveau développe des automatismes. En effet, dans le feu de l'action, nous n'avons pas le temps de penser à la façon dont il faut faire les choses : nous les faisons automatiquement et d'autant mieux que nous sommes bien entraînés. Nous parlons automatiquement, nous courons automatiquement, nous conduisons automatiquement… Autrement dit, le cerveau est un majordome qui s'entraîne à notre service.

Règle n° 3 : développer une culture de ce que nous voulons faire de bon pour nous

Notre sportif sait enfin qu'il existe une troisième règle et que c'est la plus importante. Avec l'entraînement, le plaisir augmente jusqu'à devenir une addiction : il ne peut plus se passer de ses séances de sport. C'est encore un tour de notre conscience : quand nos actes sont constants et qu'ils s'inscrivent dans un mouvement social, ils s'intègrent dans notre culture. Le sportif va prendre plaisir à discuter avec des sportifs comme lui, à lire *L'Équipe*, à tester de nouveaux équipements, etc. De plus, plus il fait du sport, plus il y prend plaisir (règle numéro 2 sur la constance) et plus sa nouvelle culture devient sienne. Une fois sa nouvelle culture bien en place, c'est ne pas faire de sport qui lui semblera hors norme…

Trois dernières remarques

• Pour goûter ses succès, il faut être un peu « enfant ». Complimentez-vous généreusement, soyez fiers !
• Pour être constant, il ne faut pas avoir peur de temps en temps de devenir un peu « obsessionnel » des bonnes choses. C'est pour la bonne cause !
• Enfin la culture, c'est souvent une histoire de famille et donc de partage. Aussi, partagez avec les autres et avec votre entourage vos nouveaux acquis. Ils vous diront leurs trucs et vous parlerez cuisine ou sport…

Passez à l'action

Maintenant que vous avez compris comment entraîner votre cerveau à des comportements alimentaires et physiques plus sains, que vous avez fait un premier bilan tant nutritionnel que physique, il ne reste plus qu'à y aller ! À votre rythme bien sûr…

Améliorez votre alimentation

Les bases d'une bonne nutrition sont maintenant bien établies :
• des fruits et légumes à volonté, au minimum 5 par jour ;
• des céréales complètes (pain, pâtes, riz, quinoa, coucous, boulgour, etc.) ;
• du poisson 2 à 3 fois par semaine,
• des bonnes huiles (olive ou colza ou noix).

Comment manger plus de fruits et légumes ?

C'est devenu le véritable objectif d'une diététique équilibrée. Voici quelques conseils simples à appliquer :
• prévoir des crudités en entrée ou bien de la soupe de légumes ;

ÉVALUEZ-VOUS : VOTRE AUTO-CHECK-UP PRÉVENTION

Faire le point est une base de départ classique pour commencer à prendre soin de soi. Bien entendu, il est important de faire un point dépistage avec son médecin traitant.

Vous pouvez aussi faire un auto-check-up prévention dont vous trouverez les bases ci-dessous.

1. Votre autoquestionnaire nutrition

- Est-ce que je consomme des calories « inutilement » ? boissons sucrées (sodas, limonades, jus de fruits en dehors du petit déjeuner), café ou thé sucrés, chocolats chauds (en dehors du petit déjeuner) ?

Si c'est votre cas vous avez beaucoup de chance car vous allez pouvoir gagner un maximum de calories très facilement !

- Est-ce que je consomme des plats riches en calories, souvent trop riches pour ma santé (beurre, crème, fromages, charcuteries, fritures, panures, gâteaux, biscuits, etc.) ?

Là encore, ce sont des calories pouvant être faciles à gagner : une bonne part de gâteaux = 400 calories, soit 6 km de marche…

- Est-ce que je consomme un fruit le matin (un jus de fruit pouvant être pris en plus, mais pas à la place ; le fruit, c'est beaucoup mieux : fibre, vitamines, etc.).
- Est-ce que je consomme un fruit au cours d'un autre repas (goûter compris) ?

Notez qu'entre un fruit et un laitage, il faut toujours choisir le fruit.

- Est-ce que je consomme au moins deux portions de légumes en moyenne au cours de chaque repas ?
- Est-ce que je cuisine mon repas au moins une fois par jour ?
- Est-ce que je n'utilise pour cuisiner que de l'huile d'olive ou de colza ?
- Est-ce que je mange du poisson 2 à 3 fois par semaine ?
- Est-ce que je mange préférentiellement des céréales complètes (pain complet, riz ou pâtes complets ou semi-complets, quinoa, boulgour, couscous, etc.) ?
- Est-ce que je lis les étiquettes pour éviter d'acheter des produits contenant des graisses végétales transhydrogénées, ou encore partiellement ou totalement hydrogénées ?

Ce sont de vrais poisons pour le cerveau et le cœur !

Grâce à ce court questionnaire, vous pouvez facilement déterminer ce qu'il faut faire évoluer dans votre alimentation.

2. Calculez votre indice de masse corporelle (IMC) et votre tour de taille

Ces deux chiffres sont simples à obtenir et très instructifs :

- L'IMC tient compte de la taille et se calcule en divisant 2 fois le poids en kg par la taille en m.

Exemple : 70 kg / 1,75 m / 1,75 m = 22,85

Idéalement, cet indice est compris entre 18,5 et 25. Au-dessous, on parle de maigreur. Au-dessus, on parle de surpoids. Au-delà de 30, il s'agit d'obésité. Concrètement, cet indice donne une idée de la masse graisseuse totale.

• Le tour de taille se mesure avec un mètre ruban à l'endroit le plus large, sans rentrer le ventre bien sûr... Il doit être inférieur à 88 cm pour les femmes et à 102 cm pour les hommes.

Cette mesure est complémentaire de l'IMC, car elle ne mesure que la graisse abdominale. Or il a été démontré que c'est la graisse abdominale qui est dangereuse pour les artères, tant pour le cœur que pour le cerveau.
C'est d'autant plus important que l'on peut avoir un IMC normal et un tour de taille trop élevé, et donc être à risque.

Ces deux chiffres nous donnent une indication supplémentaire :
• pour réduire son IMC, un équilibrage de la diététique vers des aliments moins caloriques et plus sains sera performant, voire une restriction calorique si nécessaire ;
• en revanche, pour réduire la graisse abdominale, le régime ne suffit pas : il faut faire du sport en plus ou au moins augmenter son activité physique.

3. Évaluez votre aptitude physique

Si vous décidez de vous mettre ou de vous remettre au sport, il est possible d'apprécier simplement votre aptitude physique en sachant qu'à partir de 45 ans, une visite médicale s'impose, voire un électrocardiogramme avec test d'effort.

Si vous avez moins de 45 ans, répondez aux questions ci-dessous (Questionnaire Q-AAP) afin de savoir si vous avez besoin d'un bilan avant de reprendre le sport :

1. Votre médecin vous a-t-il déjà dit que vous souffrez d'un problème cardiaque ?
2. Ressentez-vous une douleur à la poitrine lorsque vous faites une activité physiques ?
3. Durant le dernier mois, avez-vous ressenti des douleurs à la poitrine lors de périodes autres que celles où vous participiez à une activité sportive ?
4. Éprouvez-vous des problèmes d'équilibre liés à un étourdissement ou vous arrive-t-il de perdre connaissance ?
5. Souffrez-vous de problèmes osseux ou articulaires qui pourraient être agravés par une activité physique ?
6. Prenez-vous actuellement des médicaments pour contrôler votre pression artérielle ou un problème cardiaque ?
7. Selon vous, existe-t-il une autre raison qui vous empêcherait de faire de l'exercice ou de pratiquer une activité physique ?

Si vous répondez « oui » à une seule de ces questions, il est important de consulter votre médecin pour faire un bilan avant la reprise du sport. Notez bien que si vous répondez « non », vous n'avez rien à perdre à faire un bilan.

• organiser les repas autour des légumes. Vous remarquez que, dans les livres de recettes, les plats sont organisés autour de la viande ou du poisson. Habituez-vous à faire l'inverse, en cuisinant prioritairement des légumes ;
• ne prendre qu'un plat de viande ou de poisson par jour. Cela fera d'autant plus pour les fruits et légumes ;
• faire deux fois par semaine une orgie de fruits et légumes (5 à 10 fruits et légumes différents, ce qui est facile), avec du bon pain (et un peu de fromage si vous voulez) ;
• prendre un fruit chaque matin ;
• rendre un deuxième fruit ou un dessert au fruit à un autre repas ;
• consommer moins de laitages ou de fromage si ces aliments ne vous laissent plus de place pour les fruits.

Quid du lait ?

Dans les recommandations du plan national nutrition santé (PNNS), on peut lire : « Consommez trois laitages par jour. » Mais si vous n'êtes pas très « lait », la consommation de produits laitiers peut être diminuée à un par jour, voir à zéro si vous buvez de l'eau riche en calcium et mangez de manière équilibrée. Ce qui compte le plus, pour les os, c'est de faire du sport (les cosmonautes en apesanteur font de l'ostéoporose !), de ne pas être trop maigre et de ne pas fumer.

Comment faire ses courses et quels sont les basiques de la cuisine ?

Là encore, quelques notions simples sont très utiles pour se faire du bien :
• Les basiques à avoir chez soi pour cuisiner sont : une bonne huile (olive, colza ou mélange des deux), un bon vinaigre, du poivre noir, du curcuma, des bouillons cubes, de la sauce tomate (elles sont toutes bonnes, même le ketchup), et éventuellement de la crème de soja (en substitut de crème fraîche pour de nombreux plats).
• Parmi les basiques, quelques surgelés sont très pratiques, comme les herbes aromatiques et surtout les oignons épluchés et coupés prêts à cuire.
• Les autres basiques sont les soupes en boîte ou surgelées, les légumes en boîte ou surgelés, les conserves de sardines ou de maquereaux, les surgelés de poisson.

- Pour faire les courses, ce qui compte c'est de penser aux différents repas que l'on aura à faire pour éviter de trop se laisser inspirer par les rayons. Les emballages sont terriblement aguicheurs…
- Il est aussi important de s'intéresser aux fruits et légumes de saison, meilleur marché et ayant nécessité moins de pétrole pour les transporter.
- Enfin, il est important de lire les étiquettes, bien sûr, pour éviter les acides gras hydrogénés.

Quid des oméga-3 ?

Les oméga-3 sont à la mode et cela se comprend : la liste de leurs effets bénéfiques ne cesse de s'allonger tant en prévention des infarctus que des cancers, de la maladie d'Alzheimer et même des maladies psychiques. On les trouve dans les poissons, mais aussi dans les œufs bio, le lait bio, les laits, les œufs et les viandes labellisés « blanc-bleu-cœur » (animaux nourris avec des graines de lin riches en oméga-3). Ils entrent également dans la formule de l'huile de colza ou de l'huile de noix. On peut aussi prendre des compléments alimentaires à base d'oméga-3 quand on est incapable de manger du poisson (ce cas de figure existe vraiment).
Il est important de bien comprendre que les oméga-3 sont métabolisés dans l'organisme en utilisant la même chaîne enzymatique que pour le métabolisme des oméga-6. Oméga-3 et oméga-6 sont donc en compétition et cela ne sert à rien de se bourrer en oméga-3 si l'on ne réduit pas ses apports en oméga-6 : huiles de tournesol, de maïs, d'arachide, mais aussi la cuisine industrielle en général, à savoir les plats cuisinés, les fritures, les panures, les viennoiseries et pâtisseries industrielles, etc.
En effet, les industriels préfèrent utiliser les oméga-6 car ils sont moins chers et surtout beaucoup plus stables : ils rancissent beaucoup moins. Mais la recherche avance et il est prévisible que des industriels sauront nous apporter des réponses prochainement.

Augmentez votre activité physique

Augmenter son activité physique est vraiment très important pour rester en forme. Cela se traduit concrètement par la réponse à quelques questions.

Comment ne plus être sédentaire ?

Être moins sédentaire paraît basique, mais pourtant tout nous pousse à être sédentaire ! Télévision, ordinateurs, jeux vidéo, ascenseurs, voitures, métro, escaliers roulants etc. : disons le clairement, ces machines ne sont pas bonnes pour notre santé. Pour devenir moins sédentaire, il est donc essentiel d'en prendre conscience pour monter les escaliers même en prenant les escalators, pour délaisser la télévision et l'ordinateur régulièrement au profit d'autres activités, et pour marcher à la moindre occasion.

Comment reprendre le sport ?

La reprise d'un sport attire un nombre croissant d'entre nous dans le but de se faire du bien et de retrouver la forme. Reste que, pour beaucoup, cela ressemble à un feu de paille. Alors comment faire pour y arriver ?

Je vous propose d'appliquer nos trois règles d'or : succès, constance et culture. Pour pouvoir accumuler des succès, l'essentiel est de commencer vraiment doucement. Mais encore beaucoup plus que vous l'imaginez ! Surtout n'allez pas jusqu'au bout de vos forces dès la première séance, ce ne serait pas un vrai succès (vous seriez épuisé) et ce serait la certitude d'une série d'échecs ensuite.

Par exemple, si vous commencez le jogging, fixez-vous une première séance à 15 minutes maximum (ce peut être moins), et courez ou marchez doucement, sans jamais vous essouffler. Puis augmentez progressivement et par paliers, jusqu'à des séances de 30 minutes. Ensuite soyez constant et placez dans votre agenda les séances de jogging (c'est le début de la culture…). En dépassant votre troisième mois de jogging, vous aurez acquis beaucoup d'expérience et vous pourrez ensuite vous organiser en demandant conseil autour de vous, si nécessaire.

Quel niveau d'activité physique ?

Il est un fait que plus nous faisons du sport, plus nous sommes en forme. Néanmoins, 30 minutes par jour, à un niveau d'effort modéré, constituent le niveau d'activité physique optimal pour la majorité d'entre nous. Pour ceux qui veulent aller plus loin, tout doit être avant tout une question de plaisir : rien ne se fait dans le temps sans lui.

QUELQUES « TRUCS » EN PLUS POUR SE MOTIVER

Outre la balance, le miroir ou le podomètre (qui mesure le nombre de pas effectués dans la journée), quelques outils comportementaux peuvent être utiles tant pour mieux gérer son poids que pour se motiver à avoir une meilleure activité physique.

• **Retrouver le plaisir d'avoir faim et d'attendre le repas.** Chaque fois que vous avez faim et que vous attendez, vous brûlez des calories. De plus, le repas ne sera que meilleur. Cette notion est importante car les messages publicitaires nous expliquent depuis plusieurs années qu'il faut prendre de solides petits déjeuners pour ne pas avoir faim à 11 heures... Or comment voulez-vous maigrir sans avoir faim de temps en temps ? Expliquez plutôt à votre cerveau qu'il brûle des calories et qu'il est le grand gagnant : il deviendra votre allié. Enfin, il faut savoir que le manque de sucre, comme le manque de nicotine, ne dure qu'une minute. Le sachant, concentrez-vous sur autre chose que sur votre faim pendant une minute et elle passera... pour revenir un peu plus tard, et vous recommencerez.

• **Choisir rapidement ses plats au restaurant.** L'indécision nous fait plonger vers les choix non diététiques, car plus caloriques et donc plus attirants quand on a faim. Au pire, si vous hésitez entre une pomme et un gâteau, vous allez choisir une tarte aux pommes...

Et surtout n'oubliez pas que ce qui compte, c'est le plaisir de se sentir en forme et d'engranger des succès : ne vous mettez pas en échec en vous fixant des objectifs trop élevés.

S'aimer, apprécier son corps, sentir en soi la vie qui marche bien

Pour en savoir plus sur la santé du corps et de l'esprit, reportez-vous page 524.

Toutes les motivations pour adopter des comportements préventifs sont évidemment bonnes et cumulatives. J'aimerais insister cependant sur celle-ci : s'aimer, apprécier son corps, sentir la vie en soi qui marche bien. Ce n'est pas toujours évident d'en prendre conscience car nous y pensons rarement. Nous nous sentons vivre surtout en faisant des choses qui nous plaisent, comme de participer à un bon repas. Là, il s'agit d'en prendre conscience en se concentrant sur sa respiration, en faisant de beaux gestes, en regardant de beaux lieux, en fermant les yeux sur notre calme intérieur. C'est une forme de sensualité, une façon d'être un peu félin(e). C'est une façon de s'aimer et c'est un vrai cadeau de la vie.

Autrement dit la prévention peut devenir un art de vivre et le début d'une nouvelle façon de vivre. *Carpe diem* reste toujours valable...

Gérer ses émotions : peur, tristesse, colère

39

Dr Stéphanie Hahusseau

Dès lors que nous éprouvons une émotion négative comme la tristesse, la peur, le stress ou la colère, nous faisons en sorte d'y prêter le moins d'attention possible, de la ressentir le moins possible et de nous en débarrasser au plus vite, d'une mauvaise façon ; en mangeant, en regardant la télé, en nous surchargeant de travail…
Ces conduites nous apaisent un peu sur le moment, mais ne font qu'empirer les choses ensuite.

La souffrance dure moins quand on l'accepte

Très régulièrement, nous éprouvons tous des émotions négatives, c'est-à-dire de la colère, de la tristesse, de la peur, du stress, du dégoût. Les émotions font partie de la vie. Elles se traduisent par une agitation du corps et par une agitation des pensées. Elles se manifestent également par des pulsions à agir.
Comme les aliments que nous avalons ont besoin d'être digérés avant d'être transformés en énergie, les émotions négatives ont besoin d'être avalées et « digérées » pour être utiles.
Or nous avons tendance à éviter l'expérience de nos émotions négatives. Qui aime avoir peur ? Qui aime être triste ? Qui aime ressentir de la colère ou du stress ? Personne n'aime souffrir et c'est bien normal. Nous avons donc tendance à nous couper de nos sensations douloureuses. Cela fait du bien à court terme. Par exemple, j'ai des problèmes avec ma hiérarchie. Je rentre chez moi triste et je me mets à beaucoup manger devant la télé. Ainsi, je ne sens plus

rien. Seulement, à moyen et long terme, je suis toujours aussi triste, voire davantage, car en plus de me sentir triste, je me sens coupable d'avoir trop mangé. Je me reproche de n'avoir aucune volonté pour perdre les 10 kilos que j'ai pris cette année.

Les émotions négatives dont nous évitons l'expérience deviennent de plus en plus intenses et durables, elles s'empilent les unes sur les autres générant des problèmes chroniques somatiques et psychiques. Et bien que nous ayons la volonté de nous en sortir, nous nous enfonçons toujours davantage, il nous est de plus en plus difficile de reprendre le contrôle de nos comportements.

Par exemple, j'ai des problèmes dans mon couple et cela me stresse, je me sens démuni. Je me mets à travailler comme un forcené, comme ça je ne ressens plus rien. Mais, quand je rentre chez moi, je me sens encore plus stressé et j'ai le ventre noué. Je me sers un verre de whisky. Ça se passe de plus en plus mal avec mon épouse, je parviens de moins en moins à communiquer avec elle, je commence à faire une dépression.

Une fois que nous savons les ressentir, les nommer et les accepter, nos émotions nous conduisent tout naturellement à adopter des comportements bons pour nous. Cela paraît insensé de choisir de ressentir la souffrance profondément. On a tout d'abord du mal à croire qu'il faille être plus conscient de ses émotions et souffrir davantage. Pourtant, beaucoup de mes patientes me disent en début de thérapie : « J'ai tout à fait conscience de mes problèmes, mais je n'arrive pas à changer. » Alors je leur explique l'importance de ressentir, de nommer et d'accepter vraiment ses émotions pour être, à long terme, bon pour soi-même. Imaginez que vous êtes en vacances à la mer, il fait un grand soleil et vous avez très envie de marcher pieds nus. Par inadvertance, vous marchez sur quelque chose qui s'enfonce sous la plante de votre pied. La douleur est très forte.

Première possibilité

Vous ne voulez pas sentir la douleur et vous décidez de prendre beaucoup d'antalgiques. Ils sont très efficaces, à tel point que vous ne ressentez absolument plus la douleur.

Pendant plusieurs minutes, vous êtes vigilant et pensez à ne pas marcher sur votre blessure. Mais, ensuite, vous oubliez et vous marchez sur votre pied, aggravant largement la gravité de votre blessure. Parce que vous ne la sentez pas.

Deuxième possibilité

Vous sentez la douleur, mais vous n'en n'identifiez pas la cause. Vous pensez qu'il s'agit d'une égratignure et vous appliquez un pansement sans retirer le morceau de verre sale qui est enfoncé. Votre blessure va s'infecter et s'aggraver. Parce que vous ne l'identifiez pas.

Dernière possibilité

Vous sentez la douleur, vous savez de quoi il s'agit, mais vous avez peur. Vous refusez de vous faire examiner par crainte que cela fasse trop mal ou que cela prenne du temps. L'infection et l'immobilisation vous guettent. Parce que vous n'acceptez pas.

Pour les émotions négatives, il en va exactement de même. Si l'on ne ressent pas ses émotions (dissociation), si on ne les identifie pas (alexithymie) ou si on ne les accepte pas (intolérance aux émotions), on en éprouve des bénéfices sur le moment, mais on aggrave ses problèmes et sa santé sur le long terme.

C'est uniquement en apprenant à ressentir les émotions, à les nommer et à les accepter que nous aurons des comportements adaptés à nos objectifs de vie.

Identifier ses problèmes émotionnels

Je ne peux pas ressentir

Quand nous regardons la télévision ou lorsque nous lisons un livre, il nous arrive d'être tellement absorbés que la perception du monde qui nous entoure est extrêmement réduite et que nous n'avons plus conscience de notre corps ni même de notre identité. Quatre-vingts pour cent d'entre nous ont déjà vécu cette expérience très courante. Mais lorsque cette absorption s'étend à grand nombre de situations et que l'on est souvent détaché, en dehors de la réalité des situations, c'est probablement que l'on souffre d'un trouble dissociatif (DSM-IV).

ÉVALUEZ-VOUS : COMMENT VIVEZ-VOUS VOS ÉMOTIONS ?

Pour chacune des questions suivantes, répondez par une des trois affirmations ci-dessous en entourant le symbole correspondant :

- C'est tout à fait moi (●)
- Cela m'arrive quelquefois (■)
- Cela ne me ressemble pas du tout (▲)

1. Il n'y a personne avec qui il m'est facile de parler de ce que je ressens.	●	■	▲
2. Si je me laisse aller à la colère, j'ai très peur de perdre le contrôle et de devenir violent et agressif.	●	■	▲
3. Quand je ferme les yeux, j'ai beaucoup de mal à sentir les battements de mon cœur.	●	■	▲
4. J'ai peur d'être triste et de faire une dépression.	●	■	▲
5. Je sens rarement que je respire mal.	●	■	▲
6. Je souffre d'un certain nombre de problèmes physiques que je ne m'explique pas.	●	■	▲
7. J'ai beaucoup de mal à avoir des rythmes réguliers pour manger, dormir et même pour aller aux toilettes.	●	■	▲
8. Il m'arrive souvent de me perdre car je ne me souviens pas du chemin par lequel je suis venu.	●	■	▲
9. Même quand il m'arrive de sentir la satiété, je continue à manger.	●	■	▲
10. Je suis en colère contre moi quand je suis triste, car il y a des gens bien plus malheureux que moi.	●	■	▲
11. Je parle rarement de moi et quand j'ai quelque chose à raconter, je dis plutôt « on » que « je ».	●	■	▲
12. Quand je ressens de la peur, il m'arrive souvent d'avoir honte de moi et de penser que je suis quelqu'un de faible.	●	■	▲
13. Je n'éprouve pas grand-chose quand je vois quelqu'un d'autre pleurer.	●	■	▲

Réponses :

Comptez 2 points par rond, 1 point par carré et 0 point pour les triangles.

• Pour savoir si vous ressentez vos émotions, faites le total de vos points aux questions 3, 5, 7, 8, 9.

– Votre score est inférieur ou égal à 5 : vous êtes bien dans le présent, attentif à l'expérience du moment, bien branché sur vos sens et sur la réalité. Cultivez cela.
– Votre score est entre 6 et 10 : vous décrochez souvent de la réalité, de votre corps et de vos sens. Lisez avec attention ce qui concerne le trouble dissociatif.

• ***Pour savoir si vous identifiez et nommez vos émotions, faites le total de vos points aux questions 1, 6, 11, 13.***
– Votre score est inférieur ou égal à 4 : vous savez reconnaître ce que vous ressentez, la reconnaissance et l'intérêt que vous portez à ce que vous ressentez vous aident à atteindre vos objectifs.
– Votre score est entre 5 et 8 : vous souffrez probablement d'alexithymie et vous auriez tout intérêt à apprendre à reconnaître vos émotions pour vous lier avec les autres, pour mettre en valeur votre côté attachant et moins somatiser.

• ***Pour savoir si vous acceptez vos émotions, faites le total de vos points aux questions 2, 4, 10, 12.***
– Votre score est inférieur ou égal à 4 : vous n'avez pas peur de faire l'expérience de vos émotions, vous savez lâcher prise et vous constatez que les choses s'arrangent d'elles-mêmes, ce qui augmente votre foi en l'avenir.
– Votre score est entre 5 et 8 : vous avez beaucoup de mal à accepter de ressentir tristesse, peur, stress et colère. De ce fait, vous ressentez aussi peu de joie et de plaisir. Au lieu de vous épuiser à lutter contre vos émotions, peut-être pourriez-vous apprendre à laisser passer la vague de manière à observer que ces émotions négatives ne durent pas ?

S'entraîner à ressentir et accepter vraiment ses émotions négatives...

Dans les formes les plus spectaculaires, cela peut aller jusqu'à la personnalité multiple ou la fugue dissociative, dans laquelle on part de chez soi de façon soudaine, inattendue, sans conscience.
En général, les personnes dissociées ont beaucoup plus de difficultés à s'adapter, elles sont moins flexibles. Elles ont du mal à mettre en place des rituels quotidiens, elles n'ont pas de régularité, de rythmes face à la fatigue, la faim, le fait d'aller aux toilettes... Elles ont tendance à parler et à lire rapidement et prennent du plaisir dans des interactions sociales plutôt brèves. Elles sont très irrégulières dans leurs « prestations », un jour inhibées, un autre jour étonnées elles-mêmes de l'aisance avec laquelle elles ont réalisé quelque chose de difficile. Ce sont des personnes peu connectées à leurs sensations internes, elles prêtent peu d'attention à la douleur, sentent rarement leur cœur qui bat, leur respiration. Elles sont peu connectées aussi à la réalité. En voiture, elles ne sont pas attentives au trajet, dans la conversation, elles écoutent mais n'entendent pas, il y a des objets dans leur maison ou des personnes, qu'elles ont déjà vus et dont elles ne se souviennent pas. D'une façon plus générale, elles ont peu de souvenirs, y compris de moments importants de leur vie et, quand elles en ont, elles doutent que ce soit réellement arrivé. Elles vivent dans leur tête et mélangent ce qui s'y passe (rêveries, pensées, anticipations, etc.) avec la réalité. En résumé, elles n'ont pas la sensation d'elles-mêmes et ne sont pas concentrées sur la réalité du moment présent.

... pour mieux s'en libérer.

Je ne sais pas ce que je ressens

De la difficulté à identifier les émotions, caractéristique de l'alexithymie, découle la difficulté à les exprimer à autrui. Or exprimer ses émotions n'est pas un signe de faiblesse de nature à faire fuir les autres. Bien au contraire, dire ce que l'on ressent rend attachant. Les alexithymiques ont tendance à être assez inexpressifs, on parle de « restriction » émotionnelle, et ils ont beaucoup de mal à créer des liens de proximité avec autrui. Une autre caractéristique de l'alexithymie est le mode de pensée opératoire, c'est-à-dire relativement factuel. Ce trouble concerne environ 15 % de la population générale avec une légère surreprésentation masculine.

Je ne tolère pas ce que je ressens

Quand nous ressentons des émotions négatives (tristesse, honte, peur, colère, stress) et que :

- cela nous *stresse* parce que nous avons la sensation de ne pas contrôler ce qui nous arrive ;
- cela nous fait *peur* parce que nous croyons que cela ne va jamais s'arrêter ;
- cela nous fait *honte* parce que nous pensons être les seuls à qui cela arrive ;

ce n'est pas une émotion qui agite notre corps et nos pensées, mais deux ! Aussi nous est-il deux fois plus difficile de calmer notre corps, nos pensées et d'agir comme nous aimerions le faire.

Alors nous transformons des émotions négatives telles que, par exemple, la tristesse et la colère qui sont des phénomènes ponctuels en humeurs négatives durables telles que la morosité permanente ou la rancœur chronique. Comme les émotions se répercutent en douleurs dans notre corps, nous risquons davantage de souffrir de douleurs chroniques.

Comment mieux ressentir ses émotions

Réapprendre à ressentir grâce aux exercices d'attention et de respiration

Quand la cause du détachement de soi (syndrome dissociatif) est un grave traumatisme qui a débordé les facultés de digestion émotionnelle, il est souhaitable de se faire aider par un thérapeute formé aux thérapies cognitives et comportementales ou à l'EMDR, ces deux approches ayant fait la preuve de leur efficacité dans le traitement notamment du syndrome de stress post-traumatique.

Apprendre à ressentir nécessite un entraînement régulier.

Le Quick Cohérence, les méthodes « Heart Math »

Un premier exercice, appelé Quick Cohérence, consiste à fermer les yeux et à se centrer sur sa respiration. Par exemple, au niveau des ailes du nez. On observe sa respiration, sans chercher à la contrôler ou à l'apaiser. Puis on déplace doucement son attention vers le bas et on observe le mouvement des côtes, alors que la respiration se fait. On descend encore d'un cran en se centrant sur l'abdomen. On l'observe bouger parallèlement au souffle. Enfin, on porte son attention sur la région du cœur, en essayant de sentir les battements cardiaques. On peut observer que le cœur bat tout seul, sans qu'on ait à lui en donner l'ordre. Si on ne sent pas ses battements, on observe cela sans juger, on maintient juste son attention sur la région. On peut être attentif aux mouvements du souffle, comme au travers du cœur. La réalisation de cet exercice, sur une durée de quelques minutes et à plusieurs reprises dans la journée est extrêmement importante pour apprendre à sentir. En effet, en portant son attention sur le souffle et sur le cœur, on se met en contact avec deux hauts lieux émotionnels. C'est essentiellement là que se font sentir les émotions. Ensuite, on peut se dessiner au stylo, un petit point dans la main, et à chaque fois que l'on observe ce point, où que l'on soit, on porte son attention, cette fois sans fermer les yeux (surtout si l'on est en voiture !), sur sa respiration et sur la région du cœur. Si, avec l'entraînement, vous parvenez à faire cela alors que vous parlez avec quelqu'un, soyez attentif à ce que cela change par rapport à l'habitude en ce qui concerne votre débit verbal, les propos tenus, la quantité de « dentelles verbales » que vous utilisez. Soyez attentif aussi à ce que cela change dans l'acuité de votre perception de ce qui vous environne et de ce que l'on vous dit.

Le Body Scan

Le deuxième exercice est le Body Scan. Les yeux fermés, vous faites d'abord un Quick Cohérence, comme expliqué ci-dessus. Puis, vous vous centrez sur chacune des parties de votre corps, du haut vers le bas et de l'extérieur vers l'intérieur. Commencez par porter votre attention au niveau de votre crâne, puis de votre visage, puis de votre nuque…
Maintenez votre attention le temps d'au moins trois respirations sur chacune des parties de votre corps en vous entraînant juste à sentir, sans juger, en essayant d'être curieux des sensations présentes, s'il y en a, ou curieux des non-sensations à d'autres endroits. Surtout, ne cherchez pas à *vouloir* ressentir, calmer ou modifier ce qui se passe. Posez juste l'intention de sentir. Cela vous demande entre 30 et 40 minutes au terme desquelles vous pouvez noter briè-

vement comment vous avez vécu cette expérience : ennui, apaisement, agacement ? Décrivez ce que vous avez perçu comme sensations corporelles. En réalisant un tableau avec chacune des parties de votre corps, vous pouvez, à chaque fois que vous faites cet exercice, mettre une note sur 10 du niveau, de la force ou de la profondeur de votre ressenti puis quelques mots. Par exemple : « Ventre : je parviens à ressentir mon ventre à 4 sur 10 et la sensation était essentiellement une pesanteur. »

Avec ces deux exercices pratiqués régulièrement, vous allez progressivement faire la différence entre *savoir* et *ressentir*, vous allez commencer à apprendre à « faire confiance à votre corps » et à vous reposer sur lui. Ainsi, si vous êtes en Quick Cohérence alors que vous mangez, vous allez plus profondément sentir la satiété, de façon plus aiguë, et de lui-même votre comportement alimentaire va s'infléchir sans avoir à déployer pour cela des trésors de volonté.

Nommer et étiqueter ce qui se passe en soi

Chaque jour, quelques minutes, essayez de faire le point par écrit sur votre journée. Pensez aux moments plutôt positifs et plutôt négatifs. Décrivez les faits en détaillant la situation, puis essayez de noter ce qui s'est passé dans votre corps à ce moment-là.

Pour vous aider, regardez la liste non exhaustive d'émotions page suivante et essayez de choisir le terme qui se rapproche le plus de votre expérience. Le terme qui convient le mieux à votre expérience, c'est celui qui « résonne » en vous, c'est-à-dire qui induit une sensation alors que vous vous l'appropriez. Si vous êtes en difficulté, n'hésitez pas à demander à votre entourage de vous aider. Qu'auraient-ils ressenti, eux, dans cette situation ?

Après une dizaine de jours de ce travail, essayez de raconter par écrit vos expériences de vie difficiles : amoureuses ou professionnelles. En même temps que vous faites cela, soyez centré sur ce qui se passe dans votre corps. Quand vous avez mal quelque part, ou que votre respiration se modifie, vous ressentez probablement une émotion. Reportez-vous de nouveau à la liste des émotions et essayez de qualifier ce que vous ressentez.

Tristesse	Colère	Anxiété	Joie	Surprise
Déplaisir	Contrariété	Souci	Gaieté	Étonnement
Déception	Irritation	Malaise	Hilarité	Ahurissement
Consternation	Hostilité	Appréhension	Amusement	Stupéfaction
Morosité	Frustration	Crainte	Enjouement	Stupeur
Affliction	Amertume	Inquiétude	Allégresse	Effarement
Mélancolie	Aigreur	Tension	Jovialité	Ébahissement
Maussaderie	Aversion	Nervosité	Euphorie	
« Blues »	Énervement	Alarme	Liesse	
« Cafard »	Exaspération	Peur	Entrain	**Dégoût**
« Spleen »	Haine	Panique	Exultation	Aversion
Peine	Rage	Horreur	Réjouissance	Écœurement
Bouleversement	Fureur	Terreur	Jubilation	Répugnance
Désespoir	Rancune	Frayeur	Satisfaction	Répulsion

Vous pourrez ensuite terminer ce travail d'introspection en racontant, par écrit, votre enfance, votre « biographie ». Soyez attentif aux sentiments qui, dans votre vie, vous ont fait le plus mal. Aidez-vous de la liste ci-dessous. En les nommant de manière adéquate, vous allez susciter une émotion et donc des sensations physiques.

- Sentiment d'être abandonné(e)
- Sentiment de culpabilité
- Sentiment de ne pas être reconnu(e)
- Sentiment de ne pas être aimé(e)
- Sentiment de ne pas être respecté(e)
- Sentiment d'humiliation
- Sentiment d'être trahi(e), d'être abusé(e)
- Sentiment d'être dépendant(e)
- Sentiment de n'être pas à la hauteur
- Sentiment de ne pas être important
- Sentiment d'être en danger
- Sentiment de ne pas être en sécurité
- Sentiment d'être laissé pour compte
- Sentiment de ne pas être compris, entendu(e)...

Comme pour le trouble dissociatif, si votre alexithymie est la conséquence d'un traumatisme, surtout n'attendez pas pour consulter.

S'exposer aux émotions

En vous entraînant à réaliser tous les jours pendant 20 à 30 minutes l'exercice d'exposition aux émotions que je vous propose ci-dessous, vous augmenterez grandement votre intelligence émotionnelle et vous serez surpris de constater après coup les transformations progressives qui s'opèrent en vous. Cet exercice à la fois simple et compliqué risque ne pas être confortable à court terme. Au lieu d'éviter ce qui vous gêne, ce qui vous fait mal, vous allez au contraire observer à quel point cette gêne, cette souffrance sont présentes, combien elles font mal, cela en cherchant juste à avoir un peu de compassion pour vous-même.

EXERCICE D'EXPOSITION AUX ÉMOTIONS

1. Avant de commencer, choisissez une cible. Cela peut être une émotion négative de la journée, une sensation physique gênante là maintenant, un souvenir, une préoccupation qui vous embête, une obsession qui ne vous lâche pas… Graduez sur 10 à combien cette cible vous gêne « là maintenant ».
2. Faites un Quick Cohérence, les yeux fermés (voir page 501).
3. Toujours les yeux fermés, pensez à votre cible. Maintenez votre attention sur elle jusqu'à ce qu'elle soit attirée vers autre chose. Observez sans juger ce par quoi elle a été attirée. Une sensation physique ? Dans ce cas, suivez votre respiration jusqu'à cette sensation, pas pour la soulager, juste pour la sentir. Si elle est douloureuse, observez combien vous avez mal. Restez là-dessus jusqu'à ce que votre attention se transporte ailleurs. Si elle est attirée par du « mental », c'est-à-dire une pensée, un souvenir, une préoccupation, une question… observez ce matériel comme sur un écran, comme s'il était écrit et sentez en même temps ce qui se passe dans votre corps. Quelle sensation physique est présente ? Observez combien cette pensée et la sensation qui y est associée vous signalent que vous souffrez là maintenant. Observez à quel point cela prouve que vous vous sentez triste, démuni, malheureux, anxieux, en colère… Essayez de nommer votre émotion et de rester en contact avec elle.
Dès que vous ne savez plus où vous en êtes, que vous êtes perdu, replacez votre attention quelques instants sur votre respiration, votre cœur, puis repartez de la cible.

Cet exercice, qui peut paraître déroutant, suit la logique anarchique de la mémoire émotionnelle. Le seul objectif immédiat est de suivre le cheminement de votre attention en étant conscient de ce sur quoi elle se pose. Ce n'est pas un exercice de réflexion. Il n'y a rien à produire. Quel que soit le contenu de ce qui se passe en vous, essayez seulement d'observer sans jugement, avec le plus de bienveillance possible, sans vouloir ni soulager, ni réfléchir, ni changer ce qui se passe, mais en tentant juste d'aller, jusqu'à l'endroit où quelque chose se passe.

Observez les changements

Après l'exercice, soit juste après, soit quelques heures après ou le lendemain matin si vous avez fait l'exercice le soir (le processus d'amorçage de digestion émotionnelle débuté avec cet exercice se poursuit avec le repos et les phases paradoxales du sommeil), repensez à votre point de départ, la « cible » et réévaluez le degré de gêne (sur 10) qu'elle provoque. Vous pouvez noter brièvement ce que vous avez observé pendant l'exposition. Dans les heures qui suivent, soyez attentif aux changements par rapport à votre manière habituelle d'agir, de penser, de vous comporter.

Conclusion

Ressentir, nommer et accepter nos émotions négatives concourt à développer notre intelligence émotionnelle et à devenir bons pour nous-mêmes. C'est un processus qui n'est pas inné mais qui se travaille. Apprendre à mieux vivre nos émotions prévient les risques de dépression, de douleurs chroniques, de ruminations et d'angoisse excessive.

Pour en savoir plus sur la gestion des émotions, reportez-vous page 524.

Prendre du recul sur ses pensées : l'approche cognitive

40

Stéphane Roy

Pour bien comprendre une situation et en tirer une conclusion la plus proche possible de la réalité, il est *a priori* utile d'avoir le maximum d'informations à sa disposition. Pour autant, un excès d'informations peut aussi donner naissance à une multitude de pensées et rapidement nous induire en erreur, nous orienter vers des interprétations erronées. « Ce ne sont pas tant les événements qui nous perturbent, mais l'interprétation que l'on en fait. » Cette maxime qui date de plus de deux millénaires est la parfaite illustration de l'influence de nos pensées sur notre humeur et nos comportements. Dans ce chapitre, nous vous proposons d'apprendre très concrètement à repérer et à atténuer l'influence de ces pensées pas toujours réalistes sur votre bien-être au quotidien.

Repérez vos pensées

La première étape consiste à repérer ses pensées négatives ou anxiogènes. Utilisez le tableau de la page suivante. Vous verrez que mettre vos pensées par écrit vous aidera à les considérer comme de simples intuitions ou idées préconçues et non comme des faits avérés et incontestables.

Lorsque vous vous sentez émotionnellement bouleversé par une situation, commencez à remplir les colonnes en inscrivant l'émotion que vous ressentez. C'est souvent ce qui

Situation	Émotion(s)	Pensées	Comportements
Décrire l'événement précis produisant l'émotion déplaisante	Noter ce que vous ressentez	Écrire la pensée qui a précédé l'émotion	Décrire le comportement adopté
...	...	...	...
...	...	...	...
...	...	...	...
...	...	...	...

vient en premier. De plus, l'objectif est d'apprendre à mieux vivre ses émotions. Il paraît donc logique de commencer par cela. Voici quelques exemples d'émotions : colère, tristesse, peur, anxiété, culpabilité, peine, honte, jalousie, etc.
Ensuite, décrivez la façon dont vous vous êtes comporté, par exemple : éviter, fuir, s'isoler, devenir agressif, se mettre à boire de l'alcool ou à manger de façon exagérée, etc.
La troisième étape consiste à décrire la situation qui en est à l'origine. Cela peut être une situation passée, présente ou future; qui vient de l'extérieur (objet, endroit ou personne) ou qui se produit dans votre esprit (image ou souvenir); une sensation physique désagréable (oppression thoracique, rythme cardiaque qui s'accélère, vertiges, etc.).
Enfin, la dernière étape consiste à noter les pensées liées à l'événement lorsque vous avez ressenti les émotions. C'est l'étape la plus importante. Donc, ne négligez rien, même les pensées les plus suspectes ou farfelues. Les pensées peuvent se traduire en mots mais aussi par des images. Si c'est le cas, décrivez cette image avec le plus de précision possible.

Identifiez les erreurs qui se cachent derrière vos pensées

Les erreurs de pensée peuvent être comparées à des raccourcis psychologiques que nous empruntons pour gagner du temps lorsque nous voulons nous faire une opinion rapide d'une situation. Mais, comme tout raccourci, cela nous oblige à laisser de côté certaines informations qui pourraient être essentielles à la bonne compréhension de la situation. Ces erreurs nous poussent à tirer des conclusions

partielles, hâtives et donc souvent erronées et ne nous permettent pas de faire une évaluation pertinente et objective d'une expérience.
Mais comme le dit si bien l'expression : « L'erreur est humaine », à nous de repérer celle qui s'immisce dans nos pensées. Pour vous aider, voici une liste des erreurs ou distorsions de pensée que l'on retrouve fréquemment.

ERREURS OU DISTORSIONS DE PENSÉE LES PLUS FRÉQUENTES

• **Le catastrophisme :** il consiste à imaginer les conséquences dramatiques d'un événement mineur. Par exemple, votre enfant rentre habituellement de l'école à 17 h. Il est 17 h 05, vous vous affolez en imaginant le pire, et vous décidez d'appeler la police et les hôpitaux du quartier.

• **La pensée en tout ou rien (ou tout blanc tout noir) :** il s'agit de voir les choses sans juste milieu ni équilibre. Vous êtes parfait ou nulle, vous êtes adoré ou détesté…

• **La personnalisation :** elle consiste à s'attribuer des choses qui ne sont pas de son ressort, et ce de manière disproportionnée. Par exemple : vous prenez l'initiative d'organiser un week-end surprise en famille. Le jour J, la météo n'est pas au rendez-vous et votre projet tombe à l'eau ! Vous vous sentez responsable car vous vous dites que vous n'avez pas choisi le bon week-end.

• **La surgénéralisation :** cela consiste à tirer des conclusions globalisantes d'une situation ou d'un élément de situation très spécifique. En cassant un verre lors d'une soirée chez des amis, vous vous dites que de toute façon vous être tout le temps maladroit et que vous cassez tout ce que vous touchez.

• **L'inférence arbitraire :** elle correspond au fait de tirer des conclusions d'une situation sans preuves manifestes. Par exemple, vous croisez un ami de longue date à qui vous dites bonjour et qui ne vous répond pas. Vous en concluez que cet ami vous évite car il ne veut plus vous parler.

• **Le raisonnement émotionnel :** il consiste à considérer comme vrai tout ce que l'on ressent. Exemples : « Je sens que je ne vais pas y arriver », « Je sens qu'il ne me fait pas confiance ».

Il existe bien d'autres erreurs de pensée. De plus, plusieurs erreurs de pensée peuvent se retrouver en même temps dans une même pensée. Ici, l'idée n'est pas d'être exhaustif mais plutôt de vous sensibiliser à ce phénomène mental. Prenez donc le temps de repérer vos erreurs de pensée lorsque vous notez vos pensées dans le tableau à colonnes.

Modifiez vos pensées

N'oubliez pas : vos pensées ne sont pas des faits.

Une première chose à bien comprendre pour modifier ses pensées est de se rappeler que vos pensées ne sont pas des faits. Plutôt que de considérer vos pensées comme vraies d'emblée, interprétez-les comme des hypothèses, des suppositions à démontrer. De plus, rappelez-vous que notre cerveau a tendance naturellement à ne retenir que les informations confirmant nos pensées négatives. Conclusion, méfiez-vous des impressions, elles sont parfois trompeuses !
Vous savez maintenant repérer vos pensées. La prochaine étape va consister à les examiner plus attentivement, puis à trouver des pensées alternatives et, enfin, à mettre en place un plan d'action.

Examiner plus attentivement vos pensées

Posez-vous les questions suivantes afin d'étudier et de limiter l'impact de vos pensées sur votre humeur :

- Est-ce que je peux prouver à 100 % que ma pensée est vraie ?
- Quels sont les effets de ma pensée sur mon humeur, mon comportement, mon entourage ?
- Est-ce que ma pensée est absolument logique, sensée ?
- Est-ce que quelqu'un en qui j'ai toute confiance penserait que cette pensée traduit la réalité ?
- Si quelqu'un d'autre avait cette pensée, que pourrais-je lui dire ?
- Existe-t-il des preuves contredisant cette pensée ?
- Ma pensée est-elle perturbée par mon état d'esprit du moment ?

À chaque fois que l'une de vos pensées vous perturbe, prenez le temps de l'examiner attentivement en répondant à chacune de ces questions. Mais ne vous limitez pas à des réponses par « oui » ou par « non ». Essayez de développer chacune de vos réponses.

Trouver des pensées alternatives

Trouver des pensées alternatives revient à émettre d'autres interprétations en rapport avec votre première pensée. Il ne s'agit pas de trouver des pensées positives à tout prix. Ce n'est pas la méthode Coué ! L'objectif est de dédramatiser la situation en relativisant votre première pensée qui est peut-être exagérée. Les questions suivantes pourront vous aider à trouver d'autres pensées plus réalistes :

• Quel raisonnement plus flexible ou raisonnable existe-t-il ?
• Quel raisonnement plus réaliste ou sensé apporte la preuve que ma pensée n'est pas forcément vraie ?
• Si mon état d'esprit était différent, qu'est-ce que je pourrais penser d'autre ?
• Dans quelques semaines, verrai-je les choses de la même façon ?

Rien ne vous empêche de trouver par vous-même des « questions-ressources » qui vous aideront à prendre du recul au bon moment. Trouver des pensées alternatives est un exercice de va-et-vient. Si certaines pensées sont plus tenaces que d'autres, travaillez-les un moment, laissez reposer puis recommencez. Il ne faut surtout pas forcer. Comme tout apprentissage, il vous faudra un peu de temps et d'entraînement avant de maîtriser cette technique. Ne vous découragez pas !

Mettre en place un plan d'action

La troisième et dernière étape pour modifier vos pensées consiste à mettre en place un plan d'action. En d'autres termes, cela veut dire agir dans le but de tester la validité de vos pensées perturbantes et celle de vos pensées alternatives. Ainsi, seule l'expérience directe avec la réalité vous permettra de tester cette validité.

Seule l'expérience directe avec la réalité permet de tester la validité de ses pensées.

Suivez les six étapes décrites ci-dessous :

1. Décrivez le problème ou la situation.
2. Décrivez précisément la pensée ou prédiction que vous testez.
3. Déterminez l'expérience que vous allez mener en précisant le lieu, la date, comment vous allez procéder, avec qui…
4. Indiquez ce qui s'est réellement passé (pensées, émotions, sensations physiques, comportements).
5. Évaluez les résultats de votre expérience en vous appuyant sur des faits observables.
6. Réévaluez la véracité de votre pensée ou prédiction.

Afin d'illustrer les propos qui précèdent, voici l'exemple de Pierre qui a mis en place son propre plan d'action.

1. Décrivez le problème ou la situation :

Pierre travaille dans une grande entreprise de BTP. Il a du mal à trouver sa place et à s'affirmer devant ses collègues. Pierre a très peur de décevoir les autres et que l'on pense du mal de lui. Du coup, il reste en retrait, ne fait que rarement part de ses opinions.

2. Décrivez précisément la pensée ou prédiction que vous testez :

« Si je dis ce que je pense, les autres vont me rejeter. »

3. Déterminez l'expérience que vous allez mener en précisant le lieu, la date, comment vous allez procéder, avec qui, etc. :

Pierre décide d'exprimer davantage ses opinions lors des prochaines réunions de chantier, quitte à être en désaccord avec certains de ses collègues.

4. Indiquez ce qui s'est réellement passé (pensées, émotions, sensations physiques, comportements) :

Pierre s'est senti plutôt à l'aise et écouté par les autres. Aucun collègue ne l'a rejeté après qu'il a exprimé son point de vue. Un collègue est même venu le féliciter de cette initiative.

5. Évaluez les résultats de votre expérience en vous appuyant sur des faits observables :

Compte tenu de son comportement et de ceux de ses collègues durant les réunions, Pierre trouve cette expérience tout à fait positive. Il dit maintenant devoir la renouveler à plus grande échelle, notamment avec sa famille et ses amis.

6. Réévaluez la véracité de votre pensée ou prédiction :

Pierre réévalue la véracité de sa pensée en se disant que l'on peut exprimer son point de vue sans forcément être rejeté par les autres. Après réflexion, il se dit même que l'on peut être en désaccord avec quelqu'un sans que cette personne nous rejette.

Pour conclure : soyez plus tolérant avec vous-même

Derrière vos pensées se cachent ce que l'on appelle des « croyances ». Elles sont ce que nous pensons qu'il faut faire ou ne pas faire, ce qui doit être ou ne pas être. Ces croyances sont une perception du monde, des autres et de soi-même qui peut parfois se révéler trop rigide ou systématique. Lorsque c'est le cas, elles nous empêchent de voir le monde de façon réaliste et adaptée.

Voici quelques pistes de réflexion qui vous aideront à identifier vos croyances et à agir dessus :

• Soyez attentif aux formulations du type : « il faut... », « je dois... »

• Relisez toutes vos pensées et notez la fréquence et la récurrence de certains thèmes cachant certainement une de vos croyances (amour, autonomie, perte, danger, etc.).

• Pesez les avantages et les inconvénients de vos croyances.

• Mettez vos croyances à l'épreuve en suivant la même méthode que pour la modification de vos pensées.

Nos croyances personnelles nous empêchent de voir le monde de façon réaliste.

Pour en savoir plus sur l'approche cognitive de vos pensées, reportez-vous pages 524-525.

41

Dr Sylvie
Royant-Parola

Bien dormir...

Le sommeil occupe le tiers de notre vie. Il faut savoir le préserver pour être en forme et réagir au mieux aux agressions, petites et grandes, de la vie de tous les jours. Mal dormir a des conséquences sur notre corps et notre esprit. Certaines mesures peuvent nous aider à préserver notre sommeil et éviter de basculer vers des pathologies pour lesquelles il faudra consulter.

Qu'est-ce qu'un bon sommeil ?

La question semble simple, et pourtant... Pour chacun d'entre nous, le sommeil est unique. À chacun son rythme, ses besoins. Mais comment les connaître ? Être à l'écoute de son corps, laisser tomber les idées reçues sur le sommeil, vivre à son rythme sont les principes de base pour découvrir son sommeil. Pas si simple dans la vie de tous les jours car notre sommeil s'inscrit dans une histoire personnelle où les désirs de chacun se confrontent aux obligations : rythme du travail, pression des enfants et du conjoint, envie de sauvegarder un espace de liberté avec les amis dans un emploi du temps surchargé. Il n'y a donc pas de normes pour une définition pragmatique. Un bon sommeil est celui qui permet de bien fonctionner le lendemain, sans notion de durée ni d'horaires particuliers.

Le sommeil est impliqué dans des fonctions aussi diverses que la restauration des réserves énergétiques, la croissance, la mémoire, l'efficacité intellectuelle, l'humeur, la régulation du poids, l'équilibre cardio-vasculaire, et sans doute dans bien d'autres fonctions tout aussi fondamentales à l'être humain. De ce fait, apprendre à le ménager pour garder son efficacité est primordial pour l'équilibre physique et psychique de l'individu.

Savoir évaluer son sommeil

Comment savoir si l'on dort bien ou pas ?

« Je dors 3-4 heures par nuit, au mieux. Quand je craque, je prends un somnifère au milieu de la nuit. Il m'a fallu plus d'une semaine de vacances pour arriver à dormir trois nuits de suite tellement la machine s'est emballée et tellement je suis épuisée. »

Un bon sommeil est donc récupérateur. Pourtant, lorsqu'on se réveille fatigué ou lorsqu'on est fatigué ou somnolent dans la journée, doit-on incriminer automatiquement les mécanismes du sommeil ? Pas uniquement, car d'autres causes existent.

L'organisation du sommeil répond à une physiologie spécifique qui peut mal fonctionner, mais ses ratés sont aussi les symptômes de maladies liées au sommeil ou de troubles qui fractionnent le sommeil.

Parmi les causes repérables qui ne permettent pas au sommeil de jouer son rôle récupérateur, on peut citer comme motifs les plus fréquents :

- Un sommeil insuffisant : dormir peu en semaine, souvent compensé le week-end et en vacances par un sommeil franchement plus long, avec la disparition de la sensation de fatigue.
- Un rythme de sommeil irrégulier : certains postes de travail nécessitent de décaler les horaires de sommeil, voire de travailler de nuit. Ces ruptures de rythme imposent un ajustement des rythmes biologiques qui demandent toujours un effort à notre corps.
- Une anxiété importante ou une dépression : l'anxiété joue le même rôle que les mécanismes d'éveil sur le cerveau. Quant à la dépression, elle s'accompagne toujours de troubles du sommeil et particulièrement d'une insomnie.
- Un syndrome d'apnées du sommeil : les arrêts respiratoires au cours du sommeil entraînent un fractionnement des stades de sommeil qui le rend moins efficace.
- Un syndrome des jambes sans repos : impatiences au coucher, sommeil agité la nuit avec mouvements des jambes répétés, tout concourt à fractionner le sommeil.

LES SITUATIONS QUI RISQUENT DE DÉGRADER MON SOMMEIL

• Je dors moins de 6 heures.
• Mes horaires de sommeil sont très irréguliers.
• Je me sens anxieux ou déprimé.
• Je ronfle fort, mon entourage note des arrêts respiratoires et je me sens fatigué ou somnolent dans la journée.
• J'ai des impatiences pénibles dans les jambes qui m'obligent à bouger quand je me couche.

Les mécanismes du sommeil

S'endormir obéit à des règles physiologiques qui permettent d'avoir le meilleur sommeil possible. Trouver « son » sommeil n'est pas toujours facile car de nombreux facteurs interviennent. Les notions de rythme de sommeil et de besoin de sommeil sont fondamentales pour comprendre comment s'organise notre sommeil. Des pathologies peuvent venir perturber ces mécanismes bien établis.

Les rythmes de sommeil

Le témoignage suivant nous éclaire sur l'importance d'être en phase avec son rythme de sommeil :

« Pendant des années je me suis couchée très tôt, je me levais tôt et j'étais en pleine forme. Une fois mariée à un couche-tard, j'ai essayé de suivre son rythme mais j'ai souffert énormément de m'endormir tard. Certains soirs, il fallait que je me couche vers 21 heures (à l'époque je me levais vers 6 heures en raison de contraintes professionnelles) pour récupérer. Je me sentais vraiment très mal de dormir ainsi ! Mais petit à petit, notamment après la naissance des enfants, qui semble avoir influé sur l'organisation de mon sommeil, j'ai pris l'habitude de me coucher un cycle plus tard... mais si je suis vraiment très fatiguée, je me couche vers 21 heures et récupère merveilleusement bien ! »

Savoir si l'on est couche-tôt ou couche-tard est important pour ne pas fonctionner à l'envers. Ainsi, certaines personnes se couchent trop tôt par rapport à leur horloge biologique et développent une insomnie d'endormissement. Néanmoins, la plupart des gens ont des capacités d'adaptation importantes qui leur permettent de s'ajuster à des rythmes imposés différents de leurs horaires préférés.

L'ACCORD ENTRE RYTHME DE SOMMEIL ET RYTHME BIOLOGIQUE

Votre rythme de sommeil a plus de risque de ne pas être pas en accord avec votre rythme biologique si :

- vos horaires de travail sont décalés, vous obligeant à un lever très tôt ou à un coucher très tard ;
- vous travaillez de nuit ;
- vous tombez de sommeil le soir et vous êtes réveillé(e) tôt le matin ;
- vous n'arrivez pas à vous endormir le soir, et vous avez beaucoup de mal à vous réveiller le matin ;
- vous avez des accès de sommeil (mêmes brefs) dans la journée.

L'idéal est de trouver une activité professionnelle qui ne demande pas d'efforts exagérés pour s'adapter aux horaires imposés. Cela est vrai pour la plupart des postes. En revanche, dès que les horaires sont décalés et s'accompagnent de levers très tôt ou de couchers très tard (et *a fortiori* de travail de nuit), il peut y avoir une réelle incompatibilité entre le rythme imposé et le rythme de la personne. Ces difficultés d'adaptation seront d'autant plus marquées que la personne sera loin de son travail (temps de trajet) et que ses obligations familiales seront importantes.

Les besoins de sommeil

De nos jours, les conditions de vie ne se prêtent pas toujours à une bonne satisfaction de nos besoins de sommeil :

« Le matin, je me lève à 5 h 30 pour préparer le repas du soir puis emmener les enfants chez la nourrice avant de prendre le train pour aller travailler. Le soir, j'arrive à 19 h 30, juste pour réchauffer le dîner. Ensuite j'aide les plus grands à faire leurs devoirs, je range la maison, repasse un peu en regardant la télé. Quand je vais au lit, il est déjà minuit. Le matin c'est dur pour émerger ! »

La privation de sommeil est fréquente à notre époque. Depuis trente ans, les adolescents ont perdu deux heures de sommeil et les adultes plus d'une heure. Les conditions de travail et le temps de transport en sont les premiers responsables. En moyenne, le temps de sommeil est d'environ 8 heures. Les différences individuelles sont importantes, les très courts dormeurs ayant besoin de moins de 6 heures alors que d'autres, moins chanceux, ont besoin de 11 heures ou plus pour être en forme. Comment alors savoir si l'on dort suffisamment ? Il n'y a pas de formule pour calculer le temps de sommeil idéal. En revanche certains indices peuvent orienter.

On peut dire que votre sommeil est suffisant si :

- vous êtes habituellement en forme le lendemain ;
- vous n'avez pas d'accès de sommeil dans la journée ;
- votre durée de sommeil en période de vacances est supérieure d'une heure ou une heure trente minutes à votre durée de sommeil en période de travail, mais pas plus.

S'organiser une coupure

On ne s'endort pas dans n'importe quelles conditions :

« Le soir, à partir de 23 heures, j'ai le cerveau en ébullition. Je suis étudiante. On pourrait croire que ça me permettrait de travailler... mais c'est loin d'être le cas, impossible de me concentrer. »

Pendant la journée, nous sommes constamment sollicités par notre environnement pour apporter des réponses, réfléchir à des stratégies, agir, corriger, s'adapter... Lorsque vient l'heure de dormir, il faut pouvoir mettre toutes ces préoccupations de côté pour retrouver un esprit libre et tranquille. La plupart des insomniaques ne sont pas capables de faire cette coupure. Ils continuent à penser sur un mode automatique à tout et à rien, au point de relancer sans arrêt les mécanismes d'éveil.

Pour s'endormir il faut se détendre et être dans un environnement calme.

L'environnement est tout aussi important pour arriver à décrocher. Plus les bruits sont présents autour de soi, plus la température extérieure est élevée, plus la lumière est intense, plus le sommeil aura du mal à s'installer car tous ces éléments perturbateurs sont éveillants et contribuent à entretenir un mauvais sommeil.

Les maladies associées

La dépression

La dépression est une cause fréquente de déstructuration du sommeil. Avec l'anxiété, elle explique près de 50 % des insomnies. Il s'agit le plus souvent d'une insomnie de seconde partie de nuit. La personne s'endort en général rapidement, mais le sommeil qui suit est très morcelé en fin de nuit avec sensation de réveil précoce. Elle s'accompagne de signes d'intensité variable avec des troubles de l'humeur, une irritabilité, un repli sur soi, un ralentissement, une perte de désir et de plaisir, une tristesse avec parfois des idées noires. La personne vit à l'économie. Elle fait face à ses obligations de travail et de vie familiale, mais s'écroule littéralement le week-end où elle prolonge souvent son sommeil et fait la sieste.

Les apnées du sommeil

Les apnées sont liées à un arrêt du passage de l'air au niveau des voies aériennes supérieures. Pour être pathologique, cette interruption du flux aérien doit être supérieure à 10 secondes. On parle de syndrome d'apnées quand la personne fait plus de dix apnées ou hypopnées (l'air passe encore un peu) par heure. Le syndrome d'apnées est considéré comme sévère au-dessus de trente apnées ou hypopnées par heure.

Les apnées sont le plus souvent de mécanisme obstructif car il existe un rétrécissement des voies aériennes supérieures qui se produit exclusivement au cours du sommeil. En effet, le sommeil provoque un relâchement des tissus qui ont tendance à s'affaisser, surtout au niveau de la langue et du fond de la gorge. Ce rétrécissement est largement favorisé par la prise de poids car la graisse se dépose également au niveau du pharynx et infiltre la base de la langue. Une morphologie particulière est souvent retrouvée : menton en arrière, cou large et épais, ou bien au contraire un visage long et étroit. Il y a d'ailleurs un facteur génétique qui explique les cas familiaux de syndrome d'apnées du sommeil.

Plus fréquent chez l'homme que chez la femme avant la ménopause, il touche 5 à 7 % de la population générale, et 15 % des personnes de 70 ans et plus. Une obésité, ou tout au moins un surpoids sont fréquemment retrouvés.

Les signes qui orientent vers un syndrome d'apnées sont un ronflement souvent associé à des arrêts respiratoires qui inquiètent le conjoint. Il existe une fatigue importante le matin et dans la journée, des maux de tête sont parfois notés. La personne se plaint de gros troubles de la concentration et de la mémoire et parfois d'une somnolence gênante. Des petits signes traduisent qu'elle dort la bouche ouverte : sécheresse de la bouche au réveil, taches de salive sur l'oreiller. Une hypertension artérielle est associée dans deux tiers des cas.

Le syndrome des jambes sans repos

Dans la soirée au repos, ou lors du coucher, la personne a des sensations parasites désagréables, à type de picotements, d'agacements, de brûlures ou d'« électricité », qui l'obligent à bouger ses jambes, à se lever ou à marcher. Cette gêne et ce comportement entraînent le plus souvent une insomnie d'endormissement majeure, mais peuvent survenir également au cours de la nuit. Il n'est pas rare que ces sensations touchent également les membres supérieurs.

Dans 80 % des cas, ces sensations sont associées à des mouvements périodiques nocturnes. Ce sont des secousses brèves, involontaires, qui touchent préférentiellement les jambes et réveillent parfois le dormeur (le plus souvent il n'en a pas conscience) et surtout le conjoint. Le mouvement consiste en une flexion de l'orteil sur le pied qui peut se compléter par la flexion du pied sur la jambe, puis de la jambe sur la cuisse. Le mouvement touche un côté du corps ou les deux. Il peut être très violent. Ces secousses surviennent au rythme d'un mouvement toutes les 20 à 40 secondes, par périodes de plusieurs minutes qui se renouvellent trois à quatre fois dans la nuit. Le matin, la personne se réveille fatiguée, sans savoir pourquoi.

Les mécanismes de ce syndrome sont mal connus. Souvent qualifié de « mauvais état veineux », l'état circulatoire est rarement en cause, bien qu'il puisse exacerber les symptômes. L'origine est plutôt neurologique, avec des troubles de la régulation du contrôle des neurones moteurs dans lesquels un neuromédiateur, la dopamine, et le fer, qui agit conjointement avec elle, sont impliqués.

Que faire ?

Dormez-vous assez ?

Si vous avez des signes d'insuffisance de sommeil, il faut vous mettre comme priorité de dormir un peu plus. Gagner une demi-heure ou une heure de sommeil peut considérablement améliorer vos performances. Si ce n'est pas possible tous les soirs, essayez de libérer du temps quelques jours par semaine pour être plus à l'écoute de vos besoins de sommeil au cours de la nuit ou vous organiser une sieste. Même brève (20 minutes), elle vous permettra de vous sentir plus en forme et d'être plus efficace. L'idéal est de l'organiser sur l'heure du déjeuner après votre collation de midi. À la maison c'est évidemment plus facile, mais si vous vous organisez vous pourrez la faire au bureau en respectant certaines règles. Prévenez vos collègues, si possible isolez-vous, et trouvez la position pour dormir. Allongé sur la moquette si vous êtes seul dans une pièce, confortablement calé dans un fauteuil, ou la tête posée sur vos bras pliés sur le bureau, plusieurs solutions sont possibles.

Avez-vous une maladie associée ?

En cas de fatigue dans la journée, associée à un mauvais sommeil il faut toujours rechercher une cause spécifique comme une dépression ou une cause organique. Pour cela, il y a besoin d'un avis médical. L'avis de votre médecin généraliste consulté spécifiquement pour ce symptôme vous permettra d'être rassuré ou de vous orienter vers une consultation spécialisée si nécessaire.

Comment garder un bon sommeil

Le sommeil se construit pendant la journée. Lorsqu'on a un bon sommeil, on peut se permettre certaines libertés par rapport aux règles qui suivent. En revanche, dès que le sommeil a des ratés, il est nécessaire de passer par une hygiène rigoureuse pour éviter les comportements anti-sommeil.
Pour augmenter la pression de sommeil et favoriser un sommeil continu, la technique de restriction du temps passé au lit donne de bons résultats. L'insomniaque passe beaucoup trop de temps au lit. Il a pris toute une série d'habitudes qui, au lieu de l'aider, ne font qu'entretenir son insomnie. Il est fréquent que les insomniaques s'allongent sur leur lit pour dîner, téléphoner, travailler. Dans la nuit, ils racontent qu'ils passent des heures dans leur lit à guetter le sommeil qui ne vient pas. Et le matin, alors qu'ils sont réveillés depuis longtemps, ils restent désespérément couchés, au cas !

10 CONSEILS POUR GARDER UN BON SOMMEIL

1. Respecter son rythme.
2. Éviter les repas copieux et l'alcool au dîner.
3. Éviter de pratiquer un sport après 18 heures (ou attendre suffisamment longtemps pour se coucher).
4. Favoriser toute activité relaxante le soir : gym douce, lecture...
5. Bannir de la chambre la télévision, les appareils électroniques (ordinateur, téléphone portable, jeux vidéo...).
6. Prendre un bain ou une douche : un bain chaud pris 2 heures avant le coucher peut favoriser la détente le soir et le sommeil, mais il peut aussi avoir l'effet inverse en effaçant la fatigue... En cas de sensation de chaleur, une douche tiède peut aider à l'endormissement.
7. Ne se coucher que si l'on a sommeil.
8. Dormir dans une chambre aérée (température entre 18 et 22 °C).
9. Maintenir des horaires de lever réguliers.
10. Éviter les excitants – café, thé, vitamine C, sodas enrichis en caféine ou en cola.

La technique consiste donc à réduire le temps passé au lit pour le faire coïncider le plus possible avec le temps de sommeil que la personne déclare dormir. Une manière assez simple et efficace de le faire est de limiter le temps passé au lit à 6 heures par nuit. Les horaires de sommeil sont à définir en fonction de ses habitudes (23 heures 5 heures, ou 24 heures 6 heures... ou toute autre combinaison).
L'important est de tenir ces horaires pendant suffisamment de jours pour que la privation de sommeil (partielle) permette de mobiliser les facteurs de sommeil endogènes. Il faut en général de trois à six semaines pour ressentir une amélioration. Respecter les horaires d'une manière scrupuleuse est très important pour que le processus marche. Le pire est de le faire par intermittence, car la personne à l'impression de faire des efforts monstrueux alors que les effets positifs ne se font pas sentir, ce qui est très décourageant.
Dès que la personne reprend confiance dans son sommeil, elle va se coucher en n'ayant plus peur de ne pas dormir. C'est le début du cercle vertueux qui aidera l'insomniaque à dédramatiser la situation et à sortir de l'insomnie.

Comment utiliser les médicaments

Il n'y a pas de somnifère idéal, et utilisés sur une longue durée, tous les médicaments ont des inconvénients.

« Au mois d'août après trois nuits sans sommeil un médecin m'a prescrit de l'Imovane. Avec ça pas de problème, je dors ! Mais c'est qu'il est difficile de s'en passer. »

Les benzodiazépines ou les molécules apparentées que sont la zopiclone ou le zolpidem sont les produits les plus prescrits. Viennent ensuite des phénothiazines antihistaminiques, simples ou en association. Chaque personne réagit différemment à tel ou tel produit, et il est impossible sans essai préalable de savoir quel médicament sera efficace et confortable pour une personne donnée.
Les somnifères sont d'excellents produits s'ils sont bien utilisés mais il faut éviter l'accoutumance. C'est pourquoi il faut en limiter l'usage dans le temps, soit sur une courte période de quinze jours à trois semaines, soit en discontinu deux à trois fois par semaine en fonction des moments repérés comme favorisant l'insomnie (par exemple l'insomnie du dimanche soir, ou celle qui précède ou suit une journée riche en stress…).
Certains antidépresseurs sont de plus en plus utilisés dans l'insomnie pour améliorer le sommeil. Ils sont efficaces à des doses inférieures aux doses antidépressives. Ils ne provoquent pas d'accoutumance, mais la mise en route du traitement s'accompagne souvent d'une somnolence le matin pendant quelques jours.

Lorsque les mauvaises nuits se succèdent, il faut s'inquiéter et consulter.

Quand faut-il s'inquiéter ?

Nous pouvons tous passer une mauvaise nuit. Pour autant, cela ne veut pas dire qu'il y a un problème. En revanche, quand la situation dure, se répète nuit après nuit, pour devenir quotidienne, il faut alors s'inquiéter et consulter. Tout d'abord, il convient d'en parler à son médecin généraliste. C'est lui qui fera la première évaluation et qui éliminera les causes évidentes. Si les troubles du sommeil persistent, alors la consultation spécialisée s'impose.

Pour en savoir plus sur un bon sommeil, reportez-vous page 525.

9 En savoir **plus**

36. Se soigner par la relaxation

Servant D., *Relaxation et Méditation. Trouver son équilibre émotionnel*, Paris, Odile Jacob, 2007.

Sites Internet

Pour l'appareil de cohérence cardiaque Symbioline développé en partenariat avec le CHRU de Lille, voir toutes les informations sur le site : www.symbiofi.com

Exercices de relaxation à télécharger également sur www.symbiofi.com. Les exercices sont aussi disponibles sous forme de CD audio SymbioLive et de logiciel SymbioFeel disponibles sur le site symbiofi ou chez certains distributeurs.

37. La méditation : mieux vivre et moins souffrir

Compte-Sponville A., *L'Esprit de l'athéisme*, Paris, Albin Michel, 2006.

Gunaratana H., *Méditer au quotidien*, Paris, Marabout, 1995.

Hart W., *L'Art de vivre*, Paris, Seuil, 1997.

Kabat-Zinn J., *Où tu vas, tu es*, Paris, J'ai Lu, 2004.

Segal Z. V., Williams M. G., Teasdale J. D., *La Thérapie cognitive basée sur la pleine conscience pour la dépression*, Paris, De Boeck, « Carrefour des psychothérapies », 2006.

Thich Nhat Hanh, *Le Miracle de la pleine conscience. Manuel pratique de méditation*, Paris, L'Espace bleu, 1994.

38. Quand je fais du bien à mon corps, je soigne ma tête

Servan-Schreiber D., *Guérir le stress, l'anxiété, la dépression sans médicaments ni psychanalyse*, Paris, Robert Laffont, 2003.

Presles Ph., Solano C., *Prévenir, Alzheimer, cancers, infarctus et vivre en forme plus longtemps*, Paris, Robert Laffont, 2006.

Cocaul A., *Le Plaisir sans les kilos*, Paris, Jean-Claude Gawsewitch Éditeur, 2007.

Haynes H., Sansonetti I., *Ma forme et moi. Jamais sans mon coach*, Paris, Plon, 2008.

Fricker J., *Simple comme maigrir*, Paris, Odile Jacob, 2008.

39. Gérer ses émotions : peur, tristesse, colère

Hahusseau S., *Tristesse, peur, colère. Agir sur ses émotions*, Paris, Odile Jacob, 2006.

40. Prendre du recul sur ses pensées : l'approche cognitive

André C., *Les Thérapies cognitives*, Paris, Bernet-Danilo éditions, 1999.

Cottraux J., *La Répétition des scénarios de vie*, Paris, Odile Jacob, 2001 ; « Poches Odile Jacob », 2003.

Cottraux J., *Les Thérapies cognitives. Comment agir sur nos pensées et nos émotions*, Paris, Retz, 2006.

Hahusseau S., *Comment ne pas se gâcher la vie*, Paris, Odile Jacob, 2003 ; « Poches Pratique », 2008.

Monestès J.-L., Boyer C., *Les Thérapies comportementales et cognitives. Se libérer des troubles psy*, Paris, Milan, « Essentiels », 2006.

Young J. E. Klosko J. E., *Je réinvente ma vie. Vous valez mieux que vous ne pensez*, Paris, Éditions de l'Homme, 2003.

41. Bien dormir...

Billiard M., *Le Guide du sommeil. Comment bien dormir*, Paris, Odile Jacob, 2007.

Royant-Parola S., *Comment retrouver le sommeil par soi-même*, Paris, Odile Jacob, 2002 ; « Poches Odile Jacob », 2008.

Royant-Parola S. (sld), *Les Mécanismes du sommeil : rythmes et pathologie*, Paris, Le Pommier, 2007.

Renseignements et adresses

La **Société française de recherche et de la médecine du sommeil (SFRMS)**, société savante qui regroupe les spécialistes du sommeil :
Secrétariat : Unité d'hypnologie
Hôpital neurologique
69677 Bron Cedex
Site Internet : http://www.sfrms.org

Institut national du sommeil et de la vigilance :
Téléphone : 01 48 56 27 87
Contact : secretariat@institut-sommeil-vigilance.org
Site Internet : http://www.institut-sommeil-vigilance.org

Le **Réseau Morphée**, réseau de santé consacré aux troubles du sommeil en Île-de-France :
2, Grande-Rue
92380 Garches
Téléphone : 09 77 93 12 04
Contact : contact@reseau-morphee.org
Site Internet : http://www.reseau-morphee.org

Les associations de patients

Association du syndrome des jambes sans repos (SJSR) :
5, rue du Tournant
67200 Strasbourg
Téléphone : 03 88 30 37 24
Site Internet : http://www.sjsr.fr

Association de narcolepsie, cataplexie et d'hypersomnie :
Secrétariat : Le Sartre de Mallet
07110 Laboule
Téléphone : 04 75 88 95 39
Contact : anc.paradoxal@wanadoo.fr
Site Internet : http://www.anc-narcolepsie.com

FFAAIR pour les apnées du sommeil :
66, boulevard Saint-Michel
75006 Paris
Tél. : 01 55 42 50 40
Fax : 01 55 42 50 44
Contact : ffaair@ffaair.org
Site Internet : http://www.apneedusommeil.net

Association sommeil et santé (SDM) :
1, place Paul-Verlaine
92100 Boulogne-Billancourt
Contact : contact@sommeilsante.asso.fr
Site Internet : http://www.sommeilsante.asso.fr

10 SAVOIR comment se soigner

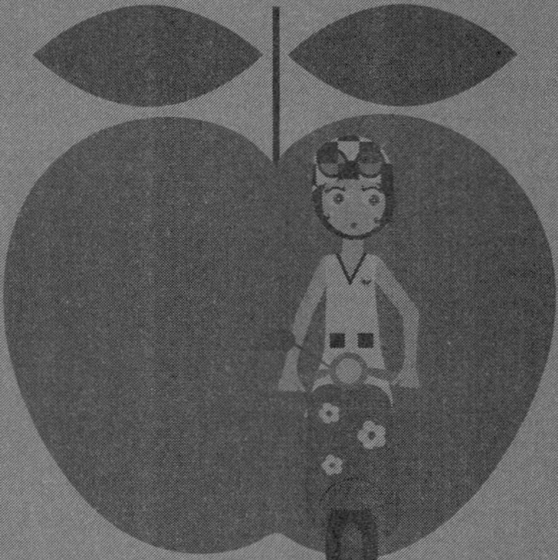

Longtemps, on a jugé les difficultés psychologiques (les déprimés manquent de volonté, les phobiques manquent de courage) au lieu de les comprendre comme des maladies (que l'on n'a pas choisies). D'où une honte à souffrir de troubles psychiques, et une réticence à demander de l'aide. En fait, les maladies psychiques sont parmi les plus fréquentes, et solliciter de l'aide à leur propos est légitime. Voici ce que vous devez savoir pour bien dialoguer avec les professionnels, si vous en avez un jour besoin…

42

Dr Antoine
Pelissolo

Médicaments psy : un bon usage est possible

Prozac, Lexomil, Stilnox… les médicaments « psy » ont souvent une image négative, même si la France compte un grand nombre d'utilisateurs. Bien accompagnés médicalement et psychologiquement, ils peuvent être très utiles. Ils n'empêchent en rien de rester soi-même et surtout d'entreprendre en plus d'autres démarches pour aller mieux (psychothérapies, changements de vie, ouverture aux autres, etc.)
Dans quels cas y avoir recours ? Quels effets en attendre ? Que faut-il craindre ? Ces questions, que tout le monde se pose, méritent des réponses claires pour rassurer et parvenir à un usage sécurisé et raisonné de ces médicaments.

Plusieurs familles

Les médicaments psy appartiennent à plusieurs familles différentes qu'il ne faut pas confondre. Les plus utilisés sont les anxiolytiques, les antidépresseurs et les somnifères. Les neuroleptiques, les thymorégulateurs et quelques autres ont des usages plus restreints.

LES GRANDES CLASSES DE MÉDICAMENTS PSY

• **Antidépresseurs :** traitements de fond de la dépression mais aussi de certains troubles anxieux comme les phobies sociales ou les troubles obsessionnels-compulsifs. Les plus utilisés sont l'Effexor, le Déroxat, le Prozac ; les plus récents sont le Séroplex et le Cymbalta.

• **Anxiolytiques :** aussi appelés tranquillisants, ils ont pour effet de calmer les angoisses et le stress assez rapidement, mais transitoirement. La plupart sont des « benzodiazépines » (famille chimique particulière), notamment le Xanax, le Témesta ou le Lysanxia.

• **Somnifères :** Stilnox, Imovane, Théralène sont les plus connus. Ils facilitent l'endormissement mais ne doivent pas être pris trop longtemps, car leurs effets s'atténuent rapidement et une dépendance risque de s'installer.

• **Neuroleptiques :** ils sont aussi nommés antipsychotiques car ils soignent les psychoses et notamment la schizophrénie.

• **Thymorégulateurs :** le lithium, notamment. Ils permettent d'éviter les rechutes dépressives et les états d'excitation chez les personnes souffrant de trouble bipolaire.

Les antidépresseurs

Voici le témoignage que nous livre une femme de 38 ans sur les antidépresseurs :

« Ce médicament m'a sauvé la vie, j'en suis sûre. Lorsque mon médecin me l'a prescrit, je n'y croyais pas, et j'étais au bout du rouleau, déprimée depuis six mois, sans espoir et sans force. Je pensais réellement au suicide. Je me suis arrêtée de travailler pendant un mois. Et puis, en quelques semaines, progressivement, mon moral a changé ; l'énergie est revenue et surtout les idées noires se sont estompées. Mon sommeil aussi est revenu comme avant. Aujourd'hui, quand j'entends les gens critiquer les antidépresseurs, je me dis qu'ils ne savent pas de quoi ils parlent. »

Ce témoignage montre ce que sont les antidépresseurs : des médicaments particuliers qui soignent de vraies maladies. Les médecins ne les prescrivent pas pour des états de déprime passagère ou des problèmes « existentiels » qui relèveraient d'autres types d'aide, psychologique ou sociale par exemple. Les plus récents, apparus après 1990, sont maintenant très souvent prescrits par des médecins généralistes, car ils sont assez simples d'utilisation : doses efficaces bien identifiées, peu d'effets secondaires, peu de risques. Cependant, ils ne sont justifiés que lorsqu'un diagnostic de dépression pathologique est porté, car ils ne règlent pas toutes les difficultés psychologiques.

Plus de 20 médicaments différents

Seul le médecin, en fonction du type de dépression et d'autres facteurs individuels, peut décider quel est le médicament qui convient. Tous ceux qui sont disponibles en France ont fait l'objet d'études rigoureuses confirmant leur efficacité. Aucun cependant n'est parfaitement efficace chez 100 % des patients : il est parfois nécessaire d'en essayer un ou deux avant de trouver celui qui convient.

LES PRINCIPAUX ANTIDÉPRESSEURS

Premiers recours (efficaces et bien tolérés)	• Prozac (générique : fluoxétine) • Déroxat (paroxétine) • Séroplex • Séropram (citalopram) • Cymbalta • Effexor (venlafaxine) • Norset • Athymil (miansérine) • Stablon
Deuxième recours (parfois plus efficaces mais avec plus d'effets secondaires)	• Anafranil (clomipramine) • Tofranil • Laroxyl • Prothiaden • Marsilid

Scénario antidépression

Les antidépresseurs doivent être pris tous les jours.

Après une ou plusieurs consultations permettant de confirmer l'existence d'une dépression pathologique et de bien connaître son patient, le médecin lui remet une ordonnance pour une à quatre semaines dans un premier temps. Les antidépresseurs doivent être pris tous les jours. Les effets bénéfiques ne sont pas immédiats, mais peuvent prendre deux à quatre semaines pour apparaître. Il est donc important de ne pas arrêter le traitement après quelques jours, et surtout de ne faire aucun changement sans en parler au médecin. La guérison n'est pas totale tout de suite, les symptômes s'améliorent progressivement sur quelques semaines.

Quand la dépression semble bien contrôlée, en un à deux mois en général, il est indispensable de continuer le traitement pendant au moins six mois à la même dose. L'amélioration initiale est en effet fragile et, en cas d'arrêt trop précoce, le risque de rechute très élevé. Il faut donc continuer à voir le médecin régulièrement pour renouveler les ordonnances, surveiller l'état du patient, et éventuellement discuter d'une psychothérapie en complément.

Les effets bénéfiques des antidépresseurs ne sont pas immédiats.

Après 8-9 mois au total, il est en général possible d'essayer d'arrêter l'antidépresseur en diminuant progressivement les doses, toujours en accord avec son médecin.

Comment ça marche ?

Les antidépresseurs rétablissent le fonctionnement normal du cerveau en rééquilibrant l'activité de certains neurotransmetteurs (molécules assurant la communication entre les neurones), perturbée lors des dépressions. Il ne s'agit donc ni d'un « dopage » qui ajouterait des capacités artificielles ni d'une mise en sommeil de certaines fonctions, mais d'un retour à la normale, ni plus ni moins. Le neurotransmetteur visé le plus souvent est la sérotonine.

Les effets secondaires

Les antidépresseurs actuels engendrent moins d'effets secondaires et de risques que les anciens. Comme tout médicament actif, ils peuvent cependant être moins bien tolérés par certaines personnes. Les effets indésirables sont en général modérés et ne mettent pas la santé en danger de manière durable. Les plus fréquents sont les nausées, la fatigue, la somnolence et les troubles du sommeil. Ces effets secondaires apparaissent d'habitude dès le début du traitement, mais disparaissent en quelques jours. Deux autres peuvent cependant persister : des problèmes sexuels (baisse de la libido ou difficultés à éjaculer chez les hommes) et une prise de poids (2 à 3 kilos, par exemple).

Au total, environ 30 % des patients ont des effets secondaires en début de traitement, et environ 10 % ne supportent pas un premier médicament donné et doivent en changer. Dans tous les cas, il est nécessaire d'en parler avec le médecin afin de trouver la solution la plus adaptée. Aucun des effets indésirables ne persiste après l'arrêt du traitement, même après une durée longue.

Autres usages des antidépresseurs

Certains antidépresseurs sont maintenant utilisés et efficaces dans d'autres pathologies, qu'elles soient ou non associées à une dépression, surtout les troubles anxieux :

- les phobies sociales, quand les angoisses provoquées par les contacts sociaux sont très intenses et posent des problèmes dans la vie professionnelle ou personnelle ;
- les attaques de panique (crises d'angoisse avec symptômes physiques) lorsqu'elles se répètent plusieurs fois par semaine et qu'elles perturbent la vie quotidienne ;
- les troubles obsessionnels-compulsifs, quand les obsessions ou les rituels interfèrent trop avec les activités ;
- les états de stress post-traumatique sévères et douloureux ;
- et enfin l'anxiété généralisée, lorsque les inquiétudes ou la tension nerveuse sont envahissants et perturbent les activités normales.

Les antidépresseurs les plus utilisés contre les troubles anxieux sont le Séroplex, l'Effexor, le Déroxat et le Zoloft. Le déroulement du traitement ressemble à celui des dépressions : prises quotidiennes, délai d'action d'environ un mois, traitement à poursuivre six mois, voire un an sans l'arrêter brutalement, peu d'effets secondaires en général mais nécessité parfois d'essayer un ou deux médicaments avant de trouver celui qui convient. Il est souvent essentiel d'associer le traitement antidépresseur à une psychothérapie pour éviter des rechutes après l'arrêt du médicament.

Débats et controverses

Deux points concernant les antidépresseurs font parfois l'objet de débats dans les médias : leur efficacité réelle et les risques suicidaires.

Efficacité des antidépresseurs

Il est difficile de prouver de manière indiscutable l'action de médicaments contre la dépression, car il s'agit d'un phénomène complexe et en grande partie subjectif. De nombreuses études ont cependant montré que les antidépresseurs sont efficaces pour beaucoup de personnes déprimées, et cela est confirmé dans la pratique de tous les jours. En revanche, surtout quand la dépression n'est pas très intense, l'effet des antidépresseurs est parfois difficile à distinguer de l'effet de produits « placebo » (médicaments sans composé actif) qui leur sont comparés, car le fait de consulter un spécialiste et de recevoir une ordonnance a déjà en soi des effets psychologiques bénéfiques.

Antidépresseurs et risque suicidaire

Pour les risques suicidaires, la situation est un peu la même. Dans la pratique de tous les jours, les médecins constatent que les antidépresseurs, en soignant les dépressions, permettent de réduire les risques. En revanche, il existe des patients pour lesquels les antidépresseurs ne sont pas assez efficaces, et des tentatives de suicide sont alors malheureusement possibles. Il est même apparu que, chez des adolescents ou des adultes jeunes, la prise d'un antidépresseur pouvait très marginalement augmenter le risque de tentatives de suicide, par facilitation de l'impulsivité. Ceci n'est vrai que dans des cas très spécifiques de jeunes patients présentant une dépression particulière associée à un trouble de la personnalité.

10 POINTS À CONNAÎTRE SUR LES ANTIDÉPRESSEURS

1. Une ou plusieurs consultations sont utiles avant toute prescription.
2. Le choix du médicament doit être fait par le médecin.
3. Prendre le médicament tous les jours, sans sauter de prise.
4. La dose fixée par le médecin doit être respectée.
5. La durée du traitement est d'au moins 6 à 9 mois. Il ne faut donc pas l'arrêter sans l'accord du médecin, même quand on se sent bien.
6. Les effets secondaires sont en général peu graves et transitoires. Cependant, il convient d'en parler au médecin.
7. L'arrêt du traitement doit être progressif.
8. Le fait de prendre un antidépresseur n'empêche pas d'entreprendre une psychothérapie.
9. Les antidépresseurs n'engendrent pas de dépendance et un traitement prolongé n'entraîne pas de risque particulier.
10. Les antidépresseurs permettent de retrouver sa personnalité normale, sans ajouter ni enlever de capacités.

Les anxiolytiques

Les anxiolytiques visent à réduire l'angoisse et l'anxiété, mais d'une manière différente de celle des antidépresseurs. Nous avons vu que les antidépresseurs ont des effets progressifs, retardés de plusieurs semaines en général. Au contraire, les anxiolytiques les plus courants peuvent apporter une sensation de soulagement dès les premiers jours de traitement. En revanche, ils ne « soignent » pas en profondeur les pathologies anxieuses, phobiques, et encore moins les dépressions. Ils peuvent entraîner une dépendance, ce qui incite à des traitements de courte durée, aux doses les plus faibles possibles.

LES PRINCIPAUX ANXIOLYTIQUES

Familles	Médicaments
Benzodiazépines	• Xanax (alprazolam) • Témesta • Lexomil (bromazépam) • Lysanxia • Valium • Séresta • Rivotril
Autres classes	• Atarax • Buspar (buspirone) • Stresam • phytothérapie (Euphytose, etc.)

Deux modalités de prise des anxiolytiques

On peut distinguer deux scénarios de traitement par anxiolytique : des prises ponctuelles ou des prises régulières.
Les prises ponctuelles peuvent être utiles lorsque l'anxiété survient par crises ou par bouffées peu fréquentes. Le médicament peut être pris quand la personne en ressent le besoin, une fois par jour ou moins.
Les prises régulières et fixes sont intéressantes lorsque l'anxiété est quasi permanente. Elles comportent cependant un peu plus d'inconvénients, notamment un risque réel de dépendance. De ce fait, il faut prévoir d'emblée que le traitement sera court, dans l'idéal moins d'un mois et de toute façon moins de trois mois. Le traitement doit être pris aux doses prescrites par le médecin, qui peut les ajus-

ter après quelques jours car il existe de grandes variations d'une personne à l'autre dans la sensibilité à ces médicaments. Lorsque la décision est prise d'arrêter le traitement anxiolytique, ceci doit toujours se faire progressivement sur quelques jours, voire quelques semaines pour éviter un syndrome de sevrage.

Les effets secondaires des anxiolytiques

Les benzodiazépines sont prescrites à beaucoup de personnes car elles sont efficaces et, à première vue, dénuées d'inconvénients majeurs. On sait pourtant maintenant que ces médicaments sont moins anodins qu'on le croyait initialement. Il existe tout d'abord des effets secondaires apparaissant dès les premières prises chez certaines personnes sensibles et/ou si les doses sont trop élevées : somnolence, fatigue, troubles de la concentration. Chez les personnes âgées, ces effets secondaires peuvent être encore plus marqués, avec des confusions et des chutes possibles. La « sédation » (somnolence) est fortement majorée en cas de prise d'alcool associée, et peut poser de vrais problèmes pour la conduite automobile. Cela dit, ces effets indésirables sont en réalité assez rares aux doses classiques.
Ces médicaments ont aussi des effets négatifs sur la mémoire. Il ne s'agit évidemment pas d'une amnésie totale, mais d'une légère réduction des capacités à retenir des choses nouvelles. Tous les effets négatifs décrits disparaissent sans séquelle à l'arrêt du traitement.

Attention, les anxiolytiques peuvent entraîner un syndrome de sevrage.

Les problèmes de sevrage et la dépendance

L'inconvénient principal des anxiolytiques de la famille des benzodiazépines est la survenue possible d'un syndrome de sevrage après un traitement prolongé. Il ne survient qu'après plusieurs semaines, mois ou années, et pas chez tous les utilisateurs, mais contribue au développement de la dépendance au médicament. Le syndrome de sevrage n'est pas un trouble très grave mais il est gênant : anxiété plus forte, insomnie, nervosité, hypersensibilité ou autres symptômes de stress. Exceptionnellement, une crise d'épilepsie peut survenir si l'arrêt du traitement est très brutal et si les doses étaient élevées. Ce syndrome de sevrage conduit souvent les utilisateurs non avertis à reprendre le médicament qu'ils devaient arrêter, et ce inutilement pendant des mois, voire des années.

Dans tous les cas, le meilleur moyen d'éviter l'installation d'une dépendance est de ne pas prolonger le traitement par benzodiazépines au-delà de quelques semaines. De plus, il faut procéder à une diminution progressive des doses pour éviter le syndrome de sevrage.

Rappelons que ces difficultés n'existent pas avec les médicaments des autres familles, notamment avec les antidépresseurs. Certains anxiolytiques ne sont pas des benzodiazépines (voir p. 534) et n'engendrent donc pas de problème de dépendance et de sevrage, mais leur efficacité est parfois moins nette et ils peuvent avoir d'autres inconvénients.

Lorsque l'anxiété est durable et intense, il vaut mieux interroger son médecin sur les autres méthodes utiles et moins risquées : relaxation, psychothérapie, et éventuellement antidépresseurs.

Les somnifères

Certains somnifères, ou hypnotiques, appartiennent à la même famille que les anxiolytiques (benzodiazépines), ou en sont très proches, avec les mêmes avantages et inconvénients : efficacité rapide et réelle au début, mais diminuant avec le temps, et risque de somnolence dans la journée, de troubles de la mémoire et surtout de dépendance liée aux syndromes de sevrage lorsqu'on les arrête brutalement.

L'usage des somnifères doit être limité à des cures courtes.

Les somnifères peuvent être utiles en cas d'insomnie transitoire, liée par exemple à un décalage horaire ou à des événements stressants que l'on sait ponctuels. Il faut cependant s'en tenir à des doses faibles, en évitant l'« escalade ». Si l'insomnie est ancienne ou associée à d'autres difficultés qui risquent de durer (dépression, problèmes de vie prolongés, etc.), l'usage des somnifères doit être très prudent et limité à des cures courtes de quelques jours au maximum. D'autres moyens thérapeutiques doivent être alors recherchés, comme la psychothérapie, la relaxation, ou éventuellement d'autres types de médicaments ayant des effets bénéfiques sur le sommeil comme les antidépresseurs.

LES PRINCIPAUX SOMNIFÈRES

Familles	Médicaments
Benzodiazépines ou équivalents	• Stilnox (générique : zolpidem) • Imovane (zopiclone) • Havlane • Rohypnol (flunitrazépam)
Autres classes	•Théralène • Nopron • Mépronizine

Autres psychotropes

Les antipsychotiques

Appelés aussi neuroleptiques, les antipsychotiques sont les traitements principaux des états psychotiques comme la schizophrénie ou les bouffées délirantes. Ils calment les angoisses les plus fortes, les hallucinations et peuvent combattre les idées délirantes.

Leur utilisation est assez complexe et nécessite, au départ au moins, un suivi psychiatrique. Il s'agit de traitements quotidiens, pouvant durer plusieurs mois, voire plusieurs années, qui permettent à de nombreux malades de revivre normalement, ou presque, malgré des épisodes pathologiques parfois très graves.

Ils peuvent avoir cependant des effets secondaires gênants, comme des tremblements, une prise de poids, ou une somnolence, mais les médicaments antipsychotiques récents (Zyprexa, Risperdal, Solian, Léponex, Abilify) sont en général mieux supportés que les plus anciens (Haldol, Largactil).

Les thymorégulateurs

Régulateurs de l'humeur, les thymorégulateurs sont également des médicaments qui nécessitent un suivi spécialisé. Ils se révèlent d'une grande utilité dans les maladies graves que sont les troubles bipolaires, ou maladie maniaco-dépressive. Leur rôle est surtout préventif : éviter les rechutes dépressives et maniaques (états d'excitation). Ces médicaments doivent donc être pris pendant des durées très longues, de plusieurs années et parfois à vie, ce qui est rendu possible en général par l'absence d'effets secondaires notables. Le principal médicament thymorégulateur est le lithium (Téralithe), mais d'autres sont apparus au cours des dernières années (Dépakine, Tégrétol, Lamictal ou Zyprexa) et permettent d'adapter les traitements au cas de chaque patient.

Mais encore...

D'autres médicaments, très particuliers, visent à lutter en particulier contre la dépendance alcoolique (Aotal, Révia, Espéral) ou tabagique (Champix, Zyban), d'autres toxicomanies (Subutex, Méthadone), ou encore l'hyperactivité de l'enfant (Ritaline, Concerta).

Solutions alternatives

Une dernière catégorie peut être évoquée : celle des produits vendus comme solutions alternatives : médicaments de phytothérapie, homéopathie, ou encore les fameux oméga-3 ou le millepertuis.

Leur point commun est souvent de ne pas être assez efficaces chez la plupart des patients pour pouvoir être recommandés dans des pathologies sévères (dépression majeure ou anxiété pathologique par exemple). Leur efficacité est souvent proche de celle de produits dits « placebo », c'est-à-dire plus efficaces psychologiquement que biologiquement. Certaines personnes y sont cependant très sensibles, ce qui peut avoir un intérêt pour éviter les traitements classiques, en général plus coûteux et avec plus d'effets secondaires potentiels. Il faut cependant se méfier de deux risques :

- certains de ces produits peuvent avoir malgré tout des effets indésirables,
- leur utilisation prolongée, quand elle n'est pas assez efficace, peut retarder inutilement le recours à des solutions plus classiques (médicaments ou psychothérapie) qui ont plus de chances de conduire à un résultat positif.

Il est donc toujours conseillé de consulter un médecin pour avoir un avis spécialisé sur ces questions.

En conclusion

Le recours aux médicaments peut être indispensable dans des pathologies sévères, celles qui mettent la vie de la personne en danger, ou qui perturbent gravement son équilibre de vie (ou celui de son entourage), comme des dépressions très intenses, des états psychotiques, ou des toxicomanies. Dans d'autres cas, si la dépression est moins sévère ou l'anxiété non insupportable, les médicaments psychotropes ne sont pas forcément incontournables et d'autres solutions peuvent être préférées. Bien contrôlés et pris pour ce qu'ils sont, des béquilles temporaires, ils s'avèrent malgré tout des aides non négligeables lorsque l'on ne souhaite pas escalader les montagnes à mains nues…

LES MOTS CLÉS À RETENIR

Précision : ne pas confondre antidépresseurs, anxiolytiques et autres psychotropes qui ont chacun leur utilisation particulière.

Accompagnement : le choix d'un traitement est individuel et ne peut être fait que par un médecin qui va suivre ensuite l'évolution globale de la situation.

Prudence : l'automédication et les modifications de traitement par soi-même sont toujours périlleuses avec les médicaments psy, et sont donc à éviter absolument.

Déculpabilisation : un traitement psychotrope est un soin comme un autre, parfois indispensable ; un enjeu essentiel est de surmonter l'image négative qu'on en a souvent, de même que le discours culpabilisant des proches qui rejettent parfois ces médicaments sans raisons valables.

Pour en savoir plus sur les médicaments psy, reportez-vous page 551.

ÉVALUEZ-VOUS : VOUS ET LES MÉDICAMENTS

Ce petit test vous permettra de vérifier vos connaissances sur les médicaments. Si vous avez bien lu ce qui précède, il ne devrait pas vous poser de problème.

A. Reliez ces médicaments à leur famille :

a. Stilnox	1. Antidépresseur
b. Prozac	2. Antipsychotique
c. Zyprexa	3. Somnifère
d. Xanax	4. Anxiolytique
e. Séroplex	5. Antibiotique

B. Quelle est la durée moyenne d'un traitement antidépresseur ?

1. Trois semaines
2. Trois mois
3. Huit mois
4. Deux ans
5. Trois ans

C. Quelle est la durée à ne pas dépasser pour un traitement anxiolytique ?

1. Une semaine
2. Quatre semaines
3. Trois mois
4. Un an
5. Cinq ans

D. Quels médicaments peuvent être vendus sans ordonnance ?

1. Antidépresseurs
2. Antipsychotiques
3. Benzodiazépines
4. Neuroleptiques
5. Thymorégulateurs

Réponses

A : a3, b1, c2, d4, e1
B : 3
C : 3
D : aucun !

Comment choisir sa psychothérapie

43

Stéphany
Orain-Pelissolo

Qu'entend-on par psychothérapie ? La psychothérapie constitue toujours une rencontre entre deux personnes, l'une souffrant, donc ayant besoin d'aide pour guérir, et l'autre, le psychothérapeute, possédant un corps de connaissances théoriques et techniques qu'il utilise pour soigner cette personne. C'est une pratique visant à soulager la souffrance psychique qui peut se manifester par de la tristesse, de l'anxiété, du stress, de l'insomnie, une perte d'appétit, la dépendance à une substance psycho-active, ou encore par un isolement social, des difficultés d'insertion professionnelle, etc. Et quand nous souffrons, il est parfois éprouvant de chercher seul la bonne psychothérapie ou le bon psychothérapeute. Je vais ainsi essayer de vous guider dans votre recherche éventuelle en répondant à des questions que l'on se pose fréquemment sur la psychothérapie : En ai-je besoin ? Qui consulter ? Quelles questions oser poser au thérapeute pour faire mon choix ? Quels types de thérapies existent ? Comment se passe une séance ? Quels résultats attendre ?

Avez-vous besoin de consulter ?

Nous sommes nombreux à nous être déjà posé cette question. Mais la démarche de consulter un « psy » n'est pas chose facile quand, pour beaucoup, « psy » est encore synonyme de « folie ». Pourtant, dans nos cabinets, nous recevons des gens *comme vous et moi* : des personnes sans emploi au chef d'entreprise, en passant par l'enfant surdoué, les professeurs, les personnes atteintes d'une maladie grave telle que le cancer, des femmes souffrant de troubles du comportement alimentaire, des femmes battues ou encore des confrères. Personne aujourd'hui n'est à l'abri de la souffrance psychique.

Quant à la question : « Quand consulter? », au-delà des critères pour chacun des troubles psychiques décrits dans ce guide, n'hésitez plus à consulter quand votre souffrance est devenue ingérable, quand l'angoisse ou la tristesse vous tiennent, quand elles sont là et qu'elles vous « rongent » de l'intérieur, quand vous vous prenez à rêver de posséder un bouton « marche-arrêt » pour stopper le flot de pensées négatives, pour ne plus rien ressentir ou au moins être serein, ou encore quand les idées noires vous sont trop familières. Et puis, derrière tout cela, deux besoins essentiels doivent pousser à cette démarche : *comprendre* d'une part, et/ou *changer* d'autre part.

Ces témoignages de patients sur le besoin de consulter vous donneront peut-être des points de repère :

Bérénice : « Le besoin de consulter est venu chez moi de l'acceptation du fait que j'allais mal et qu'il fallait reprendre les choses en main, ce que je n'arrivais plus à faire moi-même. »

Cécile : « Seule, je n'arrivais plus à gérer mes émotions négatives, et je me sentais très déprimée, sans estime de moi. Mes relations, ainsi que mon insertion dans le monde du travail devenaient de plus en plus compliquées, et je m'isolais dangereusement. »

Caroline : « Le besoin de consulter m'est venu de façon tout à fait impérieuse : la souffrance causée par mes symptômes était tout bonnement intolérable : il fallait passer le moment de surprise, de l'impossibilité de prendre sur soi, de se raisonner et de la honte, faire quelque chose, se faire aider. »

Jules : « Avant d'être amené à consulter un psychiatre, le monde de la psychiatrie était pour moi un monde inconnu, voire tabou... jusqu'au jour où j'y ai été contraint et forcé. Il n'y avait plus rien d'autre à faire [...]; cette hospitalisation aurait pu être évitée si j'avais su déceler les prémices de la dépression qui me guettait. On se dit toujours que ce n'est qu'un passage difficile, que ça ira mieux demain. »

Lucie : « J'avais déjà consulté quand j'avais 12 ans parce que je n'étais déjà pas bien à cause de problèmes relationnels avec mes camarades. Je pleurais beaucoup, je somatisais beaucoup (maux de tête, de ventre, malaises hypoglycémiques...), je ne voulais plus aller à l'école. J'ai eu ensuite des rechutes de dépression. [...] arrivée en dernière année de formation, nouvelle dépression toujours plus importante et douloureuse sauf que je pouvais mettre un nom sur tous mes symptômes grâce à mes cours de psychopathologie. Donc j'ai décidé de consulter un psychiatre et de me faire vraiment soigner cette fois-ci. »

Victor : « Le malaise qui m'a amené un jour à consulter ne m'est pas tombé dessus un beau matin. Il me taraudait depuis longtemps, en fait depuis aussi longtemps que je peux m'en souvenir. C'est le ras le bol de subir et d'alimenter cette humeur médiocre, anticonstructive, qui a été à l'origine de ma décision de "faire quelque chose". C'était vers les 40 ans. La crise bien connue. L'âge où on fait le bilan de sa vie, où l'on compare ses illusions d'il y a vingt ans et ce qu'on a effectivement réalisé, ce que l'on peut encore raisonnablement projeter et ce qui est définitivement perdu. Il m'est alors apparu évident que mon échec professionnel, mon échec sentimental et mon échec social étaient tous liés à une même cause : ma personnalité. Ma façon de penser, d'agir, de communiquer. »

Qui devez-vous consulter ? Et comment choisir son « psy » ?

La décision prise, il reste à savoir vers quel psy se tourner, mais aussi vers quelle méthode thérapeutique. Quelles sont les questions que vous devez poser à votre psy pour vous aider dans ce choix ?

« Psy »-chiatre, « psy »-chologue, « psy »-chothérapeute ou « psy »-chanalyste ?

Le psychiatre

C'est un médecin qui a choisi une spécialité, la « psychiatrie ». Si vous décidez d'en voir un, il réalisera un entretien diagnostique lui permettant de décider du meilleur suivi pour vous. Il peut vous prescrire un traitement médicamenteux, vous proposer une psychothérapie selon son choix et son orientation, un arrêt de travail ou une hospitalisation si nécessaire. À noter que seules les consultations des psychiatres peuvent être prises en charge par la Sécurité sociale.

Le psychologue

C'est une personne qui a un diplôme d'études supérieures spécialisées ou encore un master professionnel de psychologie. Le psychologue est spécialisé dans l'évaluation de votre intelligence et de votre personnalité et peut réaliser des entretiens de soutien.

Le psychothérapeute

C'est une personne qui, dans la plupart des cas, est psychiatre ou psychologue et qui se spécialise dans une méthode thérapeutique comme la psychothérapie comportementale et cognitive, la psychothérapie systémique, la psychothérapie d'inspiration psychanalytique, etc. Mais, attention, cette profession n'étant que peu réglementée en France pour l'instant, il existe de nombreux psychothérapeutes qui, n'étant ni psychologues ni médecins, n'ont reçu aucune formation sur la psychopathologie et sur le fonctionnement psychique, du normal au pathologique. Il est donc nécessaire de bien vous renseigner sur la formation que possède la personne que vous consultez.

Personne n'est à l'abri de la souffrance psychique : n'hésitez-pas à consulter.

Le psychanalyste

C'est une personne qui a suivi une cure analytique (freudienne, lacanienne ou jungienne) pendant un long moment, et qui est supervisée par un de ses collègues afin de contrôler la qualité de son travail avec ses propres patients. La formation des psychanalystes est assurée par les écoles et sociétés de psychanalyse qui organisent la profession, et certains ne sont ni médecins ni psychologues.

Dans tous les cas

Quel que soit le type de « psy » que vous avez choisi de consulter, il se doit de respecter des règles éthiques dans sa pratique telles que la confidentialité, une attitude bienveillante, un respect total de son patient – en aucun cas il ne profitera de son état de souffrance pour avoir des relations intimes avec lui ou pour établir une relation d'emprise sur lui. Le but de tout « psy » est de soulager les souffrances de son patient en lui apportant les outils nécessaires pour gérer ses problèmes seul sans la présence du thérapeuthe.

MISE EN GARDE

Les titres de psychothérapeute ou de psychanalyste étant encore peu contrôlés, si vous souhaitez vous protéger de certaines mésaventures, consultez de préférence un thérapeute qui est par ailleurs psychologue ou psychiatre.

Les différentes méthodes thérapeutiques

Les thérapies analytiques

Fortement influencées par la psychanalyse (qu'elle soit de Freud, de Jung ou de Lacan), ces approches se réfèrent aux notions d'inconscient, de transfert et d'interprétation dans le transfert. Vous serez amené à prendre conscience, lors de l'association verbale libre ou l'analyse de vos rêves, des liens entre vos problèmes actuels et vos expériences passées ainsi que de l'influence des conflits refoulés sur votre fonctionnement actuel. Généralement, lors des psychothérapies psychanalytiques, vous serez assis « face à face » avec votre thérapeute contrairement à la psychanalyse où vous êtes allongé sur un divan avec le psychanalyste assis derrière le divan.
Ces psychothérapies durent de un an au moins à de nombreuses années, à raison d'une ou plusieurs séances par semaine. L'objectif final est de retrouver le bien-être, sans pour autant centrer l'analyse sur le problème qui fait l'objet de la demande initiale.

Les thérapies cognitivo-comportementales

Dans certaines situations de la vie de tous les jours, vous pouvez ressentir des difficultés qui peuvent être liées à des pensées, à des comportements inadaptés ou à des émotions mal gérées. Ces comportements, vous les avez acquis pour la plupart au cours de votre enfance. Par exemple, le fait d'intervenir lors d'une réunion est impossible pour vous comme il était impossible que vous leviez le doigt en classe pour répondre aux questions de l'instituteur (comportement : évitement) ; cette situation vous rend très anxieux

(émotion), parfois même vous en tremblez, rougissez ou transpirez en vous disant que de toute façon, cela ne sert à rien d'intervenir car vous êtes vraiment nul (pensée).
Les thérapies cognitives et comportementales (TCC) proposent d'observer objectivement et d'analyser ces comportements, ces émotions et ces pensées, afin d'apprendre de nouveaux comportements et de remplacer les pensées ou les émotions problématiques par d'autres mieux adaptées.
Les TCC travaillent aussi sur l'inconscient. Elles mettent au jour vos « schémas cognitifs » qui donnent du sens aux émotions et aux comportements.

SCHÉMAS COGNITIFS : QU'EST-CE QUE C'EST ?

Vos schémas cognitifs sont constitués par votre perception du monde, vos croyances et vos opinions concernant les gens, les événements et votre environnement. Ils se développent tôt dans la vie à partir de vos expériences personnelles et de vos interactions avec les autres individus. Les schémas expriment en fait toute une série de règles de vie, dont le point de départ est le plus souvent légitime (besoin d'être aimé, désir de perfection, etc.) mais dont l'application rigide entraîne de nombreux problèmes.

Après avoir identifié les schémas que vous appliquez de manière trop rigide, le thérapeute tentera de vous aider à les assouplir ou à les modifier. Si vous consultez un thérapeute qui pratique les TCC, il vous proposera d'évaluer au moyen de questionnaires le problème dont vous souffrez à l'heure actuelle, questionnaires qu'il utilisera à nouveau au cours ou en fin de thérapie afin d'évaluer vos progrès. Cette évaluation faite et vos objectifs thérapeutiques définis, il vous expliquera les mécanismes en jeu dans votre souffrance et vous décrira de manière précise la méthode qu'il va utiliser pour résoudre votre problème (relaxation, méditation, exposition progressive aux situations redoutées, jeux de rôle, remise en question de vos pensées dysfonctionnelles, réflexions sur vos croyances, etc.). Une thérapie comprend habituellement de 10 à 25 séances, à un rythme hebdomadaire.
Cette méthode thérapeutique est très pratiquée actuellement dans le monde et ses résultats sont largement validés par des études scientifiques.

Les thérapies systémiques

Le modèle des thérapies systémiques familiales est un modèle intrafamilial, interpersonnel et interactionnel. Le thérapeute considère qu'il n'y a pas d'individu malade en soi, mais que les malaises d'un individu proviennent plutôt des interactions avec son entourage (famille, amis, équipe de travail, etc.). L'objectif est de modifier les relations entre la personne en souffrance et son entourage après avoir étudié modes de communication, habitudes de vie, attentes respectives, rapports sociaux, etc. Les rencontres avec le thérapeute se font donc avec plusieurs personnes (en couple, avec les enfants). Le psychodrame, où chacun joue un rôle (qui peut être le sien propre ou celui d'un autre membre du groupe), est un des outils utilisés dans le cadre de ces approches.

Les questions à poser lors du premier contact avec le « psy »

Lors de votre premier entretien ou avant, il est possible et nécessaire de lui demander quelle est sa formation : psychologue, médecin ou autre ?

D'après les patients ayant expérimenté plusieurs psychothérapeutes, les questions essentielles sont :

- Que pouvez-vous faire pour m'aider concrètement ?
- En quoi consistent vos méthodes thérapeutiques ?
- Quelle sera la fréquence des séances ?
- Combien de temps va durer cette thérapie ?
- Quel est le coût de cette thérapie ?
- Y a-t-il des règles particulières à respecter au cours de cette thérapie ?
- Quels changements puis-je espérer obtenir ?

LE CHOIX DU « PSY »

Grâce à la vulgarisation de la psychologie à travers des émissions télévisées, des livres pour le grand public ou des magazines, n'hésitez pas à utiliser ces outils pour choisir votre « psy » en contactant directement la personne présente sur le plateau ou l'auteur du livre pour lui demander un rendez-vous ou les coordonnées d'un collègue. Ensuite, une chose est primordiale dans le choix de votre « psy » : qu'il soit recommandé ou non, vous devez vous sentir bien et en confiance avec lui. En bref, vous devez avoir un bon « feeling ». Si ce n'est pas le cas au bout de deux ou trois entretiens, il ne faut pas hésiter à changer de thérapeute car le risque d'échec est probablement important (il a été montré que l'élément déterminant pour la réussite de toutes les méthodes est le degré d'empathie du thérapeute pour son patient).

Quels résultats attendre de la psychothérapie ?

Assez rapidement, vous pouvez remarquer une atténuation des symptômes pour lesquels vous êtes venu consulter ainsi qu'une meilleure compréhension de votre mode de fonctionnement. La psychothérapie doit vous procurer un soulagement, vous redonner espoir et améliorer votre autonomie face aux problèmes de la vie quotidienne.

Si la thérapie stagne, posez-vous les questions suivantes et n'hésitez pas à en parler à votre psychothérapeute :

- Ai-je choisi la bonne méthode ?
- Mon « psy » me convient-il ? Le feeling est-il bon ?
- Suis-je assez investi dans ma thérapie ?
- Ne faut-il pas un traitement médicamenteux en plus de ma thérapie ?

(Linda consulte pour un trouble dépressif sévère : « La psychothérapie m'a beaucoup apporté à plusieurs niveaux. Dans un premier temps (première année où j'ai commencé à vous voir en consultation), j'étais dans une situation qui allait de l'euphorie quand tout allait bien à la grosse mélancolie quand rien n'allait. La psychothérapie me permettait alors de me "recadrer", de remettre de l'ordre dans ma tête, d'avoir des petites astuces pour affronter certaines situations qui, sinon, auraient pu entraîner un retour à la dépression. Pendant cette période aussi, même quand j'allais bien, j'avais du mal à me détacher des années de dépression, qui revenaient toujours dans ma tête et dans ma discussion avec les autres. Du coup, je donnais peut-être l'image aux autres d'une personne pas encore sortie de la dépression.

Dans un second temps, la psychothérapie m'a permis de prendre davantage confiance en moi, d'accepter que je ne suis pas parfaite et donc aussi de mieux réussir ce que j'entreprenais. Les réussites me procuraient un très grand plaisir, que j'ai appris à apprécier, et les contre-performances n'étaient plus aussi dramatiques qu'avant.

La troisième étape, c'était celle du *mindfulness* : j'ai appris progressivement à mieux faire face aux petites et grandes épreuves de la vie, à prendre conscience de tout ce que je vivais. Certes, il m'arrive encore des moments où « ça ne va pas », mais j'essaie tant bien que mal de faire face, de reprendre la main : 1. En faisant des petites choses qui font du bien. 2. En prenant de la distance. 3. J'attends que ça passe, et ça finit par passer... Je sais aussi aujourd'hui ce qu'il faut faire, ce qu'il faut mettre en œuvre pour que ça ne dégénère pas. Mais ça ne veut pas dire que je mets tout en place avec une grande "orthodoxie" pour que ça marche. Des progrès sont donc à faire à ce niveau. »

Maëlle souffre d'un problème d'affirmation de soi : « Pour le patient, c'est une vraie révélation et un vrai soulagement que de se rendre compte qu'il est non seulement possible mais en plus profitable et libérateur de s'épancher auprès d'un inconnu (compétent)... alors qu'on pensait qu'il serait impossible d'obtenir un quelconque secours de la part de toute personne étrangère à notre vie inextricable, la première surprise est bien là. On s'aperçoit aussi que le regard et l'analyse objectifs de ce thérapeute qui ne nous connaît pas nous offrent un éclairage nouveau sur notre situation, un éclairage qu'il est impossible d'obtenir de la part d'un ami ou d'un proche, trop impliqué généralement pour pouvoir faire abstraction de tout un tas de paramètres parasites et partiaux. En ce qui me concerne, j'ai eu envie de comprendre pourquoi tout dans ma vie me semblait toujours si compliqué. Juste l'envie d'aller mieux et de tenter quelque chose pour envisager la vie de façon plus légère.

En pratique : si vous envisagez d'entreprendre une psychothérapie

Soyez motivé(e) et prêt(e)

Identifiez bien vos problèmes et définissez vos objectifs et vos attentes à court, à moyen ou à long terme. Soyez prêt à consacrer de votre temps mais aussi à dépenser de l'argent pour votre psychothérapie. Les médecins-psychothérapeutes sont remboursés, mais pas les psychologues-psychothérapeutes.

L'alliance thérapeutique est fondamentale pour réussir une psychothérapie.

Choisissez un thérapeute compétent

Posez-vous les questions suivantes : A-t-il une formation de psychologie ou de psychiatrie ? A-t-il été formé par une association reconnue qui possède des normes de pratiques ? Quelle est son expérience ?

Demandez conseil

N'hésitez pas à demander des noms à des personnes en qui vous avez confiance : votre médecin, des amis qui sont déjà passés par là, etc. De plus, vous pouvez appeler les associations de patients qui vous renseigneront sur les démarches à suivre pour trouver une personne compétente.

Feeling et « alliance thérapeutique »

Soyez attentif à votre feeling : cherchez une approche, un cadre et un style de thérapeute qui correspondent à la personne que vous êtes et à vos valeurs.

Lors de votre première rencontre, notez la qualité de l'« alliance thérapeutique » avec le thérapeute. Si elle ne vous paraît pas satisfaisante, envisagez rapidement une alternative. L'alliance thérapeutique ainsi que votre engagement et votre motivation au changement sont deux facteurs essentiels dans la réussite de votre psychothérapie.

Évaluez vos progrès

Évaluez votre évolution après les cinq premières séances (sauf lorsque vous entreprenez une psychanalyse, dont les résultats sont à plus long terme). Demandez à vos proches de vous dire s'ils voient un changement. Peut-être aurez-vous vous-même constaté une amélioration de votre état...

Pour en savoir plus sur les psychothérapies, reportez-vous page 551.

10 En savoir **plus**

42. Médicaments psy : un bon usage est possible

Pelissolo A., *Bien se soigner avec les médicaments psy*, Paris, Odile Jacob, 2005.

Sites Internet

Site sur les médicaments psy, l'anxiété, et la dépression :
http://pelissolo.over-blog.com

Site de l'Agence française de sécurité sanitaire des produits de santé (Afssaps), agence française du médicament : http://agmed.sante.gouv.fr

43. Comment choisir sa psychothérapie

André C., *Les Thérapies cognitives*, Paris, Bernet-Danilo éditions, 1999.

Cottraux J., *Les Visiteurs du soi. À quoi servent les psys ?*, Paris, Odile Jacob, 2004.

Falissard B., « Les psychothérapies au banc d'essai », *Cerveau et Psycho*, juin-août 2004, n° 6, p. 33.

Widlöcher D., Marie-Cardine M., Braconnier A., Hanin B., *Choisir sa psychothérapie. Les écoles, les méthodes, les traitements*, Paris, Odile Jacob, 2006.

Site Internet

L'Association française des thérapies comportementales et cognitives :
www.aftcc.org

La psychothérapie offre un regard nouveau sur la vie, **Ordre des psychologues du Québec** : www.ordrepsy.qc.ca

Psychothérapie, trois approches évaluées, **Institut national de la santé et de la recherche médicale (INSERM)**, Éditions Inserm : www.inserm.fr

NOTES

Notes chapitre 1

1. Siegman A.W., « Cardiovascular consequences of expressing an repressing anger », *Anger, Hostility and the Heart*, Hillsdale (N. J.), Lawrence Associates, 1994.
2. Berkowitz L., « On the formation and regulation of anger and aggression », *American Psychologist*, 45, 1990, p. 494-503.
3. Pleux D., *Exprimer sa colère sans perdre le contrôle*, Paris, Odile Jacob, 2006.
4. *Ibid*.

Notes chapitre 2

1. Hahusseau S., *Tristesse, peur, colère. Agir sur ses émotions*, Paris, Odile Jacob, 2006.
2. D'après Christophe André et Muzo, *Petits Pénibles et gros casse-pieds*, Paris, Seuil, 2007.
3. Damasio A.R., *L'Erreur de Descartes. La raison des émotions*, Paris, Odile Jacob, 2006.
4. Duchesne N., *Des hauts et des bas, bien vivre sa cyclothymie*, Paris, Odile Jacob, 2005.
5. Labro Ph., *Tomber sept fois, se relever huit*, Paris, Albin Michel, 2003.
6. Mirabel-Sarron C., *La Dépression, comment en sortir*, Paris, Odile Jacob, 2002; Cungi C., Note Y.-D., *Faire face à la dépression*, Paris, Retz, 2001; Pélissolo A., *Bien se soigner avec les médicaments psy*, Paris, Odile Jacob, 2005.
7. Voir note 4.

Note chapitre 4

Fanget F., *Toujours mieux. Psychologie du perfectionnisme*, Paris, Odile Jacob, 2003.

Notes chapitre 9

1. André C., Légeron P., *La Peur des autres*, Paris, Odile Jacob, 1995.
2. Hazen A.L., Stein M.B., « Clinical phenomenology and comorbidit », *Social Phobia : clinical and research perspectives*, Washington DC, M. Stein éd., APP Press, 1995, p. 3-41.
3. Schneier F.R., Johnson J., Hornig C.D., Liebowitz M.R., Weissman M.M., « Social phobia : comorbidity and morbidity in an epidemiologic sample », *Arch. Gen. Psychiatry*, 49, 1992, p. 238-288.

Notes chapitre 21

1. De Rosnay J., Servan-Schreiber J.-L., de Clos Fr., Simonnet D., *Une vie en plus : la longévité, pour quoi faire ?*, Paris, Seuil, 2005.
2. Vandenplas-Holper C., *Le Développement psychologique à l'âge adulte et*

pendant la vieillesse, Paris, PUF, 2003.
3. Olievenstein C., *Naissance de la vieillesse*, Paris, Odile Jacob, 2000.
4. Caradec V., *Sociologie de la vieillesse et du vieillissement*, Paris, Armand Colin, 2008.
5. De Hennezel M., *La Chaleur du cœur empêche nos corps de rouiller*, Paris, Robert Laffont, 2008; Dadoun R., *Manifeste pour une vieillesse ardente : grand âge, âge d'avenir*, Paris, Zulma, 2005; Moreau A., *Éloge de la vieillesse, un certain âge*, Paris, Bibliophane-Daniel Radford, 2006.
6. Busse E., « Caractéristiques cliniques du vieillissement », *La Gériatrie en pratique quotidienne*, Bâle, éd. Karger, 1990.
7. Gilhooly K. J., Gilhooly M. L., Phillips L. H., « Cognitive aging : activity patterns and maintenance intentions », *Int. J. Aging Hum. Dev.*, 2007, 65(3), p. 259-280.
8. Voir note 6.
9. Lehr U., « Le malade âgé en pratique médicale », *La Gériatrie en pratique quotidienne*, Bâle, éd. Karger, 1990.
10. Churchill J. D., Galvez R., Colcombe S., « Exercise, experience and the aging brain », *Neurobiol. Aging*, septembre-octobre 2002, 23(5), p. 941-955.
11. Charazac P., *Comprendre la crise de la vieillesse*, Paris, Dunod, 2006.
12. Herfray C., *La Vieillesse en analyse*, Paris, Arcanes-Érès, 2007.
13. Samson H., *Le Chemin spirituel de la vieillesse*, Parole et silence, 2004.
14. Livingston G., *La Vieillesse vient trop vite et la sagesse trop tard : 30 leçons de vie pour être heureux*, Paris, Marabout, 2006.
15. Giannakopoulos P., Quartier F., *Un avenir pour la vieillesse : pratiques cliniques contemporaines en psychiatrie de l'adulte et de l'âge avancé*, Paris, Doin, 2007.
16. Charazac P., *Psychothérapie du patient âgé et de sa famille*, Paris, Dunod, 2005.
17. Voir note 12.
18. Guinchard-Kunstler P., Renaud M.-T., *Mieux vivre la vieillesse : 100 réponses aux questions des personnes âgées et de leur entourage*, Paris, Éd. de l'Atelier, 2006.

Notes chapitre 30

1. Addictif, addiction : à l'origine, addiction est un mot français qui avait disparu de notre usage. « Adopté » en anglais, il signifie: « penchant » ou « goût très fort » pour un comportement ou une chose. Le mot nous est revenu après quelques siècles de voyage.

2. Aubin H. J., Tilikete S., Lahmek P., « La dépendance tabagique des alcooliques »,

Perspectives Psy, 38 (5), 1999, p. 357-361.
3. Daeppen J. B. *et al.*, « Clinical correlates of cigarette smoking and nicotine dependence in alcohol-dependent men and women », *Alcohol and Alcoholism*, vol. 35, n° 2, p. 171-175, 2000.
4. « Epidemiology trend in drug abuse », Division of Epidemiology, Services and Prevention Research, National Institute on Drug Abuse 6001, Maryland, 2004.
5. Clauzel I., *Ne plus fumer*, Paris, Retz, 2005 ; Lagrue G., *Arrêter de fumer*, Paris, Odile Jacob, 2006.
6. Mission interministérielle de lutte contre les drogues et la toxicomanie (mildt) : www.drogues.gouv.fr
7. Hasin D. *et al.*, « Diagnosis of comorbid psychiatric disorders in substance users assessed with the psychiatric research interview for substance and mental disorders for DSM-IV », *American Journal of Psychiatry*, 163, 2006, p. 689-696 ; Grant B. F., Stinson F. S., Dawson D. A., *et al.*, « Prevalence and co-occurrence of substance use disorders and independent mood and anxiety disorders : results from the National Epidemiologic Survey on Alcohol and Related Conditions », *Arch. Gen. Psychiatry*, 61, 2004, p. 807-816.
8. www.hepatites-info-service.org ; www.sida-info-service.org
9. Observatoire français des drogues et des toxicomanies (OFDT), *Drogues et dépendances, données essentielles*, Paris, La Découverte, 2005 ; *Cannabis, données essentielles 2007*, téléchargeables sur le site : www.ofdt.fr ou par courrier : 3, avenue du Stade de France, 93218 Saint-Denis-la-Plaine Cedex.
10. « Preventing drug use among children and adolescents », NIH Publication, 2 octobre 2003, Division of Epidemiology, Services and prevention Research, National Institute on drug abuse, Maryland.
11. *Ibid.*
12. Hybord G, Manigand D., *Le Cannabis expliqué aux parents en 60 questions*, Paris, Retz, 2007.
13. Di Clemente C. C., « Efficacy and smoking cessation maintenance », *Cognitive Therapy and Research*, 5, 1981, p. 175-187 ; Prochaska J. O., Clemente C. C., « Transtheoretical therapy : toward a more integrative model of change », *Psychotherapy : Theory, Research And Practice*, 19, 1982, p. 276-288 ; Miller W. R., Rollnick S., *Motivational Interviewing*, New York, Guilford Press, 1991.
14. Extrait de Cungi C., *Faire face aux dépendances*, Paris, Retz, 2e édition, 2005.

15. Beck A.T., Wright F.D., Newman C., Liese B.L., *Cognitive Therapy of Substance Abuse*, New York, Guilford Press, 1993; Bigelow G., Stitzer M., Lawrence C., Krasnegor N., D'lugoff B., Hawthorne J., « Narcotics addiction treatment : behavioral methods concurrent with methadone maintenance », *International Journal of the Addictions*, 15, 1980, p. 427-437; Brewer C., « Combining pharmacological antagonists and behavioural psychotherapy in treating addictions », *British Journal of Psychiatry*, 157, 1990, p. 34-40; Clauzel I., *Ne plus fumer*, Paris, Retz, 2005; Cungi C., *Faire face aux dépendances*, Paris, Retz, 2e édition, 2005; Stitzer M.L., Higgins S.T., « Behavioral treatment of drug and alcohol abuse », *in* Bloom F.E. et Kupfer D.J. (éd.), *Psychopharmacology : The Fourth Generation of Progress*, New York, Raven Press, 1995, p. 1807-1819.

16. Marlatt G.A., Gordon R.J., *Relapse Prevention*, New York, Guilford Press, 1985.

17. Dole V.P., Nyswander M.E, « Medical treatment for diacetalmorphine (Hheroin) addiction : a clinical trial with methadone hypochloride », *Journal of The American Medical Association*, 206, 1965, p. 2708-2711.

18. Mc Nicholas L., *Clinical Guidelines for the Use of Buprenorphine in the Treatment of Opioid Addiction*, US Department Of Health And Human Services, Center for substance abuse treatment, Rockville, 2004.

Notes chapitre 32

1. Soixante-dix pour cent des personnes décédant par suicide ont consulté un médecin dans le mois précédent leur décès, et 35 % l'ont fait dans la semaine précédante. Cinquante pour cent des personnes réalisant une tentative sans décéder ont consulté un médecin dans la semaine qui a précédé le geste (*Conférence nationale de consensus sur le suicide*, octobre 2000, Fédération française de psychiatrie, disponible sur Internet : http://psydoc-fr.broca.inserm.fr).

2. Avec 14 % des décès, la première cause étant les accidents de la route.

3. L'évaluation du geste suicidaire repose ainsi sur trois axes : le risque (quels sont les facteurs de risque que présente la personne ?); l'urgence (a-t-elle décidé de mettre prochainement fin à ses jours ?); la dangerosité (le moyen qu'elle a choisi risque-t-il à coup sûr d'entraîner la mort ?).

INDEX DES MOTS CLÉS

A

B

C

D

E

T

V

Z

LES AUTEURS

Christophe André est psychiatre et psychothérapeute. Il exerce à l'hôpital Sainte-Anne à Paris. Il est notamment l'auteur de *Imparfaits, libres et heureux*, *L'Estime de soi* et *Vivre heureux* aux éditions Odile Jacob.

Christine Brunet est psychologue clinicienne, psychothérapeute, ancienne attachée des Hôpitaux de Paris. Elle exerce à Paris. Elle est notamment l'auteur de *Petits Tracas et gros soucis de 1 à 7 ans*, *Petits Tracas et gros soucis de 8 à 12 ans* et *C'est pas bientôt fini ce caprice* aux éditions Albin Michel.

Frédéric Chapelle est médecin psychiatre à Toulouse et président de l'Association française de thérapie comportementale et cognitive. Il est notamment l'auteur, avec Benoît Monié, de *Bon Stress, mauvais stress : mode d'emploi* (2007) aux éditions Odile Jacob.

Laurent Chneiweiss est médecin psychiatre, spécialiste des troubles de l'anxiété. Il est notamment l'auteur de *Maîtriser son trac* (2005) et de *L'Anxiété* (2000) aux éditions Odile Jacob.

Charly Cungi est médecin psychiatre, spécialisé en thérapie comportementale et cognitive. Il est l'auteur, entre autres, de *Faire face aux dépendances* (2005), *Savoir s'affirmer* (2005) et *L'Alliance thérapeutique* (2006) aux éditions Retz.

Hélène Duchesne-Billiemaz est gériatre, gérontologue, ancienne attachée au centre universitaire de Montpellier.

Nicolas Duchesne est médecin psychiatre, attaché des hôpitaux de Montpellier. Il enseigne aux facultés de Montpellier et de Toulouse et est l'auteur de *Des Hauts et des bas. Bien vivre sa cyclothymie* (2005) aux éditions Odile Jacob.

Jean-Luc Émery est psychiatre. Il exerce à Paris et il intervient également comme consultant pour les entreprises au sein du cabinet de conseil l'IFAS. Membre de l'AFTCC, il est l'auteur de plusieurs ouvrages dont *Surmontez vos peurs* (2000) aux éditions Odile Jacob.

Frédéric Fanget est médecin psychiatre et psychothérapeute. Il enseigne à l'université Lyon-I. Il est notamment l'auteur de *Affirmez-vous. Pour mieux vivre avec les autres* (2002), *Oser. Thérapie de la confiance en soi* (2003), *Toujours Mieux ! Psychologie du perfectionnisme* (2006) aux éditions Odile Jacob.

Emmanuel Granier est médecin psychiatre. Il exerce aux urgences psychiatriques du centre hospitalier d'Avignon. Il est l'auteur de *Idées noires et tentatives de suicide. Réagir et faire face* (2006) aux éditions Odile Jacob.

Pierluigi Graziani est psychologue. Il exerce à Aix-en-Provence. Il est maître de conférences à l'université de Provence et y dirige un diplôme universitaire en psychothérapie cognitive et comportementale. Il est l'auteur de *Comment arrêter l'alcool* (2003) aux éditions Odile Jacob.

Stéphanie Hahusseau est médecin psychiatre, psychothérapeute intégrative, spécialiste des émotions. À Toulouse, elle partage son activité entre les consultations, l'enseignement et l'écriture. Elle est l'auteur de *Tristesse, peur, colère. Agir sur ses émotions* (2006) et *Comment ne pas se gâcher la vie* (2003) aux éditions Odile Jacob.

Bruno Koeltz est médecin thérapeute comportementaliste et cognitiviste. Il est l'auteur de *Comment ne pas tout remettre au lendemain* (2006) aux éditions Odile Jacob.

Gilbert Lagrue est professeur honoraire à la faculté de médecine Paris-XII. Spécialiste des maladies vasculaires, il a été l'un des pionniers de la tabacologie en France. Il est notamment l'auteur de *Parents : alerte au tabac et au cannabis* (2008) et de *Arrêter de fumer ?* (2006) aux éditions Odile Jacob.

Pierre Lamy est psychologue. Il a reçu sa formation universitaire au Québec. Spécialisé dans le traitement des troubles anxieux et des troubles de l'humeur, il exerce dans la région toulousaine. Il est rattaché au Centre hospitalier Purpan à Toulouse et enseigne la psychothérapie comportementale et cognitive.

Gérard Macqueron est médecin psychiatre. Membre de l'AFTCC, il exerce à Paris et intervient également à l'hôpital Sainte-Anne. Il est auteur, avec Stéphane Roy, de *La Timidité. Comment la surmonter* (2004) aux éditions Odile Jacob.

Françoise Millet-Bartoli est médecin psychiatre et psychothérapeute à Toulouse. Elle est l'auteur de *La Crise de milieu de vie* (2006) et *La Beauté sur mesure* (2008) aux éditions Odile Jacob.

Christine Mirabel-Sarron est médecin psychiatre. Elle exerce à l'hôpital Sainte-Anne à Paris. Elle enseigne à Paris-V, Paris-VII, Paris-VIII et dans différentes universités à l'étranger. Elle est notamment l'auteur de *La Dépression, comment en sortir* (2002) aux éditions Odile Jacob.

Jean-Louis Monestès est psychologue clinicien et psychothérapeute, membre du laboratoire CNRS de neurosciences fonctionnelles et pathologies. Il est l'auteur de *Les Thérapies comportementales et cognitives. Se libérer des troubles psy,* aux éditions Milan, et de *La Schizophrénie. Mieux comprendre la maladie et mieux aider la personne* (2007) aux éditions Odile Jacob.

François Nef est docteur en psychologie, psychologue et thérapeute cognitivo-comportementaliste. Il travaille à l'Université Libre de Bruxelles et à l'Université Catholique de Louvain (Belgique). Il est l'auteur, avec Yves Simon, de *Comment sortir de l'anorexie* (2002) et *Comment sortir de la boulimie* (2004) aux éditions Odile Jacob.

Stéphany Orain-Pélissolo est psychologue et psychothérapeute, spécialiste des thérapies comportementales et cognitives, de l'EMDR (*Eye Movement Desensitization Reprocessing*) et de la MBCT (*Mindfulness Based Cognitive Therapy*). Elle enseigne à l'université Paris-V aux masters 1 de psychologie.

Antoine Pélissolo est médecin psychiatre et chercheur à l'hôpital Pitié-Salpêtrière, responsable d'un centre de traitement de l'anxiété et des phobies. Il est expert auprès de l'agence du médicament (AFSSAPS). Il est l'auteur, entre autres, de *Bien se soigner avec les médicaments psy* (2005) aux éditions Odile Jacob.

Claude Penet est médecin psychiatre, thérapeute cognitivo-comportementaliste, spécialiste des relations entre pratiques méditatives et thérapies.

Didier Pleux est psychologue clinicien, docteur en psychologie du développement, directeur de l'Institut français de thérapie cognitive. Il est notamment l'auteur de *« Peut mieux faire ». Remotiver votre enfant à l'école* (2001), *De l'enfant roi à l'enfant tyran* (2002), du *Manuel d'éducation à l'usage des parents d'aujourd'hui* (2004), d'*Exprimer sa colère sans perdre le contrôle* (2006) et de *Génération Dolto* (2008) aux éditions Odile Jacob.

Philippe Presles est médecin, tabacologue. Rédacteur en chef du site www.e-sante.fr et directeur de l'Institut Moncey de prévention santé, il est également l'auteur, avec Catherine Solano, de *Prévenir : Alzheimer, cancers et infarctus et vivre en forme plus longtemps* (2006) aux éditions Robert Laffont.

Natacha Quintard est psychologue-psychothérapeute à l'hôpital Sainte-Anne à Paris, spécialisée dans la pratique des bilans psychologiques et dans les thérapies cognitivo-comportementales des troubles anxieux. Elle est également consultante en entreprise pour le cabinet de conseil Stimulus. Elle est notamment l'auteur de *Bonjour grossesse* (2003) et *Avez-vous une bonne mémoire ?* (2004) aux éditions Flammarion.

Sylvie Royant-Parola, médecin psychiatre, spécialiste du sommeil, est présidente du Réseau Morphée, réseau de santé consacré à la prise en charge des troubles du sommeil : www.reseau-morphee.org. Elle est notamment l'auteur de *Comment retrouver le sommeil par soi-même* (2002) aux éditions Odile Jacob.

Stéphane Roy est psychologue-psychothérapeute au centre hospitalier George-Sand à Bourges. Il est l'auteur, avec Gérard Macqueron, de *La Timidité. Comment la surmonter* (2004) aux éditions Odile Jacob.

Aurore Sabouraud-Séguin est médecin psychiatre. Elle dirige le centre du Psychotrauma de l'Institut de victimologie spécialisé dans les traitements précoces aux victimes de tout traumatisme. Elle est notamment l'auteur de *Revivre après un choc* (2001) aux éditions Odile Jacob.

Alain Sauteraud est médecin psychiatre à Bordeaux. Il enseigne à l'université et est notamment l'auteur de *Je ne peux pas m'arrêter de laver, vérifier, compter. Mieux vivre avec un TOC* (2000) et *Le Trouble obsessionnel-compulsif. Le manuel du thérapeute* (2005) aux éditions Odile Jacob. Il est également un spécialiste du deuil compliqué.

Dominique Servant est médecin psychiatre et psychothérapeute au CHRU de Lille, directeur du diplôme universitaire sur le stress et l'anxiété à la faculté de médecine. Il est l'auteur de *Soigner le stress et l'anxiété par soi-même* (2003), *L'Enfant et l'Adolescent anxieux. Les aider à s'épanouir* (2005) et de *Relaxation et méditation. Trouver son équilibre émotionnel* (2007) aux éditions Odile Jacob.

Jeanne Siaud-Facchin est psychologue praticienne. Ancienne attachée des hôpitaux de Paris et de Marseille, enseignante à l'université et formatrice, elle a créé les centres Cogito'Z, à Marseille, Avignon et Paris, premiers centres français de diagnostic et de prise en charge des apprentissages scolaires. Spécialiste reconnue des surdoués, elle est notamment l'auteur de *L'Enfant* *surdoué* (2003), *Aider l'enfant en difficulté scolaire* (2006) et *Trop intelligent pour être heureux ?* (2008) aux éditions Odile Jacob.

Yves Simon est médecin psychiatre et psychothérapeute. Il est directeur d'un programme anorexie/boulimie en Belgique et enseigne à l'Université Libre de Bruxelles et à l'université René-Descartes à Paris. Il est notamment l'auteur, avec François Nef, de *Comment sortir de l'anorexie* (2002) et *Comment sortir de la boulimie* (2004) aux éditions Odile Jacob.

Catherine Solano est médecin sexologue et andrologue. Elle consulte à l'hôpital Cochin et utilise l'hypnose et l'EMDR comme outils thérapeutiques. Elle enseigne à l'université de Louvain la Neuve en Belgique et à l'université de Reims. Ses derniers livres sont *Psy, Sex and Fun* (2007) aux éditions Tornade et *Savoir aimer, les secrets du plaisir* (2003) aux éditions Flammarion.

Luis Vera est psychologue psychothérapeute. Il exerce à l'hôpital Sainte-Anne à Paris. Il est responsable du diplôme universitaire de thérapie comportementale et cognitive à l'université René-Descartes, Paris-V, faculté de médecine, et est notamment l'auteur de *Pour aider votre enfant à retrouver le sourire* (2008) aux éditions Odile Jacob.

Dans ce guide, tous les noms de médicaments commençant par une majuscule correspondent aux noms de marques déposées des spécialités « princeps », et les noms commençant par des minuscules correspondent aux dénominations communes internationales (noms de molécules), utilisées pour les génériques.

À lire également

sous la direction de

Christophe André

Secrets de psys

Ce qu'il faut savoir pour aller bien

Odile Jacob

poches

psychologie

Conception graphique et mise en pages : Claire Rouyer

Impression réalisée par

BRODARD & TAUPIN

La Flèche (Sarthe), le 23-04-2013
N° d'impression : 73258
N° d'édition : 7381-2990-X
Dépôt légal : mai 2013
Imprimé en France